普通高等学校应用型教材·国际贸易

国际物流

孙家庆 郑建风 计明军 编著

中国人民大学出版社
·北京·

内容简介

本书突破现有相关教材基本上采用的“国际贸易实务”＋“国际货物运输”＋“国际货运代理”三大专业相关内容的结构模式，以打造“通道＋枢纽＋网络”的国际物流运行体系为目标，围绕国际物流的原理、网络、枢纽、通道四大要素，构建了由国际物流基本原理（第一章）、国际物流网络（第二章）、国际枢纽物流（第三章）、国际通道物流（第四章～第八章）组成的国际物流结构体系，具有视角独特、体系清晰、内容全面的特色。

本书每章设有开篇案例、学习目标、综合练习，注重理论与实践的紧密结合，真正体现“重在应用”。本书既可作为高等院校物流管理、物流工程、国际经济与贸易、经济学、交通运输、交通管理以及其他相关专业的教材，也可供从事外贸、国际物流等行业的工作人员使用。

作者简介

孙家庆，大连海事大学教授、博士生导师、辽宁省教学名师。主要研究方向为国际多式联运与货运代理、国际物流、物流风险管理。兼任交通运输部、国家发展改革委“国家多式联运示范工程”评审专家、交通运输部水运行业专家库成员、大连市人大常委会财经咨询专家、中国航运 50 人论坛特约研究员、中国国际货运代理协会（CIFA）专家组成员。

郑建风，大连海事大学交通运输工程学院副院长、教授、博士生导师。主要研究方向为港口物流规划与管理。兼任管理科学与工程学会理事、管理科学与工程学会交通运输管理分会委员、中国系统工程学会港航经济系统工程专业委员会委员等。

计明军，大连海事大学交通运输工程学院院长、教授、博士生导师。主要研究方向为物流系统规划、物流方案设计。兼任教育部高等学校物流管理与工程类专业教学指导委员会物流管理组副组长、中国航海学会集装箱运输专业委员会副主任委员、辽宁省智慧交通与港航物流工程研究中心主任。

前言

近年来，国际产业链供应链竞争日益激烈，“断链”风险有所提高。党的二十大报告提出，“着力提升产业链供应链韧性和安全水平”，物流业的重要地位持续加强。国际物流是物流系统中的重要领域之一，是国际贸易的一个必然组成部分，是提升产业链供应链韧性和安全水平、支撑构建新发展格局的重要保障。近年来，国家陆续出台了《“十四五”现代物流发展规划》《“十四五”现代综合交通运输体系发展规划》《“十四五”现代流通体系建设规划》等国家规划，明确了国际物流的具体任务要求，国际物流体系建设加快推进。一批具有国际竞争力的现代物流企业加快拓展国际物流网络，“两沿十廊”国际物流大通道加快建设，国家物流枢纽和骨干冷链物流基地建设布局稳步推进，海外仓、境外经贸合作区得到支持。外贸航运、国际航空、中欧班列、陆海新通道等平稳运行，国际物流运行持续向好，因而迫切需要国际物流理论研究、人才培养与实践发展同频共振、协同发展。一方面，实践的发展要求并推动着相关理论研究和人才培养的发展，从而促进国际物流理论研究的深入开展，使理论能更加科学自觉地指引实践，并为国际物流行业提供更强有力的智力支持和人才支撑；另一方面，国际物流理论研究和人才培养也需要实践的介入和助力。基于此，我们编著了《国际物流》教材，并力图体现以下特色。

（1）强化育人价值。本书以习近平新时代中国特色社会主义思想为指导，全面贯彻党的二十大精神，围绕育人主线，通过案例分析等多种形式注重培养学生树立家国情怀、技能报国情怀，以及运用融合性知识解决复杂国际物流问题的能力，使学生积极投身“一带一路”、海洋强国和交通强国建设。

（2）创新教材结构。本书突破现有相关教材基本上采用的“国际贸易实务”＋“国际货物运输”＋“国际货运代理”三大专业相关内容的结构模式，以打造“通道＋枢纽＋网络”的国际物流运行体系为目标，围绕国际物流的原理、网络、枢纽、通道四大要素，构建了由国际物流基本原理（第一章）、国际物流网络（第二章）、国际枢组物流（第三章）、国际通道物流（第四章～第八章）组成的国际物流结构体系，具有视角独特、体系清晰、内容全面的特色。

（3）深化产教融合。全面落实“知识、技能、育人”三大人才培养目标，每章设有开篇案例、学习目标、综合练习。在编写过程中，注重引入国际物流行业实践案例、新技术、新规范、新标准。通过大量的实例、计算和图、表、流程来帮助学生理解相关的基本理论、基本概念和业务操作程序与技术，便于学生掌握每章的重点知识和运用所学知识分析实际问题，真正体现“重在应用”。本书既反映了专家学者对国际物流理论的最新研究成果，又吸收了国际物流企业管理层业务运作的经验和体会，凸显了理论性和实用性的有机结合。

（4）汲取最新成果。一是基于《国际贸易术语解释通则 2020》（INCOTERMS2020）、《中华人民共和国民法典》、《中华人民共和国国际海运条例》、《中华人民共和国国际海运条例实施细则》、《国际道路运输管理规定》、《关于加快推进多式联运“一单制”“一箱制”发展的意见》等新标准、新法规以及中欧班列、中欧卡航（TIR 跨境道路运输、GMS 跨境道路运输、ACTS 跨境道路运输）等新型运输模式的新特点、新趋势，更新了相关数据、资料与案例，以适应新变化、新需求，具有鲜明的时代感。二是吸收了 2024 年度全国高校、职业院校物流教改教研课题（JZW2024089），2022 年度辽宁省普通高等教育本科教学改革研究项目（辽教通〔2022〕166 号-364），2024 年度辽宁省研究生教育教学改革研究项目（LNYJG2024148、LNYJG2024149），大连海事大学优秀教学成果培育项目（YCG-Z2024002）等课题的部分成果，将最新的教改教研成果转化为教材，确保教材知识体系与技能体系的创新性。三是进一步强化二维码技术，增加二维码链接拓展的图文等资源，构建教材新动态，实现教学资源的高效利用。

（5）配套教学资源。本书配有相应的教学资源库，包括教学日历、教学大纲、电子课件、各章习题参考答案、常见的各类运输单证式样等，授课教师可以登录中国人民大学出版社网站（http://www.crup.com.cn）免费下载。

本书由大连海事大学孙家庆教授、郑建风教授、计明军教授共同编著。同时，大连海事大学唐丽敏教授基于国家社会科学基金项目（20BGJ027）的研究成果撰写了部分章节。本书在编写过程中参考、吸收、采用了有关专家和学者的研究成果，在此向他们表示衷心的感谢。同时，对参与本书的调研、资料收集、文字核对工作的孙倩雯、房丽华、包文祺、景奥严、梁现珍、李林芮、王嘉胜、杨哲等研究生表示衷心的感谢。

由于作者水平有限，本书难免有不足或偏颇之处，敬请读者批评指正。

目录

第一章 国际物流基本原理

开篇案例

“通道+枢纽+网络”物流运行体系基本形成

根据国务院办公厅印发的《“十四五”现代物流发展规划》，到2025年，基本建成供需适配、内外联通、安全高效、智慧绿色的“通道+枢纽+网络”物流运行体系，衔接国家综合立体交通网主骨架，完成120个左右国家物流枢纽、100个左右国家骨干冷链物流基地布局建设，基本形成以国家物流枢纽为核心的骨干物流基础设施网络。物流干支仓配一体化运行更加顺畅，串接不同运输方式的多元化国际物流通道逐步完善，畅联国内国际的物流服务网络更加健全。枢纽经济发展取得成效，建设了20个左右国家物流枢纽经济示范区。显然，如何打造“通道+枢纽+网络”物流运行体系已成为我国“十四五”现代物流发展的重要内容。

学习目标

知识目标：

1. 了解国际物流的产生与发展、国际物流系统的结构与模式。
2. 熟悉国际物流运行体系的概念、作用机理与关键点。

能力目标:

1. 能准确辨析国际物流与国际贸易、国际供应链的关系。
2. 具备挖掘“通道+枢纽+网络”国际物流运行体系发展关键点的能力。

素养目标:

1. 认识国际物流对于加快推进我国“一带一路”倡议、贸易强国建设的支撑作用。
2. 明确国际物流人才的责任和担当，增强使命感，提高专业认同度。

第一节 国际物流概述

一、国际物流的基本概念与服务范围

（一）国际物流的概念与特点

1. 国际物流的概念

国际物流（international logistics）是相对国内物流而言的，它又被称为全球物流、国际大流通或大物流。基于不同的角度，其概念有狭义与广义之分。

（1）基于研究范围视角。

基于研究范围不同，国际物流既可以指国际物流过程，也可以指国际物流系统。

①狭义的国际物流，特指国际物流过程，是指货物（包括原材料、半成品、制成品）及物品（包括邮品、展品、捐赠物资等）在不同国家和地区之间的流动和转移。

②广义的国际物流，特指国际物流系统，是指在一定的时间和空间里（包括国内、国家间、区域间和洲际），由产生位移的物料、包装设备、装卸搬运设备、输送工具、仓储设施、相关人员以及通信联系等若干相互制约的动态要素构成的具有特定功能的有机整体。

（2）基于承载对象视角。

国际物流承载对象主要为国际贸易物资和非贸易物资（如展览品、个人行李、办公用品、个人家用物品、援外物资等）两种，据此，可从广义和狭义两方面理解国际物流的概念：

①狭义的国际物流，特指外贸物流，是指为完成国际贸易物资的交易而进行的物流活动，包括货物包装、仓储运输、分配拨送、装卸搬运、流通加工以及报关、商检、国际货运保险和国际物流单证制作等。

②广义的国际物流＝外贸物流＋其他物流，即各种形态的物资的国际流动。具体表现为进出口商品转关、进境运输货物、加工装配业务进口的料件设备、国际展品等暂时进口物资、捐赠或援助物资及邮品等在不同国家和地区间所发生的物理性移动。

此外，在我国，只要物流的起运地点、目的地或约定的经停地点不在我国境内就构成国际物流。值得注意的是，我国境内受到海关监管的物流行为，如保税运输、转关运输等均属于国际物流的范畴。此外，由于中国台湾、澳门、香港的特殊性，对于中国台湾、澳门、香港与中国大陆之间的物流也视为国际物流，不按照国内物流进行管理，而比照国际物流的规则处理。

2. 国际物流的特点

与国内物流相比，国际物流具有以下两大特点：

(1) 国际物流是国内物流的延伸与发展。如图 1-1 所示，一方面，国际物流涵盖了国内物流所涉及的所有业务活动，比如，运输、保管、包装、装卸搬运、配送、流通加工和信息服务等业务；另一方面，它还涉及与货物跨境移动相关的一些特殊物流问题，诸如商检、海关手续、保险、国际货运代理与船舶代理、理货等。

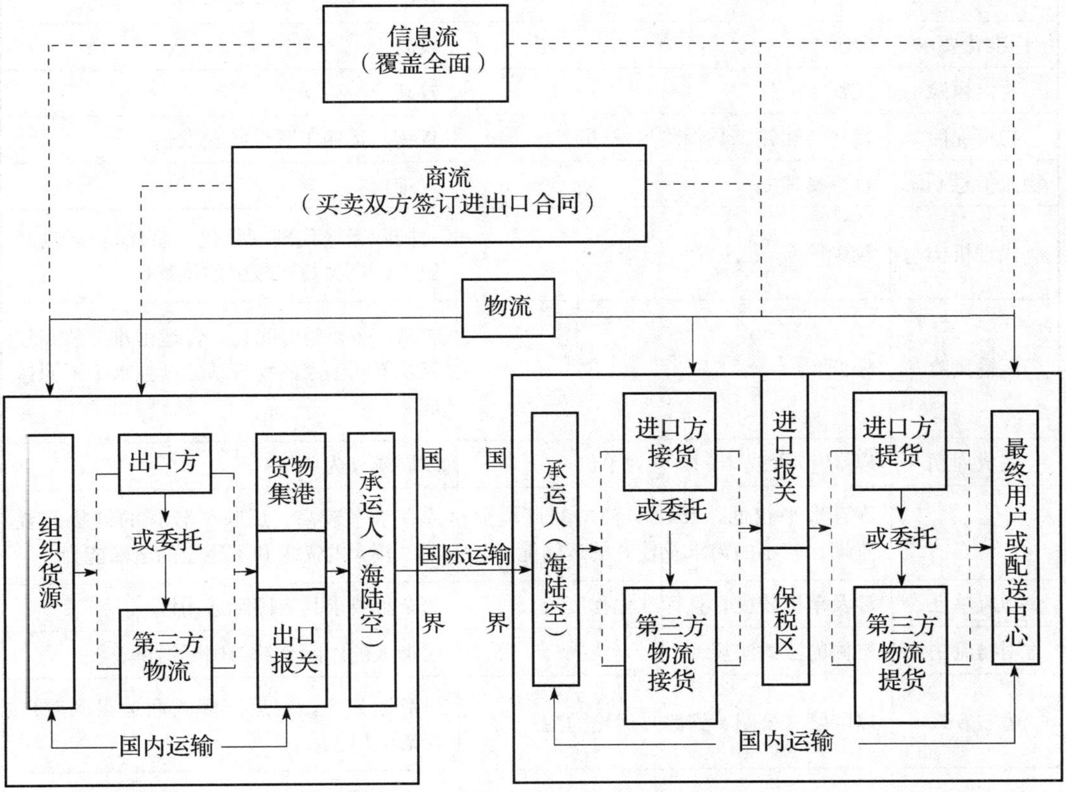

图 1-1 国际物流运作示意图

(2) 国际物流要求各国之间的物流系统相互接轨。随着国际分工的日益细化和专业化，国家间的商品、货物流动更加频繁，更长的供应链、较低的确定性和更多的物流单证使物流需求不断增长，物流经营者面临着距离、需求、多样性和单证等方面的壁垒。因而，与国内物流相比，国际物流具有国际性、复杂性和高风险性等特点（详见表 1-1），同时增加了一些国内物流所没有的功能，比如，报关业务、保税物流业务等。

表1-1 国内物流与国际物流的比较

比较项目	国内物流	国际物流
物流环境	较简单	复杂，因各国社会制度、法律、人文、习俗、语言、科技、自然环境、经营管理方法等不同
沟通	口头或书面的系统就可实现沟通，目前已越来越多使用电子数据交换（EDI）	口头或书面的沟通成本较高，且常常无效，EDI又因各国的标准不同而受到一定程度的限制
市场准入	限制较少	限制较多
政府监管机构	主要是物流安全机构	除物流安全机构外，还包括中华人民共和国海关总署等监管机构
标准化要求	较低	较高
物流风险	较低	较高
物流保险	货物与运输工具保险欠发达	货物与运输工具保险较发达
物流信息系统	较容易建立	较难建立
代理机构	较少	对国际运输代理（货代、船代）、运输经纪人、报关行有较强的依赖性
运输风险	较低	较高，主要是时间长、转运困难、装卸频繁及不同国家的物流基础设施水平不同造成的
完成周期	以3～5天或4～10天为单位	以周或月为单位
库存	库存水平较低，反映了较短的订货前置期、较小的需求及较好的运输能力	库存水平较高，反映了较长的订货前置期、较大的需求和不稳定的运输能力
物流单证	涉及单证较少，且标准化程度低	繁杂且要求具有国际通用性
适用物流法规	本国的法律法规	已加入的国际公约与国际惯例
运输方式	以陆路（公路、铁路）运输为主	以海运为主，空运与多式联运得到较广泛的应用
路线选择	路线选择所受限制较少，但同时也带来了路线选择上的困难	经由路线受到各国口岸及国际贸易方式等方面的限制，而且为了利用自由贸易区、保税区等优势易使商品运输路线发生改变
承运人责任	普遍实行严格责任制或完全过失责任制	各运输方式之间尚未统一，比如，国际海上运输基本上仍实行不完全过失责任制
物流联盟	重要性不如国际物流高	较国内物流而言更为重要

(二) 国际物流主要关联方

1. 进出口企业

进出口企业，也称外贸企业，是进出口货物的所有者，也是国际物流服务的需求者。在法律上，它们被称为进出口发货人（托运人）、收货人。

2. 物流监管机构

物流监管机构，是指履行国家政府行政职能，对国际物流活动进行规划、协调、监督和服务工作的机构，包括交通运输主管部门和海关总署等政府机构，以及非营利机构，如中国船级社、海事律师事务所等。

3. 国际物流企业

国际物流企业（logistics enterprise），也称国际物流服务供应商、国际物流服务商，是指从事国际物流活动的经济组织。它是独立于生产领域之外，专门从事与国际物品流通有关的各种经济活动的企业，是在市场经济中依法自主经营、自负盈亏、自我发展、自我约束、具有法人资格的经营单位。

基于不同的角度，国际物流企业有多种分类方法。

(1) 按起源分类。

可分为起源于运输企业、起源于仓储企业、起源于货运代理公司、起源于货主企业、起源于财务或信息服务公司等五类。

(2) 按物流服务范围和功能整合分类。

可分为以下四类（见图 1－2）。

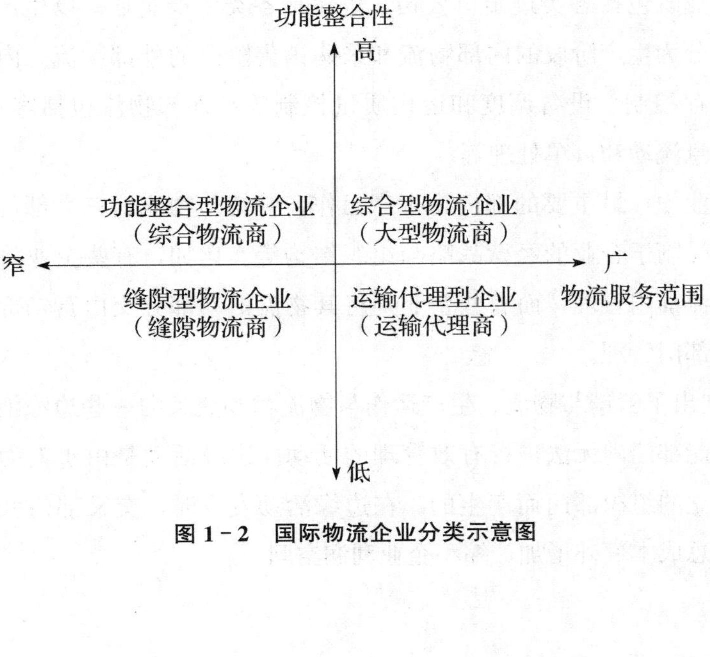

图 1－2　国际物流企业分类示意图

一是综合型物流企业，比如，中国远洋海运集团、中外运物流有限公司等。综合型物流企业的业务范围往往是全国或世界，它能对应货主企业的全球化经营开展国际物流。这种物流企业具有功能整合性高、物流服务范围广、综合实力强大、能为客户提供全方位综合物流服务的特点。

二是功能整合型物流企业，比如，中国邮政速递物流股份有限公司（EMS）、中铁快运股份有限公司（CRE）、民航快递有限责任公司（CAE）等。功能整合型物流企业以对象货物为核心，导入系统化的物流，通过推进货物分拣追踪提供输送服务。这类企业自身能承担从集货到配送等物流活动，可以实现功能高度整合。由于企业服务的是特定的货物，所以其服务范围有限。

三是运输代理型企业。这类企业功能整合性低，但物流服务范围广，通常自身不具有运输手段，而是综合运用铁路运输、航空运输、船舶运输、汽车运输等各种手段，开展货物混载代理业务。这类企业具有把不同的物流服务项目组合起来，以满足客户需求的能力。目前，运输代理型企业正在向第三方物流企业发展，即转为提供物流交易双方的部分或全部物流功能的外部服务提供者。

四是缝隙型物流企业。这类企业表现为功能整合性低、物流服务范围较窄，主要向局部市场的特定顾客提供物流服务。这类企业通常开展一些见缝插针的物流服务，如小型搬家公司、小型仓储公司与汽运公司等。

（三）国际物流服务范围

1. 进出口企业的物流服务范围

进出口企业既包括各类进出口公司，也包括各类生产企业。以生产企业为例，其物流一般可以分为生产阶段的内部物流和采购销售阶段的外部物流。内部物流包括生产过程中的库存控制、设备调度和运作质量控制等；外部物流包括客户服务、运输、库存管理、信息流动和订单处理等。

在生产企业中，最主要的部门为生产运作、营销与物流这三大部门。其中物流部门的业务内容受制于企业的经营战略与组织结构等。比如，有些企业将其物流活动全部交由综合物流部门管理，而有些企业则将其物流活动部分交由营销部门管理，部分交由生产运作部门管理。

图 1－3 列出了营销与物流、生产运作与物流相互交叉的一些边缘活动。边缘活动是指在一个职能部门内无法进行有效管理的活动。边缘活动是由于人为地将企业活动分割给若干独立的组织部门而产生的。在边缘活动发生时，交叉部门就会从自身目标出发，使企业总成本额外增加，缩小企业利润空间。

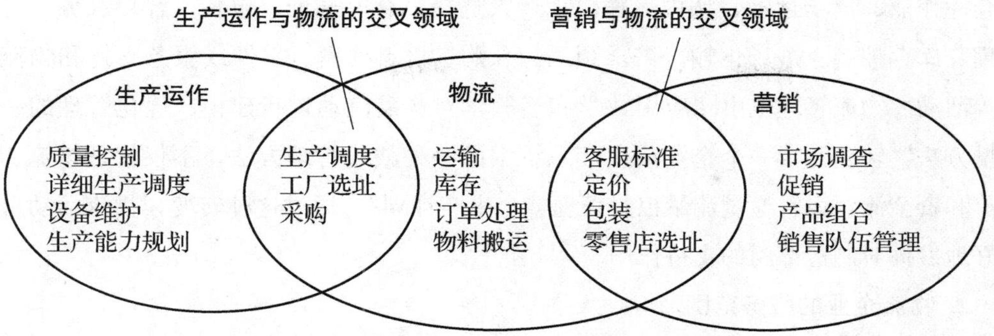

图 1－3　生产企业的生产运作、营销与物流活动关系图

（1）营销主要负责市场调查、促销、产品组合和销售队伍管理，创造产品的“占有”价值，营销注重的是将产品或服务置于便利的分销渠道以加速交换过程。

（2）生产运作关注产品或服务的生产，创造产品的形态价值，主要职责包括质量控制、详细生产调度、设备维护、生产能力规划等。生产运作管理的概念也包括物流活动。例如，运作管理负责实物产品及服务的生产和交付；生产运作最感兴趣的是那些直接影响制造及其首要目标（以最低单位成本进行生产）的活动。

（3）物流关注的是那些赋予产品或服务时间和空间价值的活动。

营销与生产运作这两个基本管理部门经营目标的差异（收入最大化和成本最小化）可能导致对物流活动的侧重点和责任割裂开来，同时使得物流活动整体缺乏协调，继而导致低水平的客户服务和高物流成本。实际上，它们之间是相互依存、相互协作的。一方面，生产运作要与所有的物流活动接口。运输的作用在于保证产品的进场移动和厂内移动。如果材料缺乏，生产就会停顿。物流应该在定位新工厂和重新定位现有工厂的时候发挥作用。物流可以就每个新位置的运输费用以及经济销售的潜力等向制造环节提出建议。同时，物流可以帮助库存配置存储空间（原材料、加工产品和制成品），或者为物料搬运选择设备。最后，综合物流应该与制造通信，以交换信息、协调生产的运行和进场调度。另一方面，物流与营销的接口也涉及许多作业。例如，出场运输、仓储和配送计划与管理、仓储场所和配送中心的定位、各种类型的库存、消费包装、订单处理和需求预测等。

为了减少企业各部门之间的费用浪费，客观上要求企业对组织进行重新组合，使物流由原来“完成产品实际制造所必需的一系列作业如搬运、分类、包装、仓储、运输等等”，扩展为“以尽可能低的成本，在正确的时间和地点，提供相应数量的相应产品”。即物流的职能由原来单纯的运输、仓储等操作性活动扩展到简单制造、安装、定价、订单处理、库存管理、物流系统设计等。在这种形式下，企业的综合物流部门负责仓库作业、出场运输、场内运输、承运人选择、仓库选址、包装、客户服务、订单处理、库存控制、进场运输、需求预测、采购、材料处理、零件或服务支持和物流计划等活动。物流管理也由“应用数学和运筹学对产品流动进行建模、优化管理的一种定量方法”转变为“一个企业或生产系统中的一种战略管理方法，不仅管理物流、信息流和资金流，而且通过流量控制管理整个生产计划”。通过这种转变，物流活动可以更好地发挥对制造部门的支持作用。

2. 物流企业的服务范围

一般而言，现代物流企业可以提供从采购原料、提供商品生产或加工地点、原料或产成品的储存保管、装卸、包装、租船、订舱、配载、制单、报价、报关、集港、疏港、运输、结汇、跟踪物流位置，直至货物到达指定目的地的最终用户手中的一系列服务（详见图 1-4）。但就具体物流企业而言，其业务内容与企业资产实力、资金实力、资源整合能力、信息技术能力等有关。

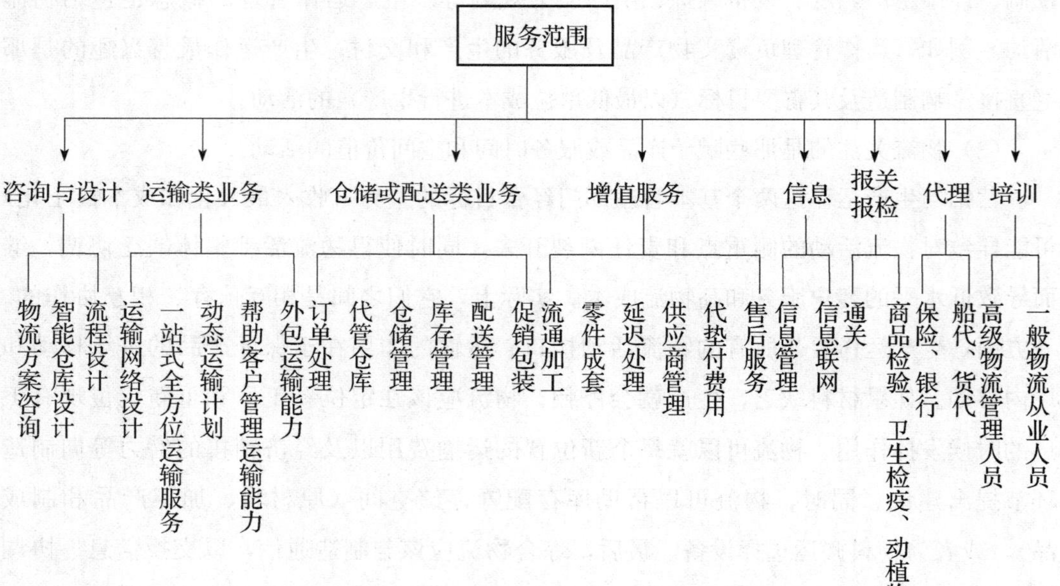

图 1-4 国际物流企业的服务范围

从物流企业提供的业务模式分析，可分为四种不同层次或类型的物流服务：

（1）基本功能的物流服务，主要提供运输、仓储等单一或少数物流功能的组合服务项目。这一服务层次以一次性服务为特点，不一定建立在长期物流合同的基础上，一般不要求提供很多协调服务。大部分营业性物流企业的公共物流业务基本上都属于这一服务层次，可以看作物流服务的初级形式。

(2) 基于实物运作的物流服务，建立在长期物流合同的基础上，客户只要求提供实物运输、配送、分销、流通加工、采购、收款、咨询、信息以及其他增值作业等服务，双方合作期限一般在1年以上，多至3～5年或更长时间。其主要业务特点是基于从供应方到需求方物品流动的全程或主要流程运作与管理。

(3) 基于管理活动的物流服务，建立在物流管理合同的基础上，除了物流业务还包括运输管理、库存控制、货物跟踪、需求预测、网络管理、供应链IT支持、物流行政管理，以及将某些仓库及车队交给物流企业管理。这种模式需要一定的信息系统集成、业务流程重组和经营组织变革，是物流服务中需要管理咨询、系统集成、虚拟经营等外脑和技术支持的一种典型形式。

(4) 基于集成方案的物流服务，建立在长期物流合同的基础上，客户与物流企业形成一体化供应链物流方案，根据集成方案将物流运作以及管理业务全部外包给物流企业。其中，物流企业参与设计、咨询、提供集成物流管理方案，参与供应链采购、产品开发、制造、销售等策略制定和（或）实施等活动，形成双方一定范围内、一定程度上的信息共享制度。这是物流企业整合内外部资源，提供商流、物流、信息流和资金流一体化运作的集成供应链管理形式。

在实际运作中，同一物流企业也有不同类型服务对象、方式和内容的交叉，如既有稳定的长期客户，也有阶段性的客户；既有基于实物运作的物流服务，也有基于管理活动的物流服务，一般将利用信息技术，基于长期合作关系提供个性化物流服务的模式称为第三方物流服务。

在美国的物流企业所提供的服务项目中，相同部分最多的有：配送战略与系统的研制、EDI运用、物流运作绩效报告、信息管理、仓储、货物集散，诸如取货拼装、选择服务提供者（包括运输者、货运代理、通关经纪人）、信息管理、仓储、运费支付服务、运费谈判协商等与运输直接相关的业务。此外还有：保税仓储、库存管理、订货服务、取货和送货、货运账单审计；出口作业、进口作业；产品修饰、产品返修、装配和修理，以及包装等。相同部分最少的是国际物流活动，主要有：海外采购、国际电子通信、出口许可证、信用证交易等。

欧洲的物流企业最经常采用的物流服务主要是：联运、仓库管理、车队管理、产品回收、搬运作业、再包装或贴标签、物流信息系统、订单履行、产品装配或安装、估价谈判、库存补充、订单处理、客户备用零件和其他。

二、国际物流与国际贸易的关系

如图1-5所示，国际贸易使商品所有权发生了交换，而国际物流则体现了商品在国际的实体转移，二者之间呈现出相互促进、相互制约的关系。

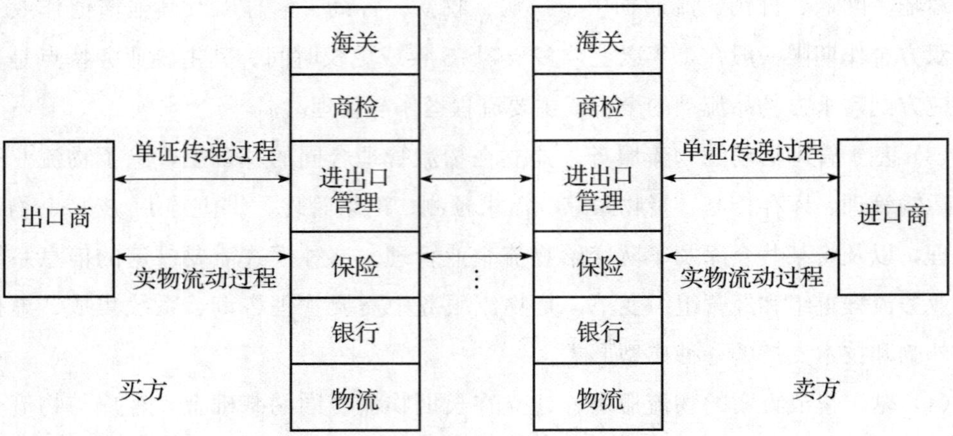

图 1-5 国际贸易货物与单证流转过程

1. 国际贸易是国际物流产生和发展的基础和条件

最初，国际物流只是国际贸易的一部分，但是随着生产的国际化以及国际分工的深化，国际贸易加速发展，也促使国际物流从国际贸易中分离出来，以专业化物流经营的姿态出现在国际贸易之中。跨国经营与国际贸易在规模、数量和交易品种等方面大幅度的增长，也促进了商品和信息在世界范围内的大量流动和广泛交换，物流国际化成为国际贸易和世界经济发展的必然趋势。

2. 国际贸易对国际物流提出了新要求

随着世界经济的飞速发展和政治格局的风云变幻，国际贸易表现出一些新的趋势和特点，从而对国际物流也提出了越来越高的要求。

(1) 质量要求。

国际贸易的结构正在发生巨大变化，传统的初级产品、原料等贸易品种逐步让位于高附加值、精密加工的产品。高附加值、高精密度商品流量的增加对物流工作质量提出了更高的要求。同时国际贸易需求的多样化造成物流多品种化、小批量化，要求国际物流向优质服务和多样化发展。

(2) 效率要求。

国际贸易活动的集中表现就是合约的订立和履行，而国际贸易合约的履行是由国际物流系统来完成的，因而要求高效率的物流。从进口国际物流看，提高物流效率最重要的是高效率地组织所需商品的进口、储备和供应。也就是说，从订货、交货，直至运入国内保管、组织供应的整个过程，都应加强物流管理。根据国际贸易商品的不同，采用与之相适配的巨型专用货船、专用泊位以及大型机械进行专业运输等等，对提高物流效率起着主导作用。

（3）安全要求。

由于国际分工和社会生产专业化的发展，大多数商品在世界范围内进行分配和生产。例如，美国福特公司某一牌号的汽车要在20个国家的30个不同厂家联合生产，商品销往100个不同国家或地区。国际物流所涉及的国家多、地域辽阔、在途时间长，会受到气候条件、地理条件等自然因素和政局、罢工、战争等社会政治经济因素的影响。因此，在组织国际物流时，选择运输方式和运输路径，要密切注意所经地域的气候条件、地理条件，还应注意沿途所经国家或地区的政治局势、经济状况等，以防止这些人为因素和不可抗的自然力造成商品灭失。

（4）经济要求。

国际贸易的特点决定了国际物流的环节多、备运期长。在国际物流领域，控制物流费用、降低成本具有很大潜力。对于国际物流企业来说，选择最佳物流方案、提高物流经济性、降低物流成本、保证服务水平，是提高竞争力的有效途径。

3. 国际物流的高效运作是国际贸易发展的必要条件

随着国际市场竞争的日益激烈，国际贸易商们需要以客户和市场为导向，满足国内外消费者定制化的需求。消费者对商品多品种化、小批量化的需求使得国际贸易中的商品品种、数量成倍增长，并且消费者对国际物流运作条件的要求也各不相同。在这种情况下，国际物流的专业高效运作对于国际贸易的发展是非常重要的保障。缺少高效国际物流系统的支持，国际贸易中的商品就有可能无法按时交付，并且物流成本也将提高。只有把物流工作做好，才能使商品适时、适地、按质、按量、低成本地在不同国家之间实现流动，从而提高商品在国际市场上的竞争能力，扩大对外贸易。

三、国际物流与国际供应链的关系

（一）国际供应链

国际供应链，是指将属于或位于不同的国家或地区的供应商、制造商、分销商、零售商以及最终客户连成一个整体的功能网链结构模式。

值得注意的是，国际供应链作为供应链（supply chain，SC）中的一种特殊形态，并不是说供应链中的节点企业必须遍布全球，而是指以全球化的视野将供应链系统延伸至整个世界范围，根据企业的需要在世界各地选取最有竞争力的合作伙伴。以国际服装供应链为例，国际供应链实际包括以下两层：一层由运输公司、保险公司、银行、商检局、海关等相关外贸服务管理部门组成，是国际贸易业务的支撑平台；另一层是国际贸易业务平台，由外贸企业与上、下游企业组成，它基于国际业务支撑平台开展业务。在这两层之间的所有企业构成了一个复杂的网链结构（见图 1-6）。

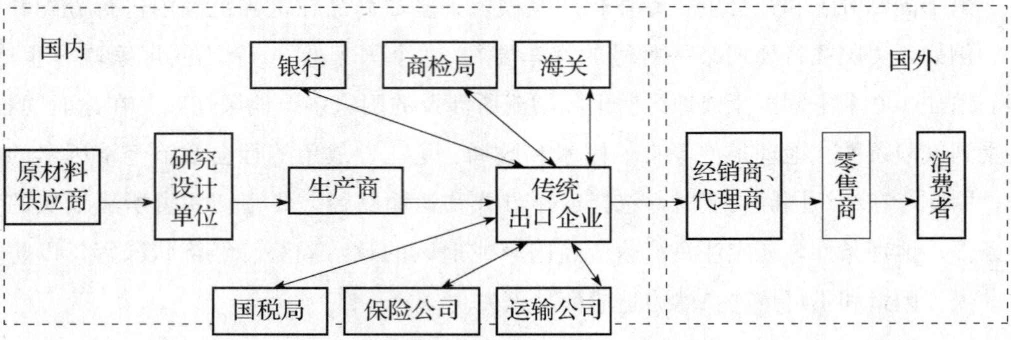

图 1-6　国际服装供应链的网链结构

（二）国际供应链物流

1. 国际供应链物流的概念

一般而言，国际供应链物流是指将物流置于国际供应链系统之中，从供应链管理的视角阐述国际物流的理论与方法。也就是说，国际供应链物流是指针对全球范围内的供应、生产、流通和销售等环节，以供应链核心企业为中心，通过多种物流和信息手段，全面协调和优化物流的管理和服务，实现供应链节点企业的产销一体化、成本降低和服务优化，具体包括采购物流、生产物流、流通物流、反向物流等多个流程和环节。

2. 国际供应链物流的特点

国际供应链是在现代物流阶段出现的新型生产模式，也可以说是一种物流环境模式。国际供应链管理的核心思想是“系统”思维观和“流”思维观，对国际供应链中一切活动的优化要以整体最优为目标。显然，供应链系统下的国际物流综合了供应链与现代物流的特征，具有以下特点：

（1）分析问题的角度不同。供应链物流是从整个供应链的角度出发，寻求供应链物流成本与客户服务之间的均衡。

（2）研究范围不同。供应链物流涉及整个供应链的所有成员组织，其研究内容包括供应链下的初始供应物流到终端分销物流以及反向物流。

（3）研究的侧重点不同。供应链物流更侧重于供应链成员企业间各接口物流活动的管理优化，这也是供应链物流管理的利润空间所在。

（4）管理难度更高、管理思想和方法更丰富。供应链物流管理涉及众多成员企业的协调与合作，无论是从纵向（长度）还是横向（宽度）考虑，供应链物流管理都更复杂、难度更高。因此，供应链物流管理需要应用更多的管理思想和方法，如系统理论与集成思想、准时制（just-in-time，JIT）、快速反应（quick response，QR）、有效客户反应（efficient consumer response，ECR）等。

（三）物流管理与供应链管理关系的三种观点

1. 异名同质观

持异名同质观的人士认为物流管理与供应链管理是同一本质的不同名称而已。物流管理本身是一个不断变化和更新的概念。它从二战时的军事物流引申到战后的企业内部物流，20 世纪 90 年代又演化到跨企业的物流管理。物流管理是为了最大限度满足客户需求，而对产品、服务和相关信息从起源点到最终消费点高效流动和储存制订计划并实施与控制的过程。而供应链管理则是在提供产品、服务和信息的过程中，对从终端用户到原始供应商之间的关键商业流程进行集成，从而为客户和其他所有流程参与者实现增值。从理论上来说，这两个概念并没有太大的区别。北美国家虽然基本统一了对物流管理与供应链管理的定义，但是欧洲国家坚持使用物流管理来表达供应链管理的理念。

2. 统合观

持统合观的人士认为物流管理是供应链管理的一部分。物流与营销、运作、采购、战略策划、信息技术、销售一起组成了供应链。物流管理从来都是一个供应链导向的概念，是对从起源点到最终消费点的整个流程的管理。但在实际运作中，物流部的职能大多只是负责企业下游的运输与配送，远没有达到其理论所涵盖的范围。面对这种大概念、小职能现象，有的人取其概念而将物流职能扩大化，有的人则取其职能而将物流概念缩小化。统合观的人士因此采用了供应链管理的新概念来实施新的管理理念，以区别于传统的物流职能。

3. 战略观

持战略观的人士认为，供应链管理并不是物流与营销、运作、采购、战略策划、信息技术、销售的统合，而是这些领域的战略成分的整合。比如，在采购部，一个长期采购合同的谈判是战略决策，而发出采购订单是战术行为。供应链管理总监会参与合同的谈判，但不会参与采购订单的生成与发送。持战略观的企业通常会设立供应链管理部门（有些企业也有信息资讯总监），直接向总裁汇报。这个部门与物流部、采购部、信息技术部、营销部、客户服务部有很多的沟通与合作，但没有上下级关系。各职能部门继续管理日常的战术运作，但战略上的决策则必须由跨职能的供应链管理部门来研究和决定，并协调实施。由于供应链管理总监直接向总裁汇报，不隶属于任何职能部门，所以他能不局限于职能部门的框架，最大限度地寻求供应链的整体优化，而不是某个单一部门的局部优化。

以上观点都在一定方面反映了人们对供应链的认识，而且从特定角度看都有道理。但是，供应链与物流仍有所不同，供应链也不只是对物流的概念进行扩展，供应链与企业的业务集成息息相关，因此，目前更倾向于认为供应链管理实际上应该包括供应链组织内部各功能部门之间的集成和在供应链上下游组织之间的集成，集成的内容包括商流、物流、信息流等，集成的对象有资源、组织、业务、流程等，因而供应链管理的概念比物流管理的概念更加广泛。

四、国际物流的产生与发展

（一）国际物流的发展阶段

国际物流活动伴随着国际贸易和跨国经营的产生而产生，并随着国际贸易和跨国经营的发展而发展。总的来说，国际物流的发展大体经历了萌芽、起步和发展三个阶段。

1. 萌芽阶段（20 世纪 50 年代至 80 年代初）

第二次世界大战结束后，在世界银行、国际货币基金组织等国际经济组织的推动下，国际经济交往越来越多。在这种新形势下，原有的仅满足运送必要货物的运输观念已不能适应新的需求，系统物流开始进入国际领域。随着国际贸易增长，20 世纪 60 年代开始形成了国际大规模物流，在物流技术上出现了许多大型物流工具，如 20 万吨油轮、10 万吨矿石船等。20 世纪 70 年代，国际集装箱以及国际集装箱船舶与码头得到了快速发展，这大大满足了难度最大的中小件杂货的物流要求，因而，国际各主要航线的定期班轮均投入了集装箱船舶，使得国际运输业的发展逐渐演变为杂货运输集装化、大宗货物的运输工具大型化、海陆空多式联运化以及站至站、场至场、门到门的运输服务多样化。但物流国际化的趋势还没有得到人们的重视，业务扩展的国际地理位置的选择仍是大型跨国公司获取竞争优势的重要手段，而这种地理位置的选择几乎全部基于资源和市场的考虑，即正确选择了业务扩展的地理位置就意味着获得了能带来竞争优势的资源和市场。这一时期国际物流的概念还未正式提出。

2. 起步阶段（20 世纪 80 年代初至 90 年代初）

20 世纪 80 年代，伴随着人们需求观念的变化，物流管理着力于解决小批量、高频度、多品种的物流，出现了不少新技术和新方法，这就使现代物流不仅覆盖了大量商品、集装杂货，而且覆盖了多品种的商品，基本覆盖了所有物流对象，解决了所有物流对象的现代物流问题。在国际物流量不断增加的情况下，物流的机械化、自动化水平不断提高，物流设施和物流技术得到了极大的发展，以伴随着国际集装箱多式联运

(container multimodal transport，CMT）出现的物流信息系统和EDI系统的运用为标志，国际物流进入了新一阶段的发展，物流国际化趋势开始得到世界各界的广泛关注。大型跨国公司已经充分地意识到，先进的信息技术与发达的运输手段正在加速摧毁商业运作中距离所带来的优势。在业务扩展中，地理位置仍不失其重要性，但却蕴含着与以前不同的竞争优势获取途径。在这一阶段，国际物流的概念首先在美国被正式提出，随后日本和欧洲一些发达国家也都开始积极发展国际物流业务，但物流国际化的趋势明显局限在美、日和欧洲一些发达国家，对于国际物流的理论探讨及实践操作也主要集中在这三个地区和国家。

3. 发展阶段（20世纪90年代初至今）

进入20世纪90年代，经济全球化、一体化加速了物流国际化的发展，国际物流的概念和重要性已为各国政府和外贸部门所普遍接受。世界各国广泛开展国际物流方面的理论研究和实践探索，国际物流进入了前所未有的发展时期。贸易伙伴遍布全球，必然要求物流国际化，即物流设施国际化、物流技术国际化、物流服务国际化、商品运输国际化、包装国际化和流通加工国际化等等。

（二）国际物流的发展趋势

根据国内外物流发展情况，国际物流的发展趋势可以归纳为以下几个方面：

1. 跨国公司成为未来国际物流的主要需求者和推动力

（1）当今跨国公司的生产和经营在全球生产和经营中占有举足轻重的地位，跨国公司的生产经营特性及其物流的复杂性在对国际物流的需求上直接反映出来。目前，国际贸易总量中75%以上的国际货运量都是由跨国公司引起的。

（2）跨国公司的技术贸易和内部贸易从数量和性质上左右着世界经济的成长和社会的进步，跨国公司内部运输大量增加。

（3）跨国公司的不同购销渠道和货源影响着国际运输货流的走向、航线的配置以及设施的规模和规格。跨国公司作为全球化的生产企业，在世界范围内寻找原材料、零部件来源，并选择一个适应全球分销的物流中心以及关键供应物资的集散仓库，在获得原材料以及分销新产品时使用当地现有的物流网络，并推广其先进的物流技术与方法。跨国公司的这种全球分布的生产网络，要求其在全球范围内寻找、购买各种原材料和半成品，以降低采购成本。

（4）跨国公司与国际物流企业的关系比以往更为密切，大型跨国公司已经是全球承运人的主要揽货目标，同跨国公司建立良好的合作关系已经成为大型物流企业一项极其重要的战略。跨国公司全球战略的实施，使得国际物流量增加，跨国公司的全球战略必然依赖于国际物流的发展和完善。因此，跨国公司生产布局的全球化将以前所形成的完善的第三方物流网络也带入全球市场，实现了生产企业与专业第三方物流企业的同步全球化。例如，有着日本背景的伊藤洋华堂在打入中国市场后，其在日本的物流配送伙伴伊藤忠商事株式会社也跟随而至，并承担了其在中国的配送活动。

（5）跨国公司对国际物流的直接需求导致其进入和经营国际运输业。为了保证国际物流的稳定性和可得性，大型跨国公司开始涉足国际航运业，主要表现为跨国资本在世界各大港口投资力度的增大、对主要国际运输航线的控制等等。

2. 国际物流的运作融入全球供应链管理

物流必须与生产、采购、销售以及信息相结合，形成整体优势，才能适应不断发展变化的经济和竞争环境。企业只有在发挥核心竞争力的同时，与自己的上游企业和下游企业结成联盟，参加由优秀的生产者、原材料供应者、产品批发商、零售商、物流企业乃至相关的金融、保险、信息、咨询等企业形成的同盟体，才能维持生存和发展。在由单个企业与单个企业之间的竞争逐渐转向企业群与企业群之间的竞争的过程中，物流显得乏力，只有供应链才能满足这种竞争的需要。所以，作为一种新的发展趋势，物流渐渐被涵盖在供应链管理之中，或者说物流进入了更高的发展阶段。各个企业的国际化运营也要求国际物流的运作融入全球供应链管理。

3. 国际物流服务范围的扩大和服务质量的提高

物流的服务范围和服务质量一直随着经济、科技、消费者的需要等外在因素的变化而不断地调整和完善。在开始阶段，物流侧重于产品离开生产线以后的运输、保管、装卸搬运、包装、流通加工和信息传递，主要服务于企业的产品销售活动；后来，物流的服务范围扩大到原材料采购和生产领域，着重降低企业物流成本、增加利润、加强用户服务；再后来，物流又在增加需求预测、订货处理、退货物流、废弃物流等内容的同时，把重点转向对物流活动的策划、控制与管理，物流的地位也提升至企业经营管理和企业经营战略的高度。随着物流需求的全球化，物流的服务范围也与企业的全球性采购、生产、分销、零售和消费紧密结合，为货主企业提供越来越多的服务内容。同时，物流本身又是直接面向顾客的一项服务性很强的工作，因此，物流服务质量以及服务的可信程度直接影响着物流业的兴衰。货主企业全球性物流服务需求水平的提高以及国际物流服务市场的激烈竞争，必然会使国际物流服务质量和服务水平得到持续的提升。

4. 国际物流迈向信息化、电子化、科技化

各种信息平台、EDI 系统、事务处理系统（transaction processing system，TPS）、管理信息系统（management information system，MIS）、决策支持系统（decision-making support system，DSS）、销售时点信息系统（point of sale，POS）、地理信息系统（geographic information system ，GIS）、全球卫星定位系统（global positioning system，GPS）、智能交通运输系统（intelligent traffic system，ITS）、区块链技术、人工智能等信息处理和条形码技术、射频标识技术在国际物流中的广泛运用，大大增强了运输、保管、装卸搬运、包装、流通加工、配送等物流各环节的功能，使物流与商流、资金流、信息流融为一体，提升了生产、流通和消费的综合效益。没有物流的信息化，任何先进的技术装备都不可能应用于物流领域，电子商务信息技术及计算机技术在物流中的应用将会彻底改变世界物流的面貌。另外，为了提高物流自动化水平，物流的智能化已经成为物流发展的一个新趋势。除了智能化交通运输外，无人搬运车、机器人堆码、无人操作叉车、自动分类分拣系统、无纸化办公系统等现代物流技术，都大幅度提高了物流机械化、自动化和智能化的水平。同时，信息化、电子化、模块化、仿真化技术在物流中的应用，使利用虚拟仓库、虚拟银行的供应链管理如鱼得水、如虎添翼，也把国际物流推向了一个崭新的发展阶段。

5. 绿色低碳物流成为发展趋势

当今经济发展强调可持续发展，即经济的发展必须建立在维护地球环境的基础上，而物流活动过程却会对环境产生很多不利的影响，如汽车运输带来的废气污染环境，商品包装物、衬垫物等会影响卫生及存在火灾隐患等等。在环境矛盾越来越突出、环保问题越来越受到重视的现代社会，物流企业已不能只考虑经济效益，还必须遵守环保法规，减少卡车噪音、废气公害，注重社会效益，这就是当前人们经常提到的“绿色物流”“低碳物流”。为了社会效益，有的国家已考虑限制卡车运输，鼓励铁路运输，要求卡车在繁华市区装卸货物关闭发动机，以减少废气排放量；有的国家做出规定，电视机、电冰箱等大件废旧家用电器，由生产企业负责回收和再生利用。从环境的角度出发对现有的物流体系进行改进，需要形成一个环境共生型的物流管理系统，形成一种能促进经济和消费生活同时健康发展的物流系统，即物流系统向环保型和循环型转变。

第二节　国际物流系统概述

一、国际物流系统的结构与模式

国际物流系统是在一定的时间和空间里（包括国内、国家间、区域间和洲际），由产生位移的物料、包装设备、装卸搬运设备、输送工具、仓储设施、相关人员以及通信联系等若干相互制约的动态要素构成的具有特定功能的有机整体。从硬件上划分，可分为货、箱、车（船、机）、线、站五要素。

1. 国际物流系统的结构

国际物流系统的结构是指构成国际物流系统的要素或子系统间相互联系的方式。国际物流系统是一个既有静态，也有动态，既有时间，也有空间多重结构的复杂系统，因此，国际物流系统的结构形式中最重要的是质态结构、量态结构、空间结构和时间结构这四种。

（1）质态结构。质态是指物流实体要素以技术性质上的相互适应性发生联系的作用方式。质态结构的目标是追求全面发挥各要素的潜在能量，实现物流系统的最大功效。国际物流系统中质态结构主要表现在物流组织者与载体的组合、载体与线路的组合、流体与载体的组合、载体与载体的组合等之中。

（2）量态结构。量态结构是指物流实体要素以相互协调的数量比例关系发挥作用的连接方式。量态结构不仅表现在实体要素的组织者与载体、载体与载体、流体与载体的组合中，还表现在运输与储存、运输与装卸搬运等不同物流环节的连接中。

（3）空间结构。空间结构是指物流实体要素之间、不同环节之间在空间地域上分布的关联状态。空间结构的要求主要体现在流体流动的起点、终点与线路分布、物流网点的布置和物体与载体的空间位置组合中。

（4）时间结构。时间结构是指运输、包装、装卸搬运、储存、流通加工、配送、检验检疫与通关等不同环节（子系统）根据不同需要而形成和连接的先后时间次序。时间结构的基本功效就是把物流的不同环节结合在时间上先后有序、上下衔接紧密的时序过程中，使其具有更高的效率和效益。时间结构的表现形式有：超前型、依次继起型、同步并行型和滞后型。

国际物流系统是由多个立体子系统连接而成的具有时空序列的总系统。运输、包装、装卸搬运、储存、流通加工、配送、检验检疫与通关等环节都是由组织者、流体、载体、路线和信息等实体要素结合成的具有特定功能的立体子系统，这些立体子系统又按照不同的具体需要连接成先后有序的总系统，如图 1-7 所示。由此可见，尽管国际物流系统的四种结构是互相并列、彼此独立的，各自具有不同的性能和作用，不能互相代替，然而，只有它们之间相互依存、共同发挥作用，形成一种合力，才能达到系统的最优化。

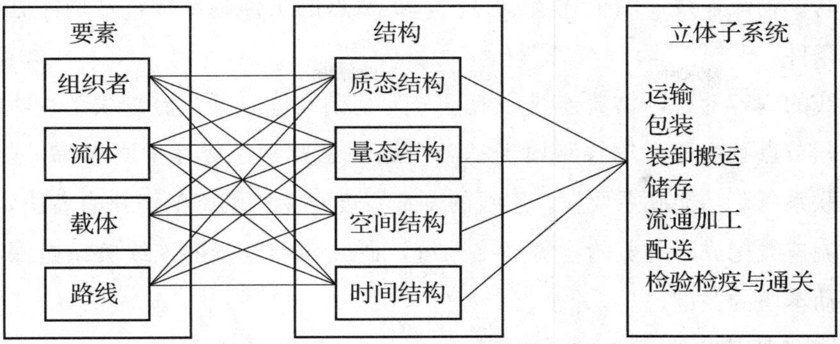

图 1-7　国际物流系统的结构示意图

2. 国际物流系统的模式

虽然国际物流涉及出口、进口和转口等贸易活动，而且贸易方式和环节多种多样，是一个极其复杂和高度开放的系统，但与国内物流系统一样，国际物流系统的模式也具有输入、转化及输出三大功能，通过输入和输出使系统与社会环境进行交换，使系统和环境相互依存，只不过其具体内容更为复杂而已。图 1-8 显示了出口物流系统的模式。

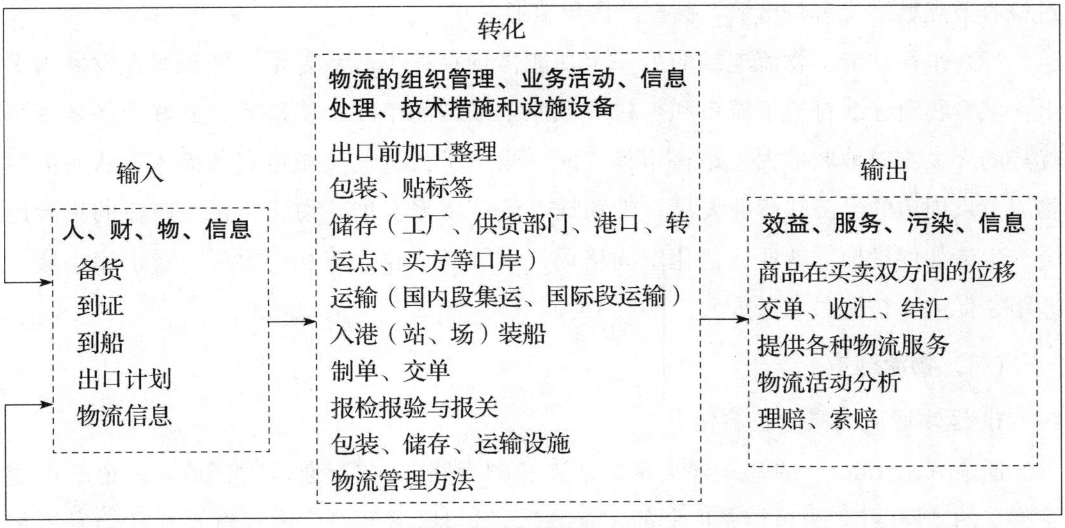

图 1-8　国际物流系统的模式（出口）

二、国际物流连线与通道

（一）物流连线

1. 物流连线的概念与内容

物流连线是构成物流网络中相互作用的关键要素，是指不同物流节点之间呈线状的物流关联。物流连线一般依托节点存在，是节点的延伸和衔接，是物体进行空间流动的基本条件。

从连线的内容上看，物流连线一般可分为基础设施联系、流量联系、功能联系三类。其中，节点和交通运输线路属于基础设施联系要素；货运量属于流量联系要素；物流企业联系属于功能联系要素。连线的发育程度对物流网络的演化有着决定性意义，多元化物流连线构成了有机的物流网络系统，研究各种复杂的连线关系是深刻认识物流空间互动本质的关键。

2. 物流连线的功能

伴随物流网络的建设，除基础的运输、交换功能外，物流连线出现了新的功能。

(1) 联结功能。流动连线的质量、通达效率、运行成本等因素都在极大程度上关系着节点之间的通达性。比如，随着城乡融合和流通需求增加，物流网络中的连线覆盖范围更广、线路延伸更长、线路频次更高，城乡联系强化。例如，快速发展的农村经济、特色农产品推动城市和乡村之间的流动关系从单一的由城到乡或由乡到城，转为城乡双向流动或多向流动。乡村优质资源、产品借助城乡物流连线走向城市，并通过核心节点转运实现跨区域，甚至跨国界流通。

(2) 平衡功能。物流连线的另一个功能体现在缩小城乡差距、平衡城乡发展水平上。城乡物流连线打通了城市和乡村地域原本割裂的市场，使得拥有良好产品和资源优势的广大农村地域扩大了销售市场，同时吸引了大量优质城市资源流入，从而催生物流节点周边的经济和产业发展，带动地方经济集聚发展。物流及相关产业的集聚还会产生诸如促进地方就业、优化空间格局、增加经济收入等社会效应，对于缩小城乡差距、促进乡村振兴意义重大。

(二) 物流通道

1. 运输通道的概念及演化

通道（corridor）的基本含义是指“来往的大路”。在交通运输领域，通道既可能是狭义的“路线”，也可能是广义的“走廊”。但与区域经济、内外贸易和社会发展相结合之后，通道的概念就明显比路线或走廊的内涵丰富得多。

运输通道（也称运输走廊）理论是 19 世纪 60 年代中后期发达国家在交通运输规划研究中提出的一种新的交通运输理论。对于运输通道的理解有一般意义（或称广义）和特定意义（或称狭义）的区分。泛指铁路、公路、水路、航空和管道等各种运输方式的运输线路即一般意义上的运输通道。美国自 19 世纪 60 年代中后期在研究区域经济与交通的关系中，提出了运输通道的概念后，便逐渐赋予它一种特定的含义。美国出版的《公共运输词典》对运输通道一词的注释为“连接主要交通流产生地、有共同流向的宽阔地带称为通道；通道可能有可供选择的几条线路”。

根据美国运输地理学家伊塔费的运输发展四阶段法，运输网的空间布局随时间变化经历了“点”、“线”、“网”与“通道”四个阶段。

（1）“点”阶段的经济发展基本表现为自给自足的封闭特征，早期的港口由于缺乏与内地的联系而呈现“点”状态。

（2）“线”阶段的经济发展速度加快，港口与内地的联系开始加强，发展较快的港口腹地范围扩大，逐渐形成中心港口。

（3）“网”阶段的经济相对发达，区域经济优势明显，运输线路的扩散和辐射作用加强，交通枢纽与中心城市的发展开始融合。

（4）“通道”阶段，运输网表现出“高度优先连接”特征，运输网内出现了特定区域的密集交通流量带，枢纽腹地服务能力达到高峰，枢纽中心城市与内地中心城市高度连接。

2. 运输通道的内涵

（1）运输通道是在单一运输方式网络的基础上发展起来的，连接客货流发源地与目的地的流量密集地带，具有方向性、大规模流量、服务边界和起讫点。

（2）运输通道存在着多种交通运输服务方式和交通运输线路，彼此相互竞争又相互补充，共同提供交通运输服务。

（3）运输通道包含综合交通运输线路、枢纽设施（机场、港口、车站等），以及枢纽服务配套设施。

（4）运输通道的形成受地理区位、城市发展、经济活动、管理与管制政策等多种因素的影响，但最终成败取决于通道服务的成本与效率。

（5）运输通道具有明显的经济功能，与国际合作、区域经济、产业布局等相伴相生、相互影响、融合发展。

3. 物流通道的定义与层次

借鉴运输通道的定义，物流通道可以定义为：在特定的地理区域，以海运、空运或铁路运输等为干线交通主要服务方式的多种运输线路集合，是具有规模大、成本最优、效率最高等特征的物流流量带。

物流通道具有较强的层次性，通常可分为国际通道、区际通道、区内通道，其表现形式会受到航线结构、航班频率、物流枢纽服务能力、所在区域辐射能力、区域经济合作与发展水平，以及班轮（班列、航班）时刻调度政策等多因素的影响。

以航线结构为例，不同的航线结构可能会形成端至端物流通道、轴辐式等多种形式的物流通道。

（1）端至端物流通道。这种通道对应着城市端至端航线网络，航线结构主要表现为城市之间两两连接，受城市经济发展水平、人口总量、经济辐射能力、营商环境、居民消费水平与习惯、城市间交流与合作、城市地面综合体系等的影响较大。因此，这种通道大多存在于拥有发达的港口、机场或铁路枢纽的区域中心城市之间，或区域中心城市与国家中心城市之间。

（2）轴辐式物流通道。这种通道对应着轴辐式航线网络，航线结构表现为物流枢纽和非物流枢纽的连接，航线安排以物流枢纽城市为中心，以干线形式满足枢纽城市间物流的需要，同时以支线形式由枢纽城市辐射至附近各中小城市，以实现更多物流集疏运，干支航线间有严密的航班时刻衔接计划。根据枢纽数目是一个还是多个，这种航线网络又可分为单枢纽航线网络和多枢纽航线网络。

三、国际物流节点与物流枢纽

（一）国际物流节点

1. 国际物流节点的概念

国际物流节点是指那些从事与国际物流相关活动的空间场所。物流节点的种类很多，在不同线路上节点的名称也各异，这是受物流学科形成之前交通运输、外贸、商业等领域各自发展的影响而形成的行业性叫法。在铁路运输领域，节点的称谓有货运站、专用线货站、货场、转运站、编组站等；在公路运输领域，节点的称谓有货场、车站、转运站、枢纽等；在航空运输领域，节点的称谓有货运机场、航空港等；在水路运输领域，节点的称谓有港口、码头等；在商贸领域，节点的称谓有流通仓库、储备仓库、转运仓库、配送中心、分货中心等。

2. 国际物流节点的类型

国际物流节点是一个广泛的概念，小到一个物流接收、发放点，大到综合物流枢纽，甚至一个城市或一个大的区域，都可看成国际物流节点。

根据其功能，国际物流节点可以分为以下四种：

（1）转运型节点：指以连接不同运输方式为主要职能的节点，如货运站、车站、编组站、货场、码头、机场、港口等。

（2）储存型节点：指以存放货物为主要职能的节点，如储备仓库、转运仓库、营业仓库、港口仓库、口岸仓库等。

（3）流通加工型节点：指以组织货物在系统中运动为主要职能，并根据需要对货物进行包装、分割、计量、组装、刷标志、商品检验等作业的节点，如流通仓库、流通中心、配送中心等。

（4）综合性节点：指多功能的国际物流节点，往往表现为一个大区域，如国际物流中心、出口加工区、国际物流园区、自由经济区等。综合性节点是为适应国际物流大量化和复杂化的趋势而产生的，它使国际物流更为精密准确，在一个节点中要求实现多种转化而使物流系统简化，是国际物流节点的重点发展方向之一。

3. 国际物流节点的功能

国际物流节点的功能是综合性的，可以说包含了物流的所有基本功能。国际物流节点的功能可概括为以下四项。

（1）作业功能。一般来讲，国际物流节点可承担各项物流作业功能，如储存、包装、流通加工、装卸、搬运、配送、信息处理等。但由于定位和目标不一，其基本作业功能可多可少或有所侧重。

（2）衔接功能。国际物流节点一般采取以下手段来衔接物流：通过转换运输方式，衔接不同的运输手段；通过加工，衔接干线物流及配送物流；通过存储，衔接不同时间的供应物流与需求物流；通过集装箱、托盘等集装处理，衔接整个“门到门”运输，使之成为一体。

（3）信息功能。国际物流节点是国际物流信息的集散地，在国际物流系统中每一个节点都是物流信息的一个点。

（4）管理功能。国际物流节点大都是集管理、指挥、调度、信息、衔接及货物处理等功能于一体的物流综合设施，整个国际物流系统的运转有序化、正常化和效率取决于各物流节点的管理水平。

（二）物流枢纽

1. 物流枢纽的概念

一般而言，可以将物流枢纽理解为处于枢纽或重要地位的、具有较完整物流环节，并能将物流集散、信息和控制等功能实现一体化运作的物流节点。

物流枢纽一词被政府部门、行业、企业在不同层次的物流系统化中十分频繁地应用，而不同政府部门、行业、企业的人们对其理解又不尽一致。实践中，对物流枢纽的理解可以归纳为以下几种表述。

（1）物流枢纽是从国民经济系统要求出发所建立的以城市为依托、开放型的物品储存、运输、包装、装卸等综合性的物流业务基础设施。这种物流枢纽通常由集团化组织经营，一般称之为社会物流枢纽。

（2）物流枢纽的目的是实现物流系统化、效率化。这种物流枢纽从供应者手中受理大量的多种类型的货物，进行分类、包装、保管、流通加工、信息处理，并按众多用户要求完成配货、送货等作业。

（3）物流枢纽是组织、衔接、调节、管理物流活动的较大的物流节点。虽然物流节点的种类很多，但大都可以看作以仓库为基础，在各物流环节提供延伸服务的依托。为了与传统的静态管理的仓库概念相区别，将涉及物流动态管理、具有重要物流平台作用的新型物流节点称为物流枢纽、物流中心、物流园区等。这种含义下的物流中心数目较多、分布也较广。

（4）物流枢纽是以货运枢纽为依托建立起来的经营社会物流业务的大型货物集散场所。由于货运枢纽是一些货运场站构成的联网运作体系，实际上也是构成社会物流网络的节点。当货运枢纽具有实现订货、咨询、取货、包装、仓储、装卸、中转、配载、送货等物流服务的基础设施、移动设备、通信设备、控制设备，以及相应的组织结构和经营方式时，就具备了成为物流枢纽的条件。这类物流枢纽也是构筑区域物流系统的重要组成部分。

（5）国际物流枢纽是指以国际货运枢纽（如国际港口）为依托建立起来的经营开放型的物品储存、包装、装卸、运输等物流作业活动的大型集散场所。国际物流枢纽必须做到物流、商流、信息流的有机统一。当代电子信息技术的迅速发展能够为国际物流枢纽的“三流”有机统一提供重要的技术支持，这样可以大大减少文件数量及文件处理成本，提高“三流”效率。

综上所述，物流枢纽是集中实现货物集散、存储、分拨、转运等多种功能的物流设施群和物流活动组织中心。不过，在实践中将物流枢纽的概念放在物流系统化或物流网络体系中考察才更有理论和实践意义。原因在于，物流系统是分为若干层次的，依据物流系统化的对象、范围、要求和运作主体不同，应用其概念的侧重点也有所不同。此外，社会、经济、地理、体制及其他因素都可能对物流枢纽的组织设计、组建与运作产生影响，因而，应结合具体实际情况对物流枢纽的概念作进一步分析。

2. 物流枢纽在物流网络中的层次

物流节点是整个物流网络的灵魂所在，但是各物流节点在网络中的地位是不同的。在同一经济区域内，由于各地区的经济发展水平、社会经济条件不同，物流节点在区域物流体系中的地位也就因之而异。这些地位、规模、功能、物流水平、服务范围各不相同的物流节点就构成了一个等级比较分明的区域物流节点体系。

从宏观的角度看，根据各个节点的规模大小、辐射能力强弱以及其功能的复合程度，以城市为基本单元，对物流节点进行层次划分，按照在物流网络体系中所处地位及不同作用，物流节点自上而下可划分为区域物流中心城市、物流枢纽、物流园区、物流中心、配送中心、货运场站等层次。不同层次物流节点所具有的服务功能，通常具有自上而下的兼容性。在同一空间范围内布局的不同层次物流节点，其数量、规模、选址建设条件要求、服务功能等，都有显著的区别和差异。通常，层次越高者设置数量越少、规模越大、选址建设条件越复杂、服务功能越综合齐全。

（1）区域物流中心城市。

区域物流中心城市处于物流网络最上层，是不同区域间流通的窗口，具有较强的经济吸引带动能力和物流服务辐射覆盖能力，具体表现为实物流动、信息流、资金流的辐射等，拥有集中的物流需求量和交换量，能为服务区域提供强大的仓储、分拨、运输、配送服务功能。

（2）物流枢纽。

物流枢纽处于物流园区的上一层次，在物流网络中具有特殊、重要的地位和作用，它是物流网络中货流的重要集散中心，是保证物流网络畅通、实施宏观调控的关键，同时又是物流网络中各节点相互联系、相互配合的重要环节和支持经济、社会发展的重要基础设施。

（3）物流园区。

物流园区介于物流枢纽和物流中心之间，它可以包含多个具有不同功能和服务范围的物流中心，集约了多种物流设施，相对集中地管理货物的集散，是综合性非常强的物流节点。

（4）物流中心。

物流中心处于中间层次，主要作为物流网络上城市之间货物及信息交流的枢纽，是向下一层次物流节点发送货物的源头，是保障货物在供应链上有效衔接的设施和机构，一般应建立在城市货物进出的主要方向上的城市边缘地区，且有高速度、大通行能力的运输通道，区域范围的物流网络上物流中心的数量不宜太多。

（5）配送中心。

配送中心的上游是物流园区或物流中心，下游是零售店或货运场站，其辐射范围较小，主要职能是联络物流中心，实现物流中心与城市内企业、居民消费区之间的小批量、多批次、多品种的货物配送。其数量较多、规模较小，更接近于所服务的区域及对象。

（6）货运场站。

货运场站处于物流网络最底层，是物流网络的一般节点，功能比较单一，设施设备配置比较简单，主要为物流中心集货和配送中心末端配送服务，主要提供货物集结、交付、装卸、中转、换装及其他配套服务等与货物运输相关的功能。其数量较多，分布于城市各区域和村镇等处所。

3. 物流枢纽、区域物流中心城市、物流园区的区别与联系

随着经济的发展和物流需求的变化，物流网络朝着相互联合与协调的方向发展，物流枢纽就是在这样的趋势下，在综合运输枢纽的基础上演变而来，是一个或多个物流园区、物流中心的集聚体。区域物流中心城市和各个经济区域间的物流交换、中转与衔接由城市内部的大型物流枢纽来承担。它们三者都拥有比较大的物流需求量，具备良好的交通条件和完备的物流基础设施、设备，并大量运用信息技术。但是，它们之间也存在很大差异。

(1) 在物流网络中的层次地位不同。区域物流中心城市是处于物流网络最上层的重要节点，是物资的转运中心、存储中心、分拣包装加工中心、物流信息中心及物流综合配套服务基地。物流枢纽处于物流园区的上一层次，是物流网络中货流的重要集散中心，是各节点设施相互联系、相互配合的重要环节和支持经济、社会发展的重要基础设施。物流园区是介于物流枢纽和物流中心之间的物流节点。

(2) 功能不同。区域物流中心城市作为物流网络上的节点，具有物流转运中心和存储中心、物流信息中心及物流综合配套服务基地的功能，同时有强大的物流实力，可以把区位优势、交通优势、资源优势转变为经济优势。物流枢纽的主要功能是交换、衔接和中转，一般不具备终端配送功能，而且协同、整合的功能比物流园区强。物流园区则集仓储、装卸搬运、运输、配送、加工、咨询、维修等多种服务于一体。

(3) 规模不同。在物流网络中，物流枢纽一般包括一个或多个物流园区和物流中心，其规模远超物流园区，在空间上不像物流园区内部那样集中，体现出空间非完全积聚性。

(4) 服务范围不同。区域物流中心城市的物流服务对整个地区乃至全国的辐射影响范围都很大。物流枢纽主要承担区域之间的物流交换和中转以及与城市物流系统的衔接。物流园区是综合性较强的基础设施，服务范围主要为所在城市。

四、货　物

1. 件杂货

所谓件杂货（general cargo）是指单件运输和保管的货物。关于件杂货的分类可从港口作业及货物特性两个角度研究。从港口作业的角度看，件杂货分成袋装货物、捆装货物、箱装货物、桶装货物、筐装及罐装货物、其他货物，其包装形式、货种内容及特性说明见表1-2。从货物特性的角度看，件杂货分成稳定性货物、半稳定性货物、易变质货物、危险性货物，其特性及货种内容见表1-3。

表 1-2　件杂货分类（港口作业的角度）

包装形式	货种内容	特性说明
袋装货物	粮食、糖、盐、水泥、化学肥料、纯碱、化工原料等	每种包装规格统一、不易破损、怕潮湿
捆装货物	棉花、布匹、纤维、纸张、毛皮、棉纱、草席、麻包	怕潮湿但不怕摔、体积较大
箱装货物	日用品、瓶酒、罐头、药品、玻璃制品	怕摔、易损
桶装货物	植物油、酒、化工原料、蜂蜜、汽油、机油、柴油等	多为圆柱体
筐装及罐装货物	咸菜、酱油、蔬菜、酒类、蛋类、玻璃瓶、药材	形状和体积不同、容易破损
其他货物	五金钢材、生铁、机械设备、木材、汽车	一般无包装、重量较大、外形不一

表 1-3　件杂货分类（货物特性的角度）

特性		货种内容
稳定性货物		日用品、钢铁、五金、机械
半稳定性货物		粮食、种子、食品、药品
易变质货物		蔬菜、水果、冷藏货
危险性货物	爆炸性	炸药、雷管、液化气体
	易燃性	汽油、棉、麻、烟、糖
	有毒性及腐蚀性	农药、化肥、酸类、碱类

目前，大多数件杂货都通过集装箱完成物流过程，所以说件杂货运输的发展方向是戎组化、集装箱化，但是有些件杂货（重大件）是不适宜用集装箱来运输的。

2. 干散货

干散货是指不需要包装、可直接装于船舱的干货，主要是一些初级产品，如铁矿石、煤炭、粮谷、铝矾土、磷矿石；其他还包括农产品、木材、水泥、化肥、原糖、废钢铁等，其中铁矿石、煤炭、粮谷、铝矾土和磷矿石又称五大干散货源。

这些干散货大都是工业生产的原料，是世界经济发展的基础，如铁矿石和煤炭是钢铁制造业的原料，而钢铁是工业和建筑业、汽车业、商船业、机器制造业以及大多数工业产品的主要原料；煤炭除了用于生产钢铁外，还是能源发电工业的主要原料；而粮谷更是人类生存之必需品；铝矾土是铝工业的原料，而铝是重要性仅次于钢铁工业约现代工业原料；磷矿石是农作物生产所依赖的重要化肥原料。

3. 液体货

液体货是指以液体状态运输和储存的货物，主要货品为石油及成品油、液化气及液体化学品。

4. 集装箱货

一般从经济性、物理性角度分析，集装箱货可分为四大类。

（1）最佳装箱货（prime containerizable cargo）。

属于这一类货物的，一般是价值高、运价高、易损坏、易被盗窃的商品，这些货物的体积与质量等方面适合于装载集装箱，且具有装箱利用率较高的特点。例如光学仪器、家用电器、医疗用品、照相机、摩托车等体积不是很大的机械类货物，以及可用冷藏集装箱装运的水果、肉类、乳酪等冷藏类食品。

（2）适合装箱货（suitable containerizable cargo）。

属于这一类货物的，一般是价值较高、运价较高、较易损坏和较易被盗窃的商品，例如电线、电缆、纸浆、金属制品等货物。

（3）边缘装箱货（marginal containerizable cargo）。

这一类货物从技术上看是可以装箱的，但由于其价格低廉、运价便宜，所以从经济上看装箱并不有利，而且这些货物在包装方面都是难以进行集装箱化的商品，例如钢、生铁、原木等。

（4）不适合装箱货（unsuitable containerizable cargo）。

这一类货物是指那些从技术上看装箱有困难，或是货运量大不宜直接用运输工具装运的货物。例如桥梁、大型卡车以及原油等货物。

随着专用集装箱的使用，尤其是“散改集”运输模式的推广，诸如粮食、焦炭等大宗散货也通过集装箱进行运输，因而，边缘装箱货和不适合装箱货的品种正在不断减少。

五、集装箱

1. 集装箱的定义与标准

集装箱（container），在中国南方及香港被称为“货柜”或“货箱”，重箱（loaded container）也称“重柜”，空箱（empty container）也称“吉柜”。国际标准化组织（International Organization for Standardization，ISO）、《集装箱关务公约》（Customs Convention on Containers，CCC）、《国际集装箱安全公约》（the International Convention for Safe Containers，CSC）、英国国家标准等均对集装箱下过定义，内容大同小异。目前，中国、日本、美国、法国等国都全面地引进了 ISO 的定义。ISO 认为集装箱是“一种运输设备”，

应满足下列要求：(1) 具有足够的强度，可长期反复使用；(2) 适于一种或多种运输方式运送，途中转运时，箱内货物不须换装；(3) 具有快速装卸和搬运的装置，特别是便于从一种运输方式转移到另一种运输方式；(4) 便于货物装满或卸空；(5) 具有 1 立方米及以上的容积。集装箱这一术语不包括车辆和一般包装。

由此可见，集装箱作为具有一定强度、刚度和规格专供周转使用的大型装货容器，其本身并不是包装容器，而是一种运输设备。它是进行货物运输、便于机械装卸的一种成组工具。而在特定的情况下，它又是一种货物。也就是说，当货物用集装箱装载进出口时，集装箱箱体就作为一种运输设备；当一个企业进口或出口集装箱时，集装箱箱体又与普通的进出口货物一样。因此，集装箱既是一种运输设备，又是一种货物。

集装箱标准按使用范围分，有国际标准、国家标准、地区标准和公司标准四种。

(1) 国际标准集装箱。

1961 年 6 月 ISO 集装箱技术委员会成立后，开始着手制定国际集装箱标准。国际标准集装箱共有 13 种规格，其宽度均一样（2 438 毫米）、长度有四种（12 192 毫米、9 125 毫米、6 058 毫米、2 991 毫米）、高度有四种（2 896 毫米、2 591 毫米、2 438 毫米、小于 2 438 毫米）。目前使用的国际集装箱规格尺寸主要是 ISO/TC104 制定的第一系列的四种箱型，即 A 型、B 型、C 型、D 型。其中，1A 型是业务中常见的 40 英尺集装箱（FEU），最多可载货 66～67 立方米，最大载重 26 公吨左右；1C 型是业务中常见的 20 英尺集装箱（TEU），最多可载货 33 立方米，最大可载重 21 公吨。1AAA 和 1BBB 是两种超高箱型，俗称高柜（H. D. C）。从载货容积与重量可知，40 英尺箱型适用于轻泡货，20 英尺箱型适用于重货。

(2) 国家标准集装箱。

各国政府参照国际标准并考虑本国的具体情况来制定本国的集装箱标准。我国系列 1 集装箱国家标准为《系列 1 集装箱分类、尺寸和额定质量》（GB/T 1413—2023）。该标准与《系列 1 集装箱分类、尺寸和额定质量》（GB/T 1413—2008）相比，主要技术差异如下：

一是增加了公称长度为 45 英尺集装箱，公称长度为 20 英尺、高度为 2 896 毫米集装箱（即 1CCC 型）的相关内容和具体的技术数据；二是集装箱定义第 1 条中的“可长期反复使用”改为“在有效使用期内可以反复使用”，更符合安全作业的原则；三是标准中 1BBB、1BB、1B、1BX、1CC、1C 和 1CX 型集装箱的最大额定质量由原来的 24 000 千克、25 400 千克增加到 36 000 千克；四是标准中 1BBB、1BB、1B、1BX 型集装箱长度公差由原来的 0～3/16 英寸修订为 0～3/8 英寸。

二维码 1-1 《系列 1 集装箱分类、尺寸和额定质量》（GB/T 1413—2023）

值得注意的是，除了参照ISO标准制定国家标准外，包括欧美国家及我国在内的许多国家，均制定了内陆集装箱标准，以适应内陆地区对重货运输的需求。

（3）地区标准集装箱。

此类集装箱标准是由地区组织根据该地区的特殊情况制定的，此类集装箱仅适用于该地区。如根据国际铁路联盟（UIC）制定的集装箱标准而建造的集装箱。

（4）公司标准集装箱。

某些大型集装箱船公司根据自身的具体情况和条件而制定集装箱船公司标准，这类集装箱主要在该公司运输范围内使用。如美国海陆公司的35英尺集装箱。

此外，目前世界上还有不少非标准集装箱。如非标准长度集装箱有美国海陆公司的35英尺集装箱、总统轮船公司的45英尺及48英尺集装箱；非标准高度集装箱，主要有9英尺和9.5英尺两种高度集装箱；非标准宽度集装箱有8.2英尺宽度集装箱等。

为了便于计算集装箱数量，以20英尺集装箱作为换算标准箱，并以此作为集装箱船载箱量、港口集装箱吞吐量等的计量单位。故存在下列换算关系：40英尺＝2TEU，30英尺＝1.5TEU，20英尺＝1TEU，10英尺＝0.5TEU。

2. 集装箱分类

基于不同角度，集装箱可有不同的分类。

（1）按使用材料不同，可分为铝合金集装箱、钢制集装箱、玻璃钢制集装箱。

（2）按使用目的不同，可分为杂货集装箱（dry container）、冷藏集装箱（refrigerated container）、散货集装箱（solid bulk container）、开顶集装箱（open top container）、框架集装箱（flat rack container）、罐装集装箱（tank container）以及一些特种专用集装箱，如汽车集装箱、牲畜集装箱、兽皮集装箱、平台集装箱。

二维码1-2
常见集装箱类型与尺寸

（3）按箱所有者不同，可分为货主自备箱（shipper's own container，SOC）、承运人箱（carrier's own container，COC）和出租箱（lender's own container，LOC）。

3. 集装箱的标记识别

为了便于在流通和使用中识别和管理集装箱、便于单据编制和信息传输，国际标准化组织制定了集装箱标记的标准，即《集装箱的代号、识别和标记》(ISO6346－1981(E))。

国际标准化组织规定的标记有必备标记和自选标记两类，每一类标记中又分为识别标记和作业标记。其中最重要的是箱主代号；箱号或顺序号；核对数字；集装箱尺寸及类型代号等。

二维码1-3
集装箱标记

（1）箱主代号。由4位大写字母表示，前3位表示箱主代号，第4位字母为U，表示海运集装箱代号。比如，COSU表示中国远洋运输（集团）有限公司的集装箱，TBJU表示中国铁道部的集装箱。

（2）顺序号，又称箱号，由6位阿拉伯数字组成。如有效数字不足6位，则在有效数字前用“0”补足6位，如053842。

（3）核对数字。核对数字是用来核对箱主代号和顺序号记录是否准确的依据。它位于顺序号后，以1位阿拉伯数字加一个方框表示。

4. 集装箱货物的交接方式

集装箱货物的交接方式是指集装箱运输中承运人、货主双方之间的交接方式。交接方式规定了承运人和货主的责任范围、风险和费用。

海上集装箱运输货物的交接地点主要包括门（door）、集装箱堆场（container yard，CY）、船边或吊钩（ship's rail or hook/tackle）、集装箱货运站（container freight station，CFS）。基于以上四种交接地点，通过排列组合，理论上可以得到16种集装箱货物的交接方式。不过，实践中为充分发挥装卸船效率，集装箱码头极少采用船边交付方式，而是选择门、集装箱堆场、集装箱货运站作为交付地点，从而形成以下9种交接方式。

（1）门到门（DR to DR）：由发货人负责装载集装箱，在其工厂或仓库交承运人验收后，承运人负责全程运输，直到在收货人的工厂或仓库交箱为止。

（2）门到场（DR to CY）：由发货人工厂或仓库至目的地或卸箱港的集装箱堆场。

（3）门到站（DR to CFS）：由发货人工厂或仓库至目的地或卸箱港的集装箱货运站。

（4）场到门（CY to DR）：由起运地或装箱港的集装箱堆场至收货人的工厂或仓库。

（5）场到场（CY to CY）：由起运地或装箱港的集装箱堆场至目的地或卸箱港的集装箱堆场。

（6）场到站（CY to CFS）：由起运地或装箱港的集装箱堆场至目的地或卸箱港的集装箱货运站。

（7）站到门（CFS to DR）：由起运地或装箱港的集装箱货运站至收货人工厂或仓库。

（8）站到场（CFS to CY）：由起运地或装箱港的集装箱货运站至目的地或卸箱港的集装箱堆场。

（9）站到站（CFS to CFS）：由起运地或装箱港的集装箱货运站至目的地或卸箱港的集装箱货运站。

值得注意的是，在特殊情况下，仍有集装箱货物在船边交付的必要与可能。

（1）某些危险品货物。如从事第3、4、5、6、8、9类危险品货物港口装卸作业，以及第2类集装箱危险品货物港口车船直取操作。特别地，针对烟花、爆竹、信号弹等等1类爆炸危险品更是严格要求，只允许车船直取。

（2）临时加载或急于提取的货物。

（3）锚地作业的货物。

比如，在香港的中流作业即属于此情况。中流作业是母船（mother vessel）停泊于香港附近海上的浮筒或锚区，再由负责船边作业的中流仓公司派趸船（这种船上装有起重能力为40吨的单杆吊，通常为非机动船），同时于船边两侧作起卸或交收柜作业，从而完成集装箱的交接。

5. 集装箱货物的组织方式

在集装箱货物的流转过程中，其流转形态分为两种：一种为整箱货；另一种为拼箱货。

（1）整箱货［full container（cargo）load，FCL］，是指由发货人负责装箱、计数、积载并加铅封的集装箱货物。整箱货的拆箱一般由收货人办理，但也可以委托承运人在货运站拆箱。因此，整箱货通常只有一个发货人和一个收货人。

（2）拼箱货［less than container（cargo）load，LCL］，是指由承运人的集装箱货运站负责装箱和计数，填写装箱单，并加封志的集装箱货物，通常每一票货物的数量较少，因此装载拼箱货的集装箱内的货物会涉及多个发货人和多个收货人。

对于整箱货，承运人以箱为交接单位，承担在箱体完好和封志完整的状况下接受并在相同的状况下交付整箱货的责任。换言之，只要集装箱外表与收箱时相似和铅封完整，承运人就不负责箱内的货损、货差，除非货方举证确属承运人责任事故的损害。因此，在整箱货的提单上，通常要加注诸如“货主装箱、计数（shipper's load and count，SLAC）”“货主装箱、计数并加封（shipper's load，count and seal，SLCAS）”“据货主称（said by shipper，SBS）”“据称箱内包括（said to contain，STC）”等不知条款。对于拼箱货，承运人应负责在箱内每件货物外表状况明显良好的状况下接受并在相同的状况下交付。整箱货与拼箱货的区别如表1-4所示。

表1-4　整箱货与拼箱货的区别

项目	整箱货	拼箱货
货主数量	一个货主	多个货主
装箱人	货主	货运站、集拼经营人、无船承运人（NVOCC）
制装箱单加封	货主	货运站、集拼经营人、NVOCC
交接场所	门、场、钩	站

续表

项目	整箱货	拼箱货
货物交接责任	箱子外表状况良好、关封良好即可交接	须看货物实际情况（件数、外观、包装等）
提单上的不同	加注 SLAC、SLCAS、SBS、STC 等不知条款	无须加不知条款，如加注也无任何效力
流转程序	①发货人；②装货港码头堆场；③海上运输；④卸货港码头堆场⑤收货人	①发货人；②发货地车站、码头货运站；③装货港码头堆场；④海上运输；⑤卸货港码头堆场；⑥收货地车站、码头货运站；⑦收货人

图 1－9 显示了集装箱整箱货与拼箱货的组织过程。从中不难看出，与传统运输相比，集装箱运输增加了空箱调运—装箱—拆箱—还箱等业务内容，因而，拆装箱业务和箱管业务成为集装箱运输业务中的重要内容。

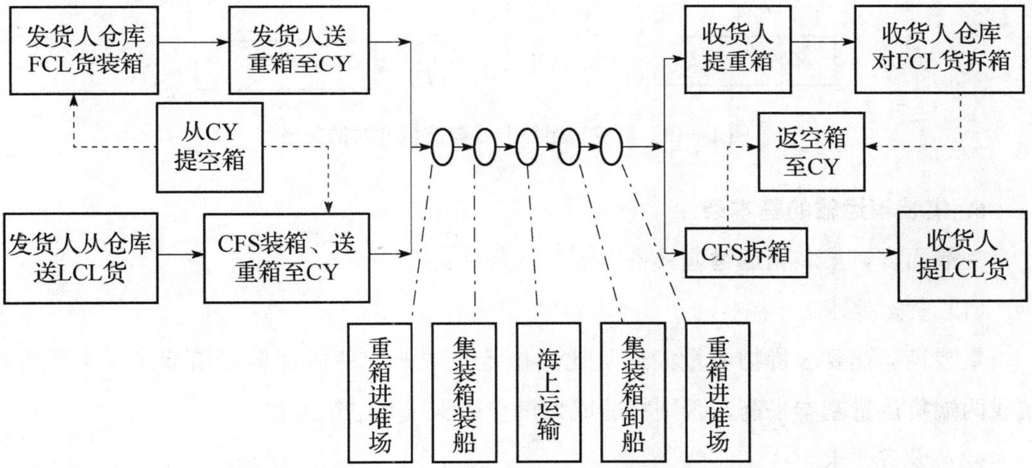

图 1－9　集装箱整箱货与拼箱货的组织过程

集装箱货物根据具体航线上的经济地理条件，可有以下四种不同的组织形式。

（1）FCL/FCL：在发货地组织整箱货，运到收货地后以整箱货送交收货人。

（2）FCL/LCL：在发货地组织整箱货，运到收货地内地仓库作为拼箱货拆箱，再分送各收货人。

（3）LCL/FCL：在发货地内地仓库组织拼箱货装箱，运到收货地整箱送交收货人。

（4）LCL/LCL：在发货地内地仓库组织拼箱货装箱，运到收货地内地仓库再拆箱分送各收货人。

四种形式中以第一种组织形式最有利于组织门到门运输。当然，从规避风险的角度，对于承运人而言，应避免采用 FCL/LCL 方式。

由于FCL货物由发货人或收货人在工厂装拆箱，因此，FCL货物的交付地点必定为DR或CY；而LCL货物由承运人委托的货运站装拆箱，因此，LCL货物的交付地点必定为CFS。由此可见，四种组织方式与九种交接方式之间存在一定的联系与对应关系，即DR/CY、DR/DR、CY/CY、CY/DR对应FCL/FCL；DR/CFS对应FCL/LCL；CFS/CY对应LCL/FCL；CFS/CFS对应LCL/LCL；CFS/DR对应LCL/FCL；CY/CFS对应FCL/LCL，二者之间的关系如图1-10所示。

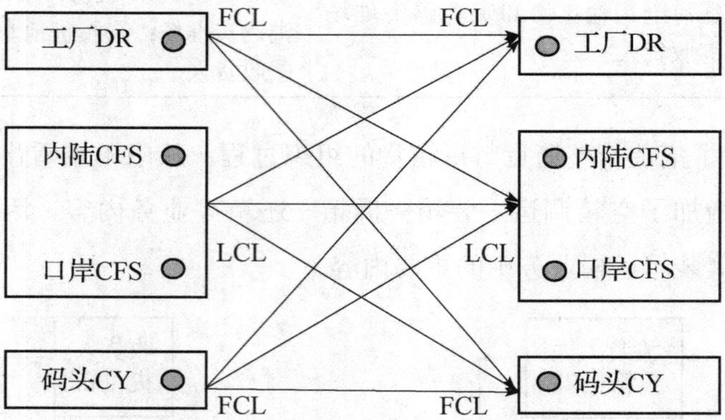

图1-10 集装箱组织方式与交接方式的关系

6. 集装箱运输的基本条件

一般而言，集装箱运输应具备以下基本条件：

(1) 货运要求。

集装箱运输要求货物流量大而且比较稳定集中，货种适合集装箱装运，尤其要求航线两端货运量基本平衡，否则将造成大量空箱积压和空箱运输。

(2) 设备要求。

必须在整个运输过程中的各个环节更新有关设备，以适应集装箱运输的要求。除了需要集装箱船舶、集装箱专用码头和堆场外，还必须要有相应的装卸搬运集装箱的重型机械设备，如岸壁集装箱装卸桥、跨式龙门吊和跨式集装箱搬运车等。

(3) 集疏运条件要求。

要有与集装箱运输相适应的内陆运输条件，公路和铁路运输应有接受大型集装箱进行海陆联运的能力，使集装箱能在各种运输方式之间迅速顺利地换装。

(4) 管理工作要求。

由于集装箱随着货物的流动而分散到各地，必须对集装箱进行专门掌握、调度、回收、修理等一系列复杂的管理工作。

六、运输工具

运输工具是用以实现货物的运送和集散的载体，包括船舶、铁路货车、汽车、飞机等。

1. 船舶

目前专门从事海上货物运输的船舶主要有普通货船、集装箱船、液货船、滚装船、载驳船等种类。

二维码 1-4
海上船舶

(1) 普通货船。

普通货船分为多种。最常见的是干货船，专门用来装运成包、成扎、成箱的干货。有的干货船除装运货物外，还可载运少量旅客，这种干货船称为客货船。还有一类是散装货船，专门用来运输不加包装的货物，如煤炭、矿石、谷物、木材等。常见的散装货船有运煤船、矿砂船、木材运输船、牲畜船、谷物船、水泥运输船、钢铁运输船及装运鱼、肉、蛋、果品的冷藏货船。由拖轮或推轮与运货驳船组成的驳船队，也属于普通货船。

(2) 集装箱船。

集装箱船经历了一个由非专业向专业转化的过程。最早的集装箱船是件杂货与集装箱混装的，没有专门的装载集装箱的结构。1957 年 10 月，美国泛大西洋轮船公司将一艘 C-2 型货船改装成吊装式全集装箱船，取名“盖脱威城号（Gateway City）”，该船载重量 9 000 吨，一次可装载 226 个 35 英尺集装箱，船上配备 2 台龙门起重机，可自装、自卸集装箱，这是世界上第一艘全集装箱船。

集装箱船与一般杂货船不同，它外形狭长，舱内设有格栅式货架，装有垂直导轨，便于集装箱沿导轨放下，四角有格栅制约，可防倾倒。舱面设有集装箱系固设备。集装箱船为单甲板、宽舱口，采用尾机型或中后机型，以便多装箱，比如，6 000TEU 集装箱船的舱内最多横向 15 列，舱面为 17 列。甲板一般堆放 2～4 层集装箱，舱内可堆放 3～9 层集装箱。集装箱船装卸速度快，停港时间短，采用高航速，通常为每小时 20～23 海里。近年来为了节能，一般采用经济航速，为每小时 18 海里左右。沿海短途航行的集装箱船的航速每小时仅为 10 海里左右。

集装箱船的类型如下：

①按船型分为：杂货-集装箱两用船、半集装箱船（semi-container ship）、全集装箱船（full container ship）。

②按装卸方式分为：吊装式集装箱船（LO/LO-lift on/lift off）、滚装式集装箱船（RO/RO-roll on/roll off）、滚-吊船（RO/LO）。

目前，水路集装箱运输市场已形成以全集装箱船为主，以滚装式集装箱船、半集装箱船、杂货-集装箱两用船等为辅的格局。

（3）液货船。

液货船是专门运送液体货物的船舶。液体货物有油、酒、液化天然气、化学药品等。装运天然气的是液化气体船，装运石油产品的是油船。石油运输还可使用塑料油囊，这是一种运送石油的新方法，把石油装在塑料油囊中，浮在海面上，用拖轮拖带。

（4）滚装船。

滚装船是20世纪60年代末诞生的一种新型船舶。滚装船是专门运载滚动车辆的运输船，如运载各种汽车、装满集装箱或货物的卡车和挂车等。滚装船以装满集装箱或货物的车辆为运输单元。装载时，汽车及主牵引车辆拖带的挂车通过跳板开进舱内。到达目的港后，车辆可直接开往收货单位。滚装船的装卸效率很高，每小时可达1 000～2 000吨，而且实现了从发货单位到收货单位的“门到门”直接运输，减少了运输过程中的货损和差错。滚装船的优点是船上及岸上均不需要装卸设备，装卸速度快、效率高，但由于载货车辆需要占用大量货舱容积，因此其舱位利用率低，运输成本高。滚装船的吨位一般为5 000～26 000吨，航速为18～22节，最高达25节。

（5）载驳船。

载驳船于20世纪70年代出现，与集装箱船、滚装船构成了现代化海上运输系统。载驳船是一种载运驳船的母船。驳船是浮在水面的运输单元，类似于集装箱，可装载各种货物。载驳船担负运输驳船的任务，到港后卸下驳船，即可继续航行。卸下的驳船由专门的拖船拖带，进入港口后自行安排货物装卸工作。载驳船可在水深较浅、泊位较少的港口、码头进行装卸作业。

二维码 1-5 铁路集装箱运输工具与设备

2. 铁路货车

铁路货车的种类很多，如棚车、敞车、平车、罐车、保温车等。运输怕湿及贵重物品时，可以选择棚车。当货物是不怕湿的散装货或一般机械设备时，可以使用敞车。平车一般用于装运长大货物（木材）及集装箱。同货运汽车一样，罐车主要适用于装运液体、半液体和粉状物品。保温车主要用来装运新鲜易腐货物及对温度有特殊要求的某些医药。

3. 汽车

在国际道路货物运输中，既有大型、中型、微型吨位的普通载货汽车，也有诸如自卸式货车、散粮车、箱式车、敞车、平板车、冷藏车、集装箱牵引车和挂车等专用运输车辆。

二维码 1-6 汽车货柜车和集装箱车

4. 飞机

载运空运货物使用的飞机主要包括民用飞机中的货机或客机。货机运量大，但因仅限于某些货源充足的航线使用，故其运输成本较高。客机主要是利用机腹舱运送货物，但因其以运送旅客为主，加之还需要承运旅客托运的行李，因此该种方式虽灵活性较高，但载货量有限。

二维码 1－7
民用飞机的分类

第三节 “通道+枢纽+网络”国际物流运行体系

一、通道经济与枢纽经济概述

1. 通道经济

所谓通道经济，是依托良好的区位条件，以物流通道为依托，以经济开放合作为纽带，以经济集聚辐射和产业转移为途径，以参与区域经济协作为手段，通过要素流动和产业集聚，实现通道地区经济的协同发展。

通道经济的内涵可以从以下三个方面来加深认知：

（1）通道经济在本质上属于流通经济。通道作为人力、物资、资金、技术等要素流通的载体，通过提高区域之间的流通能力，促进要素在区域间自由、合理、有序地流动，最大限度地提高流通的经济效益。

（2）通道经济是一种开放型经济。运作高效的通道网络体系使区域内外互联互通，拓展经济发展的空间，打破区域壁垒和行业分割，促进区域间相互开放与协作，形成区域经济一体化的开放经济格局。

（3）发展通道经济的最终目的是带动通道沿线区域经济的协同发展。各区域发挥自身地缘优势，依托独特的资源条件发展特色优势产业，完善通道经济产业布局和结构，提高自身市场竞争力，从而带动区域经济的增长。通道经济是一种以要素流通为主，以区域经济协同发展为目标的外向型、开放型经济模式。

2. 枢纽经济

枢纽经济是围绕枢纽，发展与枢纽相关联的产业，构建产业生态圈。国家相关文件强调了依托不同类型的物流枢纽优势，发展与之关联的枢纽经济，即物流枢纽是推动产业转型升级、区域经济协调发展和国民经济竞争力提升的重要力量。形成各种要素大聚集、大流通、大交易的枢纽经济；依托国家物流枢纽辐射广、成本低、效率高的优势，带动区域农业、制造业、商贸等产业聚集发展，不断提升枢纽的综合竞争优势和规模经济效应。

以国家物流枢纽为例，依托国家物流枢纽旨在产生相应的产业价值与城市经济价值。

（1）国家物流枢纽的产业价值，就是在信息、智能、网络等技术的支撑下，除创造规模经济外，还能够协同发展产业链供应链和构建增值能力强的价值链。只有创造"规模＋效率"价值，对地方政府来说，才能实现单位面积上更多的税收；对企业来说，才能实现更大的利润。因此，政府和企业的共同目标，就是在特定空间上提高物流的规模和效率，向物流资源整合、物流网络拓展、物流规模提升和物流业态创新方向发展。这就是物流的产业价值。而物流的产业价值在特定的空间内发挥到极致，就会形成枢纽经济价值——物流要素聚集起来形成产业集群，通过提高物流的辐射能力来带动相关产业发展，创造枢纽偏好型的产业发展价值。物流枢纽的产业价值具有"物流增量＋产业增量"的双增量价值。

（2）国家物流枢纽的城市经济价值。把产业经济价值落在特定区域，就是城市经济价值，或者叫区域经济价值。这种价值主要体现在三个方面：

一是提升城市的物流地位和竞争力。未来的城市和城市之间的竞争，比拼的不是招商引资政策谁更优惠，而是区域构建产业链、供应链、价值链的能力和辐射能力的强弱。

二是培育城市物流产业增长点。国家物流枢纽以服务区域为基本任务，必将为城市带来超越自身生产、生活的增量，且增量规模随网络辐射范围的扩大而不断提升，这将为城市物流产业带来新的增长点，未来，要培育城市物流产业增长点，把物流、商贸和制造业串接起来，打开创造产业链价值的空间。

三是强化城市的产业要素聚集功能。国家物流枢纽为城市物流产业带来增量的同时，也营造了强大的物流辐射网络条件，为制造业、商贸等产业基于成本、要素竞争力的聚集创造了环境，必将提升城市产业要素聚集发展功能。

二、"通道+枢纽+网络"国际物流运行体系的作用机理分析

1. 点轴模式的基本原理

点轴模式是从增长极模式发展起来的一种区域开发模式。如图 1-11 所示，在一个广大的地域内，增长极只能是区域内各种条件优越、具有区位优势的少数地点。一个增长极一经形成，就要吸纳周围区域的生产要素，使本身日益壮大，并使周围的区域

成为极化区域。当这种极化作用达到一定程度，并且增长极已扩张到足够强大时，会产生向周围地区的扩散作用，将生产要素扩散到周围区域，从而带动周围区域的增长。增长极的形成取决于推动型产业的形成。推动型产业一般又称为主导产业，是一个区域内起方向性、支配性作用的产业。一旦地区的主导产业形成，源于产业之间的自然联系，必然会形成在主导产业周围的前向联系产业、后向联系产业和旁侧联系产业，从而形成乘数效应。

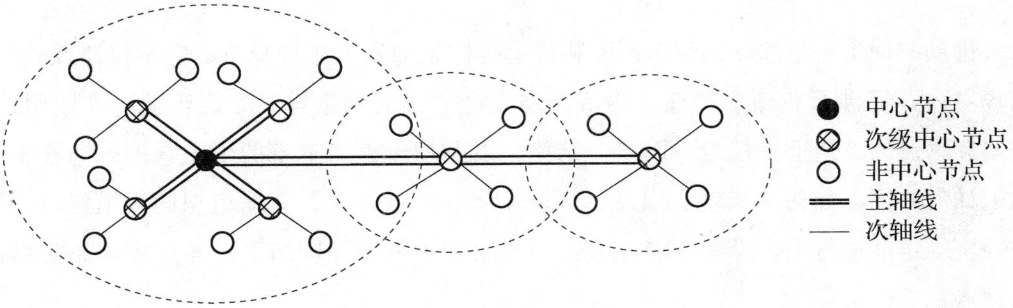

图 1-11　点轴模式空间结构示意图

随着经济的发展，经济中心逐渐增加，由于生产要素交换需要交通线路以及动力供应线、水源供应线等，点与点相互连接起来就形成轴线。这种轴线首先是为区域增长极服务的，但轴线一经形成，对人口、产业也具有吸引力，吸引人口、产业向轴线两侧集聚，并产生新的增长点。点轴贯通就形成点轴系统。因此，点轴开发可以理解为从发达区域大大小小的经济中心（点）沿交通线路向不发达区域纵深地发展推移。

2. 基于点轴模式的“通道＋枢纽＋网络”国际物流运行体系的作用机理

从点轴模式来看，物流枢纽就是点（增长极），围绕物流枢纽吸附周边资源并发展物流关联产业，形成主导产业与规模效应，再进一步向外扩散。而物流通道则是多个点之间的物流线路形成的发展轴，点轴贯通，进而形成框纽网络系统，实现了“通道＋枢纽＋网络”的点轴融合的现代物流体系。可见，基于点轴模式的“通道＋枢纽＋网络”国际物流运行体系的提出正是在国家物流枢纽布局的基础上进一步完善和连通各个点的全局规划，从顶层设计上加强了枢纽经济与通道经济的形成，通过物流资源互用、政策对接、信息共享，激发通道沿途供应链合作，并推动人才、知识信息的流动和共享，加速枢纽经济与通道经济的融合，推动区域协同增长。

综上所述，“通道＋枢纽＋网络”国际物流运行体系的作用机理主要体现在四个方面：

（1）“点”——枢纽，系统整合存量物流基础设施，减少低水平重复建设和同质竞争，引导物流资源集聚形成规模经济效应；

（2）“线”——通道，依托枢纽打造跨区域的物流通道，完善区域内集疏运体系，提高干支物流和末端配送一体化运作水平；

（3）“网”——网络，通过枢纽与通道的融合作用，推动形成物流枢纽网络系统；

（4）“面”——在物流服务腹地的产业、城市上，发挥物流枢纽资源集聚和区域辐射作用，带动制造业、商贸等产业集聚，与物流融合创新发展，培育经济发展新动能。

三、“通道+枢纽+网络”国际物流运行体系发展的关键点

推动“通道＋枢纽＋网络”国际物流运行体系的发展比较复杂，它不仅涉及政府、市场主体，还涉及物流、产业、物流网络、产业辐射网络等关系。因此，产业组织、网络和物流的“通道＋枢纽＋网络”结构，以及物流枢纽本身的干支仓配网络在枢纽点上如何协同，如何从宏观、微观、区域发展、产业诉求、运输组织的规模经济、网络经济等角度进行综合思考，应成为推动“通道＋枢纽＋网络”物流运行体系发展的关键点。

1. 差异化聚集特定物流资源，形成独特的物流规模效应

（1）在推进的过程中，需要格外关注地区内不同物流设施的层级和功能差异，以此推进不同物流资源分类的集聚，以形成差异化物流集群。

（2）干线运输、区域分拨，以及供应链与干、支、网络相配套的供应链顶层的功能组织设计，其目标都是使物流资源向重要枢纽集聚，以形成物流规模效应。

2. 营造协同、规范、经济性强的发展环境

基于通道、枢纽与网络的国际物流运行体系的竞争力提升，关键在于营造协同、规范、经济性强的发展环境，从而形成低成本、高质量的物流服务产品。

3. 深化区域物流网络各要素的联动，形成物流网络经济性

在物流枢纽上进行联动，形成物流网络经济性，需要各物流枢纽之间在业务对接、功能对接、集散关系对接等方面形成有效的衔接关系。同时，物流通道的开行也是多枢纽之间的关系作用的结果，因物流通道的开行涉及相关政府、企业不同的投入关系，只有做到政企同步、协同和整体性，才能在通道运行中形成物流网络经济性，从而带来更多的物流要素聚集和物流枢纽的高效率发展。

4. 强化物流网络塑造与地区产业组织网络化的联动

物流枢纽需要改变产业组织，同时改变产业时空关系。首先，物流网络，特别是物流通道的开行，与地区经济的发展方向和产业组织特征需要什么样的物流网络、组织方式是密切关联的。因此，应具有一定高度的物流供需对接思维，将物流网络塑造与地区产业组织网络化进行有机对接。其次，相关政府与企业在搭建物流干、支、配、

网络时，应密切关注产业组织的服务需要，这是保证物流枢纽能长期、可持续健康发展的一个关键因素。

综合练习

一、不定项选择题

1. 与国内物流相比，国际物流独有的业务是（　　）。

A. 报关业务　　B. 保税物流业务　　C. 运输业务　　D. 配送业务

2. 货主自备箱的英文缩写是（　　）。

A. COC　　B. LOC　　C. SOC　　D. MOC

3. 与CY/CY对应的组织方式为（　　）。

A. LCL/LCL　　B. LCL/FCL　　C. FCL/FCL　　D. FCL/LCL

二、是非题

1. 国际物流就是外贸物流。

2. 在特定情况下集装箱是货物。

3. 国际物流不一定按最短路径运行。

三、简述题

1. 简述国际物流与国际贸易的关系。

2. 简述国际物流与国际供应链的关系。

3. 简述“通道＋枢纽＋网络”国际物流运行体系发展的关键点。

第二章 国际物流网络

开篇案例

面向2035年的国家综合立体交通网

中共中央、国务院印发《国家综合立体交通网规划纲要》（以下简称《规划纲要》），这是以习近平同志为核心的党中央做出的重大战略部署，是加快建设交通强国的关键举措。《规划纲要》明确了国家综合立体交通网是国家交通基础设施最高层次的空间网络，是国家综合交通运输体系的基础，是铁路、公路、水运、民航、管道等各种运输方式的主要通道和节点。《规划纲要》突出了以下四个特点，力争建成布局完善、规模合理、结构优化、资源节约、衔接高效、互联互通的海陆空国家网络。第一，综合立体强调的是统筹融合协调，也是坚持系统理念，加强前瞻性思考、全局性谋划、战略性布局、整体性推进的重要体现。第二，强调交通与相关产业融合发展，包括邮政、物流、旅游、装备制造等相关产业，是把推进综合立体交通基础设施建设作为加快发展现代产业体系、推动经济体系优化转型升级的重要组成部分的重要体现。第三，强调构建面向全球的交通网和与其他国家互动互联的关系，更好地支持开放和内外双循环的新格局。第四，强调国家综合立体交通网要与国民经济发展规划、国土空间规划、区域规划以及流域规划等相关规划衔接好，体现了部门之间的协同。

学习目标

知识目标：

1. 熟悉物流网络的类型和模式。
2. 掌握国际物流网络分析框架。
3. 了解国际物流网络规划的定量分析。

能力目标:

1. 能正确识别实践中不同的轴辐模式物流网络。

2. 具备运用国际物流网络分析框架进行物流网络分析的能力。

素养目标:

1. 认识国际物流网络建设在加快实施《国家综合立体交通网规划纲要》中的重要作用。

2. 明确国际物流网络规划人才的责任和担当，增强使命感，提高专业认同度。

第一节　国际物流网络概述

一、国际物流网络的概念与构成要素

1. 国际物流网络的概念

“网络”是一个具有地理、信息、数学等多重含义的概念。“网络”一词最初在《现代汉语词典（第二版）》中，指电的系统中，由若干元件组成的用来使电信号按一定要求传输的电路或这种电路的部分；在计算机科学中，网络是信息传输、接收、共享的虚拟平台，通过它把各个点、面、体的信息联系到一起，从而实现网络资源共享和信息交换；在数学中，网络通常被称为“图”（graphs），一个图 $G=(V, E)$ 是一种包含“节点”集合 V 与“边”集合 E 的数学结构网络；在地理学中，网络主要是一种反映空间位置关系和空间相关关系的地理映射，其实质是空间网络。

“物流网络”随现代物流业发展而出现，各学科也有各自的关注焦点。其中，管理学者关注物流综合网络，包括组织网络、基础设施网络和信息网络；经济学家侧重于物流产业的供应链管理和物流技术研究；交通运输学者则主要集中于传统物流运输网络中的货物流通和交通运输研究。

在国家物流标准《物流术语》（GB/T 18354—2006）中，物流网络被定义为物流过程中相互联系的组织与设施的集合。该概念强调了联系的重要性，也强调了组织与设施是物流网络的主体要素，但缺失了物流系统在空间维度的内涵释义。在 2021 年最新版《物流术语》（GB/T 18354—2021）中，物流网络的概念被调整为通过交通运输线路连接分布在一定区域的不同物流节点所形成的系统，开始强调网络的空间性和差异性。

由此可见，物流网络是以多向连接线路及多层级物流节点为基础载体，促进物流要素在一定地域范围内高效流动的一体化空间网络。显然，国际物流网络本质上是一国的物流网络在跨境空间上的延伸、衔接和提效。因此，国际物流网络可以定义为以多向连接线路及多层级物流节点为基础载体，促进物流要素在不同国家之间高效流动的一体化空间网络。

2. 国际物流网络的构成要素

根据空间结构理论，空间是进行社会经济活动的基本场所，各项经济活动在空间上以节点、连线和域面这些空间形式表现出来，点、线、面是区域空间结构的基本要素。可见，节点、连线、域面成为国际物流网络的基本构成要素。由于物流网络以信息网络为依托，因此，广义上，物流网络实际上是由物流节点与物流线路连成的产品（实物）网络与信息网络组成的有机体（见图 2－1）。具体由节点、连线、域面、信息四大要素组成。下面简要介绍域面、物流信息网络，至于物流节点与物流连线等将在后面专门予以说明。

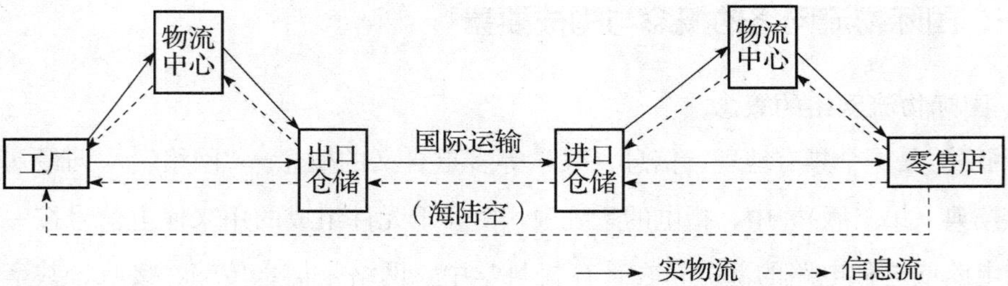

图 2－1　国际物流网络结构示意图

（1）域面。

域面是指物流节点和通道所依托的地域，是物流节点通过运输网络所能产生较强流动联系的功能腹地，以货源地为节点的流场体现了货源地的资源供给能力，以分拨中心为节点的流场则反映了分拨地的资源集散能力。域面具有确定的空间范围，一个国际物流网络中可呈现出不同等级的域面格局。一般情况下，域面内部各个节点之间的流动比较紧密，而域面之间的流动比较松散。域面的大小受不同节点吸引和辐射的影响，还与节点所处的区位、地理环境、经济水平、竞合关系等因素密切相关。

在国际物流网络中，域面的协同组织、动态调整功能突出。一是国际物流网络强调对现有网络“整合”。一方面，基于全球化物流公共信息平台，国际物流网络力图通过现存分散、隔离的物流网络资源要素的优化组合，推进全球不同区域内各级物流组织域面的优势互补、互联共享与有机结合；另一方面，通过对不同物流系统、物流企业及其产、供、销渠道的整合，重构物流渠道资源，破解国际物流多头组织的难题。二是国际物流网络域面呈动态调整变化。在国际物流网络构建与优化过程中，国际物流网络的域面是适应全球经济发展需求而不断优化调整的。比如，一国外贸经济发展会对本国资源要素的输入输出、网络的覆盖范围及流动方向提出新的要求。

（2）物流信息网络。

物流信息网络是由库存信息子系统、采购信息子系统、生产信息子系统、国际运输信息子系统、管理信息子系统等组成的。物流信息网络又可以看作由“节点”和“连线”构成的。其中，信息网络的节点指各种物流信息的聚集以及处理的节点，例如员工编制进出口单证、准备提单、记录最新库存量、处理国际订货单据等；信息网络的连线指国内外的邮件、电话、电报及 EDI 等电子媒介。

值得注意的是，从抽象概念来看，信息网络与产品流动的网络非常相似，都可以视为节点和连线的集合。然而，二者最主要的区别在于产品大多是沿分销渠道顺流而“下”（流向最终消费者），而信息则多是沿分销渠道逆流而“上”（流向原料产地）；此外，信息网络与产品网络二者之间是紧密联系的，并非分割独立。例如，信息网络的设计将会影响系统的订货周期进而影响产品网络各节点保有的库存水平。库存的可得率会影响客户服务水平，进而影响订货周期和信息网络的设计。可见两大网络并不是相互独立的，只有通过相互融合才能避免分别设计可能导致的整个系统的欠缺。

二、国际物流网络的特点

国际物流包含企业将物理货物和材料从供应商处运送给客户的过程，涉及至少跨越一个国际边界，并包括资金和信息的国际流动。因此，该过程所依托的国际物流网络具有以下特点：

1. 跨国性

国际物流网络由至少两个国家的物流网络组成，所服务对象涉及跨越国际边界的物流活动，需要处理不同国家之间的贸易和物流要求。这导致国际物流网络变得更加复杂，需要适应不同国家的法规、海关要求以及满足不同物流方式的需要。

2. 多样性

按运输方式划分，国际物流网络可分为海运、空运、陆运、管道等网络，既要满足不同的运输方式，又能通过多式联运组织充分发挥各种运输方式的优势。

3. 多元化

国际物流网络应适应多元化的全球供应链网络需要，能满足来自不同国家的供应商和客户的需求，建立有效的合作关系和沟通渠道，以确保供应链的顺畅运作。

4. 关联性

国际物流网络是在国内物流网络的基础上建立起来的，它实际上是国内物流网络的延伸，二者相互作用、相互影响。

三、物流网络的类型

基于不同的角度，物流网络有不同的分类，比如，按照不同作业场景划分，物流网络可以分为仓储网络、运输网络、配送网络；按照不同物流公司的产品和能力，可以分为快递网络、重货网络、大件网络、冷链网络等等不同的网络类型。限于篇幅，以下介绍两种常见的分类。

1. 按照层次划分

以城乡地域空间划分为基础，物流地理学衍生出了城市物流网络、乡村物流网络等概念。其中，城市物流网络强调物流活动在城市空间上的组织结构，包括城市外部物流网络和城市内部物流网络两种空间层级。乡村物流网络则是不同乡村物流内容（农产品物流、生产资料物流、生活用品物流）所形成的差异化的网络格局和模式。城市物流网络和乡村物流网络都只对单一地域范围的物流空间组织进行了解释，忽视了两者之间要素组织密不可分的关联。伴随城乡“去边界化”发展，城乡地域边界消失和社会经济融合加快，城乡物流网络一体化发展趋势明显。近年来，各大物流组织纷纷布局农村，如阿里巴巴集团的菜鸟网络、京东集团的“先锋站”计划、苏宁易购集团的“乡村服务站”、中国邮政与地方政府共建的“村邮站”、商务部的万村千乡市场工程等。已有部分研究开始强调物流在强化城乡地域系统极化-扩散效应中的作用、追溯城乡要素双向流动的理论意义、实证县域城乡物流网络结构演化等等，但对空间视角的城乡物流网络的内涵和定义尚未取得普遍共识。

从物流网络的覆盖范围划分，物流网络可以分为全球物流网络、区域物流网络、城市物流网络、乡村物流网络等。

物流网络系统是一个多层次的循环系统，各个层次由于自然、经济、社会条件的差异，形成不同的内容、结构和特征，并在地位与作用、结构与功能上表现出等级秩序。不同层次之间相互联系、相互作用、相互交织，形成相对稳定的系统结构，并通过物流功能使要素有机结合，降低社会成本，提高物流效率，缓解交通拥挤状况，保持生态平衡，实现经济可持续发展。

2. 按照动静态划分

按照动静态划分，物流网络可以分为静态网络和动态网络。

众所周知，物流活动可以分为静态的仓储和动态的运输。在物流活动中，静态的仓诸是点状的，在抽象的空间状态下，形成一个个锚定点。这些固定的点覆盖不同区域，彼此呼应，形成一个彼此交织、互相补充的静态网络，也就是仓网；运输则是动态的，通过不断地带着货物产生位移，使得货物在点与点之间不断流转。这种载有货物的空间位移形成一条条鲜明的线，这些线将点一个个串联起来，使各点之间直接或间接产生联系。动态的运输在静态的点上彼此连接，使货物通过一次次的集散可以到达任何想要到达的地方，这就是动态的运输网络。显然，静态的点和动态的线共同组成了物流活动。从抽象的空间状态来看，这就像是一张繁复的渔网，把所有的物流关键环节网罗其中，从而形成了一张完整的物流网络。

四、物流网络的模式

根据是否直达，物流网络分为点点直达模式和轴辐模式。

（一）点点直达模式

点点直达模式，是指在每一个物流节点之间建立物流路线。在物流节点较少，且每个节点之间的物流量达到一定规模的情况下，此种模式可以减少换装次数，降低中转货损，节省装卸费用，提高物流速度，从而产生比较好的效率和效益，是时限最短的一种物流网络模式。

当然，如果物流节点过多，或者各个节点之间的物流量规模较小或者运量不平衡，采用点点直达模式则会导致物流网络不经济，带来较高的成本支出。因此，点点直达模式在网络层级中属于区间干线网，一般为省与省之间中转枢纽间的连接网络，具有时效高、成本低的优点。

（二）轴辐模式

根据网络中是否存在直接连接，轴辐模式可分为单一轴辐模式和混合轴辐模式。

1. 单一轴辐模式

单一轴辐模式因枢纽（中心节点）数量的不同，可分为单枢纽轴辐模式和多枢纽轴辐模式。

（1）单枢纽轴辐模式。

单枢纽轴辐模式，是指将所有的运输量集中到一个枢纽（中心节点），然后再向各节点发运的网络模式。根据网络层级划分，它可细分为以下两种类型。

①二级单枢纽轴辐模式。它是指一个枢纽作为一级节点，直接向其他所有二级节点发运的网络模式。该模式可以最大限度实现物流量合并，发挥枢纽的处理功能，产生网络规模经济，但同时会出现不同程度的逆向运输和对流运输等情况，并带来一定

的时间延长，因此，它通常在网络规模不大、服务范围较小的情况下采用。

②多级单枢纽轴辐模式。它是指一个枢纽作为一级节点，直接向周边所有二级节点发运，并通过二级节点转运至三级节点，然后再由三级节点依次转运至次一级节点（如有超过三级节点）的网络模式。

（2）多枢纽轴辐模式。

多枢纽轴辐模式，是指将运输量集中到多个枢纽（中心节点），然后再向各节点发运的网络模式。根据网络层级划分，它可细分为以下两种类型。

①二级多枢纽轴辐模式。它是指设立一定数量的枢纽（通常为二级节点），将周围多个物流节点（通常为三级节点）运量集中到枢纽进行运量合并后，再进行运输的网络模式。

②多级多枢纽轴辐模式。它是指设立一定数量的枢纽（一级节点），将周围多个物流节点（依次为二级、三级节点等）的运量集中到枢纽进行运量合并后，再进行运输的网络模式。多级多枢纽轴辐网络可以避免单一轴辐模式中枢纽流量拥挤的情况，在运输节点数量众多、各个节点运量较低或者不平衡的情况下，这种模式比较适用。

2. 混合轴辐模式

单一轴辐模式中所有节点上的流量都要通过枢纽（中心节点）进行中转，不同的节点之间不存在直接链路。而混合轴辐模式网络中的连接除了节点和枢纽（中心节点）之间的连接外，还允许节点之间的直接连接，这些直接连接只往返于各个节点之间，占全部连接的少数，网络的整体结构还是变现为轴辐式网络特征。

第二节 国际物流网络分析与规划

一、国际物流网络分析框架

为实现国际物流网络的综合性、系统性与集成性研究，较好地从学科理论、方法论与区域发展实践等角度解决国际物流网络发展演化的关键科学问题，在实践中应遵循地理学中格局、过程、机理与决策的科学逻辑，构建数据采集与融合、要素映射与解析、时空比较与分析、机理探究与模拟优化四大模块的国际物流网络分析框架（见图 2－2）。

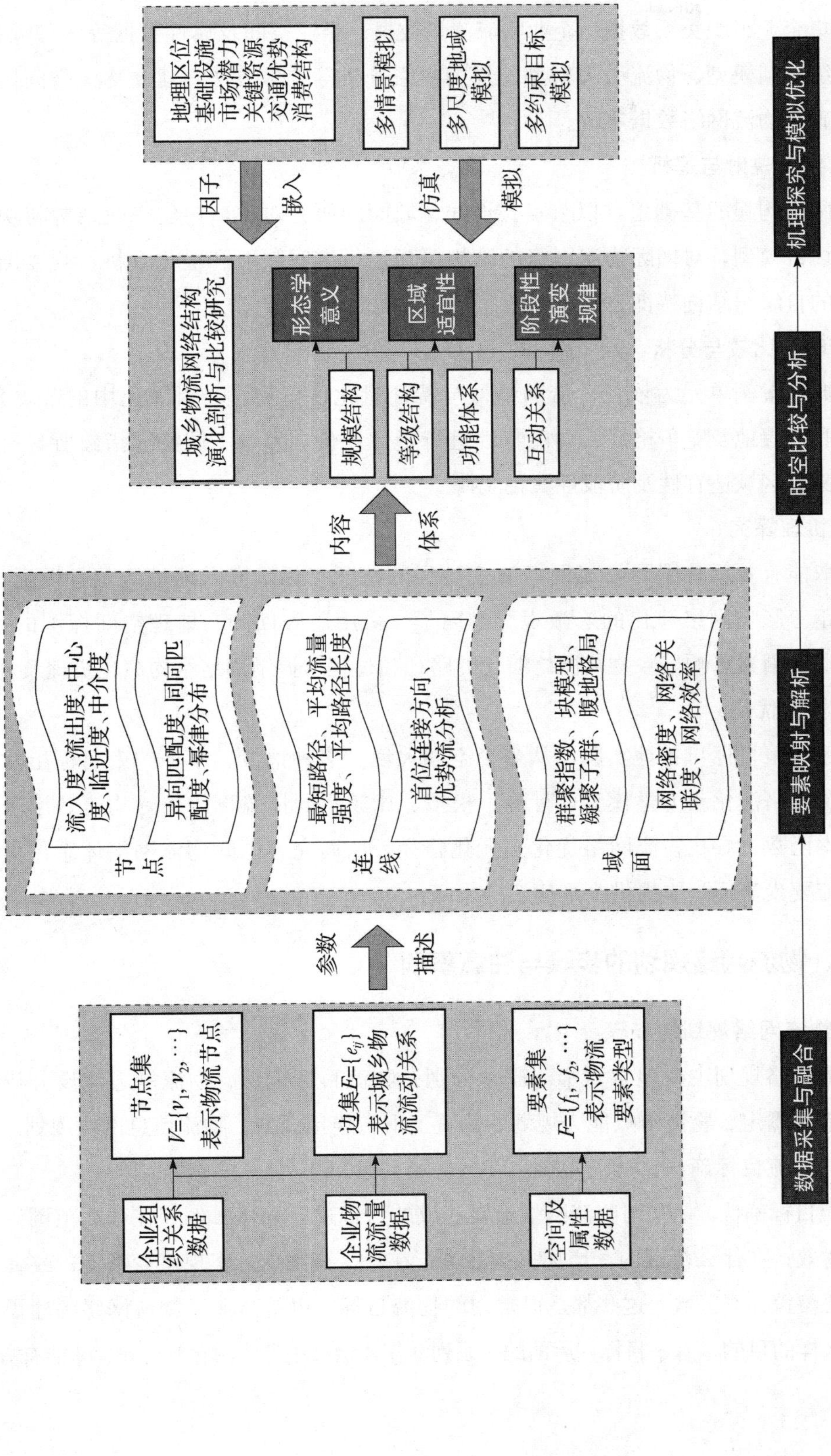

图2-2 国际物流网络分析框架示意图

1. 数据采集与融合

从国际物流网络的构建入手，明晰国际物流网络各要素组织架构和相互作用关系，综合采集企业组织关系数据、企业物流流量数据、企业空间及属性数据等多种数据源，结合网络连锁模型、物流引力模型、复杂网络分析等技术方法，建立物流空间网络数据库，破解物流网络数据瓶颈。

2. 要素映射与解析

在网络构建的基础上，以节点、连线、域面为研究对象，构建空间结构与功能特征量化评价模型，对国际物流网络的结构要素进行空间映射和量化解析，测度国际物流网络的自组织结构特征。

3. 时空比较与分析

以典型案例单元为依托，借助结构与特征量化评价模型，对演化中的节点角色、内外关联、腹地及竞争格局、功能特性进行量化评价，界定不同特征指数所具有的形态学意义、区域适宜性及阶段性演化规律。

4. 机理探究

提取能有效反映国际物流网络演变过程的特征指标，嵌入地理区位、设施水平、经济差距等影响网络演化的宏微观影响因子，采用矩阵回归、地理空间探测的方法，重点厘清各因素影响城乡物流网络演化的路径和过程，揭示网络结构演化机理及规律。

5. 模拟优化

基于政策目标与各地实践，从多个空间尺度、多种情景、多种约束目标出发建立国际物流网络演化动力学模型，计算、模拟、比较不同情境下的国际物流费用函数和时间成本函数，寻找物流网络优化多元化路径，从而完善国际物流网络体系，为增强国际物流要素流通效应提供决策建议。

二、物流网络规划的步骤与注意事项

1. 物流网络规划的步骤

物流网络规划主要包含六个步骤，分别是物流目标确认、物流能力建设分析、物流网络节点圈定、物流节点能力规划、物流上下游连接规划、物流信息网络规划。

（1）物流目标确认。

物流目标确认，是指对物流网络想要达成的目标进行确认，例如在什么范围内，提升多少时效；在什么范围内，增加多少品类；在什么范围内，实现多少降本；或者是物流网络要覆盖什么区域。这些都是很常用的物流目标，也就是通过物流网络的建设，要达到什么样的目的，有了目标，后面的一系列动作才能有法可依，有章可守，才能有方向。

（2）物流能力建设分析。

有了目标之后，就需要对目标进行分析，明确为了达成目标，这个物流网络需要具备哪些能力？这些能力有什么特点？要建设这些能力，需要投入什么样的资源，需要选择什么样的运营模式？有几种方案？最终选择哪种方案？以此来明确实现方式。通过能力分析获得的能力建设方案，实际上就是物流网络规划的前半段，即需求分析的过程。通过这个过程，把物流网络规划的基调和方案定下来，然后才能开展下一步的实际工作。

（3）物流网络节点圈定。

确认方案后，就需要在目标的区域里，找到最适合的网络节点，以便开展节点能力规划。

（4）物流节点能力规划。

对圈定的节点需要达到的能力进行规划，使不同节点间能够彼此交织、相辅相成，形成一个整体，而非各自为战。

（5）物流上下游连接规划。

以圈定的节点为源头，规划其上下游的连接方式，把链路打通，使这些节点不再是孤岛，货物能够真实地有进有出，实体的物流网络规划才算是基本成型。

（6）物流信息网络规划。

实体的物流网络规划完成后，需要开展信息网络规划。即从信息角度，将各个节点的信息更快速、更准确地串联起来，实现信息互通，可以更好地协同，更大限度地发挥物流网络的能力。

2. 物流网络规划的注意事项

物流网络规划是一项专业性比较强的工作。在实践中，应注意以下几点：

（1）对各项物流运营方案有深入的了解，这样才能有针对性地选择最贴合物流目标需求的能力建设方案。

（2）对物流的实际运营应具备专业能力，才能对不同的节点和节点间连接的方式进行良好的设计。

（3）对信息化建设有一定的了解，才能统筹起信息系统的建设。但在实际工作中，既懂得宏观运营方案理论又懂得实际运营操作的专家非常稀少，再加上要了解信息化，这样的规划推动者更少。因此，更多的物流网络规划工作是以团队的形式完成的，不同类型的人才负责不同板块，最终通过结合的方式完成物流网络规划工作。

（4）规划落到实处。为什么说规划要落到实处呢？因为所有的规划实际上最终都要服务于实际的运营工作。这是为了使运营工作更顺畅、更高效或者更低成本。因此所有的规划方案都应该能够深入实际需求，做好调研，把真实的需求信息收集上来。而非坐在办公室里，做一个几方融洽的座谈会，就结束了调研工作，脱离实际业务需求。想当然的规划工作，是万万不可行的。因此，要充分掌握实际业务需求，把规划落到实处。

（5）规划的可延展性。物流网络建设基本上都需要大量投入资源，网络建成后，涉及很多固定投入，不能在短期能快速升级。如果在进行规划时，没有将业务增长考虑进去，那么设施设备的局限性就会造成物流网络运营的极大风险，因此，要能够在未来的一定时间内承接企业不断增长的业务体量，而非仅仅注视当下，解决眼前问题。

（6）规划工作的组织协调。物流网络规划的组织者和管理者要能够充分地调和团队氛围，让团队中的各个成员都能够通力合作，彼此间顺畅沟通。只有充分发挥各领域专家的作用，才能实现一加一大于二的效果，使物流网络规划工作更好地进行。

三、物流网络规划的定量分析

在物流网络规划时，需要采用相关数学模型进行定量分析。下面以物流网络优化模型和物流服务范围优化模型的构建为例，说明如何进行定量分析。

1. 物流网络优化模型的构建

已知某企业有 40 个需求地，主要分布在亚洲区域，准备在中国或新加坡设立物流中心，配送中心候选地有 8 个，包括新加坡、日本、韩国和中国的香港、深圳、上海、天津、大连，物流网络结构模型如图 2－3 所示。

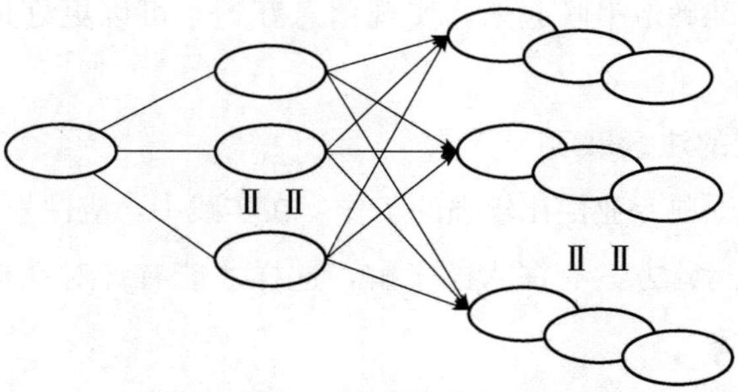

图 2－3 物流网络结构模型

为完善其物流网络，研究建立物流网络优化模型。

从 1 个物流中心出发，经过若干个配送中心，向若干个客户配送货品。物流中心已定，配送中心候选地有 8 个，从中选择若干个配送中心，使总的物流成本最低。

（1）基本思路。

配送中心的选择方案应根据通过配送中心的货品数量的多少来评价和决定。因此，通过求解使总费用最低的运输方案来确定每个配送中心的通过量，并由此决定配送中心的取舍。

（2）优化目标。

整个网络的优化目标是使整个网络的物流成本最低。整个网络的物流成本包括以下几个部分：总物流费用＝总运费＋总配送费＋配送中心仓储费＋配送中心内部可变费用＋配送中心固定费用。

（3）数学模型。

目标函数可表示为：

$$\min f(x_{ijk})=\sum_i\sum_j\sum_k(c_{ij}+d_{jk})x_{ijk}+\sum_j e_jZ_j+\sum_j W_jZ_jQ+\sum_j V_jr(Z_j)$$

约束条件为：

$$\sum_{i=1}^{1}\sum_{j=1}^{8}x_{ijk}=P_k,\ k=1,2,\cdots,40;$$

$$x_{ijk}\geqslant 0;\ i=1;\ j=1,2,\cdots,8。$$

决策变量为：

x_{ijk}——从物流中心 i 经过配送中心 j 到客户 k 的运输量；

参数为：

c_{ij}——从物流中心 i 到配送中心 j 每单位量的运输成本；

d_{jk}——从配送中心 j 到客户 k 每单位量的配送成本；

e_j——配送中心 j 的单位仓储费；

x_{ijk}——从物流中心 i 经过配送中心 j 到客户 k 的运输量；

Z_j——配送中心 j 的物流通过量，$Z_j=\sum_i\sum_k x_{ijk}$；

W_j——配送中心 j 通过量的可变费用系数；

V_j——配送中心 j 的固定费用（与配送中心规模无关的费用）；

$r(Z_j)=0$：$Z_j=0$——不建此配送中心；

$r(Z_j)=1$：$Z_j>0$——建设此配送中心。

在目标函数中，第一项是运输成本、配送费。第二项是配送中心的仓储费，与通过量 Z_j 成正比。第三项 W_jZ_jQ 是配送中心的可变成本，与通过量 Z_jQ 成正比，考虑规模经济性，一般 $0<Q<1$；假设 $Q=1/2$。它与变量 x_{ijk} 无关，所以优化计算时可不考虑。

2. 物流范围优化模型的构建

已知某企业由 1 个物流中心经由 4 个配送中心向 40 个需求地配送。已知：物流中心到各个配送中心的距离和单位运费、各配送中心到各需求地的距离和单位运费以及各个需求地的需求量，求使总运费最低的运输方案。这是一个数学规划问题。数学模型表示如下。

设由配送中心 j 到需求地 k 的配送量为决策变量，用 X_{jk} 表示。

目标函数为：

$$\min f(X_{jk})=\sum_{j}C_{j}\sum_{k}X_{jk}+\sum_{j}\sum_{k}D_{jk}X_{jk}=\sum_{j}\sum_{k}(C_{j}+D_{jk})X_{jk}$$

约束条件为：

$$\sum_{j}X_{jk}=P_{k}，k=1,2,\cdots,40；$$
$$X_{jk}\geqslant 0；j=1,2,3,4。$$

其中，C_j 为从物流中心 i 到配送中心 j 每单位量的运输成本；

D_{jk} 为从配送中心 j 到客户 k 每单位量的配送成本；

P_k 为第 k 个需求地的配送需求量；

$j=1，2，3，4；k=1，2，\cdots，40$。

综合练习

一、不定项选择题

1. 国际物流网络的特点是（　　）。

A. 跨国性　　B. 多样性　　C. 多元化　　D. 关联性

2. 国际物流网络分析框架包括（　　）。

A. 数据采集与融合　　B. 要素映射与解析

C. 时空比较与分析　　D. 机理探究与优化

3. 根据空间结构理论，物流网络的构成要素由（　　）组成。

A. 节点　　B. 连线　　C. 域面　　D. 信息

二、是非题

1. 国际物流网络由物流枢纽与物流通道组成。

2. 国际物流信息网络是国际物流网络的一部分。

3. 轴辐模式是时限最短的一种物流网络结构模式。

三、简述题

1. 简述物流网络规划的步骤。

2. 简述物流网络规划的注意事项。

第三章 国际枢纽物流

开篇案例

创建口岸枢纽物流新生态，加快贸易强国建设

党的二十大报告提出，加快建设贸易强国。推动共建“一带一路”高质量发展。口岸作为全球物流网络中的重要节点，是国际物流通道的重要枢纽，是国际贸易货物的集散中心，是全球产业链供应链的重要环节。近年来，我国以加速融入国家“一带一路”建设为指引方向，以打造内陆开放新高地和新通道为核心目标，以促进国际贸易往来为动能，加快口岸海陆空枢纽建设，依托枢纽打造物流经济，形成水运通江达海、陆运贯通亚欧、空运纵横全球的现代物流体系，使之成为加快建设贸易强国，推动共建“一带一路”高质量发展的重要载体。

学习目标

知识目标：

1. 了解港口与码头、陆港与内陆中心站、空港与机场等。

2. 熟悉港口物流供应链、港口经济圈港产城融合发展、陆港与海港融合发展、临空经济区港产城融合发展。

3. 掌握国际枢纽物流的概念与内涵、特点与分类以及港口物流、陆港物流、空港物流。

能力目标:

1. 能正确分析港产城融合发展的要素与作用机理。

2. 具备运用国际枢纽（海港、陆港、空港）物流理论解决实际问题的能力。

素养目标:

1. 认识国际枢纽物流在构建“枢纽+通道+网络”国际物流运行体系中的重要作用。

2. 明确国际枢纽物流人才的责任和担当，增强使命感，提高专业认同度。

第一节 国际枢纽物流概述

二维码 3－1
口岸与口岸管理概述

一、国际枢纽物流的概念与内涵

1. 国际枢纽物流的概念

国际枢纽物流，是指依托口岸枢纽（海港、陆港、空港）对接国内国际航线和集疏运网络，实现多式联运中转有机衔接的过程，主要为口岸枢纽腹地及其辐射区域提供货物集散、国际中转、转口贸易、保税监管等物流服务和其他增值服务。

具体而言，国际枢纽物流可以分为狭义与广义两种定义：

（1）狭义的国际枢纽物流是指以依托口岸枢纽为核心，以集疏运网络为延伸，以内陆场站为节点，以信息网络为纽带，提供国际综合物流服务的过程。

（2）广义的国际枢纽物流，是指利用口岸枢纽的货物集散优势，以先进的物流服务基础设施、设备为依托，以进出口贸易和转口贸易为支撑，以现代信息技术为手段，以优化物流资源整合为目标，强化口岸枢纽周边物流辐射功能的综合物流形态。

显然，一方面，国际枢纽物流与通常所称的口岸物流、港口物流相近，均是围绕物流节点探讨物流活动组织与经营，但国际枢纽不同于一般的物流节点，其具有更高的物流层次与更强大的物流功能。另一方面，国际枢纽物流不同于通道物流。前者以枢纽为载体开展物流活动，其物流活动具有“点”的典型特征；后者依托海陆空通道，以移动的海陆空运输工具为载体开展物流活动，其物流活动具有“线”的典型特征。

2. 国际枢纽物流的内涵

可从多个维度探讨国际枢纽物流的内涵。

（1）层次维度。

如果把国际枢纽物流看成一个同心圆，它可分为港区物流、城市物流、区域物流三个圈层。其圈层大不大、辐射力强不强，关键看射线的长度和密度。据此不难看出，国际枢纽物流可形成三个层次的内涵。

①直接内涵——港区物流。这是指与国际枢纽直接相关联的物流，主要包括靠泊、装卸、搬运、储存、集疏运等功能。该业务以国际枢纽港企业为主体，涵盖国际枢纽

内各作业区域。

②间接内涵——城市物流。这是指与国际枢纽所在城市的卸搬运业务相配套的业务，或者说派生的业务，既包括传统的国际枢纽服务，如船货代理、理货、报关报检、仓储等，也包括新型物流业务，如保税物流、流通加工、物流金融等。该业务以国际枢纽企业设置的物流企业以及国际枢纽物流服务企业为主体，涵盖临港区域及国际枢纽所在城市相关物流区域。

③辐射内涵——区域物流。这是指国际枢纽辐射至腹地所形成的口岸区域物流。随着市场竞争与现代物流的发展，国际枢纽物流不仅是基本装卸搬运系统的延伸，而且以临港产业为基础，以信息技术为支撑，以优化国际枢纽资源整合为目标，向内陆延伸，将运输、仓储、装卸搬运、货运代理、报关报检、包装加工、配送、信息处理等物流环节有机结合，通过构建港至港、港到门全程物流服务网络，为用户提供多功能、一体化的综合物流服务。

（2）市场维度。

国际枢纽物流的活动空间已由国际枢纽向周边区域、跨市、跨省甚至全球延伸，其目标是构建以国际枢纽为核心的物流服务网络，形成货源腹地到港口（如不特殊说明，本章所称的港口泛指具有外贸功能的海港、河港、陆港、空港等）的国际枢纽物流服务供应链。

（3）产品维度。

国际枢纽物流以海陆空枢纽的装卸搬运和中转功能为依托，建立强大的物流集聚、加工的载体和平台，继而发展仓储、配送、加工改装、包装、展示、交易等产业，带动整个国际枢纽物流产业以及内陆腹地经济的发展。也就是说，现代国际枢纽物流要求的不仅是“流”，还要“留”和“聚”，让货物尽可能留下来，并通过资源整合，实现服务增值。

（4）管理维度。

国际枢纽物流已由粗放型向集约化发展转变，由只重视货物吞吐量向培育物流服务链转变，其目标是由港口经营人向港口物流经营人转变。

综上所述，国际枢纽物流实际上是以国际枢纽为核心，以中心城市和城市群为依托，以国际枢纽经济及相关产业为支撑，以综合运输体系、基础设施体系和信息网络体系等为纽带，以改革创新和开放合作为动力，具有较强辐聚力和影响力的特殊物流形态。

3. 国际枢纽物流的目标

国际枢纽物流既要依托国际枢纽港口，又要跳出国际枢纽港口，应将视角从国际枢纽港口拓展到国际枢纽所在城市以及腹地区域，并力争实现以下三大目标。

（1）圈层带动，即整个国际枢纽物流系统依托港口形成若干环状空间组团，以港口为中心区向外通过紧密的功能联系走廊，形成内围圈层。

（2）线性辐射，即借助国际枢纽航线、多式联运、贸易走廊、信息网络等“线路”实现超越空间的远程联系，进而实现国际枢纽物流功能的辐射。

（3）链式集合，即将相关口岸和所在城市、相关内陆区域的产业、资金、信息、基础设施、人才、生态等要素集合，形成产业链、供应链、价值链、创新链、服务链等环环相扣、紧密衔接的发展链条。

二、国际枢纽物流的特点

以国际枢纽港口为依托形成的国际枢纽物流实际上综合了国际物流、区域物流、城市物流的某些特征，形成了自己独有的特征。

1. 国际枢纽物流的领域特征——国际化与区域化

（1）国际枢纽物流发展受国家政策和国际环境的影响，国际贸易全球化、世界经济一体化趋势使口岸的国际贸易节点的作用更加突出。

（2）国际枢纽物流发展与集疏运体系及腹地经济等有关。腹地经济的发展水平、规模以及该地区的人口密度及交通运输体系优劣都会直接影响国际枢纽物流的吞吐量。

（3）国际枢纽物流面临较其他物流更加激烈的直接竞争。国际枢纽港口面临的竞争不仅来自临近港口，还来自具有区域战略地位的国外港口。

2. 国际枢纽物流的属性特征——公共化与社会化

国际枢纽汇集了大量的货主、航运企业、代理企业、零售商等，成为物流、人流、技术流、资金流的交汇中心。因此，国际枢纽物流的公共化与社会化特征十分明显，其在区域物流组织中的地位与作用日益突出。

3. 国际枢纽物流的职能特征——专业化与综合化

（1）专业化是口岸物流产业发展的核心。国际枢纽物流企业在构建核心竞争力时，应不求做得最大最全，但求做得最精最强，以便在行业内充分发挥和体现自身的优势。

（2）现代国际枢纽物流具有综合物流中心功能。传统国际枢纽物流仅具有中转与产品分配功能，现代国际枢纽物流具有商务中心的功能，并成为综合物流中心。

4. 国际枢纽物流的要素整合特征——规模化与系统化

（1）规模化。国际枢纽港口的规模将不断扩大，这种扩大包括两方面内容，即口岸占地规模的不断扩大与国际枢纽港口作业技术的科技水平不断提高。

（2）系统化。口岸通过统筹协调各个功能子系统，形成物流大系统，控制整个商品的流动过程，以达到利益最大或成本最低，同时满足用户需求不断变化的客观要求。

5. 国际枢纽物流的技术特征——智能化与信息化

（1）当前国际枢纽物流进一步拓展服务功能的“增值物流”，打造技术密集型的“智能港”。

（2）国际枢纽港口依靠天然的区位优势、信息中心地位、高效的信息技术，为客户提供增值服务。

三、国际枢纽物流的分类

1. 按国际枢纽类型划分

（1）国际枢纽海港物流。

依托国际水运口岸，以外贸港口为载体，开展国际海运物流业务。

（2）国际枢纽陆港物流。

依托国际铁路、公路口岸，以国际铁路、公路场站为载体，开展国际陆运物流业务。

（3）国际枢纽空港物流。

依托国际航空口岸，以国际机场为载体，开展国际空运物流业务。

2. 按作业性质划分

国际枢纽物流主要包括集装箱货物、大宗干散货、油气、商品车、件杂货等五大货种的装卸搬运业务，以及与之有关的国际货运代理、船舶代理、内支线船运、仓储堆存、公路运输、国内多式联运、集装箱拼装拆箱、危险品储运、重大件货运接运、集装箱洗修等物流增值业务。

3. 按层次划分

（1）以货物装卸为核心的基本功能的物流服务。

这一服务层次以一次性服务为特点，不一定建立在长期物流合同基础上，一般不要求提供很多协调服务。目前，国内大部分国际枢纽物流企业基本上都属于这一服务层次，可以看作国际枢纽物流服务的初级形式。

（2）依托货物装卸业务，提供储存、加工等配套服务及物流增值服务。

这一服务层次强调建立在长期物流合同基础上，双方合作期限一般在 1 年以上。处于这一服务层次的口岸物流企业一般不具备提供港到港、港到门的全程物流服务的能力。

（3）以国际枢纽物流业务为主业，配套发展全方位物流服务。

这一服务层次的国际枢纽物流企业依托国际枢纽，进一步优化资源配置，提升资产竞争能力，以铁路、公路物流为延伸，以内陆场站为节点，以信息网络为纽带，构建口岸物流网络，实现服务功能的“连点成线，对接成链”。

第二节 国际海港枢纽物流

一、港口与码头概述

1. 港口概述

根据《中华人民共和国港口法》，港口是指具有船舶进出、停泊、靠泊，旅客上下，货物装卸、驳运、储存等功能，具有相应的码头设施，由一定范围的水域和陆域组成的区域。

基于不同角度，港口有不同的分类。比如，按用途可分为商港、军港、渔港、工业港、避风港等；按所在位置可分为海岸港、河口港和内河港，海岸港和河口港统称为海港。

港口设施包括港口水域设施和港口陆域设施。其中，港口水域设施包括航道、港池、锚地、回旋水域、防波堤、护岸以及港口导航设施等（见图 3－1）；港口陆域设施包括码头、仓库和堆场、港口铁路与道路、装卸与运输机械、客运站，以及给排水、供电、通信和辅助生产设施等（见图 3－2）。

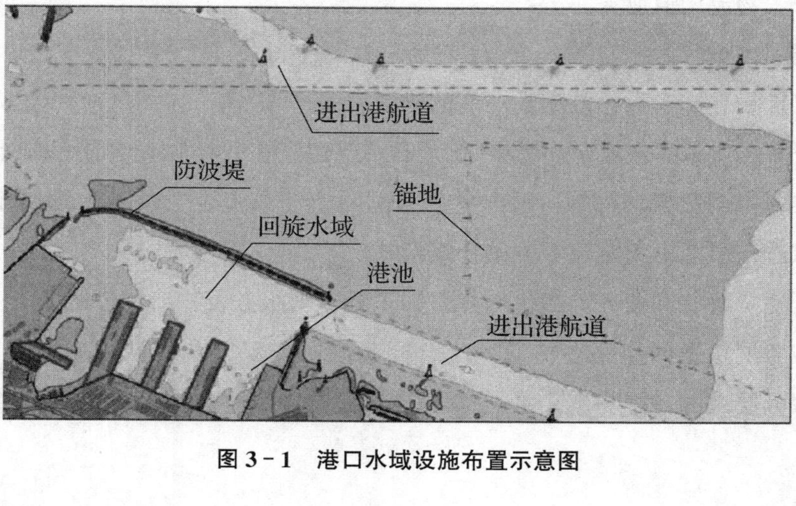

图 3－1 港口水域设施布置示意图

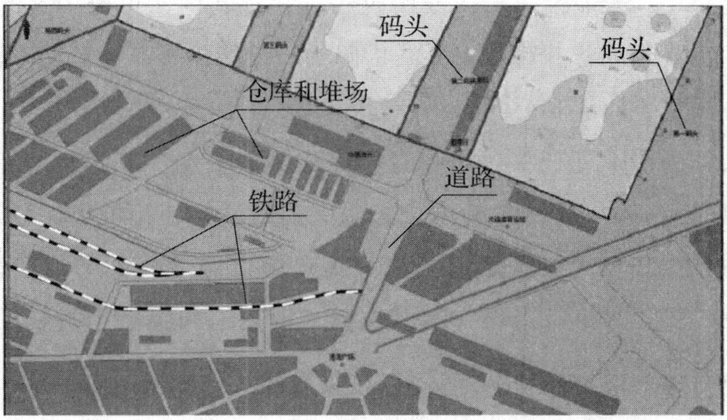

图 3-2 港口陆域设施布置示意图

从广义上讲，港口指的是整个港口口岸。港口口岸是跨境贸易的交汇点，各类主体在此办理和开展相关业务，沟通贸易信息，流转业务单证，完成货物装卸、仓储、转运等跨境贸易流程。以集装箱货物贸易为例，集装箱海运进出口从海运订舱开始至货物最终运抵库场，涉及的主体包括船公司、海关、海事、码头企业、堆场企业、代理企业、拖车企业等。港口口岸相关主体分类如表 3-1 所示。

表 3-1 港口口岸相关主体分类

分类	相关主体
政府口岸监管部门	海关、海事、边检、港口行政管理部门
物流服务业务	船公司、集卡车队、堆场企业、码头企业
辅助服务业务	引航企业、拖轮企业、理货企业，提供消毒熏蒸、船舶供应或船舶污染物接收处置等相关服务的企业
代理业务	船代、货代、报关或报检代理、放箱公司、口岸信息平台公司

而在实际工作中，外界和部分业界往往将港口等同于港口企业，或者将港口企业等同于港口，造成混淆。事实上，港口企业指的是港口经营人，即在港口区域内为船舶、旅客和货物提供港口设施或者服务的市场主体，这些服务包括：为船舶提供码头、过驳锚地、浮筒等设施；为旅客提供候船和上下船舶设施和服务；从事货物装卸（含过驳）、仓储、港区内驳运；为船舶进出港、靠离码头、移泊提供顶推、拖带等服务，因此港口企业也就是港口口岸相关主体中的码头企业和拖轮企业。

2. 码头概述

港口通常由不同的港区组成，每个港区又由不同的码头组成。所谓码头是指供船舶靠泊、货物装卸和旅客上下的水工建筑物，包括岸壁、护航木、系船桩等。按其性质可分为综合性码头、专业性码头、专用码头等；按其用途可分为客运码头、货运码头、客货码头；按其装卸货种可分为件杂货码头、散货码头、油码头、集装箱码头等；按经营管理可分为货主码头和公共码头。

集装箱码头作为专业化码头，是指专供停靠集装箱船、装卸集装箱用的码头。如图 3-3 所示，集装箱码头通常包括泊位、码头前沿、集装箱堆场、货运站、控制塔、办公楼、检查口、维修车间、铁路或公路等集疏运设施等。其中，检查口俗称道口，又称检查桥、闸口等，是集装箱码头的出入口、集装箱和集装箱货物的交接点，是划分集装箱码头与其他部门责任的分界点。

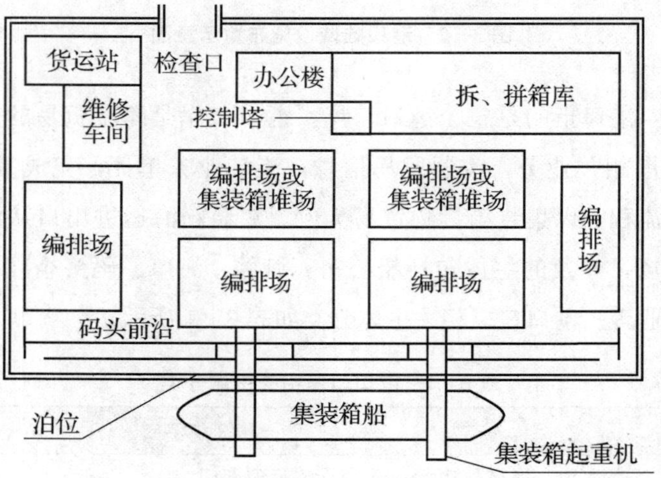

图 3-3 集装箱码头布局

二、港口物流

(一) 港口物流概述

1. 港口物流的概念与功能

港口物流是指港口利用其自身的口岸优势，以先进的软硬件环境为依托，整合港口集货、存货、配货等功能，强化对港口周边物流活动的辐射能力，发展涵盖物流产业链所有环节的港口综合服务体系。

如图 3-4 所示，港口物流的核心业务或者说基本业务是装卸船舶（包括仓储、堆场和必要的港区内运输）。通过装船或卸船环节实现货物运输中的陆水中转或水水中转，起到在整个社会生产过程中的枢纽作用，即枢纽物流。也就是说，港口是社会物流的一个中间环节，体现了海运方式独特的优势。近年来，港口不断积累物流资源优势，从临港物流起步，集聚报关、拖车、仓库、堆场等物流资源，在此基础上进行延伸，开展综合物流业务。目前的港口物流已实现货物运输、仓储、配送、加工改装、包装、通关、商检、保险和信息交换等物品全程的“供应链”服务，服务能力不断提升。同时，国内大部分港口凭借企业综合实力，能够发挥资金成本低的优势，结合物流环节的控货能力，介入贸易供应链环节，使港口成为物流中心，在整个物流供应链中的服务范围、服务内容、服务方式不断延伸。

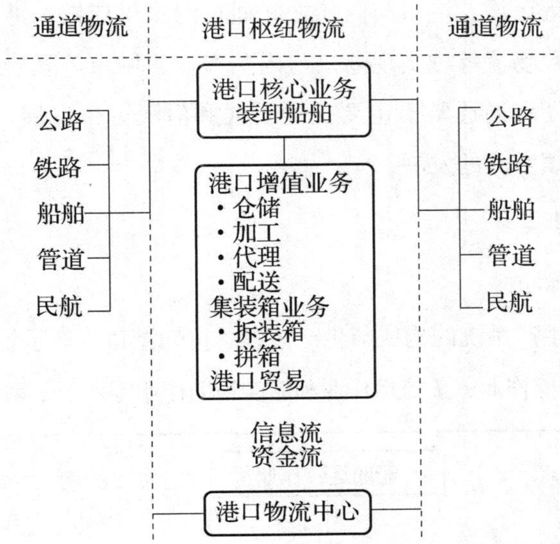

图 3-4　港口物流功能示意图

2. 港口物流的层次

按港口服务腹地划分，海港物流可分为港区物流、港口城市物流和港口区域物流三个层次。

(1) 港区物流。

港区物流，是指港口不同作业区所产生的物流活动。港区物流作业主体为港口企业，区域范围为各港口的专业码头。由于一个港口通常包括多个港区，比如，山东济宁港的梁山港区与龙拱港区，两港区距离 65 千米，济宁市的每个县区都有港区，而每个港区的集疏运方式不尽一致，特大型港口如上海港的外高桥港区与洋山港区距离 90 千米，因此，用港区的概念讨论港口物流更为合适。

(2) 港口城市物流。

港口城市物流，是指港口所在城市发生的与港口业务相关联的物流活动。港口城市物流作业主体主要有港口企业设置的物流企业以及其他口岸物流服务企业，如船货代企业、仓储企业等，区域范围为港口所在城市，尤其是临港区域。港口的选址布局、位置迁移、规模扩张是推动临港产业布局和城市空间格局再造的重要因素。通过港口与城市融合互动，逐步加强港口城市布局优化和功能协调，打造港口、产业、城市互动发展的新模式。

（3）港口区域物流。

港口区域物流，是指港口腹地（包括海向与陆海腹地）所涵盖的区域所产生的与港口业务相关联的物流活动。港口区域物流作业主体主要有港口企业设置的物流企业以及口岸物流服务企业和相关内陆物流服务企业等，区域范围为内陆场站以及港口与内陆相关联的运输通道等区域。港口与内陆之间通过港口供应链、港口与内陆港联动、港口多式联运、港口全程物流等，实现港口与内陆产业、城市等融合互动发展。比如，港口辐射区域的城镇空间布局通常沿主要交通干线和沿海一带发展，沿海港口体系的建立有力支持了区域城镇空间的发展。

（二）港口物流管理

1. 港口生产过程与特点

图3-5显示了港口生产系统的构成与生产过程，可知港口生产系统由船舶运转作业、装卸作业、搬运作业、仓储作业、集疏运作业和船舶辅助作业等六个子系统组成。

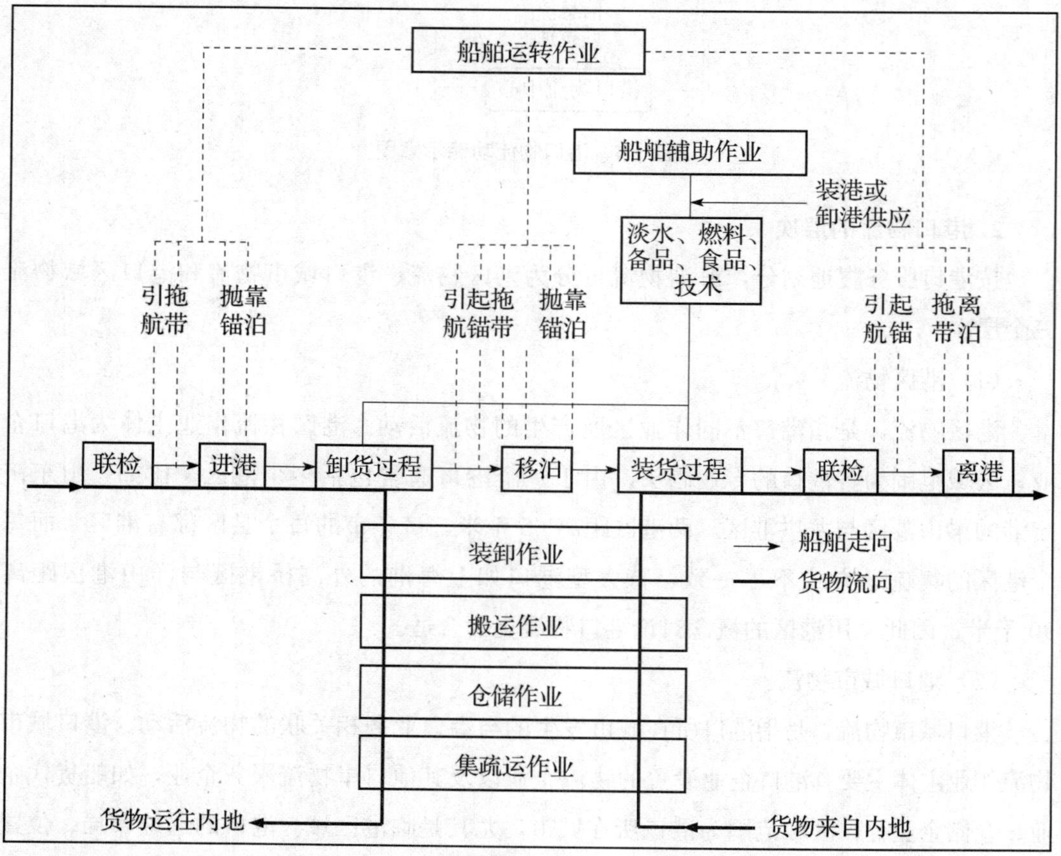

图3-5 港口生产系统的构成与生产过程

与一般企业相比，港口生产具有作业点多、线长、面广、货杂、人员分散等特点，具体如下所述。

（1）生产环境不确定性或动态性。

港口作业地点有锚地、码头、舱底、甲板面、堆场、仓库、车卡、驳船等，每段作业量完成后，作业地点也将随之变化。港口多为露天作业，受自然环境影响大，如雨、雪、风中作业等。24 小时连续“三班倒”工作制度扰乱了作业人员正常的生理和生活规律，特别是夜间作业操作环境复杂并影响作业人员的体力和精力。

（2）港口生产的不平衡性与储备性。

港口生产的不平衡性是它的显著特点。造成这种不平衡性有多层次的因素。首先，货流在空间和时间上的分布具有不均衡性。其次，气象因素对港口生产的不平衡性影响是不能忽视的。风、雨、雪等往往迫使港口停止装卸，台风将造成船舶不得不改变航线或到达时间，这都加剧了不平衡状态。

港口生产的不平衡性是绝对的，平衡只是相对的和暂时的。从整个运输系统出发或者从运输网络的整体出发，维持系统或网络的生产平衡，显然比港口生产这个局部环节（子系统）的平衡更为重要，因此，港口应具备足够的储备能力。港口储备能力的增强，有利于加速车、船的装卸作业，使车、船、货物在港时间缩短，为使整个系统获得最佳效益，为港口确定一定规模的储备能力是合理的。

（3）港口装卸工艺的可选性。

港口内针对不同货类的装卸工艺不同；不同的装卸工艺所产生的安全问题并不相同。如原木卸船作业，采用人工钢丝绳打码装卸，作业人员须到船舱底部，易产生人员缺氧窒息、人员中毒、钢丝绳断裂、物体打击等安全问题。如采用莲花抓斗卸船，则会产生如抓斗松脱、木材下坠、机械故障等新的安全隐患。

（4）港口生产手段立体交叉性。

港口以装卸作业为主体，涉及人、机（机械设备、车辆）、物（货物）、具（工具、船舶）在特定时间、特定地点、特定空间上和环境下的流动，属于交叉性人机的立体作业。具体表现为：一是整体性。港口装卸作业生产按照舱底、高空、库场构成三位一体的作业方式，各个系统要素，如人员、车辆、船舶、机械、设备、货物按调度有序生产，形成一个整体。二是层次性。现代化港口装卸作业按照大系统递阶分解原理进行。如公司、部室、中队、班组、个人，调度子系统有调度室、计划组、值班调度、现场指导员等。

2. 港口物流管理的主要内容

如图 3－6 所示，港口物流管理由以货物为核心的商务管理和以设备为核心的生产管理两大部分组成。

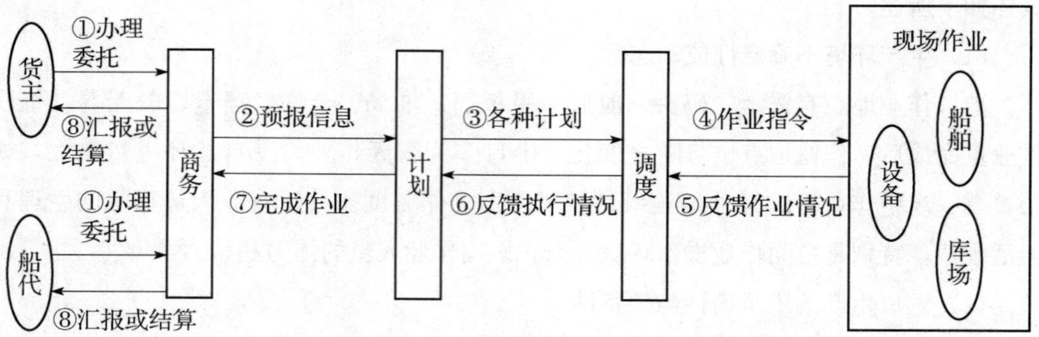

图 3-6　港口物流管理流程

（1）港口物流商务管理。

港口物流商务管理，是有关港口货运商务作业方面的组织，包括市场营销、业务单证制作、港口费收、货运质量控制、货运事故处理等内容，它贯穿于整个港口生产过程。

（2）港口物流生产管理。

港口物流生产管理，是有关港站设施作业方面的组织，它既要解决船舶的进出港问题，也要解决根据船舶、货源、装卸机械、仓库以及劳动力等情况，具体决定装卸操作方法、选用机械类型、配备劳动力和确定作业起讫时间等问题。具体包括制订计划、调度管理、现场作业等。

3. 港口装卸工艺

港口装卸工艺是指港口货物装卸和搬运的程序与方法，具体而言就是港口按照一定的劳动组织形式，运用装卸机械及其配套工具（机械化系统）等物质手段，遵照规定的技术标准和规范，完成货物在不同运输方式之间的换装作业的过程。

港口常见的装卸工艺过程包括：①车⇌库（场）⇌船；②船⇌驳船⇌车；③车⇌库（场）⇌车⇌船；④车⇌船；⑤船⇌船（海船、江船、驳船）。

表 3-2 显示了不同类型码头的装卸工艺方案。限于篇幅，以下简要说明集装箱码头的装卸工艺。

表 3-2　不同类型码头的装卸工艺方案

货物类型	装卸工艺方案
集装箱	（1）底盘车系统 （2）跨运车系统 （3）龙门吊系统 （4）混合型系统

续表

货物类型	装卸工艺方案
件杂货	（1）船—汽车、火车 （2）船—堆场—汽车、火车 （3）船—中转船
煤炭	（1）船—汽车、火车 （2）船—堆场—汽车、火车 （3）船—输送带
矿石	（1）船—堆场—汽车或火车 （2）船—堆场—中转船 （3）船—中转船
粮食	（1）船—输送皮带—粮仓 （2）船—罐包机—堆场（袋）—汽车 （3）船—散粮车 （4）船—粮仓（或仓库）—散粮车 （5）船—粮仓（散）—罐包机—汽车
液体	（1）船—管道—储罐 （2）船—管道—油罐车

（1）底盘车系统。

该系统的主要特点是：集装箱在码头堆场的整个停留期间均放置在底盘车上，码头的前沿采用岸边集装箱装卸桥承担船舶的装卸作业，集装箱由装卸桥直接卸到底盘车上。该系统具有集装箱损坏率低、工作组织简单、可直接用于出港陆上运输、堆场不需要装卸设备等优点，但也具有堆场占用场地大、底盘车的需求量大、不易实现自动化等缺点。因而，该系统适用于集装箱码头的起步阶段，特别是整箱货比例较大的码头。

（2）跨运车系统。

码头前沿采用岸边集装箱装卸桥承担船舶的装卸作业，跨运车承担码头前沿与堆场之间的水平运输，以及堆场的堆码和进出场车辆的装卸作业。该系统具有作业环节少、机动性强、便于组织管理等优点，但也具有机械复杂、维护成本高等缺点。因而，该系统适用于进口重箱量大、出口重箱量小的集装箱码头。

（3）龙门吊系统。

一是轮胎式龙门起重机系统。轮胎式龙门起重机系统的码头前沿采用岸边集装箱装卸桥承担船舶的装卸作业，轮胎式龙门起重机承担码头堆场的装卸和堆码作业，从码头前沿至堆场、堆场内箱区间的水平运输由集卡完成。轮胎式龙门起重机一般可跨 6 列和 1 列集卡车道，堆积 3～5 层集装箱。轮胎式龙门起重机设有转向装置，能从一个箱区移至另一个箱区进行作业。该系统具有堆场利用率高、由计算机控制、易实现装卸自动化等优点，但也具有组织作业较复杂、初始投资较大等缺点。因而，该系统适用于陆地面积较小的码头。我国大部分集装箱码头采用这种工艺方案。

二是轨道式龙门起重机系统。轨道式龙门起重机系统与轮胎式龙门起重机系统相比，堆场机械的跨距更大，堆高能力更强。轨道式龙门起重机可堆积 4～5 层集装箱，可跨 14 列甚至更多列集装箱。该系统具有堆场利用率高、由计算机控制、易实现装卸自动化、易维护等优点，但也具有组织作业较复杂、初始投资较大、机动性差等缺点。因此，该系统适用于场地面积有限，集装箱吞吐量较大的水陆联运码头。

(4) 混合型系统。

目前世界上有些港口采用了前述工艺方案的混合系统：跨运车-龙门吊混合系统。其主要特点有：一是船边的装卸由岸边集装箱装卸桥承担；二是进口集装箱的水平运输、堆码和交货装车由跨运车负责完成；三是出口箱的货场与码头前沿之间的水平运输由集装箱半挂车完成，货场的装卸和堆码由轨道式龙门起重机完成。由于混合系统能充分发挥各种机械的特点，扬长避短，更加合理和完善，目前世界上已有不少码头采用了这种方案。

三、港口物流供应链

1. 港口物流供应链的概念与特点

国家标准《物流术语》(GB/T 18354—2001) 把供应链定义为“生产与流通过程中，涉及将产品或服务提供给最终用户活动的上游与下游企业，所形成的网链结构”。由此可知，供应链的内涵不仅包括提供产品的产品供应链，还包括提供服务的服务供应链。而一个完整的港口物流服务的供给过程，正是由港口物流行业一系列的企业相互供应而完成的，因而可以被称为港口物流供应链。据此，港口物流供应链可以定义为生产及流通过程中，涉及将港口物流服务提供给最终用户活动的上游与下游企业所形成的网链结构。

港口物流供应链是航运物流供应链中的特殊形态，其目的是依托港口，为产品供应链提供港口物流服务，因而，港口物流供应链的核心在于港口，而港口的特点恰恰反映出港口物流供应链有别于其他服务供应链，具有独特地位。

(1) 依托于现代化枢纽港口，充分发挥“枢纽＋通道＋网络”的优势，打造现代物流供应链系统。

(2) 作为航运物流供应链的一部分，在具有航运物流供应链基本特征的同时，依托于港口，会产生临港加工业、临港贸易、临港金融等，因而又与航运物流供应链有所不同，具有产品供应链的某些特征。

2. 港口物流供应链的形成

现代物流和供应链的发展，既由经济全球一体化催生，又是经济全球一体化深入发展的需要。这种时代背景强化了港口在综合运输体系以及整个供应链中的作用，也促成了港口的转变和发展。港口已经从单一的货运生产转变为综合运输体系网络中的中心节点，成为世界生产与消费的重要环节。同时，港口通过两头的运输商（船公司和陆运公司）与世界各地的供应商和消费者相连，形成了一条集成多种运输方式和物流形态的港口物流供应链。

港口物流供应链依托港口，融合了物流服务供应链和产品供应链，既囊括了物流服务供应链的全部环节与功能，也包括了产品供应链上的供需双方，以着眼于产品渠道的市场变化，最终实现将物流服务供应链与产品供应链上供需双方的运作环节进行协调整合。

（1）纵向上，港口物流供应链涉及运输、储存、装卸、搬运、包装、流通加工、配送、信息处理以及为以上活动提供物流装备和配套服务的企业与机构。具体而言，上游企业，是指港口物流服务基础设施供应商，比如，泊位、航道、集疏运设施（公路、铁路、管道）等；中游企业，是指港口物流供应链的集成商、领导者，通常由大型港口企业或大型航运企业担当；下游企业，是指港口物流服务功能提供商，比如，运输、储存、装卸、搬运、包装、流通加工、配送、船代货代、报关报检、信息处理以及其他辅助服务，常见的有燃料供应、拖轮服务、引航、集装箱租赁等各类服务企业。

实践中，主要采用两种方式进行协调整合：一是沿着产业链的方向进行垂直整合（如图 3－7 所示），比如，上海国际港务集团、宁波舟山港集团等属地化港口企业也通过收购或组建航运及物流公司，实施垂直的产业链纵向整合；二是港口企业搭建物流平台（如图 3－8 所示），供货主或代理公司直接在平台上对比各物流供应商的报价与服务，由此选择不同的港区堆场、集疏运方式及物流配送企业，形成最便利或最低价的运输组合。

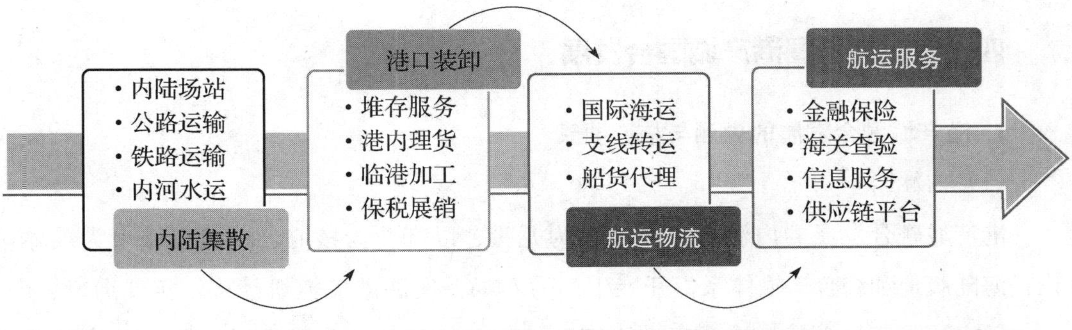

图 3－7 基于港航企业联盟的港口物流供应链示意图

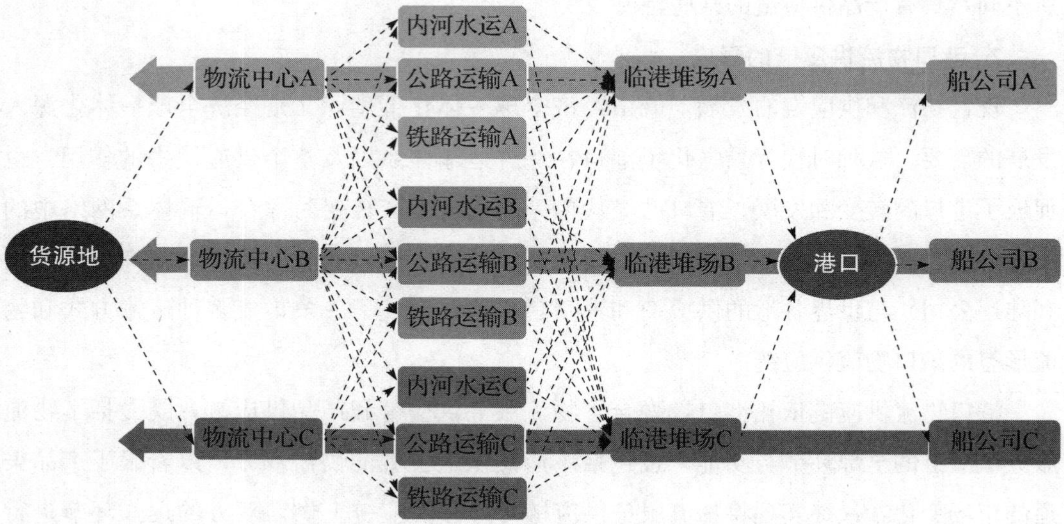

图 3-8 基于物流平台的港口物流供应链示意图

（2）横向上，港口物流供应链主要涉及需要海上运输的产业、相关的临港产业以及直接腹地产业，对这些产业具有强大的经济渗透力和带动效应。

根据临港产业与港口的密切程度和在产业链中的位置，可以把临港产业分成以下四类：港口直接产业、港口共生产业、港口依存产业和港口关联产业（见图 3-9）。所谓延伸港口产业链，就是在港口附近建立相应的产业体系，通过港口的产业联动效应来推动其他产业的发展，提升城市产业聚集能力，并以此带动整个城市的发展。

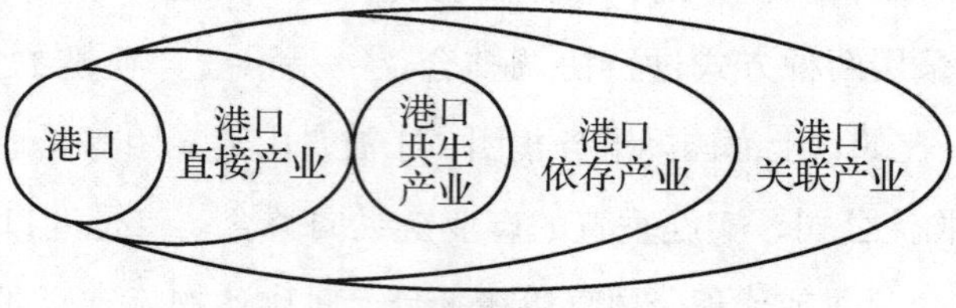

图 3-9 延伸港口产业链示意图

四、港口经济圈港产城融合发展

1. 港产城融合发展的内涵与核心要素

（1）内涵。

港产城融合发展的内涵就是以港口为龙头、以产业为核心、以港口城市为载体，依托海陆腹地和综合运输体系，开展生产力布局，发展港口枢纽经济，实现港口、产业、城市三大要素之间相互联系、协调互动、有机结合、共同发展，形成经济繁荣、宜居乐业的港口城市。

（2）核心要素。

以现代港口经济的理念来看，“港”是产业和城市发展的基石，“产”是港口和城市发展的支撑，而“城”则是港口和产业发展的依托。可见，港口与城市之间的空间互动必须落到产业的形成发展中，产业是连接港口、城市的纽带，是港城空间互动发展的物质基础。

就目标而言，港产城融合发展围绕建港、聚产、兴城三大核心要素展开。

建港——面向城市产业发展需要，完善以港口为核心的综合运输体系，增强集装箱运输、多式联运等港口功能，提升新技术应用水平，创新智慧绿色发展模式，建设绿色化、智慧化、规模化、现代化的综合性港口。

聚产——依托港口物流发展带动，通过原有产业转型升级、港口辐射吸引，实现制造业、商贸等临港产业聚集发展，培育发展高端服务、现代物流、总部经济等新业态，提升产业发展综合实力。

兴城——依托港口、产业发展带来的基础设施提升、资金人才等资源汇集，逐步拓展智慧社区、文化教育、医疗健康、休闲旅游等产业，实现城市的经济繁荣、宜居乐业。

2. 港产城空间关系分析

如图 3－10 所示，港产城空间关系是区域、港市、港区三个空间尺度上港口与城市相互作用、效果叠加的综合反映。

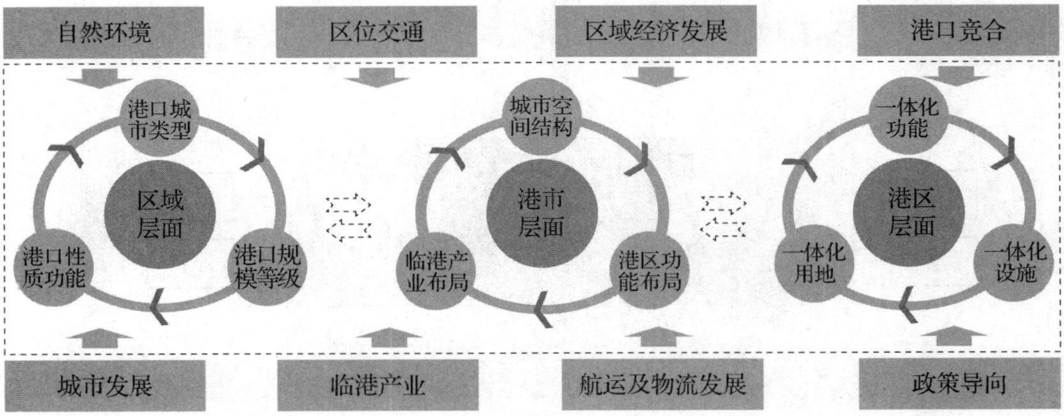

图 3－10　港产城空间关系示意图

（1）区域层面的空间关系是区域城市体系与港口体系遵循各自演化规律相互作用的结果，属于宏观层面的空间关系，决定了港口城市的发展特性，以及港口在区域港口体系中的功能定位、规模等级等。

（2）港市层面的空间关系是港口与所依托城市根据各自发展规律相互作用的结果，属于中观层面的空间关系，决定了港口城市的空间结构、临港产业空间布局，以及不同港区间的分工及定位等。

（3）港区层面的空间关系是港区与毗邻城区在功能及用地上相互作用的结果，属于微观层面的空间关系，决定了港区陆域与相邻城区间的功能以及土地利用，是港城空间关系的最终落脚点。

同规模类型的港产城都存在三个层面的空间关系，只是港口与城市的规模、特点不同，各有侧重，需要具体问题具体分析。

3. 港产城融合发展关系分析

根据港口功能、临港产业类型及港城关系变化，可将港产城融合发展划分为以港服城、以港兴产、港城联动三个阶段。

如图 3－11 所示，国内外发展成功的港口城市，其港区范围往往涵盖城市的多个功能区，形成了港城一体。由此可见，应通过提升港口基础设施的配套能力和水平，推进港城产业集聚融合发展，形成港城联动互融关系。

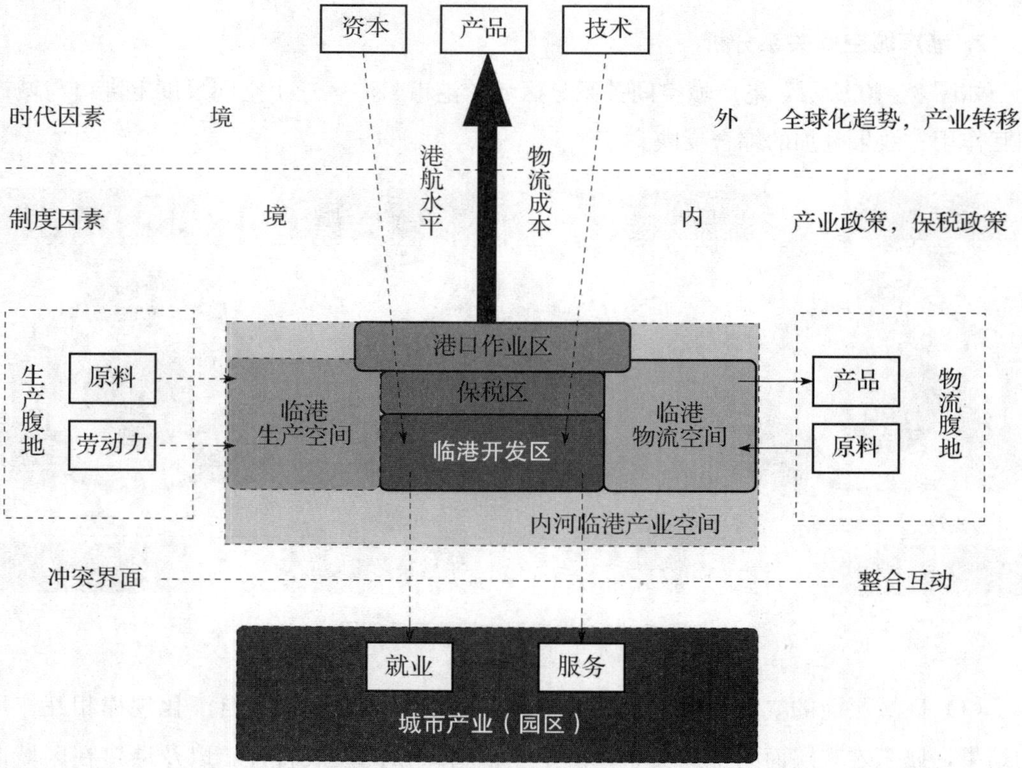

图 3－11　港产城融合发展示意图

（1）点面结合。港口是点，城市是面，点是特色、是依托，港口依托城市才能生存发展，城市是港口旅游服务的后勤保障。

（2）合而为一。港口与城市联动成长，港口是城市对外开放的窗口和门户，是吸引外商投资的重要环境因素，港口功能的拓展有助于推动城市经济的发展。

（3）合作共赢。港口促进所在城市发展，与城市融为一体，进而服务于周边城市和腹地，逐步形成港口城市经济圈或区域经济圈，城市经济的发展促进相关产业的提升，实现双赢。

第三节 国际陆港枢纽物流

一、陆港概述

二维码 3-2 中国陆地边境口岸的特点

1. 陆港及相关术语的概念

近年来，陆港（land port）、内陆港（inland port）、干港或无水港（dry port）、内陆码头（inland terminal）、内陆枢纽（inland hub）、内陆物流中心（inland logistics center）、内陆货运村（inland freight village）、内陆清关站（inland clearance depot，ICD）、内陆集装箱中转站（inland container depot，ICD）、内陆集装箱中转港（inland container terminal，ICT）等术语经常见于报端或相关文献，但其概念在国内外并没有得到清晰、准确和统一的界定。

（1）内陆港。这一术语源于美国，在美国，内陆港最初用来指代内河港口，以区别于海港，比如，美国陆军工程兵团（United States Army Corps of Engineers，USACE）在报告中将内陆港定义为“不停靠大吃水船舶的内河港口”。随着集装箱运输的发展，内陆港也拓展为包括地处内陆、具有海港功能的内陆节点。

（2）干港或无水港。顾名思义，干港或无水港是一个相对于“有水港”的概念。这一术语源自20世纪的欧美大陆，1991年欧盟委员会（European Commission）将其定义为“在地理上直接与海港相连的内陆场站”，目前这一定义在欧洲一些国家使用较多。不过，在德国，无水港通常被称为内陆货运村。

（3）内陆清关站、内陆集装箱中转站、内陆集装箱中转港。坦桑尼亚、印度、巴基斯坦等国家通常使用这类术语来指代内陆港或无水港。但值得注意的是，二者在内涵上还是有差别的，实际上，只有具有口岸功能的内陆清关站、内陆集装箱中转站、内陆集装箱中转港才可以被称为内陆港或无水港。

（4）内陆物流中心。在我国，内陆港或无水港往往被定义为“在内陆地区建立的具有报关、报验、签发提单等港口服务功能的物流中心”。实际上，在我国，只有少数国际陆港能够向客户提供现代物流中心所应具有的功能，因而，区域物流中心应该是国际陆港的高级形态。

（5）陆港。该术语在以西安国际港务区为代表的一批国际陆港的实践兴起和发展中得到丰富。2009 年，关于提请对《国际贸易术语解释通则（陆港）》讨论的建议提交全国人民代表大会；2013 年，联合国亚洲及太平洋经济社会委员会（简称“亚太经社会”）14 个成员国签署《政府间陆港协定》；2014 年 5 月，中国港口协会陆港分会成立，确立了“陆港”为学名、大名，“无水港”“干港”“内陆港”“陆地港”“旱码头”“内陆干港”等其他名称为小名，矫正了陆港发展的“准星”。

①联合国亚太经社会《政府间陆港协定》的定义。具有国际重要性的陆港，是指与一个或多个运输模式相连接的、作为一个物流中心进行运作的内陆地点，用于装卸和存储在国际贸易过程中移动的货物并对之进行法定检查，以及用于对之实行适用的海关监管和办理海关手续。

②《陆港分类与评估指标》的定义。2023 年 10 月发布的《陆港分类与评估指标》规定了陆港的分类依据、陆港类型与评估指标，并对陆港提出了全新的定义：陆港是依托铁路、公路等陆路交通，以提供货物集散和口岸服务为基础，可聚合商贸物流、生产加工等功能的物流组织区域。该定义虽提到了“口岸服务”，但未明确其是海港及沿海口岸功能在内陆的延伸，即具备办理报关、报检、检验检疫等通关、清关手续的功能。这一定义模糊了国际陆港与不具备涉外性质的内陆场站或物流中心的界限。

2. 陆港的特点

（1）较强的地域性。

陆港一般应设在拥有大量集装箱货源的内陆地区，不沿江、不靠海。不过，在特定情况下，有些陆港也设在沿江、沿海地区，比如，因香港区域有限，需要在深圳设立陆港，通过公路运输直接为香港港提供海关监管下的集疏运服务。

（2）依存性。

陆港的业务既受制于所在的区域经济，也受制于港口的能力和海上运输的需要，货物的进出口需要借助于相关的沿海港口才能实现，因而，陆港既要服务于周边经济，也要与港口企业实现良好的对接。

（3）以装卸转运为主。

陆港实际上是大型的内陆货运枢纽或场所，以提供内陆地区货物装卸搬运、装拆箱、临时存储和转运服务为主。

（4）涉外性。

①严格监管。在陆港可直接办理货物的报关报检业务，因而，陆港实际上是海关的特殊监管点，有些陆港已获批成为海关的特殊监管区或内陆口岸，因而，无论是陆港的设立还是运营均应受到相关监管机构的严格审查与管理。

②协调部门较多。陆港应设有海关、商品检验、卫生检疫、动植物检疫等监督机构，既需要两地海关、国检和海事部门全力支持，也涉及土地、交通、铁路等其他管理机构，因而，协调部门较多，协调难度较大。

（5）公共性。

①作为重要的公共设施，一方面，陆港应向所有客户提供良好的公共服务，另一方面，陆港在定价等方面也需要受到相关管理部门的严格监督。

②陆港项目通常是政府搭台、企业合作的结果，作为公共性基础设施，两地政府的支持必不可少。

（6）多层次性。

基于多方面的原因，陆港在功能上呈现出不同的层次：

①以解决当地货物的集疏运为主，此类陆港对当地区域货物有较强的集散能力；

②使内地货物和港口商务实现一体化，即在陆港可办理货物的通关、检验检疫，但船公司仍签发港到港提单，即提单上的装卸港均是沿海港口；

③船公司或多式联运经营人突破传统的沿海外贸口岸的界线，签发全程多式联运提单，即进口货物以内陆港为目的地，出口货物以陆港为始发地。

显然，只有达到第三层次，才算真正实现了内陆港的功能。

（7）技术性。

现代化的集装箱内陆港需要借助高科技网络信息技术和多式联运技术，以确保其高效运转和提供多式联运服务。

3. 陆港的分类

陆港的分类有多种维度，反映了服务的多样性和复杂性，并随着全球贸易和物流需求的发展变化而不断适应和创新。

（1）按依托的港口分类。

目前，基于依托海运港口、航空机场和边境口岸的不同，陆港可分为港口供给型、航空港供给型和边境口岸供给型。

（2）按地理位置分类。

①近距离陆港。陆港设在港口城市的边缘、市郊或邻近的城市。比如，设在深圳

的华南国际物流中心，它既是深圳及珠三角地区的进出口货物集散地，也是香港码头和香港机场的收发货中心；设在北京的朝阳陆港，系与天津港对接。显然，陆港中所指的“内陆”并非限定于通常意义上的内陆地区，而是泛指除海运港口以外的地点，当然也可能包括海运港口所在的城市。这种类型的陆港具有以下特点：一是陆港与港口之间以公路运输为主；二是因距离较近，既便于海关监管，也可以与港口实现更好的衔接。

②中距离陆港。陆港设在公路运输覆盖的范围（一般距港口不超过300千米）之内。比如，营口港在沈阳设立的陆港。这种类型的陆港具有以下特点：一是陆港与港口之间通常采用公路运输更有竞争力；二是此地点恰恰处于公路与铁路竞争最为激烈的位置，因服务水平、价格及货源大小等因素，在这一距离范围内，陆港与港口之间也可能采用铁路运输，比如，大连港在沈阳设立的陆港是在沈阳铁路货运站的基础上扩建的，因而该陆港与大连港之间采用铁路运输。显然，因与之对接的海运港口不同，同一地区也可能设置不同的陆港。

③远距离陆港。陆港设在铁路运输覆盖的范围（一般距港口超过300千米）以内。比如，大连港在长春、吉林、哈尔滨等地建设的陆港就属于此类型。在三类陆港中，这是最传统的，也是出现最早的一种。它可以利用铁路运输长距离、大批量、低成本的优势向货主提供低成本和高质量的服务，同时也能使港口获得更广阔的潜在货源腹地。欲设立此类型的陆港，往往需要获得铁路部门的支持。在我国，因受铁路运输运力紧张、管理体制等因素的制约，加之建设初期货源可能不足，一般无法在陆港与港口之间开行铁路集装箱班列。

（3）按运输方式分类。

①公路型陆港，是指以公路集装箱中转站设施为依托，具有通关、仓储、保管、配载、信息服务、装卸、理货等功能的陆港。它通常设置在距海运港口中、短距离范围之内，以充挥公路运输的优势。

②铁路型陆港或综合型陆港，是指以铁路集装箱办理站设施为依托，以铁路运输为主，以公路运输为辅，具有通关、仓储、保管、配载、信息服务、装卸、理货等功能的陆港。它通常设置在距海运港口长距离范围之内，以发挥铁路运输的优势。

（4）按取得的海关监管资质分类。

如前所述，陆港本身是海关的监管场所，但不同的陆港获得的海关监管资质有所不同，因而，依取得的海关监管资质的不同，如海关监管场所、海关保税库、海关特殊监管区域（保税物流中心、综合保税区等）等资质，陆港可分为非海关监管型与海关监管型。

（5）按自营与否分类。

按自营与否划分，陆港可分为自用型陆港（private inland port）和公共型陆港（public inland port）两种。

①自用型陆港。比如，作为东北最大的陆港之一，长春一汽国际物流有限公司系中国第一汽车集团进出口有限公司全资子公司。一汽国际物流有限公司拥有东北最大的零部件拆散中心和筐式配送中心，是一汽集团进出口货物的物流集散地。目前，原材料供应商、制造商、分销商、零售商纷纷建立自用型场所或物流中心，造成了重复建设和资源浪费。

②公共型陆港。这类陆港面对的客户更加广泛，供应链中的任何成员均可成为客户，而不同的供应链成员的物流服务需求差异很大，并且无论从物流服务需求方来说还是从提供方来说，所提供的每一项物流服务都要用专业水准来衡量，这就决定了公共型陆港经营管理的复杂性。

目前在我国，陆港基本上都是公共型的，而自用型的极少。

（6）按有形与无形分类。

目前，陆港均是以固定的场所开展相关业务，属于典型的实体型。但中国国际海运网CEO康树春提出了“虚拟无水港”的概念。所谓“虚拟无水港”，就是将有水港的设施、功能和服务以及口岸系列配套服务虚拟化并集成到电子平台上，通过电子网络，延伸到腹地交通枢纽城市（即陆港），与陆港服务进行对接，协同海关、商品检验、银行、保险等部门提前完成货物出口操作并通过科技手段保障出口货物装运安全的现代综合物流信息平台系统。

据了解，“虚拟无水港”的基础工作已经由中国国际海运网展开，在全国30家大中型口岸铺设在线订舱服务网络，但这种新模式的推行因涉及区域之间和多部门的协调问题而阻力重重，因此，“虚拟无水港”模式的最终成功运作和发展任重而道远。

二、陆港物流

（一）陆港物流概述

1. 陆港物流的概念与应具备的条件

陆港物流是指陆港利用自身的口岸优势，以先进的软硬件环境为依托，整合陆港集货、存货、配货等功能，强化对陆港周边物流活动的辐射能力，发展涵盖物流产业链所有环节的陆港综合服务体系。

一般而言，发展陆港物流应达到以下“五个必须”：

（1）陆港必须设在内陆的经济中心城市，具有相当大的产能和相当强的实力；

（2）陆港必须设在多条主干铁路、公路的交汇城市，以便利用铁路的低运费优势降低国际运输的成本，利用公路的高便捷优势提高货物集散的效率；

（3）陆港必须设在拥有众多进出口企业的内陆城市，以确保有充足的运营资源；

（4）陆港必须要以自己的实力与一定数量的沿海港口进行战略对接，以确保有多条国际通道可选择；

（5）陆港必须与国际运输法规和惯例有机接轨，才能保证直接融入而不是间接融入国际运输网络。

仅就硬件设施而言，根据2018年5月亚太经社会第七十四届会议通过的关于推动具有国际重要性的陆港的规划、设计、发展和运营问题区域框架的决议，陆港需要具备以下基础设施：一个有围栏的海关安全区；一个集装箱堆场，用于收发通过公路和铁路运输的集装箱，以及储存集装箱；一个集装箱货运站，用于装卸集装箱；一个海关检验区；一个保税仓库，用于存放保税货物；一座两层或两层以上的行政大楼，用于容纳现场各种服务提供方的办公室。

实际上，大型陆港通常具备铁路货场、海关监管作业场所（场地）、集装箱服务中心、仓储集散中心、保税设施。

（1）铁路货场：铁路货场是陆港对外运输的核心基础设施，承担铁路干线运输的到发功能。按照国家铁路物流中心设计规范，在有条件的情况下，建议铁路货场布局采用横列贯通式布局。包含铁路集装箱装卸线、主箱场、辅助箱场等功能设施。

（2）海关监管作业场所（场地）：海关监管作业场所（场地）是开展国际始发班列的先决条件之一，主要负责进出境运输工具或者进境承运海关监管货物的运输工具进出、停靠，从事海关监管货物的进出、装卸、储存、集拼、暂时存放等有关经营活动，并办理海关相关手续。其建设要求必须符合《海关监管作业场所（场地）设置规范》。

（3）集装箱服务中心：集装箱服务中心包括集装箱箱源中心（集装箱提还箱点）、集装箱集配货服务功能和集装箱配套服务功能三个部分。集装箱箱源中心提供集装箱租赁公司的空箱出租和归还功能，是降低集装箱使用成本和吸引货源的核心功能设施之一；集装箱集配货服务功能主要为物流承运企业或货代企业提供集装箱拼掏作业服务；集装箱配套服务功能主要包含集装箱的维修、检测、清洗等服务，可与集装箱箱源中心和集装箱集配货服务功能融合布局。

（4）仓储集散中心：仓储集散中心主要承担国际班列到发货物的存储功能，可作为国内企业的前置仓、国外企业的海外仓。

（5）保税设施：保税设施包括保税物流中心和综合保税区两类，承担国际贸易货物的保税仓储、保税加工、保税研发等功能。

2. 陆港物流的功能

（1）宏观功能。

2015 年发布的《推动共建丝绸之路经济带和 21 世纪海上丝绸之路的愿景与行动》明确提出支持内陆国际陆港的建设，加强内陆口岸与沿海、沿边口岸通关合作，打造内陆开放型经济高地。

从国家的视角看，陆港是“一带一路”倡议下推动内陆区域经济发展的重要平台，是处于内陆地区的，具有交通枢纽、物流枢纽和口岸枢纽特征和功能的重要节点，具有港口功能内陆前移、综合物流枢纽服务和内陆产业聚集三大属性，能够起到促进当地经济发展的作用，是内陆地区形成物流枢纽和枢纽经济的核心。国际陆港的核心价值在于缩小了内陆与沿海地区的外贸机制差异和物流成本差距，推动内陆经济发展，使内陆中心城市成为“国际港口城市”。

①交通枢纽：陆港依托铁路或公路陆路交通运输大通道，具有陆路交通组织的功能。

②物流枢纽：陆港是功能强大的物流设施集群和物流活动组织中心，特别是集中实现了货物集散、存储、分拨、转运功能。

③口岸枢纽：陆港具有适用海关监管和促进国际贸易便利的基本条件。

综上，陆港主要发挥内陆港口互联、区域国际联通、国际产业联动三大核心功能，以国际物流大通道建设为基础，以建设国际物流体系为纽带，以新一轮跨境电商、国际贸易发展、国际产业配套合作为契机，以产城融合、产业融合、港产城融合为发展理念，从国际商贸发展、国际物流体系构建、国际产业配套合作三大板块着手建设。

（2）微观功能。

根据关于推动具有国际重要性的陆港的规划、设计、发展和运营问题区域框架的决议确定的陆港基本服务为：一是集装箱和货物的装卸、拼箱、储存和模式转换；二是国际货物的海关及其他边境管制检验和清关。

不过，以上规定的集装箱场站功能及口岸通关功能，仅仅是陆港的最低准入功能。如图 3-12 所示，为了发展陆港物流，陆港应依托物流通道、区域口岸经济、港口区域一体化、综合交通、多式联运和管理体制上具备经济性条件的港口内陆联动节点，提供集装箱运输、装卸、仓储、中转服务、关检服务等基本服务功能，在此基础上，充分发挥枢纽优势，进一步拓展现代物流与供应链服务。

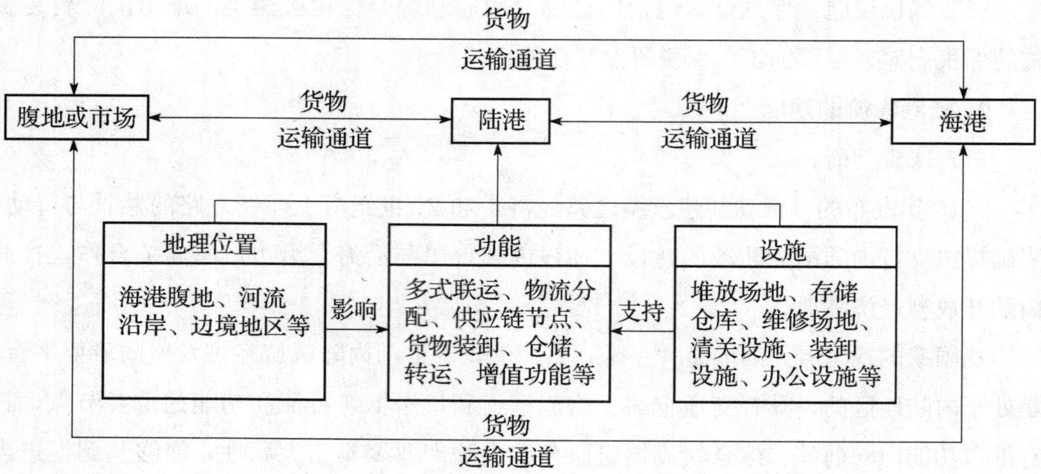

图 3-12 陆港功能与区位示意图

3. 陆港物流建设模式

基于陆港物流发展过程中的关键驱动因素，我国陆港物流建设分为以下四种模式。

（1）政府驱动模式。

政府驱动模式是指政府通过直接投资、激励政策和行政下放等综合手段深入参与陆港物流的发展过程。陆港可以作为物流枢纽促进国内和国际贸易，实现区域经济集聚，因此受到地方政府的大力支持。

西安国际陆港就是政府驱动的典型案例。政府之所以支持陆港的发展，主要是因为陆港发达，能够提供良好的物流服务，可以降低内陆城市的社会物流成本，同时与陆港相关的交通运输业可以吸收大量的社会劳动力，这也符合政府的目标和利益。

（2）走廊效应模式。

运输走廊一般具有不同程度的空间溢出效应，因此走廊沿线节点有可能成为沿海港口那样的区域物流中心。该模式下陆港物流的发展主要是由大量中转货物停靠在内陆设施（即走廊效应）所驱动的。

以中哈霍尔果斯国际边境合作中心（HFICC）为例，这是霍尔果斯首个跨境国际合作项目。HFICC 由两部分组成，即 5.6 平方千米的核心区和 9.73 平方千米的支撑区。除阿拉山口外，霍尔果斯是经新疆的跨欧亚走廊的另一个主要出入境口岸。随着中欧班列的发展，大量的货物通过铁路从中国内陆运输到欧洲或中亚。连接中国广大内陆地区和欧洲或中亚的铁路走廊迅速发展，由此带动了霍尔果斯陆港的快速发展。

(3) 市场驱动模式。

市场驱动模式包括两种类型：制造业驱动模式和贸易驱动模式。

①制造业驱动模式。在制造业驱动的情况下，陆港物流的发展在很大程度上取决于当地制造业的规模。以重庆陆港为例，重庆是最大的内陆城市之一，承担华东地区的大规模产业转移。重庆通过巨额投资来提升其在中国制造业领域的地位，并增强其作为中国西部制造业中心的地位。为了更好地满足制造企业的物流需求，重庆果园港作为中国最大的内陆枢纽港，提供水路、铁路、公路多式联运服务。它不是一个纯粹的无水港，而是一个沿长江拥有水路码头的内陆港口，因此可以充分发挥水路运输的优势，降低制造企业的物流成本。此外，中欧班列（渝新欧）的运营通过铁路将重庆与欧洲直接连接起来，这在很大程度上区别于其他传统内河港口。一些 IT 巨头，如惠普、华硕和宏碁已经将它们的生产基地转移到重庆。渝新欧班列已迅速发展成为出口欧洲货物的一种新兴运输选择。

②贸易驱动模式。在以贸易为驱动的情况下，内陆港口位于以内陆贸易为基础的城市，这类城市以大规模批发贸易为主导，而离海港不远的陆港可以与海港系统同步，并为内陆贸易商提供更有效的物流服务。在这种情况下，陆港和海港之间的整合使区域运输系统更具竞争力。义乌陆港就是贸易驱动的典型案例。义乌被称为“世界小商品之都”，拥有世界上最大的小商品批发市场，在国际贸易物流需求的驱动下，义乌陆港成为义乌国际贸易的主要渠道。在区域港口一体化改革的背景下，浙江省海港集团联动发展义乌陆港，大大增强了港口之间的协同作用。同时，为了缩短出口货物的运输时间，义乌也引入了中欧班列（义新欧）的运营。与传统的海上运输相比，义新欧的铁路运输可以减少近 20 天的运输时间。

(4) 海港驱动模式。

为了应对市场竞争，争取更多腹地货源，沿海港口纷纷以独资或合资方式在内陆地区投资建设陆港，使其充当海港的卫星终端。这些陆港建设得益于毗邻海港和当地政府的大力支持，借助于多式联运，不但促进了地方经济的发展，也拓宽了沿海港口的货源渠道，有利于加快区域性港产城融合发展。

(二) 陆港物流管理

限于篇幅，下面以铁路型陆港为例，简要介绍其运营管理。

1. 零散快运业务

铁路零散快运业务的运作包括发送作业、交接作业、到达交付作业三大环节（见图 3-13），这三大环节所涉及的商务作业与运营作业内容均需要在铁路始发、中转和终到场站内进行组织与管理。

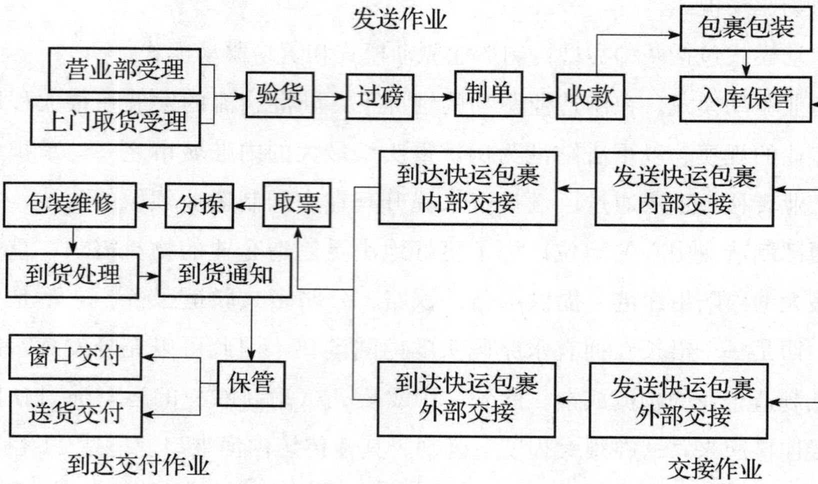

图 3-13　铁路零散快运运作流程

2. 集装箱业务

图 3-14 显示了铁路集装箱办理站作业流程。铁路集装箱办理站基本作业流程包括出发作业流程、中转作业流程和到达作业流程。

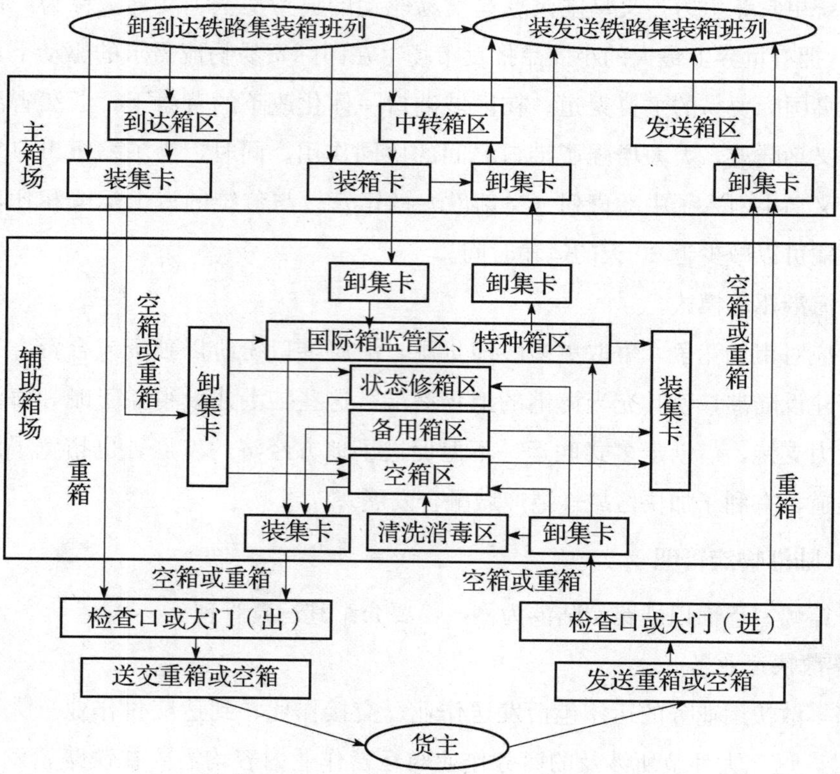

图 3-14　铁路集装箱办理站作业流程

（1）对于集装箱的取送与货物装箱作业，依据装箱人与装箱地点的不同，可以采取货主取送箱、站外装箱，办理站取送箱、站外装箱，货主送货、站内装箱，办理站取货、站内装箱四种形式。

（2）对于集装箱拆箱与货物交付作业，依据拆箱人和拆箱地点的不同，可以采取办理站取送重箱、站外拆箱，货主取送重箱、站外拆箱，站内拆箱、办理站送货，站内拆箱、货主取货四种形式。

三、陆港与海港融合发展

（一）陆港与海港融合发展的内涵与特点

1. 内涵

陆港与海港融合发展的内涵，是指海港与其经济腹地内的陆港之间通过政府或市场的调节，相互适应、相互促进、相互配合而形成的一种良性的动态发展态势。

欲准确地理解陆港与海港融合发展的内涵，必须把握以下几点：

（1）陆港与海港融合发展的基础是业务关联和专业化分工。

（2）陆港与海港融合发展的动力是海港供应链运作方式。

（3）陆港与海港融合发展的本质是一种互利行为。

（4）陆港与海港融合发展的主体是相关企业。

（5）陆港与海港融合发展的外部条件是市场调节与政府政策。

（6）陆港与海港融合发展是一种良性的、动态的发展态势。

（7）陆港与海港融合发展既是发展中的联动，又是联动中的发展。

2. 特点

陆港与海港融合发展具有地域性、竞合性、互补性、主导性、协调性、动态性、相关性和可持续性等八大特征。

（1）地域性。集中于海港陆向腹地或其吸引范围之内，具有较强的地域性。

（2）竞合性。既存在相互合作的需要，也会因某种原因相互竞争。

（3）互补性。在货源、信息、技术、优惠政策等方面互惠互利。

（4）主导性。海港的特殊地位决定了其在整个港口物流体系中应发挥主导作用。

（5）协调性。在发展速度、发展规模、发展水平上相互适应、相互促进。

（6）动态性。不同时期的联动要素、联动规模、联动程度和结果是不断发展变化的。

（7）相关性。表现为相互依存关系，且属于正相关关系、非线性相关关系等。

（8）可持续性。促进了口岸经济和内陆经济的可持续发展。

（二）陆港与海港融合发展的内容与层次

1. 内容

（1）规划协同。需要政府、港口当局、铁路部门、船公司、海关等部门通力合作，统一规划，既形成快速、可靠的陆海联运通道，又有助于海港、陆港降本增效。

（2）设施整合。整合海港与陆港现有的场站、仓储等物流基础设施，建立物流设施整合平台，推进物流基础设施的衔接与协调。

（3）功能互补。陆港在物流系统中的主要功能是预先集中货物，其实质是海港功能在内陆的延伸，海港将装箱、拆箱、保管、中转甚至海关及“三检”的功能向陆港延伸。陆港与有关各实体之间的联动将使陆港真正成为联系海港和内陆经济腹地的纽带和桥梁。同时，功能互补可促进陆港运营和管理体制的改善。

（4）信息共享。陆港、铁路与海港之间可通过信息共享平台利用数据交换系统，形成网上订仓、网上交易、网上查询、运输方案咨询、个性化服务、仓储管理、电子支付、代理商管理等功能一体化的海铁联运电子商务平台。

（5）运营衔接。物流运营的效率事关物流服务水平，陆港与海港运营环节衔接的紧密度直接反映联动的程度。

（6）技术融合。重点搭建物流技术联合研发平台，开展针对特殊企业或者特殊产业专项物流工程技术的综合研究与应用开发，加强物流技术创新研究及应用。

（7）装备共用。海港与陆港的联动应旨在提高现有装备的利用效率和程度；建立和完善物流标准化体系；增强和改进物流装备各方面性能，扩大其适用范围和提高其利用效率。

（8）人才联动。重点抓好复合型人才的引进和培育工作，通过人才共享、人才联动等来解决缺乏物流人才的问题。

2. 层次

按融合发展空间范围划分，陆港与海港融合发展可分为以下三个层次。

第一层次：陆港与海港作为一体化的海陆运输体系与外部环境，包括经济、社会、自然环境、人口、资源等系统之间的融合发展。

第二层次：陆港与海港之间的融合发展。

第三层次：陆港与海港自身各要素的融合发展。

在实践中，一个海港实际上面临着如何与其经济腹地内的众多陆港进行融合发展的问题。以第二层次为例，可进一步细分为以下三种融合发展形态。

（1）初级融合——“点对点”融合。这是指海港分别与经济腹地内的各个陆港形成融合发展形态。

（2）中级融合——“通道”融合。这是指海港与同一运输通道上的各个陆港形成融合发展形态。

(3) 高级融合——“区域”融合。这是指海港与经济腹地内的所有陆港形成融合发展形态。

从三种融合发展形态的运行状态及其相关关系看，体现了以下三个特点：

(1) 正反馈过程。三种融合发展形态正反馈的结果是使初始值增大，即每个融合都是各系统的初始状态由发展走向进一步发展的过程。

(2) 递次推动过程。初级融合或中级融合之间是递次推动的关系，这种递次推动又为大融合奠定了更加坚实的基础，准备了更加充分的物质条件。

(3) 动态发展过程。各融合发展形态之间相互关联、相互作用、互为因果，从而产生循环经济的乘数效应，动态地推动着区域经济持续循环发展。

(三) 陆港与海港融合发展的动因与机理

1. 动因

(1) 海港投资建设陆港的动因。借助陆港可提升海港的竞争力，解决海港快速发展与货源不足的矛盾，实现海港与内陆物流管理的无缝对接，可获得投资效益。

(2) 内陆地区投资建设陆港的动因。有利于内陆地区更好地发展外向型经济、强化内陆城市的综合功能，有利于陆港地区物流业及相关服务业的快速发展，节省内陆地区货主的时间、精力和物流成本，增加内陆地方政府的财政收入和就业岗位。

2. 机理

海港与陆港融合发展的机理，是指二者在联动发展的过程中，为实现某一特定功能，在一定的系统结构中各要素的内在工作方式以及诸要素在一定环境条件下相互联系、相互作用的运行规则和原理。

实践中，通常需要构建政府推动机制、市场行为机制、市场与政府合力机制、差异互补机制、利益平衡机制、沟通机制、合作行为约束机制等推动海港与陆港融合发展。

(1) 海港对陆港发展的先导性作用和带动作用。海港作为综合运输的枢纽和进出口货物的主要集散地，在整个物流网络中起着举足轻重的作用，因而对陆港的发展具有非常重要的先导性作用和带动作用。

(2) 陆港对海港发展的联动作用。由于集装箱运输量的不断增长，海港面临的主要问题是空间的缺少导致其本身的拥挤。因此，海港在一定程度上需要依托陆港为腹地提供运输、贸易等服务，并衍生和带动其他产业。

(3) 陆港对区域经济发展的拉动效应。陆港作为海港与腹地经济之间的桥梁，可以提供诸如海港服务、货物集散服务、货物中转服务、物流配送服务、商贸流通服务等多方面、多层次的服务，因而，对区域经济发展会产生明显的拉动效应。

(四) 陆港与海港融合发展模式

以下为三种常见的陆港与海港融合发展模式。

1. 契约联盟模式

契约联盟模式就是基于彼此之间的优势和需求而达成某种具有一定约束力的正式协议，双方在合作领域根据协议共同行动的融合发展模式。

2. 合资经营模式

合资经营模式是指，为了提高融合积极性和更好地集中优势力量提供高质量服务，由海港、内陆地区政府和业界相关企业共同出资建设陆港（包括基础设施和其他软硬件设施设备），同时成立一个独立的法人企业，其拥有独立的资产和人事，并对陆港及其对外合作进行全权管理。

3. 虚拟联动模式

在虚拟联动模式下，海港企业、海关、商品检验、船公司及相关代理企业等无须再设立分支机构或派遣大量的管理和业务操作人员入驻陆港，而仅须通过电子信息平台完成揽货、报关报检、集装箱调配等业务操作。

表 3-3 显示了三种模式各自的优缺点和适用条件。在实践中，企业应参照陆港与海港融合发展的目标以及影响二者联动的主要因素来确定合适的融合发展模式。

表 3-3　三种陆港与海港融合发展模式的比较

比较项目	契约联盟模式	合资经营模式	虚拟联动模式
合作的正式程度	实体联盟	实体联盟	虚拟联盟
建设资金来源	内陆政府或企业	成员共同出资	独自或合资
运营方式	招商引资，签订意向书	由新成立公司运营管理	主要通过电子信息平台
主要优点	协商时间短；企业文化冲突小；风险分散；保护投资者权益	缓解建设资金不足的问题；稳定性最强；可实施较为复杂的构想和计划；承受市场压力和风险能力强；更容易获得资源和进入当地市场	大大提高作业效率；节约物流和人力成本；无地域限制；绿色环保，减少环境污染；门到门服务；货物实时跟踪；科学管理、预测和决策
主要缺点	容易产生投机行为；管理监督难；稳定性差	风险大，沉没成本高；灵活性差；股权分配难以达成一致；决策时易陷入僵局	稳定性差；易发生产权纠纷；信任度低；上下级易生隔阂；电子信息平台投入高；目前难推广
适用条件	内陆地区的外向型经济发展良好；政府大力支持；联动主体具有贡献度	沿海港口积极开拓腹地；有共同的长期战略目标；企业文化认同度高；交易费用合理	信息化程度高；拥有可持续发展观；多部门协同、配合；专业和电子商务技能水平较高

第四节　国际空港枢纽物流

一、空港概述

机场是提供飞机起飞、着陆、停驻、维护、补充给养及组织飞机飞行保障活动的场所，也是旅客和货物的起点、终点或转折点。机场与飞机、空中交通管理系统和航路构成民航运输系统。其中，空中交通管理系统是为了保证飞机飞行安全以及提高空域和机场飞行区利用效率而设置的各种助航设备、空中交通管制机构和规则；航路是由国家统一划定的具有一定宽度和高度，有较完善的通信、导航设备，可保证飞行安全的空中通道。

1. 空港的定义

空港在国际上并无统一定义。美国法律层面上不区分空港和机场，均用“airport”一词，属场地概念；英国 2012 年的《民用航空法案》对空港的定义可以简单表述为“为旅客及货物提供航空运输服务的机场”；日本的《空港法》对空港的定义是“供公共之用的机场”。可见，空港是指对公众开放并提供航空运输服务的机场。

如图 3－15 所示，此定义包含三个要素，即机场、航空运输服务和对公众开放。

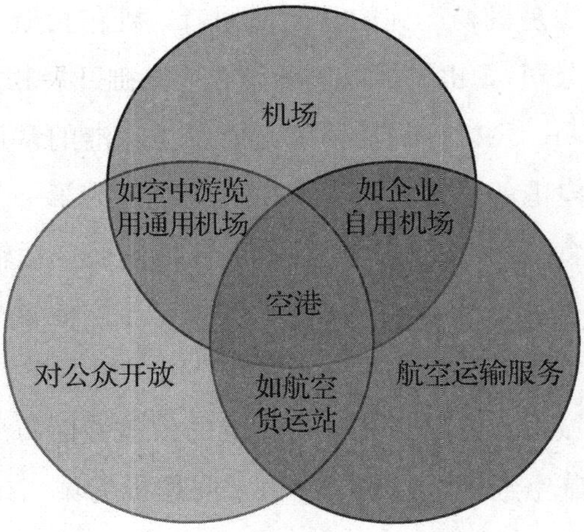

图 3－15　空港定义的判定要素

（1）空港的物理基础设施是机场，这是空港区别于海港、陆港的核心特征。空港是机场功能的扩展和延伸，“港”字是本质属性，“空”字则是行业特征。

（2）空港主要用以提供航空运输服务，体现“港”的功能。至于其他不开展航空运输活动的机场则不必称之为“港”。

（3）空港必须是对公众开放的，即供公众使用的，它排除了自有自用情形。对公众开放的提法来源于《国际民用航空公约》，2021年修正的《中华人民共和国民用航空法》也采用了“对公众开放”的提法，与“供公众使用”同义。与此对应的是，不对公众开放的机场通常为企业或个人的自有自用设施，也不必称之为“港”。

上述三个要素缺一不可，共同成为判定一个机场是否可以被称为空港的标准。反之，缺乏任意要素，一个机场就不能被称为普遍意义上的空港。

综上所述，尽管国内一般多用机场一词，但空港包含机场，空港在功能、交通设施、客货运输服务方面强于或等同于机场。而只要有飞机起降并配备一些基础设施即可称之为机场，所以一些小型机场以及含小型航站楼的机场不可被称为空港。

2. 空港的内涵

基于上述定义，可知空港的内涵具有五个层面的定位。

（1）第一个层面是航空器运行的场地。这是空港有别于其他交通设施的核心特征，也是一切业务的出发点。对空港这个层面的定位，其机场运营人的主要任务是保证其设施的标准符合性，以及执行这些标准以确保机场安全、规范和高效地运行。而民航管理部门的责任则是确认机场运营人执行了这些标准并据此为机场出具合格审定证明（aerodrome certificate），这就是机场使用许可证制度的由来。

（2）第二个层面是各类组织运作的平台。按照与空港业务的关联程度，各类组织可分为两类。第一类组织是机场设施的直接使用者，既包括航空器的直接运营人（典型身份为各客货运航空公司），也包括以机场设施为基础开展相关业务的组织，如飞机维修公司、飞机制造公司、飞机拆解公司等，前者是空港的常规客户，后者则只存在于少数空港，并且不是空港的惯常客户。第二类组织是为第一类组织提供支持的服务机构，如地服公司、航食公司，油料公司等，也包括由航空运输业务带来的商业机会所衍生的商业机构，如商铺、酒店、商贸中心等。对于空港这个层面的定位，其机场运营人的主要任务是做好资源的分配并协调好各类组织的运作。此外，还有一类组织，虽不直接设立在空港区域内，但因其业务对空港的依赖性而布局于邻近空港的地理范围内，构成人们常说的临空经济区，在国外通常叫作机场城（airport city）。这类组织的运作虽然不属于空港的业务范围，但属于空港规划者的考虑范围。

（3）第三个层面是地方航空运输服务的站点。作为航空站点（air station），为所在地引入航空运输服务是空港作为一个整体的直接功能。按照航空与其他交通方式的组合方式，有以下几类站点。第一类是独立站点，独立设立空港，以地面道路交通形式实现空港与人口密集区域的衔接。第二类是复合型站点，将空港设置在其他交通体系的站点之上，或者将其他交通体系的站点设置延伸到空港，比如将城市轨道交通或城际铁路引入空港。第三类则是将其他交通体系的枢纽节点与空港整合，此时，空港区域形成了多种类型交通枢纽的叠加，构成了综合交通枢纽。对于空港这个层面的定位，其机场运营人的主要任务是做好航空运输服务，在实现航空运输保障的前提下最大化发挥公众出行服务功能。

（4）第四个层面是地方经济发展的催化剂。航空运输服务的发展导致了地方新的经济业态的形成，产生了所谓“航空经济”现象。也就是说，航空运输服务作为一种普遍服务措施可以发挥与其他运输服务业态的比较优势，提升一个地区的经济支撑能力，促进地区经济的发展，具有明显的先导性特征。但是，这种效益的获得是以承担空港建设和运营成本为代价的，当设立空港的收益不足以在可以接受的时限内覆盖设立成本时，则不具备设立空港的必要性。另外，空港带动地方经济发展的作用方式往往不是自身直接创造价值，而是通过自身的支撑或引导作用，让已有的或潜在的经济体发挥价值。在这个过程中，空港本身不参与经济活动，但可以让其他经济活动变得更为活跃或可行，其作用方式类似于催化剂（亦称“触媒”），即本身不参与化学变化，但可以改变其他物质的化学反应速率。

（5）第五个层面是各类航空相关体系的成员。空港除航空运输体系之外，还受到高铁等其他集疏运体系的深刻影响，因此，应从体系成员角度做好自身定位。首先，考察自身在国内乃至国际航空运输体系中的定位，既要考察既有体系，也要预见未来可能的体系格局；其次，从综合交通体系角度出发，考察空港与其他形式交通运输设施的相互影响；最后，考虑到航空业态的其他影响，比如点对点运输模式对枢纽运输格局的替代、低成本航空运输模式的扩张、航空联盟对市场格局的影响、网络型航空公司的出现等等，这些都要求空港的规划者跳出空港自身的视角，全方位考察所处的宏观环境，在深入分析的基础上制定符合自身状况的发展策略。

3. 空港分类

在国内，按层次划分，可将空港或机场分为以下三大类。

（1）航空港。航空港是指从事民航运输的各类机场，在中国通常将大型的民用机场称为空港，将小型的民用机场称为航站，按国际通例，把商业性航空机场统称为机场或空港。

（2）重要机场。重要机场是指一个国家在航空运输中占据核心地位的机场，如美国把运输量占全国 0.25%以上的机场划为大中型枢纽机场，中国则把由民航局直接管理的机场划为一类机场，这类机场在整个国家的运输中起着核心作用，属于重要机场。目前中国还没有关于划分这类机场的标准，但随着中国民航管理体制的改革，可以把每年客流量达到 50 万人次或 100 万人次作为划分重要机场的标准。

（3）一般机场。重要机场之外的其他小型机场在中国大多属于航站，虽然它们的运输量不大，但对于沟通全国航路以及对某个地区的经济发展起着重要作用。

4. 空港货运枢纽建设层次

伴随着航空物流业中市场主导权的不断前移，机场在建设货运枢纽时已经不能仅仅关注传统意义上的航空公司，而应该同时关注对物流业格局产生直接影响的各个层面的市场主体，由此总结出货运枢纽机场建设的四个层次。

（1）第一层次：依托基地航空公司建设货运枢纽。

多年来，无数的案例证明了基地航空公司对于枢纽机场的重要意义，全球排名前列的货运机场，如中国香港（国泰航空）、孟菲斯（FedEx）、仁川（大韩航空），都拥有至少一家强大的基地航空公司。基地航空公司可以在枢纽机场构建辐射全球的航线网络，并通过高效的地面衔接开展中转业务，从而进一步提升枢纽机场能级。

（2）第二层次：依托多航空公司建设货运枢纽。

除了主基地航空外，在全球范围内多枢纽运营的航空公司也是机场争夺的重点，例如，多地机场积极引入联合包裹（United Parcel Service，Inc.，UPS）、联邦快递、敦豪（Dalsey，Hillblom，and Lynn，DHL）三大集成商，提升自身枢纽性能。但是目前，在全球范围内实现多枢纽运作的航空公司其实寥寥无几，除了三大集成商外，如阿联酋航空（迪拜）、国泰航空（香港）、大韩航空（仁川）等都只以一座机场为枢纽，近年来郑州和卢森堡航空的合作成为一个新的案例，卢森堡航空已经构建了以卢森堡和郑州为双枢纽的航线网络。

（3）第三层次：依托货运代理企业建设货运枢纽。

货运代理企业具有物流路径设计能力，对于货运枢纽机场以地面方式辐射腹地具有重要作用。货运代理企业在设计物流网络时，机场是航空物流中的必经节点，若能将货运代理企业的区域分拨中心与机场相结合，则整体物流作业效率会因减少了物流网络层级而提高，这对于货运代理企业而言将降低其成本，对于枢纽机场而言则稳固了其枢纽地位。

（4）第四层次：依托货主或货源性企业建设货运枢纽。

货主或货源性企业的进一步壮大可以说是必然趋势，在这样的背景下直接引入货主或货源性企业落户是货运枢纽机场的重要选择。国内外诸多机场积极发展临空经济，一方面将机场便捷的交通条件作为吸引企业落户的筹码，另一方面已经落户的企业又反作用于机场，以足够的货源支持其开辟更多航线，丰富航线网络。

二、空港物流

1. 空港物流的概念与功能

空港物流是指空港利用其自身的口岸优势，以先进的软硬件环境为依托，整合空港集货、存货、配货等功能，强化对空港周边物流活动的辐射能力，发展涵盖物流产业链所有环节的空港综合服务体系。

空港物流除具备空港的基本功能外，还须根据其所在城市经济发展环境、产业特征及物流发展趋势，延伸国际快件、贵重物品转运、电商转运、保税物流等物流服务功能。

总体来说，空港物流主要有以下四大功能：

（1）物流核心功能：基本的运输、装卸搬运和存储等功能。

（2）物流增值服务功能：对货物进行简单的加工、分拣，为货主报关、清关等。

（3）物流服务支持功能：提供物流金融、保险、信息支持等服务。

（4）高端物流功能：国际快件、贵重物品转运、电商转运、保税物流、供应链服务等。

2. 空港物流园区布局

如图 3－16 所示，空港物流园区一般划分为空港货运区、综合配套区、保税物流区、临港物流区和预留用地五类作业区域。

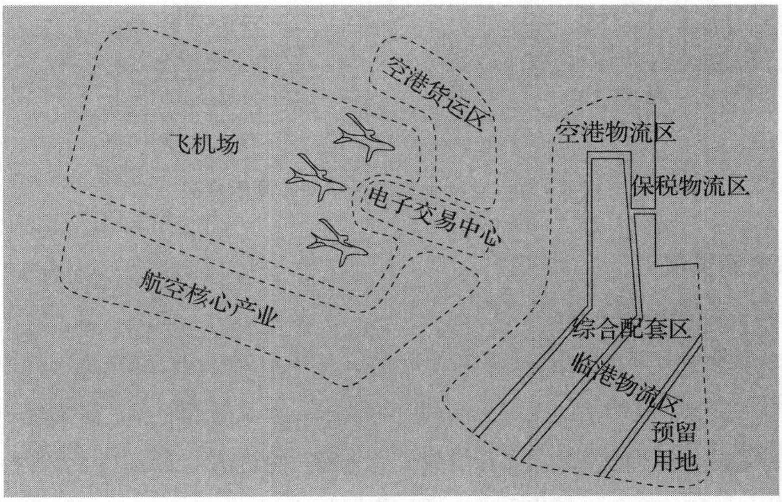

图 3－16 空港物流园区作业区域规划示意图

（1）空港货运区：提供收发货、理货、货物暂存、配载等服务，包括机场公共货站、航空公司基地货运站、货物处理平台、海关监管仓等。

（2）综合配套区：服务于航空、货代和物流企业，同时满足区内工作人员和过往旅客的商务及生活需求。

（3）保税物流区：主要为进出口货物提供保税服务，由保税仓库、检验站和卡口等组成。

（4）临港物流区：提供仓储、配送等服务，由海关监管仓库、货代及第三方物流企业配送区等组成。

（5）预留用地：考虑到物流中心未来发展需求，设置预留用地作为未来的物流发展用地。

空港物流园区处于航空枢纽影响力辐射最强的地区，其空间结构不仅取决于空港和航空服务的特征，包括净空要求、用地要求及噪音分析等，还取决于空港与中心城市的地面交通通达性、中心城市的经济结构、周边区域环境、空港仓库及相关厂房等本身的工艺要求等因素。因此，空港物流园区的空间布局要从货物的进入、组装、加工等到运出的全过程出发进行综合考虑。整体空间组织应采用多元化的理念，从空港物流园区的总体发展定位出发，从入园物流企业的实际需求出发，从空港物流园区的弹性扩展的可能性出发，进行规划布局（见图 3－17）。

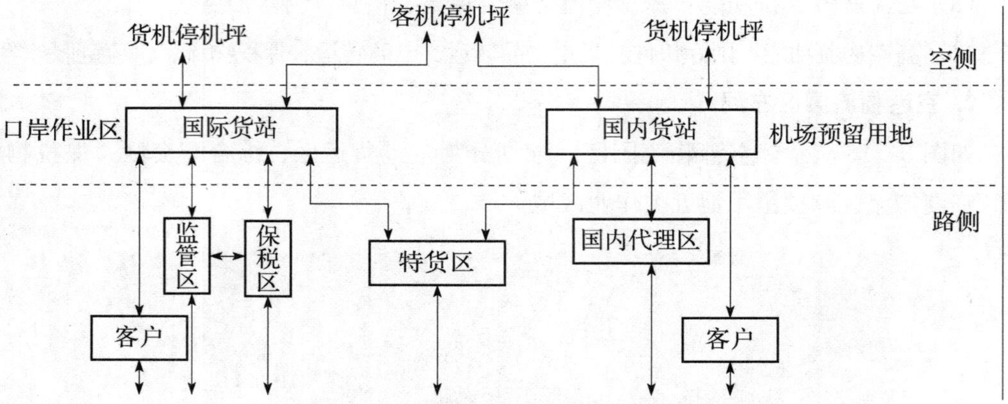

图 3－17　空港物流园区空间布局示意图

3. 空港物流管理

（1）国际空港出口货物操作流程。

图 3－18 显示了国际空港出口货物操作流程。从中不难看出，航空货物的进出港是一个组织严密的生产过程，有严格的工序控制和定时要求，涉及的部门多，需要统一组织协调和密切合作共同完成。有些航空公司委托航线机场进行货物进出港的组织与管理，而一些大型航空公司则在基地机场自行进行货物进出港的组织与管理。航空货运代理起着十分重要的作用，其出口货运代理流程包括：揽货与接受委托—预配舱、预订舱与订舱—接单接货—制单、报关、装箱与出仓—航空公司签单—货交承运人装机—办理货物发运后的事宜。

（2）国际空港进口货物操作流程。

图 3－19 显示了国际空港进口货物操作流程。从中不难看出，飞机卸港后，航空公司通常先将货物卸入监管库，同时根据空运单上的收货人及地址发出取单提货通知，然后就是航空公司与收货人或其代理人的交单交货过程。一般情况下，航空公司首先将随货空运单交予收货人或其代理人，收货人或其代理人凭此空运单报关报验，通关后，收货人或其代理人持加盖海关放行章的空运单到航空公司换取提货单，然后可持提货单到监管库提取货物。如果属于集中托运货物，且空运代理人自身拥有海关监管车和监管库，则空运代理人可以在未报关的情况下先将货物从航空公司监管库转至自

己的监管库，进行理单、拆单，并在代表实际收货人报关后，通知收货人提取货物，或者送货上门。在这种情况下，航空货运代理人进口（CIF）业务需要经过到货预报—接单接货—理单与理货—发到货通知—报检报验—报关—发送货或转运—信息传递—代理费用及垫付款结算—业务归档等环节。

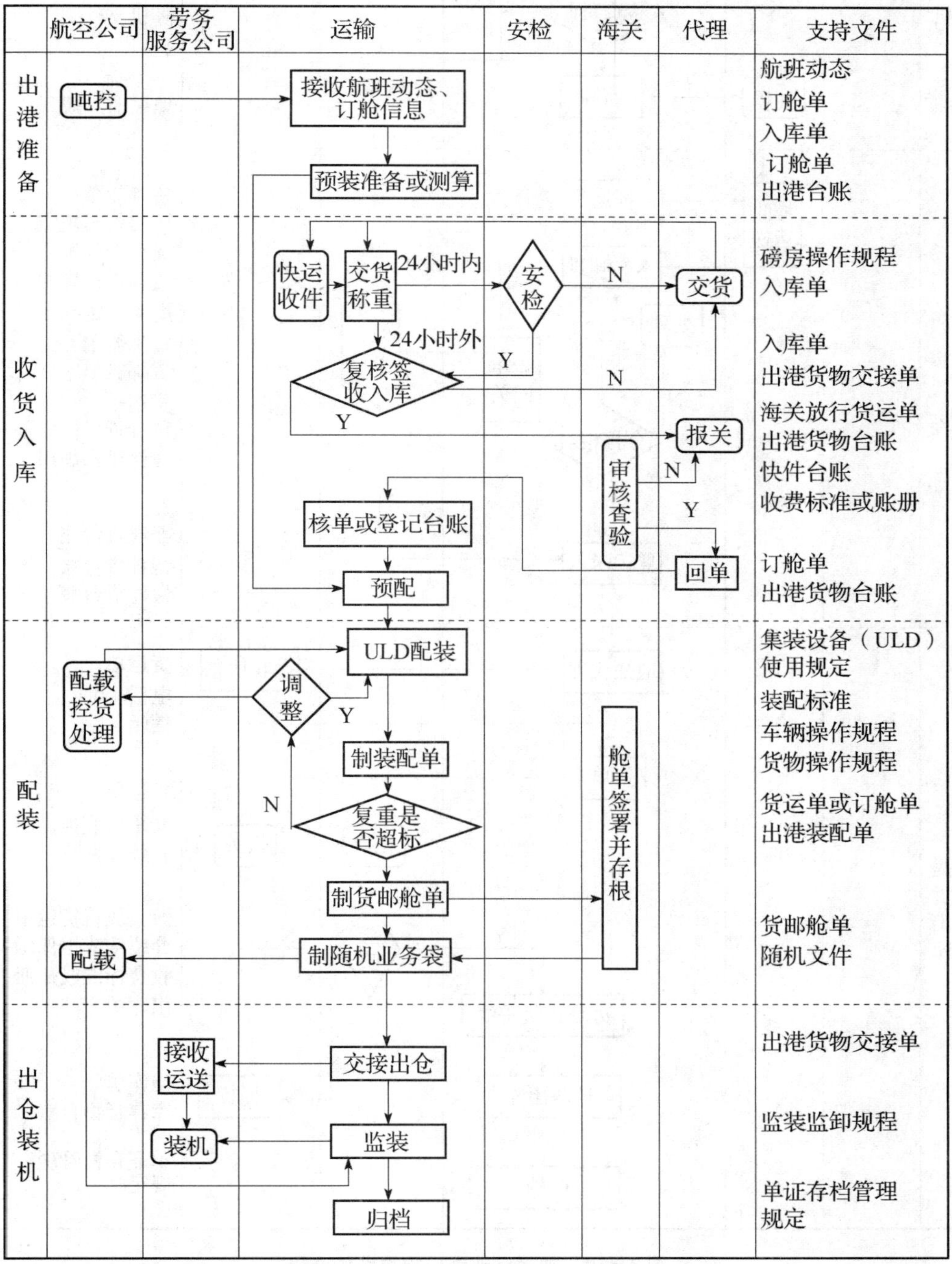

图 3-18　国际空港出口货物操作流程

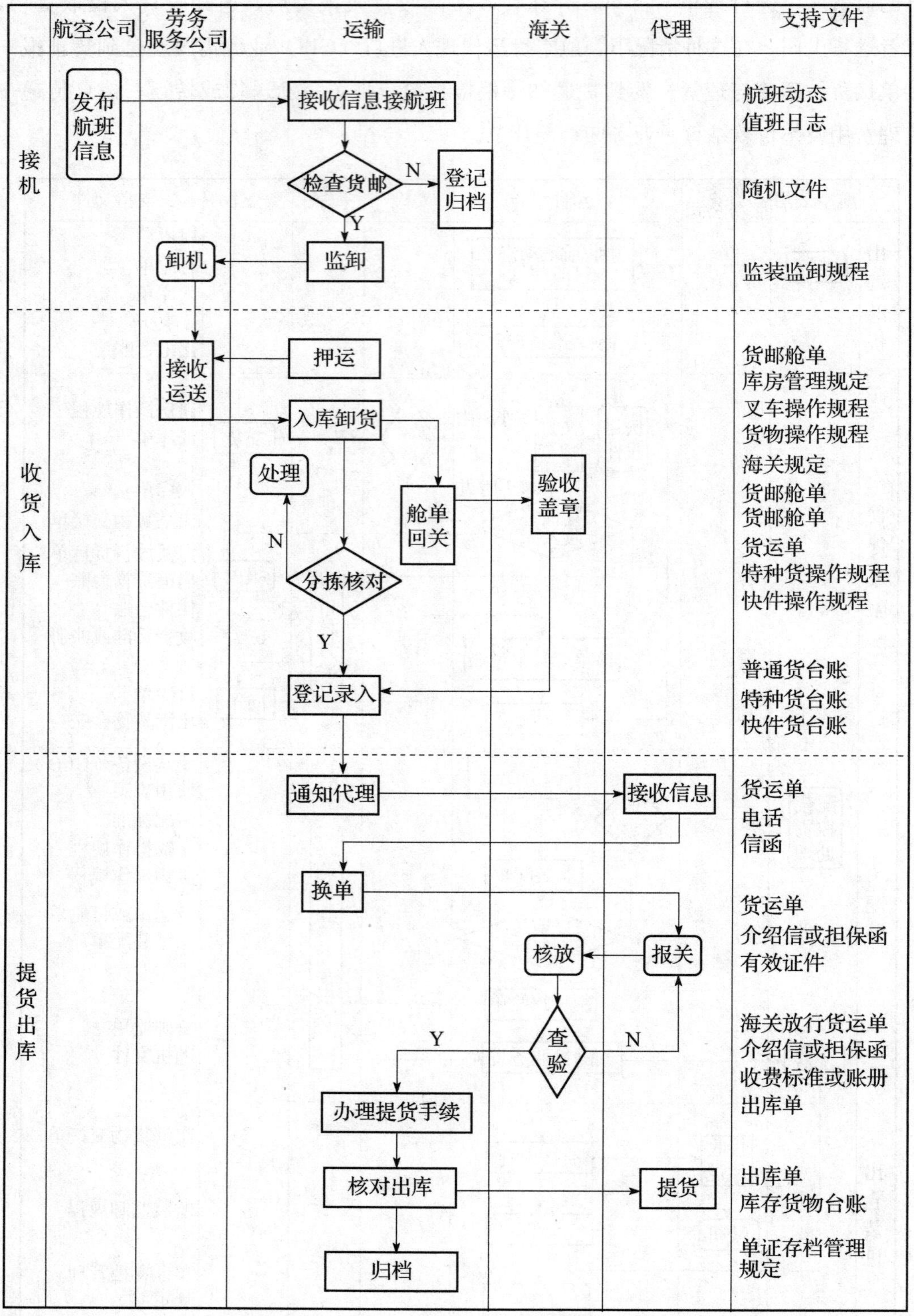

图 3－19　国际空港进口货物操作流程

三、临空经济区“港产城”融合发展

（一）临空经济区

1. 临空经济区的概念与特征

临空经济是指航空运输的巨大效应促使空港相邻地区及空港走廊沿线地区出现生产、技术、资本、贸易、人口聚集的经济形态。由此形成的多功能经济区域，也被称为“临空经济区”。可见，临空经济区是以机场为核心发展航空客运、货运、物流、机场购物、休闲度假、旅游商务及与机场相关的其他产业而形成的一个多功能经济区域。

临空经济区的概念包含了三个层次：

（1）它是一种新的经济模式。由于机场对周边地区产生的直接或间接的经济影响，出现了资金、技术和劳动力的聚集，从而产生了集聚效应和扩散效应的新经济现象。

（2）它暗含了一系列相关产业。临空经济区以发展临空产业为核心，包括先导产业和相关产业。先导产业如运输业（客运、货运）、民航综合服务业；相关产业如配套服务、传统的制造业、物流配送、商务餐饮、住宅开发和高新技术产业等。

（3）它具体指某一地理位置。临空经济区以机场为地理中心，沿交通沿线向外发散式扩张，它具体存在于一定的地理范围内（通常在以机场为中心、以 10～15 千米为半径的范围内）。

2. 临空经济区的圈层空间模式

1993 年，韦斯布罗德（Glen Weisbrod）等人从经济单元与机场枢纽之间的关联程度出发，将机场周边 15 千米的区域分为四个圈层。第一圈层是机场所在的空港区；第二圈层是机场周边 5 千米范围内的空港紧邻区；第三圈层是位于机场周边 5～10 千米范围内的空港相邻区；第四圈层是位于机场 10 千米以外地区的外围辐射区。每个圈层集聚特定的产业功能，这种理想化的圈层空间模式为后来临空经济区功能布局提供了重要的理论基础（见图 3－20）。

（1）机场空港区：范围在机场周边 1 千米内。包括机场的基础设施机构和直接与航空运输业相关的产业，如飞机后勤、旅客服务、航空货运、停车场和航空公司的驻外办公等。

（2）空港紧邻区：范围在机场周边的 1～5 千米。主要是商业服务区，为空港运营、航空公司职员和旅客提供相关的商业服务，例如住宅、大型超市、金融机构、生活服务设施等。

（3）空港相邻区：范围在机场周边的 5～10 千米，或 15 分钟车程可达范围内。主要是利用机场的交通优势和口岸所发展的高时效性、高附加值的相关产业，如资金和

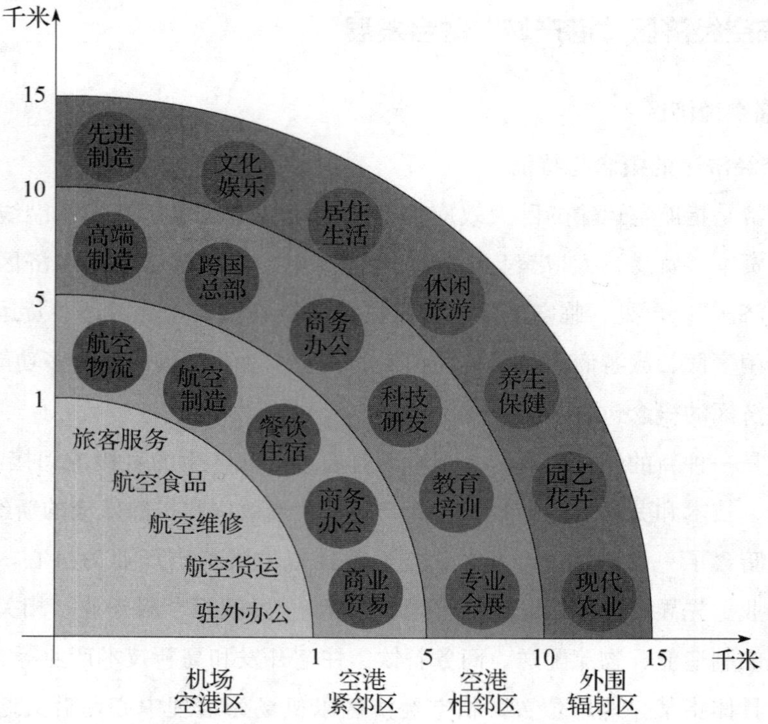

图 3-20 临空经济区的圈层空间模式

技术密集型的高新技术产业，以及利用机场的区位优势所发展的物流配送。此外，有时还包括旅游博览、办公会务等第三产业。

(4) 外围辐射区：范围在机场周边的 10～15 千米。主要包括为前三圈层提供二次服务的产业，原有的农业、旅游等生活配套产业。随着与中心机场距离的加大，所受影响力逐渐减弱，直到中心机场对辐射地的影响力消失。

卡萨达（John Kasarda）提出了航空大都市理论，认为其由临空经济区及其周边30千米内的区域共同组成，该理论为机场周边较大范围内的功能布局与空间组织提供了支撑。从上述理论演变可以发现，临空经济区发展呈现出如下趋势：在功能上，从以航空运输配套为主向多元复合功能演化，机场功能与城市功能不断耦合；相应地，在空间上，机场枢纽向外围地区呈现圈层布局规律，需要合理的空间与交通组织促进机场与城市联动发展。

3. 临空经济区产生的原因

临空经济区产生的原因可从宏观、中观和微观三个角度来分析。

(1) 宏观角度。

从宏观角度讲，空港所在国家和城市经济在较长一段时间内持续快速发展。临空经济真正发展是在后工业化时代，临空经济本身的出现，就表明一个国家的经济已达到较高的水平。只有进入工业化加速的时期，人民生活摆脱贫困、进入小康社会，才可以谈临空经济发展的社会、经济、文化条件。否则可能有航空现象，但谈不上临空经济。

（2）中观角度。

从中观角度讲，空港及临空经济产业人流、物流、资金流和信息流规模扩大。机场提供了一种快速安全的交通方式和遍布全球的航空网络，这种资源是临空经济区所占有的独特资源，无法在区域之间流动，其他区域无法仿制，从而形成了临空经济产业的独特性和垄断性。因此机场的产生和发展是临空经济产生的根本动因，缺少机场作用的经济模式不能被界定为临空经济。但并不是所有的机场都存在临空经济，中心机场的客流量和货流量必须达到一定程度，所在地区才会形成临空经济。

（3）微观角度。

从微观角度讲，单个企业区位选择偏好发生了改变。随着全球经济一体化的深入，经济发展的模式发生了很大的变化，使得有些企业的区位偏好发生改变，由原来的运费指向、供给指向、市场指向转变成时间价值指向，时间价值成为影响企业区位选择的重要因素，通过引导企业布局机场周边，逐步形成产业集群，最终发展成为临空经济区。

（二）临空经济区港产城融合发展

1. 临空经济区港产城融合发展机理

临空经济区由空港、产业、空港新城（airport-industry-city，AIC）三个子系统构成。

（1）“港”具体包括机场基础设施（包括航站楼、跑滑系统、机坪机位等设施）、空域资源、航线网络以及机场陆侧综合交通设施。“港”实际上是一种资源，借由“港”的建设、运营，区域具备了发展临空经济的基础条件。在临空经济发展的过程中，一定先有“港”，即空港子系统是临空经济发展的先导因素。空港子系统在发展过程中涉及的相关主体包括民航局（包括内设机构、地区管理局、直属单位等）、地方政府、机场集团、航空公司及其他航空企业等。

（2）“产”是指在临空经济区聚集的各类具有临空指向性的产业。主要分为航空核心产业、航空关联产业、航空引致产业。航空核心产业指直接利用机场提供的设施和服务等资源开展生产、制造活动的产业，主要包括航空运输业（包含航空物流产业）、航空制造业、通用航空产业；航空关联产业指对航空运输服务有较高的敏感性，利用航空运输快速安全的特点和机场口岸功能的特殊优势，可有效降低其客货运输的时间成本，对快速便捷的人流、物流具有较高需求的产业；航空引致产业指依托机场及上述两类产业引发的客流、货流资源，满足各类人员如机场旅客、员工及各产业从业人员的居住、教育、消费、购物、娱乐等生活需求，以及产业发展所必需的研发、培训、金融、中介、广告等服务需求，通过产业链的延伸和完善，由各航空核心产业和航空关联产业引发和吸引的各类辅助、配套和支持产业。

(3)“城”是指依托临空经济发展而形成的，适合临空产业从业人员工作、生活、居住的生态、人文环境，即依托空港而建立、具备城市功能的空港新城。空港新城子系统在发展过程中涉及的主体主要是地方政府、机场集团、航空公司及其他航空企业等。

临空经济区发展的思路是：充分发挥港产城融合发展理念，促进临空经济产业之间联系互动，带动区域经济形成产业集群。临空经济区应以“港”为经济引擎，构建“以港带产、以产兴城、港城互动、相互融合”的城市发展新模式。其中，“港”对产业起到引领和带动作用；“产”促进城市经济发展；“城”为推动港口和产业的大发展提供更为优良的服务和持久支撑。港产城融合发展的最大特点是：有港有产有城，彼此相互支撑、相互促进，形成完整的三角形，如图 3－21 所示。

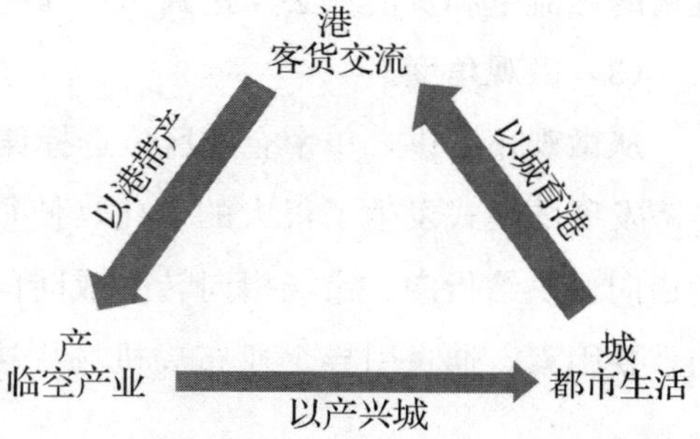

图 3－21 港产城融合发展理念示意图

2. 临港经济区港产城融合发展演进分析

临港经济区港产城融合发展可分为以下四个阶段（见图 3－22）。

图 3－22 临港经济区港产城融合发展演进示意图

（1）萌芽期，主要聚焦空港核心地区，集中于机场基础功能设施的规划建设，以客运为主，业态单一；

（2）起步期，拓展空港周边临空工业区，以客运为主、货运为辅，产业类型日趋多样化；

（3）发展期，建设空港城，客货运并重，尤其是以货运物流为代表的临空产业聚集和产业链延伸、整合的港产联动发展阶段；

（4）成熟期，建设空港都市区，是规模进一步扩大、产业链打通、功能完善、城市公共设施增加、运营高效的港产城一体化发展阶段。

总体发展趋势就是逐步走向港产城一体化，不仅仅是港产城自身的一体化，而且是港产城与城市和区域的一体化。

3. 推进临港经济区港产城融合发展的路径

临空经济区以航空枢纽为依托，引导高端制造业、现代服务业集聚发展，构建以航空运输为基础、以航空关联产业为支撑的产业体系，建设现代产业基地、区域物流中心、科技创新引擎和开放合作平台，成为推进区域经济升级、加速区域一体化的新引擎、新动力。不同的城市经济形态、规模和发展水平，对临空经济区的定位产生了极大的影响和促进作用，中心城市的服务带动、市场需求、资源禀赋、对外联系、政策偏好等特质，促使临空经济区在发展定位、口岸设置、产业选择、政策争取、运营管理、形象打造等方面采取因城而异、因地制宜的管理举措和发展路径。

（1）研究城市产业结构对临空经济区产业结构和发展方向的影响和支撑。随着供给侧结构性改革不断深入，城市产业结构不断升级，产业类型向高技术、高质量环节拓展，人工智能、5G、云计算、芯片、生命科学等一批未来引领产业将逐步成为城市经济发展重点，城市产业的发展情况会影响和支撑临空经济区的产业结构和发展定位。临空经济区的产业结构必须在城市产业发展的总体框架下进行定位，因地制宜，发展城市具有比较优势的临空产业。

（2）研究城市空间拓展对临空经济区空间生长和布局演变的影响。城市经济的规模水平和要素供给在一定程度上决定了临空经济区的发展空间。当城市经济扩张到一定规模后，城市的集聚不经济效应会大于集聚经济效应，交通住房拥挤、生态环境恶化、土地和劳动力价格的大幅上涨等现象都可能发生，一些产业和城市功能活动会不断向外推，并带动其他相关活动逐渐向外移动，从而引起城市外部形态的变动和扩展。临空经济区一般位于城市的远郊，环境要优于市区，并且周边有大量可合理规划的土地，加上受城市与机场经济发展轴线的影响，城市空间具有向机场方向扩张的趋势。

因此，城市经济发展需要扩张空间，会导致临空经济区布局和范围发生变化，从而影响临空经济区的空间演变规律、发展功能定位以及发展前景。

（3）研究城市经济的开放属性如何为临空经济区参与全球合作提供条件。在构建国内国际双循环相互促进的新发展格局下，城市经济的开放程度逐步提升，城市市场与国际市场的交流合作日益加深，从而带来大量全球化的人流、物流、资金流和信息流，带动机场业和航空运输业的发展，也为临空经济区发展开放经济、参与全球经济合作与交流提供了条件。

（4）研究城市群、都市圈一体化发展对临空经济区融入区域经济的促进作用。随着我国城市群战略布局和城镇化进程的加快，城市一体化程度也在不断深入，枢纽机场的运输服务范围将不再局限于城市内。作为城市的对外交往门户，机场的服务半径向城市群进行延展，临空经济区与周边城市的经济联系和人才流动显著增强，技术和文化交流频率增多，机场与地面交通、市政等基础设施的互联互通增强，推进公共服务均等化，促进环境共同治理。

（5）研究因地制宜进行体制机制创新为临空经济区发展提供定制化的政策保障。现阶段我国城市经济产业体系逐渐迈向经济高质量发展阶段，城市高质量发展将对临空经济区产生反馈效应，通过优化透明高效的营商环境和制度创新激发市场活力，促进临空经济区在更高层次实现质与量的跃升。城市根据自身禀赋设立自由贸易试验区、综合保税区等开放平台，制定和实施符合国际惯例的法规制度、优惠的产业发展政策，能为人流、物流和资金融通提供最大限度的方便，为临空经济区的快速发展提供保障。

综合练习

一、不定项选择题

1. 国际枢纽物流的内涵可以从（　　）维度进行分析。

A. 层次　　B. 市场　　C. 产品　　D. 管理

2. 基于陆港物流发展过程的关键驱动因素划分，我国陆港物流建设分为（　　）模式。

A. 政府驱动　　B. 走廊效应　　C. 市场驱动　　D. 海港驱动

3. 临空经济区的圈层空间模式可分为（　　）。

A. 机场空港区　　B. 空港紧邻区

C. 空港相邻区　　D. 外围辐射区

二、是非题

1. 陆港一定设置在内陆地区。
2. 港口是由若干个码头组成的。
3. 在我国，空港也常称为机场，因此，空港与机场并没有区别。

三、简述题

1. 简述国际枢纽物流的目标与特点。
2. 简述港口经济圈港产城融合发展的内涵与核心要素。
3. 简述陆港与海港融合发展的内容与层次。
4. 简述临港经济区港产城融合发展演进阶段。

第四章 国际海运物流

开篇案例

海上咽喉：全球海运的生命线

海运航线的关键通道被称为海上咽喉，其范围涵盖世界各海峡、运河、内河大川的出海口及其他各种狭窄水道等。当前世界上22个重要的海上咽喉分别是：东地中海和波斯湾区域的5个，即博斯普鲁斯海峡、达达尼尔海峡、苏伊士运河、霍尔木兹海峡、曼德海峡；西太平洋区域的6个，即马六甲海峡、巽他海峡、龙目海峡、吕宋海峡、新加坡海峡、望加锡海峡；欧洲地区的4个，即大贝尔特海峡、基尔运河、多佛海峡、直布罗陀海峡；非洲地区的1个，即莫桑比克海峡；美洲地区的6个，即巴拿马运河、尤卡坦海峡、卡伯特海峡、佛罗里达海峡、向风海峡、莫纳海峡。

国际海上运输是国际贸易中最主要的运输方式之一。中国进出口总量的90%以上都是通过海上运输完成的，海上运输在国际对外贸易中发挥着非常重要的作用。因此，马六甲海峡、霍尔木兹海峡、苏伊士运河、巴拿马运河等海上咽喉一直是世界海洋强国争夺和控制的重点。

学习目标

知识目标：

1. 了解国际海运物流组织与公约。
2. 熟悉国际海上运输的概念与特点、国际租船运输。
3. 掌握国际海上班轮运输、国际海运拼箱。

能力目标:

1. 能正确进行国际海运拼箱业务操作。
2. 具备运用国际海运物流理论解决实际问题的能力。

素养目标:

1. 认识国际海运物流在保障全球产业链供应链安全和韧性中的重要作用。
2. 明确国际海运物流人才的责任和担当，增强使命感，提高专业认同度。

第一节　国际海运物流概述

一、国际海运物流概述

国际海运物流是以国际海上货物运输为主要运输形式，借助现代信息技术，连接供给主体和需求主体，使原材料、产成品从一国起点至另一国终点及相关信息有效流动的全过程。它将运输、仓储、装卸、加工、整理、配送、信息等方面进行有机结合，形成完整的供应链，为客户提供多功能、一体化的综合性服务。

国际海运物流的鲜明特征是以国际海上运输为核心，因此，以下重点阐述国际海上运输的概念、特点等。

1. 国际海上运输的概念

海上运输，是指使用船舶等水运工具经海上航道运送货物的一种运输方式。

按照海上航行水域的性质，海上运输可分为沿海运输与海洋运输，海洋运输在实际工作中有近洋运输与远洋运输之分。

（1）沿海运输（coastal traffic），是指海运企业的船舶在近海航行，往来于国内各沿海港口之间，负责运送货物的一种运输形式。显然，按照上述定义，在一国港口之间为国际集装箱班轮提供喂给服务的支线运输，以及国际集装箱班轮在一国港口之间的所谓“捎带”运输都是沿海运输。因而，沿海运输有两种表现形式：一是国内贸易货物在一国港口之间的运输，如货物在中国大连港、天津港和上海港之间的运输，美国本土与夏威夷或者关岛之间的运输等；二是国际贸易货物在一国港口之间发生的二次运输，例如，从神户运往旧金山的货物，在神户装船，运到横滨卸船，再装上其他船舶运往旧金山，也构成沿海运输。

（2）近洋运输，也称近海运输，是指使用船舶通过大陆邻近国家海上航道运送货物的一种运输形式。显然，沿海运输和近洋运输的区别在于前者指一国境内不同港口之间的运输，后者指相邻不同国家港口之间的运输，比如，我国至朝鲜、日本、东南亚等地区进行海上货物运输。

(3) 远洋运输(ocean shipping),是指使用船舶跨越大洋的长途运输形式,主要依靠运量大的大型船舶。

以上只是从地理概念上的理解,如果从运输业务的关系来理解,沿海运输属于国内运输,是一国境内不同港口之间的运输;近洋运输及远洋运输属于国际运输,是以船舶为工具,从事本国港口与外国港口之间或者完全从事外国港口之间的货物运输,通常称为国际海上运输(international carriage of cargos by sea)或者国际航运(international shipping)。

2. 国际海上运输的特点

与其他运输方式相比,水路运输具有载重量大、成本低、投资少的优势,但速度慢、灵活性差、连续性也差,因而较适于承担大宗、低值、笨重和各种散装货物的中长距离运输,其中特别是海上运输,更适于承担各种外贸货物的进出口运输。

与国内水路运输相比,国际海上运输具有以下不同的特点。

(1) 在危险方面具有独特性。

在海上危险方面,其独特性主要表现在遭遇海上危险的可能性大、所造成的损失也大、为适应海上危险而建立的制度较特别等。

①遭遇海上危险的可能性大。在国际海上运输中,由于船舶长时间在远离海岸的海洋上航行,且海洋环境复杂、气象多变,随时都有可能遭遇狂风巨浪、暴雨、雷电、海啸、浮冰等人力不可抗衡的海洋自然灾害的袭击,因此船舶遭遇危险的可能性比沿海运输大,比江河运输更大。

②海上危险造成的损失巨大。国际海上运输的船舶一旦遭遇海上危险,船舶和货物所遭受的损失可能是十分巨大的。比如,油轮遭遇事故后,除了油轮本身和所载运的油品损失外,还会因油品流入海洋造成海洋环境的污染,其后果和损失更是惊人,尤以超大型油轮更甚。

③为适应海上危险而建立了特殊制度。目前,国际海运业存在一些为适应海上危险而建立的比较特殊的制度,包括共同海损制度、海上保险制度、海上救助制度、承运人责任限制制度和船舶所有人责任限制制度等。此外,目前国际海运业还存在反垄断有限豁免制度。

(2) 国际性。

国际海上运输的国际性主要表现在海上业务经营对国际海运市场的依存性、主要货运单证的国际通用性和适用法律的国际统一性等方面。

①海上业务经营对国际海运市场的依存性。一个国家的国际海运船舶会承担本

国进出口货物的运输，但也会进入国际海运市场，开展第三国的运输。而国际海运市场中汇集有许多船舶经营人，他们之间的竞争非常激烈，在国际海运市场上，运力的供给与需求的平衡关系左右着运价和租金水平的变动，任何个别的船舶经营人都不能对市场的运价和租金水平的变化产生很大的影响。相反，个别船舶经营人的经营活动要适应国际海运市场的变化。一国的货主或国际货运代理人通常会选择本国的船公司作为海上货物运输的承运人。但是，当其他国家的船公司能够提供更为合适的运输服务时，货主就会选择他国的船公司作为海上货物运输的承运人。

②主要货运单证的国际通用性。国际海上运输中使用的货运单证繁多，作用各不相同，各个国家、港口或船公司所使用的货运单证并不完全一致。但是，因为国际海上运输船舶航行于不同国家的港口之间，所以作为划分各方责任和业务联系主要依据的货运单证，应能适应不同国家和港口各个有关方面的要求。在货运单证的内容和编制方法上，不但要符合本国法令的规定和业务需要，而且必须适应国际公约或有关国家和港口的法令或习惯要求，使之能为各关系方所承认和接受。所以，就一些主要货运单证而言，它们在名称、作用和记载内容上大多大同小异，可以在国际上通用。

③适用法律的国际统一性。国际海上运输从事的是国际贸易的货物运输，是在不同国家或者地区之间进行的货物运输，在运输中经常会发生各种事故或争议。这些问题不一定发生在本国的水域范围内，纠纷或争议的各方也可能分属不同国家，因此，在处理这些问题时，就产生了适用哪一个国家法律的问题，有时同一个事件按不同国家的法律处理就可能得出完全不同的结果。为此，世界各国海运界一直都在谋求制定一系列能为各国所接受并共同遵守的国际公约，各个国家在批准这些国际公约后，再相应地进行国内立法，以求达到法律的国际统一性。目前各国虽然还未完全达成一致，但已经取得了很大成果。

二、国际海运物流组织与公约

1. 国际海运物流组织

（1）国际海事组织。

国际海事组织（International Maritime Organization，IMO）的前身为政府间海事协商组织（Intergovernmental Maritime Consultative Organization，IMCO），是联合国在海事方面的一个专门机构，负责海事技术咨询和立法，下设海上安全委员会（Maritime Safety Committee，MSC）、海洋环境保护委员会（Maritime Environment Protection Committee，MEPC）、便利运输委员会（Facilitation Committee，FAL）、技术合作委员会（Technical Cooperation Committee，TCC）和法律委员会（Legal Committee，LEG）。IMO 通过的国际公约、规则和决议案为造船、设计、检验、航运、海事、

管理等部门所必须遵循的法定文件。我国在联合国恢复合法席位后，于 1973 年 3 月 1 日恢复 IMO 成员地位，1975 年当选为理事国，1989 年当选为 A 类理事国并连任至今。

（2）国际海运联合会。

国际海运联合会（International Shipping Federation，ISF）成立于 1909 年，是一个船东组织，在有关海员雇佣和安全的所有问题上代表船东的利益。ISF 有三个主要目标：一是为会员提供和交流最新的海员雇佣情报。二是根据海员的雇佣发展情况，协调各国船东的意见。三是在讨论处理海员问题的国际论坛上，代表会员的利益与各国政府和工会商洽。

（3）国际航运公会。

国际航运公会（International Chamber of Shipping，ICS）成立于 1921 年，其主要业务有：油船、化学品船的运输问题和国际航运事务；贸易程序的简化；集装箱和多式联运；海上保险；海上安全；制定一些技术和法律方面的政策，便于船舶进行运输。

（4）波罗的海国际航运公会。

波罗的海国际船运公会（the Baltic and International Maritime Council，BIMCO）成立于 1905 年，总部设在丹麦哥本哈根，原名波罗的海及白海航运公会，后来因其成员变成世界性的，于 1927 年改名 BIMCO。BIMCO 向本组织成员提供全世界港口和海运条件方面的免费情报服务、免费咨询服务、专题讲座及短期培训。其成立的宗旨是联合船东和航运机构，在适当的时候采取一致行为促进航运业的发展，把不同的意见和违反工作惯例的情况通知给本组织成员。

（5）国际船级社协会。

国际船级社协会（International Association of Classification Societies，IACS）是在 1968 年奥斯陆举行的主要船级社讨论会上正式成立的。IACS 成立的目标是促进海上安全标准的提高，与有关的国际组织和海事组织进行合作，与世界海运业保持紧密合作。目前，世界上 92%的商船由 IACS 定级。

2. 国际海运物流公约

在国际海上运输的国际立法方面，并存着三个影响较大的公约，分别是 1924 年《统一提单的若干法律规则的国际公约》（以下称《海牙规则》）、1968 年《修改统一提单的若干法律规则的国际公约议定书》（以下称《维斯比规则》）、1978 年《联合国海上货物运输公约》（以下称《汉堡规则》）。随着国际经济、贸易、航运不断发展，上述三个公约均无法满足国际货物多式联运“门到门”运输的需要。在前期广泛调研总结经验的基础上，2008 年 12 月 11 日，联合国大会第 63 届会议第 67 次全体会议审议通过了《联合国全程或者部分海上国际货物运输合同公约》（以下称《鹿特丹规则》）。《鹿特丹规则》采取“海运十其他”的适用模式，不影响任何现已生效的调整公路、航空、铁路、内陆水域承运人对货物灭失或损坏的赔偿责任，这一责任方式被称为最小网状责任制。因此，《鹿特丹规则》的适用范围扩大至多式联运合同的整个运输区段，符合国际集装箱货物“门到门”的运输需求和发展趋势。然而，也正是《鹿特丹规则》广泛的适用范围，增加了利益方对其与其他已生效公约相抵触的忧虑，因此它没有得到主要贸易国家的广泛支持，目前尚未生效。

综上，至今为止，国际上尚无统一的、生效的规范国际货物多式联运的国际公约。不同国家调整不同运输方式的规则之间有很大区别，表现为不同的责任基础、不同的责任限制、具有不同的法律价值的不同单证、不同的诉讼时效等。

第二节　国际海上班轮运输

一、海上班轮运输概述

1. 海上班轮运输的概念与特点

班轮运输（liner shipping or liner transport），也称定期船运输，是指班轮运输公司将船舶按事先制定的船期表，在特定航线的各挂靠港口之间，为非特定的众多货主提供规则的、反复的货物运输服务，并按运价本或协议运价的规定计收运费的一种营运方式。

如图 4－1 所示，海上班轮运输作为定港口、定航线、定班期、定运时、定船舶的运输模式，具有链条长、环节多、集中度高的特点。

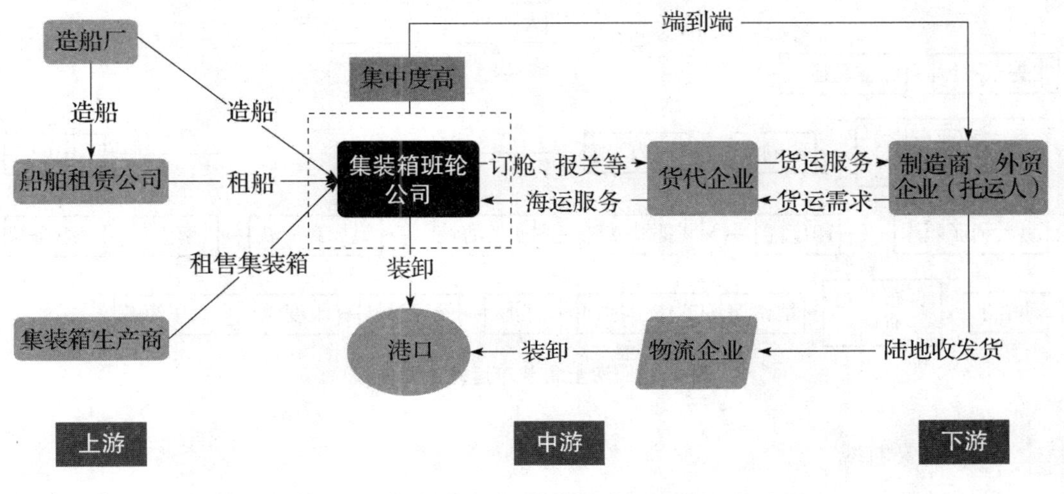

图 4－1　海上班轮运输

2. 海上班轮运输的类型

基于不同的角度，班轮运输可以分成不同的类型。

①按船舶到离港时间是否可以有一定的伸缩性划分，可分成定期定线的班轮运输和定线不严格定期的班轮运输。前者是指船舶严格按照预先公布的船期表运行，到离港时间是固定不变的，也就是真正的定期定线的班轮运输，这是班轮运输的主要形式。后者是指虽有船期表，但船舶到离港时间有一定的伸缩性，也有固定的始发港和终到港，但中途挂靠港则视货源情况可能有所增减。

②按所使用的船舶的类型不同，可分成杂货班轮运输、海上集装箱运输。杂货班轮运输是最早的班轮运输，以散货杂货为主。对货主而言，杂货班轮运输有如下优点：能及时、迅速地将货物发送和运达目的港；适应小批量零星件杂货对海上运输的需求；能满足各种货物对海上运输的要求，并能较好地保证货运质量；因班轮公司负责转运工作而能满足货物运输的特殊需要等。

20 世纪 60 年代后期，随着集装箱运输（container transportation）的发展，海上班轮运输中出现了以集装箱作为一个货物集合或组元，进行运输、装卸、搬运的运输组织形式，即通常所称的集装箱班轮运输或海上集装箱运输。由于海上集装箱运输具有运送速度快、装卸方便、机械化程度高、作业效率高、便于开展联运等优点，到 20 世纪 90 年代后期，它已逐渐取代传统的杂货班轮运输，换言之，我们通常所称的海上班轮运输，实际上就是指海上集装箱运输。

3. 海上集装箱运输主要航线

图 4-2 显示了与我国相关的海上集装箱运输主要航线。

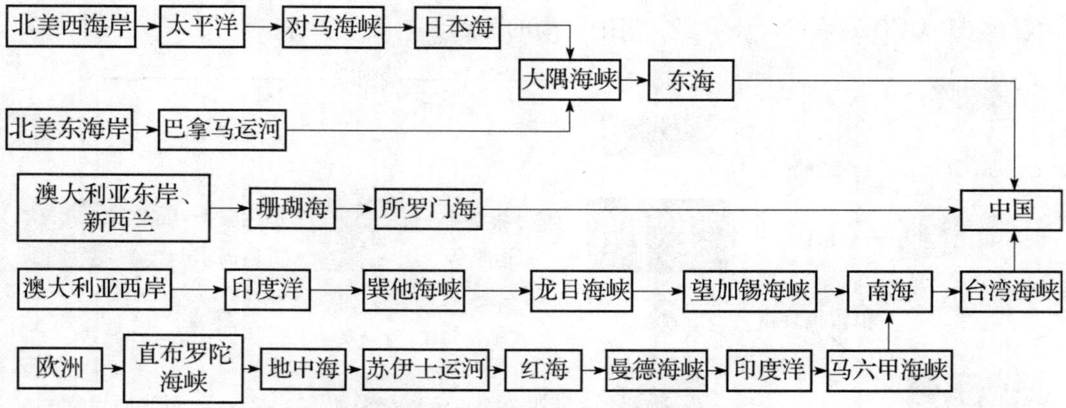

图 4-2　海上集装箱运输主要航线

（1）主要航线。

①亚欧航线：连接亚洲和欧洲的主要航线，如中国的上海港、香港港与荷兰的鹿

特丹港之间的航线。

②跨太平洋航线：连接亚洲和北美洲的主要航线，如中国的青岛港与美国的洛杉矶港之间的航线。

③大洋洲航线：连接亚洲和大洋洲的主要航线，如中国的广州港与澳大利亚的悉尼港之间的航线。

目前，远东—北美航线、远东—欧洲航线、大西洋航线的运货量占全球比重分别为15.6％、14.4％、3.9％。

（2）区域航线。

①东南亚航线：连接东南亚国家的航线，如新加坡与马来西亚之间的航线。

②中东航线：连接中东国家的航线，如阿拉伯联合酋长国的迪拜港与沙特阿拉伯的吉达港之间的航线。

③北美航线：连接北美洲国家的航线，如美国的西雅图港与加拿大的温哥华港之间的航线。

（3）内河和沿海航线。

①欧洲内河航线：连接欧洲内陆地区的航线，如莱茵河、多瑙河和伏尔加河等内河航线。

②沿海航线：沿着海岸线的航线，如印度洋沿岸的航线，连接印度、斯里兰卡和东非国家。

二、国际海上班轮运营组织

1. 海上班轮运营组织的概念与内容

海上班轮运营组织是指班轮运输企业对在一定时期内班轮生产活动的全面计划和安排，即在有一定运输任务的条件下，合理选用船舶、航线、挂靠港，制定最优的运输组织方案并实施的过程。

班轮运营组织主要解决以下问题：班轮航线设计、航线配船、班轮船期表的编制及班轮日常组织管理。

2. 海上班轮航线设计

（1）海上班轮航线设计的概念。

航线设计，也称航线设置或航线优化。它是指班轮公司在开辟新的航线时，确定航线结构和班轮挂靠港的过程。

（2）海上班轮航线结构。

海上班轮航线结构，也称航线布局形式。以海上集装箱运输为例，海上班轮航线有许多种结构，以下为几种常见的结构。

①点—点（point to point）航线。它是指连接A、B两港，在两港间往返运输的航线，如大连—釜山航线。随着集装箱船的大型化，为提高船舶的箱位利用率，在点—点航线的基础上，衍生出两端港航线，如图4-3所示。虚线圆圈范围内的港口均为基本港（base port），这些港口之间没有货物流动。例如，船舶由A港出发，承载着运往E、F、G、H港的货物，先后到达B、C、D港而不卸货；同样在B港也只装运到达E、F、G、H港的货物，在C、D港并不卸下在A、B港装运的货物，以此类推。也可以这样理解：同一虚线圆圈范围内的港口可以视为一个虚拟的大港，即一个端港，船舶在这个端港的货量分批次在不同的实际港口（A、B、C、D）分别装运。另一端也是如此，将E、F、G、H视为一个虚拟的目的港，到该虚拟港的货物分批次、分地点（E、F、G、H）分别卸下。例如，目前的远东—欧洲航线就是这一类型的航线。

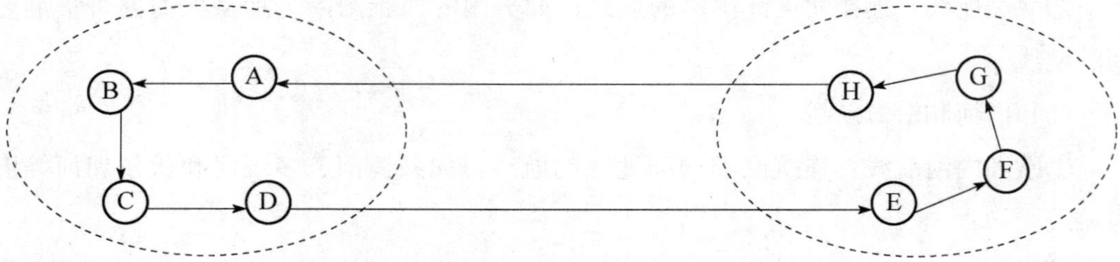

图4-3 两端港航线示意图

②枢纽-辐射式（hub-and-spoke）航线。该航线又称为干支配合航线，是以枢纽港之间的干线航线为骨架，以枢纽港与周边喂给港之间的辐射支线为补充构成的海上运输网络，干线航线由吨位较大的集装箱船航行，挂靠货运量大、地理位置佳的枢纽港；非枢纽港由于货流量较小，采用支线运输将货物运送到枢纽港，通过枢纽港将货物中转到干线航线运输，以实现相互之间的运输联结（见图4-4）。例如，新加坡港、香港港、釜山港等港口以其优越的地理位置，依靠枢纽-辐射式航线，吸引了大量的境外中转集装箱。

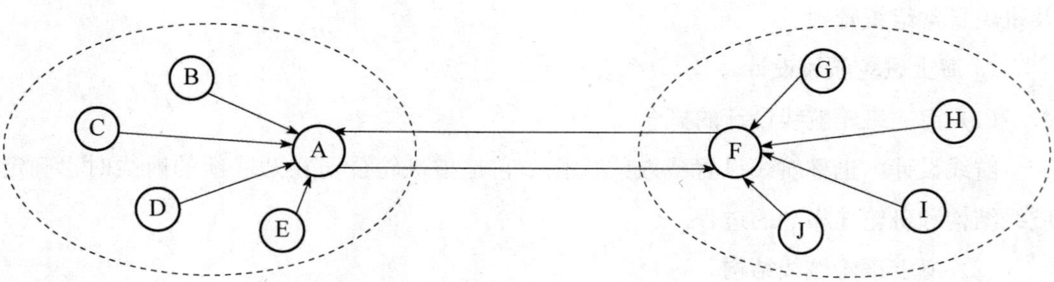

图4-4 枢纽-辐射式航线示意图

③环绕式（go-around）航线。该航线是指在选定的港口间依次停靠每一港口，一般在一个航次中，每个港口仅挂靠一次（也有挂靠两次的情况）。这种航线的优点是只有去程没有回程，能解决航线上货流不平衡的问题，提高箱位利用率。还可以增设反向航线以减少环绕性航线运行所需要的时间，由于贸易的不平衡性，正向、反向环绕式航线可选择不同港口（见图 4-5）。例如，远东—北美航路上的许多航线都是环绕式航线。

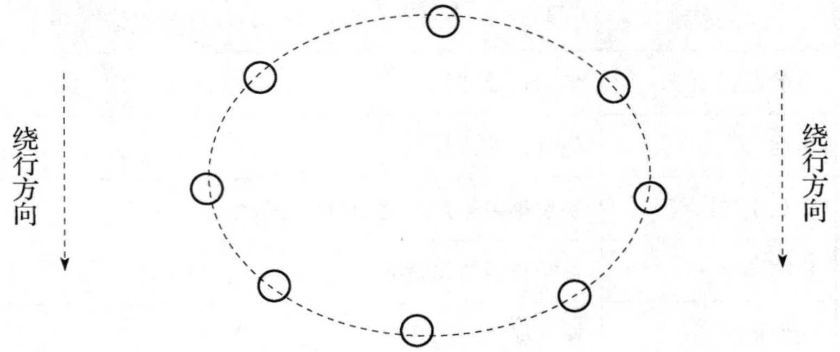

图 4-5　环绕式航线示意图

④钟摆式（pendulum）航线。船舶从某个中间地区的几个港口（简称中间港群）开航，向东航行至东部地区的几个港口（东港群）进行装卸，再从东港群摆回至中间港群进行装卸，再由中间港群出发向西摆至西港群进行装卸，再由西港群摆回至中间港群，即完成一个钟摆周期（见图 4-6）。比较著名的钟摆式航线有欧洲—北美—远东航线和欧洲—远东—北美西海岸航线，分别简称为巴拿马钟摆航线和远东钟摆航线。这种航线的优势是覆盖面较大，可运载多个贸易区域间的货物，提高箱位利用率。缺点是航线较长，需要投入较多船舶。

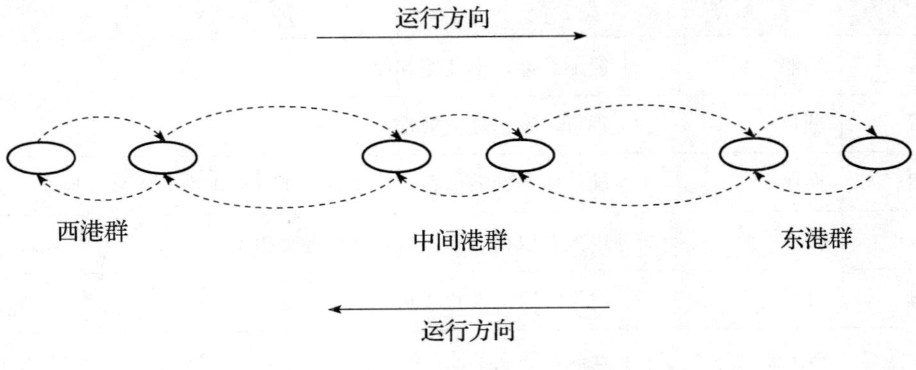

图 4-6　钟摆式航线示意图

值得注意的是，上述航线结构也经常结合使用，例如，枢纽-辐射式航线的干线航线可以是点—点航线，也可以是钟摆式航线或者环绕式航线。

3. 国际海上班轮运输进出口流程

以集装箱货物进出口为例。海上集装箱货物出口和进口流程如表 4-1、表 4-2 和图 4-7 所示。

表 4-1 海上集装箱货物出口环节一般流程

序号	流程	主要作业或服务内容
1	订舱或托运	申请订舱或托运
2	承运	确认订舱或托运
3	发放空箱	签发集装箱发放通知单，提取空箱
4	货物装箱	整箱货或拼箱货装箱
5	换取提单	换取提单
6	报检	预录报检数据，申报，办理报检
7	检验检疫查验	预约查验，接受查验，取得通关单
8	货物抵港	货物运抵港区，向海关发送运抵报告
9	报关	申报，交单
10	海关查验	办理预约，拖至查验场地，掏箱作业
11	装船	编制装船计划和积载计划，集装箱装船，离泊

表 4-2 海上集装箱货物进口环节一般流程

序号	流程	主要作业或服务内容
1	卸船	船舶靠港，集装箱卸船
2	理货	理货，发送理货报告
3	换单	确认船舶到港信息，凭正本提单（或副本与保函）换取提货单
4	报检	申报，取得交单回执，现场办理报检
5	报关	申报，取得查验通知
6	海关查验	查验，递交单证，签字确认，放行
7	办理设备交接单	凭正本提单（或副本与保函）办理设备交接单

续表

序号	流程	主要作业或服务内容
9	办理提箱	打印设备交接单，预约提箱
10	检验检疫查验	预约查验，接受查验，放行
11	提箱	到码头提取集装箱
12	还空箱	拆空货物后，将空箱返回指定地点
13	提货	凭提货单去码头、堆场提取货物

注：上述流程为一般情况，部分流程顺序可调整或并行，且各港口口岸可能存在一定差异。

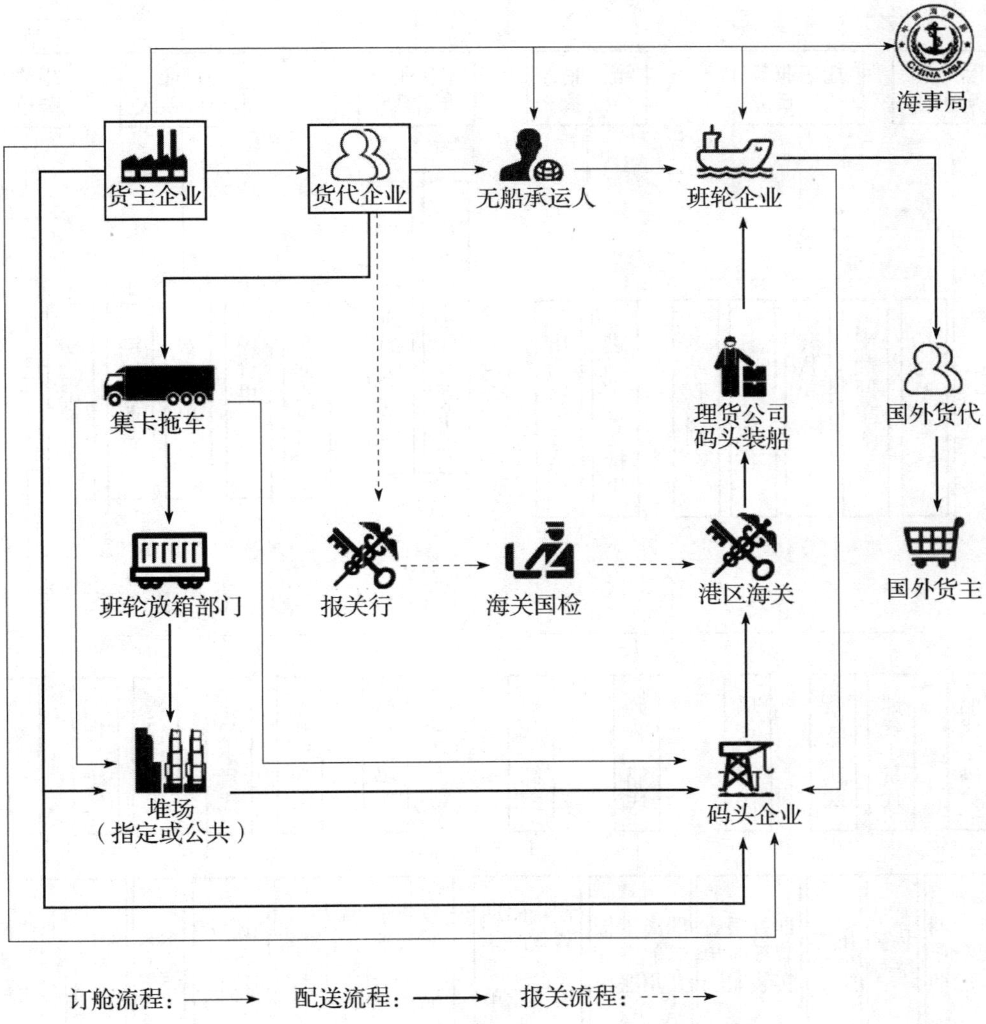

图 4-7　海上集装箱货物出口一般流程图

三、国际海上班轮运输单证业务

国际海上班轮运输单证，是指从办理货物托运、装船，到卸船和交付货物的整个海上货物运输过程中，有关方编制和使用的有关货物的单据、图表、文件。图 4－8 显示了国际海上班轮运输单证的构成。可见，国际海上班轮运输单证具有以下特点：

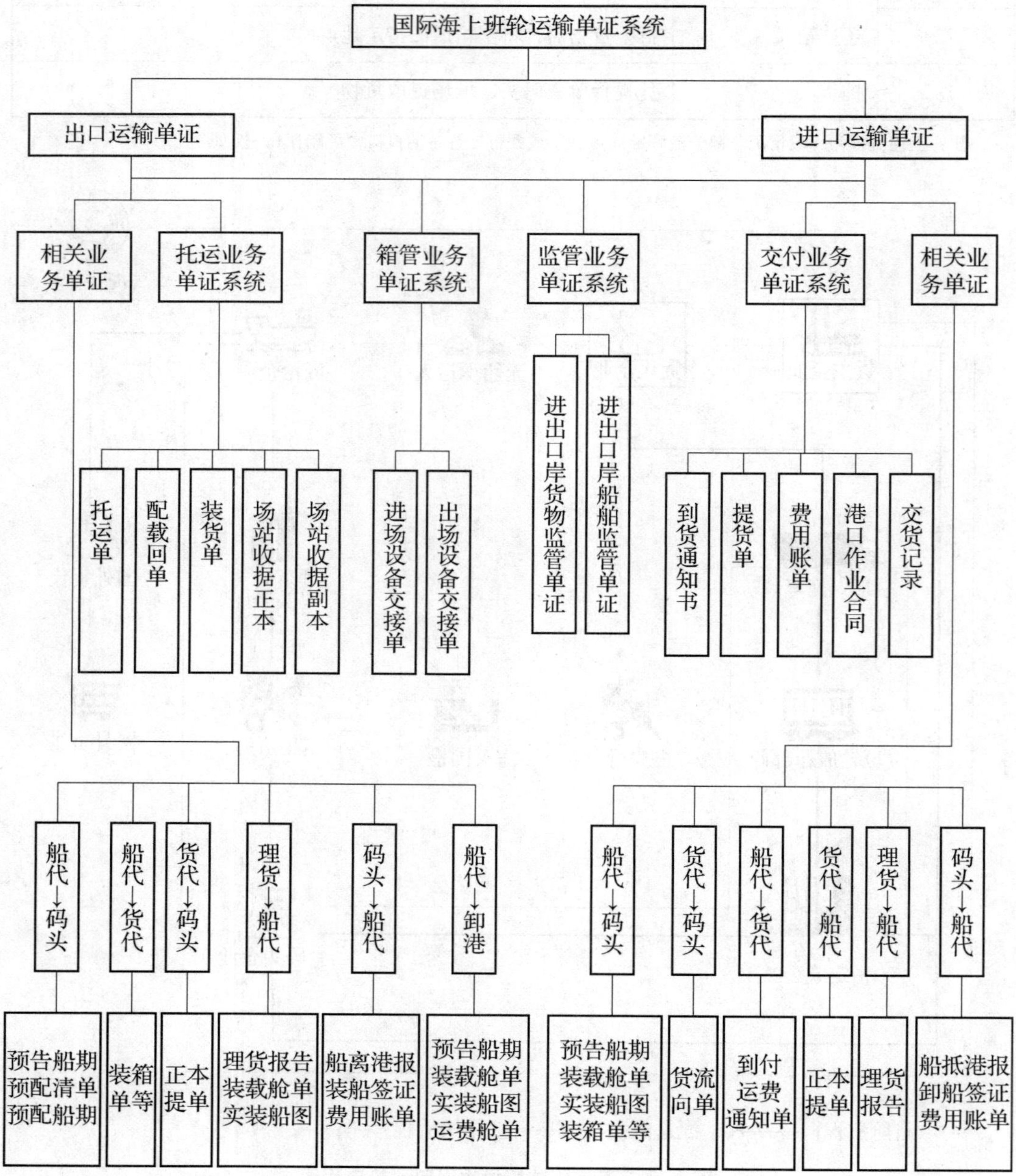

图 4－8　国际海上班轮运输单证构成

（1）既有描述载运工具、货物、集装箱状况及其动态方面的单证，也有涉及口岸监管以及有关代理协议、运输合同、运输费用等方面的单证。

（2）既有统一规范的货运单证，也有非统一规范的货运单证。

（3）既有纸面单证，也有电子单证。随着计算机技术与通信技术的飞速发展，传统纸面单证趋向于无纸化，从根本上简化了单证的构成及其流转程序。

（4）与传统班轮杂货运输相比，一方面，海上集装箱运输使用的业务单证需要增加记载有关集装箱数量、箱型、箱号及交接方式等内容的栏目；另一方面，还需要增设与集装箱有关的箱管单证，比如，装箱单、装箱证明单、设备交接单等。

1. 班轮提单

根据《中华人民共和国海商法》（简称《海商法》）的定义，提单（bill of lading，B/L）是指用以证明海上货物运输合同和货物已经由承运人接收或者装船，以及承运人保证据此交付货物的单证。基于上述提单的定义，提单具有合同证明、货物收据和物权凭证三大功能。

提单的种类繁多，可以基于不同的角度进行分类，比如，按印制者划分，可分为船公司印制的提单、行业协会印制的提单和运输代理印制的提单；按运输方式划分，可分为班轮提单、租船提单和多式联运提单。以下仅介绍班轮提单，至于租船提单及多式联运提单将在后面予以介绍。

班轮提单（liner B/L），是指班轮承运人为了履行班轮运输合同而签发的提单。

（1）班轮提单的正面内容。

班轮提单正面除了包括当事人（承运人、托运人、收货人、通知人等）栏、运输项目（收货地、前程运输工具、装港、船名、卸港、交货地、目的地等）栏、货物方面记载栏等内容，供货方缮制和承运方签署之外，还包括以下标准的契约文句。

二维码 4-1
班轮提单

①收货或装船条款。该条款表明承运人是在货物（集装箱）外表状况良好（除非另有说明）的情况下接收货物和交付货物（或者装上船和卸下船）。如果是收货待运提单则以 RECEIVED 开头，如果是已装船提单则以 SHIPPED ON BOARD 开头。

②不知条款。此条款表明承运人只对货物的表面状况进行核实，对其内部状况并不知情，因此，承运人只负责在目的地交付表面状况与提单描述相符的货物。提单上对此的措辞大致为："重量、体积、标志、号数、品质、内容和价值由托运人提供，承运人在收货（装船）时并未核对，这些也不构成提单合同的一部分。"

③提单效力与交付条款。该条款目的在于说明承运人签发提单的份数，以及凭其中

一张提货后其余均失效，以提醒有关方注意。此外，有些提单上还增加了递交正本提单条款，内容大致是："经承运人要求，本正本提单必须被恰当背书以便提货或换取提货单。"

④承认或接受条款。该条款声明货方已确认接受提单的全部条款，内容大致为："托运人、收货人和本提单持有人明白表示接受并同意本提单上，包括背面所载的一切印刷、书写或打印的规定、免责事项和条件。"

⑤签署条款。该条款表明提单系由承运人或其代理签发。

（2）班轮提单的背面条款。

班轮提单背面主要包括以下条款。

①提单应具备的共同条款。一般班轮提单均具备如下条款：定义条款、管辖权条款、首要条款、留置权条款、承运人责任期间条款、承运人赔偿责任限制与免责、货方责任条款（如发货人申报货物内容的责任等）、运费及其他费用条款、索赔通知与时效、危险品、运输方式与运输路线条款、通知与交付、共同海损条款、新杰森条款、双方有责碰撞条款、美国地区条款等。

②集装箱提单所具备的条款。在适用于集装箱货的提单中，提单背面除了具备前述共同条款外，还增加了舱面货选择条款，铅封完整交货条款，货物检查权条款，海关启封检查条款，货主自行装箱的集装箱、承运人集装箱、特种箱、冷藏箱、保温箱条款，以及分包人的赔偿、抗辩、免责与限制等适用于集装箱运输的条款。

③件杂货提单所具备的条款。在适用于件杂货的提单中，提单的背面除了具备前述共同条款外，还增加了舱面货、活动物和植物、重货和笨件、选港货、散货、多于一个收货人的货物、棉花、木材、铁和钢、冷藏货、集装箱货、驳船费、熏蒸等适用于件杂货运输的条款。

在实务中，提单大多按"一式两用"的方式印制，比如，用于集装箱运输的集装箱提单大都以"港到港或多式联运"（port to port or multimodal transport）为提单的"标题"，以表明本集装箱提单兼具直达提单和多式联运提单的性质，同时在提单中设置专门条款，按"港到港"运输和多式联运分别为承运人规定了不同的责任。这种做法固然用途广泛，但不同类型提单的制作要求不同，因此，在制作阶段必须识别提单的类型，并按其要求予以制作。

二维码 4－2
场站收据

2. 托运业务单证

托运业务单证，是指在出口托运阶段，记载某票货物从托运、承运、货交承运人直至装船这一期间在不同责任方流转过程的单证。在海上集装箱运输中，集装箱货物的出口报关和入港、装船的交接，通常使用场站收据联单，也简称为场站收据。它通常包括托运单、装货单、收货单及其副本等各联。至于联数的多少，目前尚未统一。表4－3显示了目前使用最广的标准10联场站收据的构成与用途。

表4－3 场站收据各联的名称与用途

顺序	名称	颜色	主要用途
1	集装箱货物托运单——货方留底	白色	系托运合同，托运人留存备查
2	集装箱货物托运单——船代留底	白色	系托运合同，据此编制装船清单等
3	运费通知（1）	白色	计算运费
4	运费通知（2）	白色	运费收取通知
5	装货单——场站收据副本（1）	白色	报关单证之一并作为海关许行的证明
	缴纳出口货物港杂费申请书	白色	港方计算港杂费
6	场站收据副本（2）——大副联	粉红色	报关单证之一并证明货已装船等
7	场站收据	淡黄色	报关单证之一，船代凭此签发提单
8	货代留底	白色	缮制货物流向单
9	配舱回单（1）	白色	货代缮制提单等
10	配舱回单（2）	白色	根据回单批注修改提单

场站收据各联的内容均包括提单上涉及的内容以及诸如可否转船、可否分批、装期、有效期、金额、制单日期等有关信用证对运输要求的项目。其中，第1～2联与第3～10联的内容存在以下差别：第1～2联中下部增列了运费吨、运费率、运费预付与到付金额等有关运费及附加费计算栏，而第3～10联中下部增列了集装箱箱号、封志号和件数、实收数、场站员签字、接收日期等由场站人员填写的内容，以及需要船代确认的“订舱确认”栏。由于其二者不同的内容均设置在相同的部位（即单证的中下部），加之有关运费及附加费计算栏在实践中并不需要填写，因此，在订舱时，可同时制作10联单，待集装箱场站接收货物并装箱后，就可在3～10联中填写实际接收的集装箱箱号、数量等。

场站收据是发货人或其代理人编制、由承运人签发的、反映货物交接情况以及货物状态的凭证，它具有以下特点：

（1）许多口岸逐步减少副本数量，以节约成本。此外，尽管目前暂无全国性的文件有关于取消场站收据的通知，但上海、天津等海关已在场站收据电子化方面开展了一系列尝试，开始实施无纸化电子通关。实施无纸化电子通关后，海关将不再要求场站收据上加盖海关放行章，码头也不再接收有电子放行信息的场站收据。

（2）场站收据的功能相当于散杂货的订舱委托书加装货联单。前者的不同之处在于，集装箱货物报关报验后入港交给码头（CY），由码头收箱并签署场站收据，货主就已经完成了向承运人交付货物的义务。但由于此时集装箱尚未装上船，为了划分港航之间的交接责任，以及证明货物已装上船，需要增加场站收据副本——大副联。

3. 箱管业务单证

为了对集装箱实施有效的管理，箱管部门应及时提供集装箱动态信息报告，并根据要求编制包括装箱或拆箱日报、装卸船报、盘存周报、盘存半月报、盘存月报、检验（修理、清洗）箱周报、租还箱报、超期使用费收通知单、集装箱发放通知单或空箱提交单、进场或出场设备交接单等箱管单证。

（1）集装箱发放通知单或空箱提交单。

集装箱发放通知单（container release order）或空箱提交单（equipment despatch order），是船公司或其代理指示集装箱堆场将空集装箱及其他设备提交给本单持有人的书面凭证。船公司或其代理根据订舱清单向发货人（整箱货）或集装箱货运站（拼箱货）签发发放通知单，并通知集装箱堆场。在货主或集装箱货运站向集装箱堆场提出空箱时，须出示这种单证，而集装箱堆场只向持有本单证的人发放空箱。

集装箱发放通知单或空箱提交单一式三联，由船公司或其代理签发，除自留一联备查外，发货人或集装箱货运站和集装箱堆场各持一联。

集装箱发放通知单或空箱提交单由用箱人或运箱人名称、提箱地点、船名或航次、提单号、集装箱经营人、集装箱号、铅封号、箱子尺寸及类型、箱子状态（空箱还是重箱）、运载工具牌号、发往地点、返回地点、免费使用期限、出场目的（拆箱、重箱装船、空箱装船、装箱、检验、修理、起租、退租、堆存、清洗、熏蒸）等内容构成。

（2）设备交接单。

设备交接单（equipment interchange receipt or equipment receipt，E/R），是集装箱所有人或其代理签发的用以进行集装箱等设备发放、收受等移交手续并证明移交时箱体状况的书面凭据。

设备交接单作为集装箱在流转过程中每个环节所发生变化和责任转移的事实记录，除了用于集装箱的盘存管理和对集装箱进行跟踪外，还可代替集装箱发放通知单，兼作箱管单位提供给用箱人或其代理据此向港站办理提取、交接或回送集装箱及其设备的依据，更是划分箱体在使用过程中的损坏责任的唯一依据。

二维码 4-3
设备交接单

设备交接单分为进场设备交接单和出场设备交接单两种。设备交接单一般由船舶代理留底联（白色）、码头堆场联（白色）和用箱人、运箱人联（黄色）等三联构成，其流转程序如图 4-9 所示。

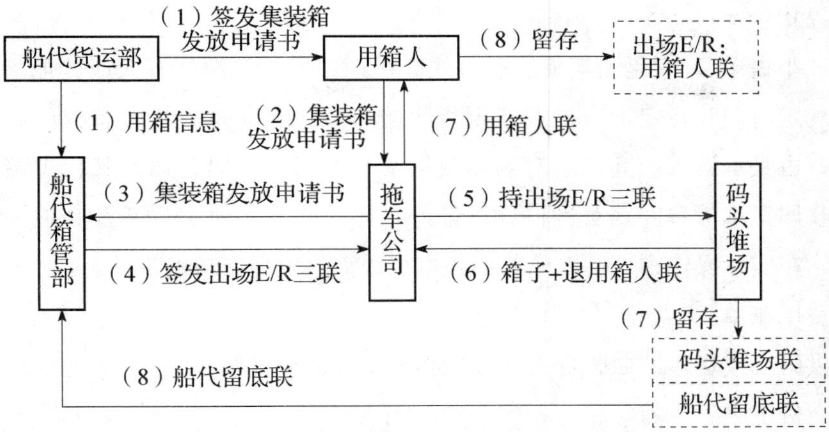

图 4-9 出场设备交接单流转程序示意图

4. 交付业务单证

交付业务单证，是指在目的港供船货双方办理提货通知、提货手续、缴费与货物交付等业务单证的总称。

如表 4-4 所示，交货记录通常由到货通知联（白色）、提货单联（白色）、费用账单联（红色和蓝色两联）和交货记录联（白色）五联构成。

表 4-4 提货单各联的名称与用途

顺序	名称	颜色	主要用途
1	到货通知联（arrival notice）	白色	通知提货及确认提货日期，作为日后结算箱子或货物堆存费依据
2	提货单联（delivery order）	白色	报关单证之一，提取货物，便于货方进行某些贸易、交易（拆单）
3	费用账单（1）联	红色	用于场站向收货人结算港杂费
4	费用账单（2）联	蓝色	用于场站向收货人结算港杂费
5	交货记录联（delivery record）	白色	证明货物已经交付，承运人对货物运输的责任已告终止的单证

（1）到货通知书。

它是船公司卸港代理向收货人或通知人发出的要求收货人及时提取货物的通知。到货通知书除了确认提货日期外，也是日后结算箱子或货物堆存费、防止在费用计算上发生纠纷所依据的单证。值得注意的是，到货通知书只不过是船公司为使货运程序能顺利地完成而发出的单证，船公司并不承担通知不着或不及时引起的责任风险。

二维码 4-4 提货单

（2）提货单。

俗称“小提单”，它是由船舶所有人或其代理签发给提单持有人或其他指定收货人的要求在规定时间和指定地点提取指定货物的单证。它既是收货人有权向场站提取货物的凭证，也是承运人或其代理对场站放箱交货的通知。船公司或其代理签发提货单时，除了收回正本提单并查对进口许可证外，还须收货人付清运费及其他一切有关费用；当然，在实际操作中也存在未收回正本提单而签发提货单的现象。

（3）费用账单。

它是供码头或货运站向收货人计收货物港杂费的凭证。

（4）交货记录。

它是承运人或其代理把货物交付给收货人或其代理时，双方共同签署的证明货物已经交付，承运人对货物运输的责任已告终止的单证。

5. 海运舱单

“舱单”（manifest，M/F），也称载货清单（cargo manifest），是指反映进出境船舶所载货物、物品信息的纸质载货清单及电子数据。

（1）按是否纸质，可分为纸质舱单和电子舱单。

按照《中华人民共和国海关进出境运输工具舱单管理办法》要求的格式，以电子数据交换的方式向海关传输的进出境运输工具的载货清单数据，其内容应与纸质舱单数据一致。

（2）按进出口方向，可分为出口舱单、中转舱单、进口舱单。

出口舱单按货物是否装载于载运船舶，可分为预配舱单和清洁舱单。预配舱单，是指反映出境船舶预计装载货物、物品信息的舱单，因而也称预配清单（pre loading list，Pre L/L）。清洁舱单，也称装载舱单，是指反映出境船舶实际配载货物、物品信息的舱单。

中转舱单，是指反映在中转港船舶所载货物、物品信息的舱单。

进口舱单，是指反映进境船舶装载货物、物品信息的舱单。

在实践中，舱单和运费清单（freight manifest）常常使用同一份格式，即在舱单运费栏填上了运费数额的（包括预付和到付）就是运费清单，未填运费数额的就是舱单。

根据各国海关法规规定，相关舱单传输主体包括船公司、无船承运人、船代、海关监管场所、理货公司等应按时向海关传输海运舱单。进口时，集装箱船应在装货港装船前 24 小时传输海运舱单；非集装箱船应在抵达境内第一目的港的 24 小时以前传输海运舱单。出口时，集装箱船应在装船 24 小时之前传输海运舱单；非集装箱船应在装船 2 小时之前传输海运舱单。

6. 危险货物运输单证

(1)“货申报”。

危险品订舱前，托运人应了解船公司的相关规定，比如，危险品订舱需要向船公司或其代理填写危险品申请书，并在托运单上标注危品级别（CLASS）及国际编号（UN NO.），否则船公司或其代理无法接受订舱。

同时，对于载运危险货物的船舶，托运人或收货人应在船舶进出港口前24小时，向海事管理机构提交《危险货物安全适运申报单》及相关证明材料（见表4-5），办理危险货物申报手续。

表4-5 申报不同包装或货类危险品须提交的材料

序号	单证名称	出具单位	适用包装或货种
1	包装性能证、包装使用证	商检或质检机构	一般包装
2	罐柜检验合格证明书	船级社	罐柜
3	集装箱装运危险货物装箱证明书	集装箱场站	普通柜
4	压力容器检验合格报告（证明书）	“锅检所”	压力容器
5	检验报告	商检（柔性）或船级社（半刚性或刚性）	中型散装容器或大宗包装
6	放射性剂量证明	环保部门	装载放射性物品
7	限量危险货物证明	国家认可机构	装运限量危险货物
8	油、水含量品质证书	商检机构	含油压榨物质
9	含水量检测报告	国家认可机构	散装固体“硅铁”
10	危险货物鉴定表	交通运输部认可机构	《危险货物运输规则》未列的货物
11	危险化学品技术说明书	国家认可机构	散装液货船装化学品
12	熏蒸剂类型和用量等技术说明书	国家认可机构	集装箱托运熏蒸物
13	危险货物安全技术说明书	国家认可机构	易燃、易爆、易腐蚀、剧毒、放射性、感染性、污染危害性等危险品
14	包装危险货物技术说明书	国家认可机构	按“未另列明”项装运、须拼箱出运的危险货物等
15	船舶适装证明、码头作业许可证、散装液态化学品技术说明书	国家认可机构	散装液态危险货物
16	货况安全适运证明	国家认可机构	装运货况有特殊安全要求
17	爆炸物品运输证	县市公安机关	托运内贸民用爆炸品

(2)“箱申报”。

集装箱装箱点装运危险货物时，应接受现场检查员监督并由其出具装箱证明。其中，现场检查员应经过有关危险货物法规和专业技能培训，并经海事部门考核发证。

二维码 4-5
危险货物
监管单证

危险货物装箱后，装箱检查员应及时通过网上报送《集装箱装运危险货物装箱证明书》，并以附件形式附送装箱情况的照片（照片内容应包括作业前、作业中、作业后，要求能看到箱号、标牌和箱内货物标记、标志及绑扎、衬垫等情况）。同提单号、同种货物、一次性装箱的集装箱可只发送其中一个集装箱作业的照片（所有照片存放在一个 word 文档中），货物申报员应积极督促场站及时报送。

经检查合格，装箱现场检查员负责签署《集装箱装运危险货物装箱证明书》一式两份，并由装箱单位核盖公章，一份提交海事局危管防污处，另一份应在办理集装箱进港时通过码头转交承运人。

(3)“船申报”。

船舶载运危险货物，船舶负责人、船舶所有人或经营人应在船舶进出港口前 24 小时，向海事部门提交危险货物安全适用申报单、危险货物清单或舱单（包括所有在船危险货物）等单证及材料，办理危险货物申报手续。

四、国际海上班轮运输费收业务

1. 国际海上集装箱运价的特点

如表 4-6 所示，与杂货班轮运价相比，海上集装箱运价具有独特的特点。

表 4-6　杂货班轮运价与海上集装箱运价主要项目对比

对比项目	集装箱货物		杂货班轮
	整箱货	拼箱货	
普通货物费率级别	一般为 4 个级别费率或 3 个级别费率，比如：1～7 级，8～10 级，11～15 级，16～20 级		21 个级别费率，由商品 20 级与 Ad. Val 构成
货类划分	普通货、一般化工品、半危险品、全危险品、冷藏货 5 类，有的还单列出挂衣箱费率		普通货、冷藏货、活牲畜等
计费方式	除采用与杂货班轮相同的计费方式外，大多采用 FCS、FCB、FAK 等包箱计费	与杂货班轮计算方法相同	按等级费率或商品列名费率计收运费

续表

对比项目	集装箱货物		杂货班轮
	整箱货	拼箱货	
超长、超重附加费	无（因系货主自行装箱，与船公司无关）	有，如 CFS/CY 则减半收取	收取
变更目的港附加费	有	无（不允许变更卸港）	有
选择卸货港附加费	有	无（不允许选择卸货港）	有
转船附加费	有	有	有
对于家具、行李与服装的计费	对于非成组装箱的载于集装箱内的家具与行李，运费按箱内容积的 100%计收；对于挂衣箱，运费按箱内容积的 85%计收		按实际运费吨计收运费
最低运费	每箱规定最低运费，计算办法与杂货班轮不同	每份提单规定最低运费	每份提单规定最低运费
最高运费	有	无	无
货物滞期费	有	有	有
箱滞期费	有	无	无
运价表费率适用范围	港到港（包括港区附近的货运站）间费用，有些运价表还可能包括内陆费用		舷（钩）至舷（钩）间费用

2. 拼箱货运价计算

对于拼箱货，其与传统杂货班轮运价的计费方式相同，主要按货物的重量或体积计收运费。

（1）选择运价表。

运价表（tariff），也称费率本或运价本，主要由条款和规定、商品分类和费率三部分组成。根据费率形式的不同，可分为商品等级运价表和商品费率运价表。

一是商品等级运价表（class rate freight tariff），也称等级运价表，是按商品等级来确定运价的。大多数运价表都将货物划分为 20 级，同样航程下，1 级商品的运价最低，商品级数越高，运价越高。在计算运费时，首先根据商品的名称在商品分级表（scale of commodity classification）中查找出该商品所属等级，再从该商品的运输航线或运抵港口的等级费率表（scale of rates）中查找该级商品的费率。

二是商品费率运价表（commodity rate freight tariff），也称单项运价表（single

rate freight tariff)、列名运价表，它是按照货物名称和航线名编制的运价表。在这种运价本中，每一种货物的运价都很明确，无须与货物等级表配套使用。

在实践中，船公司基本上采用等级制运价，至于“一货一价”的商品运价，只是针对一些特殊的货物，比如，冷藏货、一般化工品、危险品等，有些公司采用商品运价表的形式制定运价。

（2）查明运价协议及运价本的相关规定。

根据承托双方签署的运价协议（如有）以及所采用的运价等，查明所运商品适用于议价还是特价，是否有特殊的规定等。

（3）确定航线、基本港与非基本港、计费单位。

一是确定航线。根据装货单或托运单留底，查明所运商品的装货港和目的港所属航线。

二是确定基本港与非基本港。基本港是班轮运价表中规定船舶定期挂靠的港口。运往基本港的货物一般均为直达运输，无须中途转船，承运人除按基本港运费率向货方收取运费外，不得加收转船附加费或直航附加费，并应签发直达提单。非基本港是指基本港以外，班轮不常挂靠的港口。对于非基本港，承运人除按基本港收费外，还需要另加收转船附加费，当货运量达到规定限额时则改收直航附加费。

三是确定计费单位。计费单位，也称计费标准，目前，运费的计算标准不尽相同，例如，对于重货，一般按重量吨（weight ton）作为运费吨或计费吨（freight ton，FT or revenue ton，RT，西方人常用 RT，中国人常用 FT）计收运费，轻泡货按体积吨（measurement ton）计收，有些价值高的商品按 FOB 货值的一定百分比计收。以下为运价表中常用的六种计费单位：

①注明“W”。表示按商品的毛重，以重量吨为计费单位，每 1t（1t＝1 000kg）为 1 重量吨，1 重量吨以下取小数点后 3 位。

②注明“M”。表示按货物“满尺丈量”的体积，以体积吨为计费单位，每 $1m^3$ 为 1 体积吨，1 体积吨以下取小数点后 3 位。

③注明“M/W”。表示分别按重量吨和体积吨计算运费，并选择其中运费较高者作为计费单位。

④注明“Ad. Val”。表示按货物 FOB 价格的一定百分比收取运费，即从价计费。

⑤注明“Ad. Val or W/M”。表示分别按从价运费和毛重、体积计算运费，并选择其中运费较高者作为计费单位。

⑥注明“W/M plus Ad. Val”。表示按重量吨或体积吨再加从价运费计算运费。

在海运中，体积吨与重量吨的换算率为 1∶1，即 $1m^3=1t$。

(4) 确定基本费率与附加费。

基本费率（basic rate），是运价表中对货物规定的必收的基本运费单位。它是运价的主要部分，是其他一些按百分比收取的附加费的计算基础。在商品费率运价表中，基本费率按商品品名予以标明；在等级运价表中，基本费率则按各航线的等级费率予以标明。对于不按等级费率计算的商品，都开列单独的基本费率。比如，一些航线单独规定了议价货（open rate cargo）、冷藏货和活牲畜费率，个别航线还定有特别费率（special rate）。凡被列入议价、特价的商品，原等级费率中规定的等级和费率均不得再用，应以议价、特价基本费率为准。

附加费（surcharge or additional），是指除基本费率外，规定另外收取的费用，以补偿由于船舶、货物、港口及其他方面的种种原因，船方在运输货物时增加费用开支或蒙受经济损失。

附加费种类繁多，通常包括以下六大方面。不过，随着一些情况的改变，船公司会取消或制定新的附加费。

①燃料方面。比如，燃油附加费（bunker surcharge，BS or bunker adjustment factor，BAF）。

②货币方面。比如，货币贬值附加费（devaluation surcharge or currency adjustment factor，CAF）。

③港口方面。比如，港口附加费（port surcharge）、港口拥挤附加费（port congestion surcharge）、选择卸货港附加费（optional fees or optional additional）、变更卸货港附加费（alteration charge）。

④货物方面。比如，超重附加费（heavy-lift additional）、超长附加费（long length additional）、洗舱费（cleaning charge）、熏蒸费（fumigation charge）、冰冻附加费（ice surcharge）。

⑤船舶方面。比如，转船附加费（transshipment additional）、直航附加费（direct additional）、绕航附加费（deviation surcharge）。

⑥其他方面。比如，苏伊士运河附加费（Suez Canal surcharge）。

(5) 计算运费。

根据基本费率和附加费计算出实际运价。其中，基本运费＝基本费率×计费吨；各种附加费的计算办法，或者是在基本运费的基础上以一定的百分比计算，或者是按绝对数计收。

二维码 4-6
海运附加费大百科

【实例 1】 一批棉纺织品，毛重为 1.020t，体积为 3.040m^3，目的港为一基本港，基本费率为人民币 37.00 元，W/M，燃油附加费为每运费吨人民币 8.50 元，港口附加费10%，求运费。

由于重量吨小于体积吨，所以该货物计费吨应为3.040m³，该货物运费=(37.00+8.50+37.00×10%)×3.040=149.57元。

【实例2】 天津出口至智利衬衫100 m³，需要经香港转船后运往目的港。假定该货物运费等级为10级，计费单位为M，第一程运费为25美元/m³，第二程运费为140美元/计费吨，中转费为75港元/计费吨，美元与港币的兑换比率为1∶7.8，燃油附加费按基本运价的10%计算，求运费。

运费=[(25+25×10%)+75/7.8+(140+140×10%)]×100=19 111.54美元

3. 整箱货运价计算

对于整箱货，通常以箱为单位计收运费。实践中可分为两大类，共三种包箱费率形式。

(1) 第1类：均一包箱费率（freight for all kinds，FAK）。

它是指按箱子类型确定运价，即对每一集装箱不细分箱内货类、不计货量（当然不能超过规定的重量限额），只按箱子类型（普通货、一般化工品、半危险品、全危险品、冷藏货）制定出不同规格（20英尺、40英尺）箱子的费率。

在FAK下，只须判别箱内货物属于普通货、一般化工品、半危险品、全危险品还是冷藏货，就可查到这只集装箱的运费。

(2) 第2类：商品包箱费率（commodity box rates）。

它可以细分为以下两种形式。

①FCS（freight for class）包箱费率。它是指按货物等级和箱子类型确定运价，即按不同商品的种类、等级和不同类型的箱子，规定各种不同的包箱费率。显然，FCS与FAK的区别在于：在FCS下，对于普通货物则按不同货物等级制定相应的包箱费率。因此，在FCS下，如果是普通货物，则首先应根据货名查到等级，然后按等级和箱子规格，即可确定每只箱子相应的运费。

②FCB（freight for class and basis）包箱费率。它是指按货物等级、计费标准和箱子类型确定运价。显然，此种包箱费率与FCS包箱费率的不同之处在于：它既按不同货物等级或货类，又按计算标准制定出不同的费率。因此，同一级货物因计算标准不同，费率也不同。如8～10级，CY/CY交接方式，20英尺集装箱货物如按重量计费为1 500美元，如按尺码计费则为1 450美元。在FCB下，首先根据货名查到等级，然后按等级、计算标准和箱子规格查到每只箱子相应的运费。

【实例3】 某班轮从广州港装载杂货——人造纤维，体积为20立方米、毛重为

17.8公吨，运往欧洲某港口，托运人要求选择卸货港鹿特丹港或汉堡港，鹿特丹港和汉堡港都是基本港口，基本运费率为USD80.0/FT，3个以内选卸港的附加费率为每运费吨加收USD3.0，“W/M”。

请问：（1）该托运人应支付多少运费（以美元计）？

（2）如果改用集装箱运输，海运费的基本费率为USD1 100.0/TEU，货币附加费10%，燃油附加费10%。改用集装箱运输时，该托运人应支付多少运费（以美元计）？

（3）若不计杂货运输和集装箱运输两种方式的其他费用，托运人从节省海运运费角度考虑，是否应选择改用集装箱运输？

解：因为M大于W，

（1）FT为20.0，

运费＝(80.0＋3.0)×20.0＝1 660.0美元

（2）可选用1个TEU，

运费＝(1＋10%＋10%)×1 100＝1 320.0美元

或者

运费＝1×1 100＋1 100×10%＋(1 100＋1 100×10%)×10%
　　＝1 100＋110＋121
　　＝1 331美元

（3）因为（1）大于（2），所以应选择改用集装箱运输。

第三节　国际租船运输

一、租船运输概述

1. 租船运输的概念与类型

租船运输（transport by chartering），也称不定期船运输（tramp shipping），它是一种既没有事先制定的船期表，也没有固定的航线和挂靠港，而是根据货源的情况，按照货主对运输的要求安排船舶就航的航线，组织货物运输，并根据租船市场行情确定运价或租金水平的运营方式。

根据承租人的不同要求，租船运输又分为航次租船、定期租船、光租租船等不同的租船方式。

（1）航次租船。

航次租船（voyage charter），又称航程租船或程租船，是指船舶出租人向承租人提供特定的船舶或者船舶部分舱位，在特定的两港或数港之间进行一个特定的航次或几个航次并承运特定货物的租船。

航次租船属于运输承揽的范畴，其主要特点是：船东和船员由船舶出租人指派并听从船舶出租人的指挥；出租人负责船舶营运工作；承租人除支付运费和按合同条款规定由其承担的货物装卸费用外，其他一切费用均由出租人负担；按装载货物的数量或按船舶总载重吨位及航线（或航程）计收运费。

航次租船根据当事人的运作要求与签约内容，又分为单航次租船（single trip charter）、往返航次租船（return trip charter）、连续单航次租船（consecutive single trip charter），以及连续往返航次租船（consecutive return trip charter）等多种形式。

此外，实践中，还有包运租船（contract of affreightment，COA）这种具有连续航次租船特征的租船形式。所谓包运租船，是指船舶出租人提供给承租人一定的吨位，在确定的港口之间，以事先约定的时间及约定的航次周期和每航次较均等的货运量完成合同规定的总运量的租船方式。

（2）定期租船。

定期租船（time charter），也称期租船，是一种以时间为基础，由船舶出租人将特定的船舶出租给承租人使用一个时期的租船。

租期的长短主要由出租人与承租人双方根据实际情况洽商而定。在实际业务中，当事双方也有采取以抵达装运港交船时起到目的港卸货完毕时止的航次时间为租期，并按期租方式进行业务运作、支付租金的租船方式，即航次期租（voyage charter on time basis）。

定期租船具有运输承揽和财产租赁双重性质，其基本特征是：船长、船员由船舶出租人指派，但应听从承租人的指挥；承租人负责船舶的调度和营运工作；船舶所有人负担资本费用、固定营运费用；承租人负担航次费用如燃料费、港口使费等；租金按船舶载重吨和租期长短计算。

（3）光租租船。

光租租船（bare boat charter or demise charter），是由船舶出租人向承租人提供一艘未配备船员的空船，承租人在合同规定的租期内按所确定的租金率支付租金并配备船员、管理和经营船舶的租船。

光租租船不属于运输承揽方式，而是一种财产的租赁。除了船舶保险费、检验费可依合同约定由出租人负担外，其他所有费用均由承租人负担。

2. 租船运输的特点

表 4－7 显示了班轮运输与租船运输的差别。

表 4－7　班轮运输与租船运输的差别

项目	班轮运输	租船运输
托运人	非特定的众多货主	特定租船人
双方权利义务依据	以提单或海运单为主	以租船合同为主，以提单为辅
货物	高价的件杂货、集装箱货	低价的大宗散装货
国际组织与国家管理	对提单内容做出强制性规定	对租船合同内容无强制性规定
运费	船公司公布的运价表，较稳定	由租船合同约定，不稳定
船型	杂货船或集装箱船	散装专用船、油轮等
航线、港口、船期	固定	不固定
船公司规模	班轮公司的规模一般较大	租船公司规模通常较小

项目		班轮运输	租船运输			
			航次租船	定期租船	光船租船	包运租船
船员配备与船长任命		船东	船东	船东	承租人	船东
船舶调度与安排		船东	船东	承租人	承租人	船东
揽货		船东	船东	承租人	承租人	船东
运费或租金		运费	运费	租金	租金	运费
订租舱位		部分舱位	整船或部分舱位	整船舱位	整船舱位	整船舱位
承运人		船东	船东	承租人	承租人	船东
有关营运费用的分担	船员工资等	船东	船东	船东	承租人	船东
	港口使用费	船东	船东	承租人	承租人	船东
	燃油费	船东	船东	承租人	承租人	船东
	装卸费	船东	合同约定	承租人	承租人	合同约定
	船舶维修费	船东	船东	船东	承租人	船东
	滞期或速遣费	无	有	无	无	有
	检验保险费	船东	船东	船东	合同约定	船东

租船运输有如下几方面特点：

（1）租船运输机动灵活。它以承运价值较低的大宗货物为主，如粮食、饲料、矿砂、煤炭、石油、化肥等，并且经常以整船或整舱方式装运。

（2）租船运输以海上干散货运输、油气运输为主，不仅具有链条短、环节少、集中度低的特点，同时具有资源属性、商品属性以及金融属性等多重属性。三大基本属性分别表征为派生性质，诸多影响因素再通过派生性质影响价格，从而形成复杂的相互作用机理（见图 4－10）。

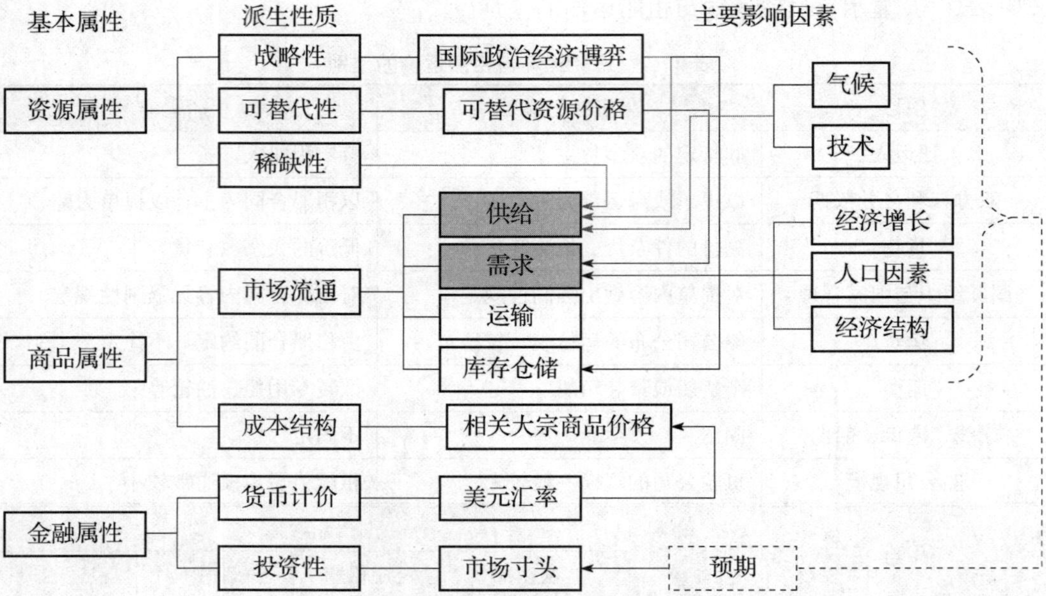

图 4－10　大宗商品属性与社会经济系统的作用机理

（3）从价值链视角，租船运输实际上主要是政府、船公司与公众等诸多利益相关者之间的博弈（见图 4－11）。

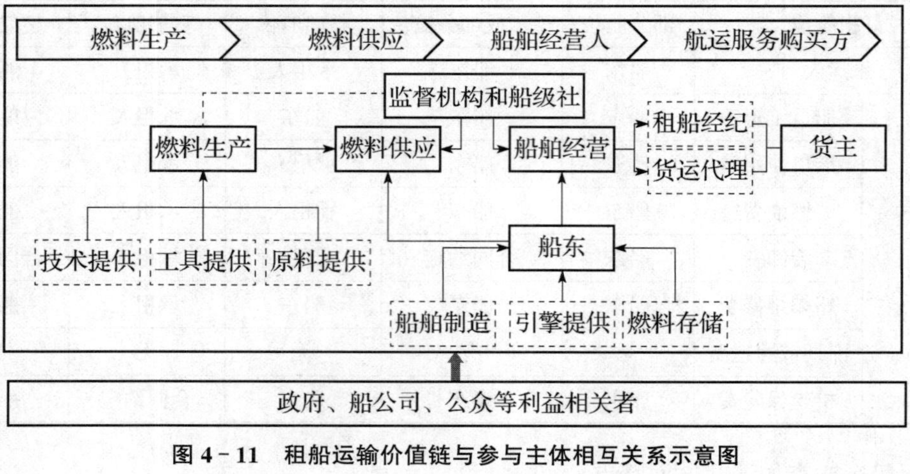

图 4－11　租船运输价值链与参与主体相互关系示意图

二、国际租船运输主要航线

1. 海上油气运输航线

如图 4－12 所示，海上油气运输航线主要是指中东、非洲、南美洲等地区经过我国南海海域向东南沿海地区的运输航线，即南向海上航线，主要由中东航线、非洲航线、南美航线组成。此外，还包括自俄罗斯、北极地区经日本海、朝鲜海峡等的北向海上航线以及通过北极东北航线、白令海峡的航线到达天津、江苏、青岛等地。

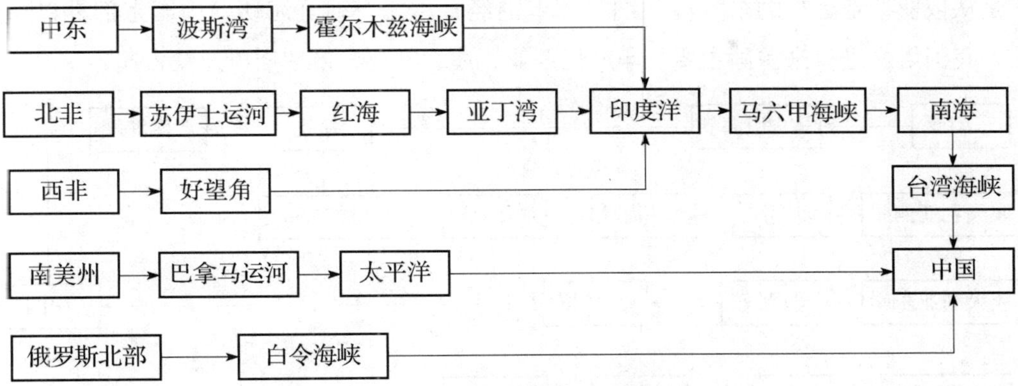

图 4－12　海上油气运输航线示意图

其中，南向海上航线是我国进口海上油气运输航线的核心，约 80%的石油和 60%的天然气由南向海上航线运输至我国，占海上油气运输总量的 94%～98%，南向海上航线中中东航线的运输量位列第一。

2. 海上大宗散货运输航线

（1）海上粮食运输航线。

海上粮食运输航线如图 4－13 所示。我国粮食进口来源地主要集中在美洲，从美国墨西哥湾沿岸地区和巴西、阿根廷进口的粮食要经过非洲好望角、马六甲海峡；从美国西部和加拿大西部进口的粮食以太平洋航线运输为主，还有一小部分的进口玉米和小麦从乌克兰和法国通过苏伊士运河运往我国华东地区。

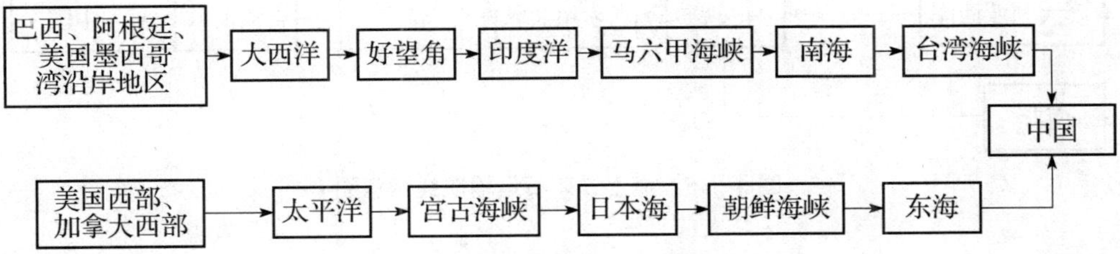

图 4－13　海上粮食运输航线示意图

我国的主要粮食进口国为美国、巴西、乌克兰、阿根廷、加拿大以及法国。显然，在新的区域流通格局下，确保粮食供应安全必须适应以需求为导向的粮食供给模式，优化调整通道布局。而目前在建的中巴铁路、泛亚铁路，将开辟多元化的海外粮食进口通道，减轻对海上通道的过度依赖，使新增陆路资源进入通道，克服通道制约。

（2）海上煤炭运输航线。

如图 4－14 所示，目前煤炭进口主要依靠三条航线：一是从印度尼西亚（包括菲律宾）走远东—东南亚航线，经台湾海峡到达我国；二是从澳大利亚走远东—澳新航线；三是从俄罗斯走远东的东方港和纳霍德卡港经日本海、朝鲜海峡到中国东部港口。目前，我国煤炭进口来源国主要是印度尼西亚、澳大利亚、俄罗斯以及蒙古国。

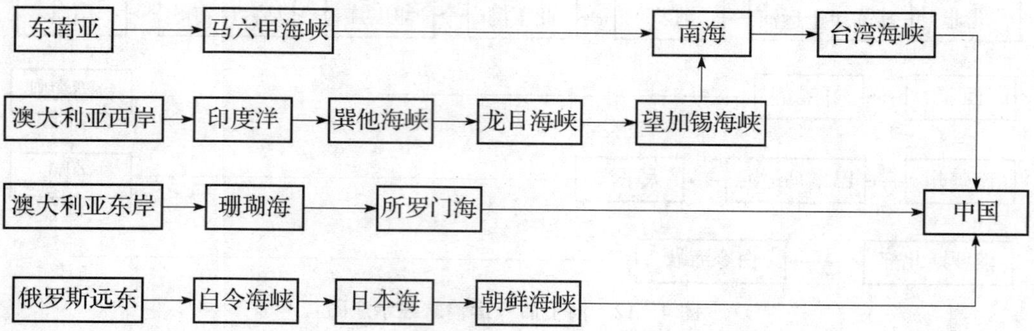

图 4－14 海上煤炭运输航线示意图

（3）海上铁矿石运输航线。

如图 4－14 所示，我国海上铁矿石主要来源国是澳大利亚、巴西、南非和印度。2021 年澳大利亚 81％的铁矿石出口到了中国，澳大利亚不仅铁矿石产量大，而且到中国的海运时间仅需 20 多天，因此，从供货量、品位、到岸价和运输距离等多方面条件比较，从澳大利亚进口铁矿石仍是我国首选，未来几年时间内我国仍无法摆脱对澳大利亚铁矿石的依赖。

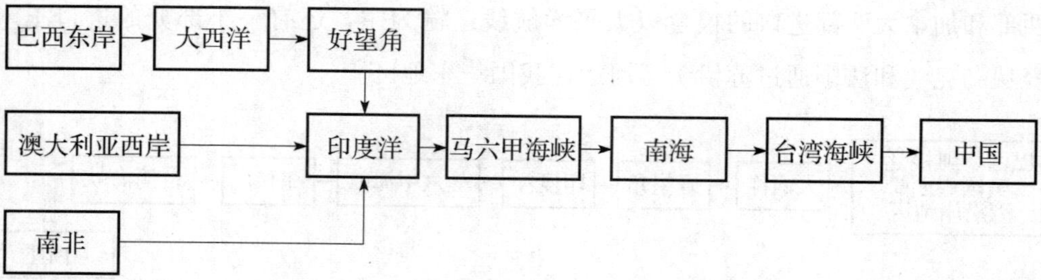

图 4－15 海上铁矿石运输航线示意图

三、国际租船运营组织管理

国际租船运营组织，是指航运企业对一定时期内船舶生产活动的全面计划和安排，即在一定运输任务的条件下，合理选用船舶、航线、挂靠港，制定最优的运输组织方案并实施的过程。

国际租船运营组织主要解决以下问题：航次估算、船舶最佳运营航速决策、具体船舶选线决策、具体航次选船决策、具体航次船舶航行线路决策、船舶期租决策、船舶封存决策以及日常组织管理等。

（一）航次估算

航次估算是对船舶每一航次的运营经济效果预先所做的测算，即船舶经营者根据各待选航次的货运量、运费率、挂靠港口、船舶特性及航线参数等有关资料，估算各航次的航次收入、航次成本和航次每天净收益，从而预知某个航次是否盈利。特别是当有多个航次货载机会时，根据估算结果，船舶经营者就能做出最有利的决策，即选择单位时间净收益最大的航次签订运输合同。因此，航次估算是船东或经营人进行航次租船决策的基础，它被广泛地应用在不定期船的经营管理中。

1. 航次估算步骤

（1）准备所需资料。

①船舶资料：包括载重量与吃水、散装舱容与包装舱容、燃油与柴油消耗定额、满载与空载航速、船舶常数、上航次剩余油料、上航次卸货港、船舶每天固定成本等。

②货载资料：包括货物名称、积载因素、货运量、运价、装卸条款、装货时间、卸货时间等。

③航线资料：包括上航次卸货港、本航次装卸港、航区气象、本航次装卸港吃水限制。

④油料价格与港口费等资料：包括装卸港港口费、油料价格、航次附加保险费、佣金等。

⑤租船合同：指有关货量、运价、装卸费、佣金、滞期或速遣等规定。

（2）计算航次时间。

①计算航行时间。根据实际航程和船舶航速计算船舶航行所需要的时间。值得注意的是，在计算航行时间时应将预备航次的航行时间（即抵达装港前的船舶空载时间）考虑在内。

②确定在港停泊天数。可以采用两种办法估计：一是向装卸港的船务代理咨询了解港口泊位是否紧张以及实际的装卸效率，然后根据待装货物数量推算停泊天数。二是根据租船合同约定的装卸率和待装货物数量推算停泊天数。由于租船合同约定的装卸率与港口实际的装卸率存在差别，因此，船舶在港实际停泊天数与按合同计算的停泊天数会存在差异，这将产生船舶滞期或速遣。在实际中，最好综合使用这两种方法，即在以港口实际的装卸率和预计装卸货物数量为依据来推算在港停泊天数和航次费用后，还必须结合滞期费或速遣费对航次估算结果予以修正。

（3）计算航次载货量。

载货量，也称净载重量（net dead weight），是指船舶具体航次所能装载货物的最大重量。它等于总载重量减去航次总储备量（包括航次所需的燃料、淡水、粮食、供应品、船员、行李等重量）及船舶常数。

①总载重量（dead weight）。它是指船舶在任意吃水情况下所能装载货物、燃料、淡水、供应品及其他的总重量，最大值不得超过该航次所适用的载重线的吨位。

②航次总储备量。它可以分为备（供）用品储备量和燃料、淡水储备量。备（供）用品储备量的重量很小或者不变，可以取定值；燃料、淡水储备量则随航次时间的不同变化较大，它们的数量取决于燃料、淡水在始发港的装载方案及在中途港的补给方案。

③船舶常数。船舶经过一段时间的运营后，空船重量可能会发生改变，船舶总重量也可能出现一些难以统计和归类的重量变化，为便于处理，把这部分重量归入总载重量，称为船舶常数。一般船舶在进行年度修理后都要重新测定船舶常数，它的数量可达几十吨至几百吨。

值得注意的是，计算航次载货量既不能超重，也不能超出船舶允许的舱容。因此，基于上述公式算出的航次载货量，如已超出该船舶所允许的舱容，则应以根据舱容和货物的积载因数所折算的载货量作为本航次的载货量。

（4）计算应添加燃料的数量。

它应根据船舶允许的总载重量、实际载货量、船舶备用品储备量、船舶常数、船舶现存油量以及不同加油地点的油价等因素来确定加油地点及加油数量。

（5）估算变动成本。

①计算航次消耗的燃料、淡水费用。根据燃油、柴油、淡水每天消耗量及其价格、船舶航行时间和船舶在港时间，可计算本航次所需要的燃料费用和淡水费。

②估算港口使费。可以采用三种办法估计：一是根据本船曾到过此港的历史数据来确定本航次港口使费；二是根据曾到过此港的类似船舶的港口使费类推本船本航次港口使费；三是可以通过代理或者国际航运组织提供的港口收费的各项标准来估算港口使费。第三种办法估算得最为精确，但要付出一定的代价。

（6）估算固定费用。

根据本航次船舶所用时间（航行时间与在港时间）和该船舶每天分担的固定费用（包括船员工资、船壳险保费、协会责任险费、折旧费、管理费等等），可估算出该航次应支付的固定费用。

（7）计算航次总成本。

航次总成本＝燃料费用＋港口费用＋其他费用＋速遣费

（8）计算航次保本运价。

保本运价=[燃料费用+港口费用+其他费用+速遣费−滞期费−亏舱费]/[(航次载货量×(1−佣金)]

2. 航次估算实例

某船舶的主要规范如表 4-8 所示，现正在洽谈的租船合同条款为：从阿根廷的布兰卡港，经过夏威夷港（该船计划在夏威夷港添加燃料）到日本横滨港的整船小麦（积载因数为 48 立方尺/吨），运价为 40 美元/吨，FO 条款（即船方不承担卸货费用），装货费为 2 美元/吨，装卸率为 CQD（即以港口实际的装卸率为准），佣金为运费的 5%，受载期为 8 月底。该船抵达布兰卡港时存油 396 吨，船舶备用品储备量为 55 吨，船舶常数为 70 吨，油、水的最低安全储备量为 6 天。经调查，布兰卡港、夏威夷港、横滨港三港的燃油价格（美元/吨）分别为 185、170、190，预计在港时间分别 3 天、1 天、6 天，预计港口费用分别为 25 000 美元、10 000 美元、30 000 美元。假设淡水费用忽略不计，该船每天固定费用为 3 000 美元。

表 4-8　某船舶的主要规范

船舶吨位（吨）			船舶容积（立方尺）		每日耗油量（吨）			航速（海里/小时）	燃料舱容（吨）	每日淡水（吨）
冬季	夏季	热带	散装	包装	满载	空载	停泊			
8 850	9 200	9 560	575 000	52 000	12	10	4	12	900	10

试进行航次估算，以确定租船人所报运价是否合适。

（1）计算航次时间。

①计算航行时间。经查，布兰卡港、夏威夷港、横滨港之间的航程分别为 7 370 海里、3 380 海里，据此，可计算其航行时间如下：布兰卡港至夏威夷港的航行时间=7 370/(12×24)=26 天，夏威夷港至横滨港的航行时间=3 380/(12×24)=12 天，合计航行时间为 26+12=38 天。

②确定在港停泊天数。船舶在港时间为：布兰卡港装货 3 天、夏威夷港加油 1 天、横滨港卸货 6 天，因此，船舶在港停泊天数为 3+1+6=10 天。

③计算航次时间。据此，可计算出航次总天数为 38+10=48 天。

（2）计算航次载货量。

①总载重量的确定。经查载重线海图，可知本航线是使用夏季载重线的海区，因而应采用夏季载重吨位。根据小麦的积载因数和船舶散装舱容，可知该船载货量为：575 000/48=11 979 吨。由于该载货量超过该船允许的夏季载重吨位 9 200 吨，故该船舶允许的总载重量为 9 200 吨。

②布兰卡港至夏威夷港燃料与淡水消耗量的确定。该船抵达布兰卡港时存油 396 吨，

因在港停泊 3 天，在港燃料消耗量为 3×4=12 吨，则在该港开航时存油 384 吨，刚好满足从布兰卡港至夏威夷港航行所需燃料数量=12×(26+6)=384 吨。从布兰卡港至夏威夷港航行所需淡水数量=10×(26+6)=320 吨。由于船舶备用品储备量和船舶常数已确定为 55 吨和 70 吨，因此，上述四项合计为 829 吨。

③实际载货量的确定。据此，可知实际载货量为 9 200−829=8 371 吨。

(3) 计算夏威夷港应添加燃料的数量。

从夏威夷港至横滨港航行所需淡水数量=10×(12+6)=180 吨，加之船舶载货量、船舶备用品储备量和船舶常数已确定为 8 371 吨、55 吨和 70 吨，则上述四项合计为 8 676 吨。因此，该船允许装载的最大燃料数为 9 200−8 676=524 吨。

由于船驶离布兰卡港时存油 384 吨，从布兰卡港至夏威夷港航行 26 天，燃料消耗量为 26×12=312 吨，则船舶抵达夏威夷港时存油 384−312=72 吨，扣除在夏威夷港停泊 1 天的燃料消耗量为 1×4=4 吨，尚余 68 吨，因此，在夏威夷港应添加的燃料数量为 524−68=456 吨，使之在该港开航时存油 524 吨。

(4) 估算变动成本。

①计算航次消耗的燃料、淡水费用。如前所述，该船抵达布兰卡港时存油 396 吨，燃油费用为 185×396=73 260 美元，在夏威夷港添加的燃料数量为 456 吨，燃油费用为 170×456=77 520 美元，合计燃油量为 852 吨，燃油费用为 15 0780 美元。

从夏威夷港至横滨港航行 12 天，燃料消耗量为 12×12=144 吨，在横滨港停泊 6 天，燃料消耗量为 6×4=24 吨，合计耗油 168 吨，因而，该船在横滨港剩余燃油量为 524−168=356 吨，合计燃油费用为 190×356=67 640 美元。

由此可见，本航次实际耗油量为 852−356=496 吨，燃油费用为 150 780−67 640=83 140 美元。

②估算港口使费。装货费为 2×8 371=16 742 美元，港口费用为 25 000+10 000+30 000=65 000 美元。

(5) 估算固定费用。

船舶固定费用=3 000×48=144 000 美元

(6) 计算航次总成本。

航次总成本=83 140+16 742+65 000+144 000=308 882 美元

(7) 确定航次保本运价。

航次保本运价=308 882/[8 371×(1−5%)]=39 美元

由此可见，如果租船合同中所报运价为 40 美元/吨，则对船公司而言，应该还有一定的盈利，因此，此合同基本可行。

不过，值得注意的是，本合同装卸条款采用CQD，因此，如果在实际履行过程中没有抓紧船期或遇到一些不可抗力，导致整个航次时间延长，则船公司既不能收取相应的滞期费，又将产生过多的港口使费和固定费用，那么，就算合同中所报运价为40美元/吨，也可能面临亏本。

（二）船舶期租与封存决策

1. 船舶期租决策

由于航运市场时间上的波动性和地区上的不平衡性，以及具体航运企业经营范围的局限性，对一个航运企业来说，出现运力供给和运输需求之间的不平衡是常有的事。当出现运力过剩的迹象时，就要考虑是否把即将剩余的船舶租出去；而当运力紧张时，就需要采用租进船舶的方法来补充运力之不足。不管哪种情况发生，都要求企业经营者在租金问题上做出正确决策。对船东来说，他需要将世界各地租船市场报来的租价（C/B）与他的具体船舶的租金基价（H/B）进行比较，从而判断船舶期租是否有利可图：当C/B＞H/B时，出租盈利；当C/B＝H/B时，出租不赔不赚；当C/B＜H/B时，出租亏损。显然，租价超过租金基价越多，盈利就越大。反过来说，租金基价越低的船舶，在市场上的竞争能力越强。

2. 船舶封存决策

船舶封存是指技术状态良好的船舶，经过主管部门批准，在较长的一段时间内停止使用。当货少船多、运价下跌时，船舶盈利逐渐减少、保本，甚至出现亏损，企业就要被迫考虑封存一部分运力，以减少亏损，调整供需关系，使运价回升。尽管发生亏损就意味着运营收入不能抵偿运营成本，但也不能一亏损就草率地将船舶封存起来。因为即便发生亏损，也会有一部分收入以抵偿运营成本的支出。而船舶封存起来以后，仍需要发生一定的维持费用，如资本费（折旧费）、看守费用、保险费、维护保养费等，称为封存成本或闲置成本，虽然船舶的闲置成本相比运营成本数额大为减少，但这些成本却得不到任何来自船舶自身的补偿。因此，船舶封存决策就是指如何权衡这两种状态的经济得失，以选择最佳方案的过程。权衡这两种状态的经济得失，可以得出船舶封存的经济条件：当船舶运营亏损额＜船舶封存成本时，应继续运营；当船舶运营亏损额＝船舶封存成本时，视其他情况而定（称为封存点或封存界限）；当船舶运营亏损额＞船舶封存成本时，应停航封存。

四、国际租船业务

（一）航次租船业务

1. 航次租船合同的内容

航次租船合同主要包括合同当事人名称、船舶概况与船舶动态、货物种类与数量、装卸港口、受载期限与解约日、装卸费用、提单、运费、滞期费、速遣费、双方当事人责任与免责、经纪人佣金、船舶代理人指定、留置权、绕航、燃料补给、共同海损、仲裁等条款。

2. 航次租船程序

航次租船程序包括合同洽谈与签署、交付货物、货物装卸、运费支付、提单签发、滞期费或速遣费计算、货运事故索赔与理赔等各个环节。

在通常情况下，一个完整的租船合同从洽谈到签订，一般需要经过询盘、洽商和签署合同三个阶段。这三个阶段可细分为询盘、发盘、还盘、接受或确认、签订订租确认书以及签订租船合同等六步骤。

（1）询盘。

询盘（quote，enquiry），也称询价，是指船舶承租人（以下简称租船人）或船舶所有人（以下简称船东），直接或通过租船经纪人在租船市场上询问租用船舶或承揽货物的表示。目前，询盘主要采用电报、电传、传真、电子邮件等形式。询盘对于租船人和船东均无法律上的约束力，也不是租船的必经步骤。有时可未经对方询盘而直接向对方发盘。但询盘往往是租船的开始，对此不应忽视。

（2）发盘。

发盘（offer），也称报价，是租船人或船东向对方提出一定的交易条件，并愿意按照这些条件达成租船合同的一种表示。在事先存在询盘的情况下，发盘通常以询盘为基础。

（3）还盘。

还盘（counter-offer），是指受盘人对发盘条件不能完全接受而对原发盘提出相应的修改或变更的意见。还盘是对原发盘的拒绝，也是受盘人对原发盘人做出的一项新的发盘，只是内容较一般的发盘简单，仅涉及受盘人要求修改的部分。

还盘不是租船的必需步骤，有时承租双方无须还盘即可成交；有时则需要经过多次还盘才能对各项租船条件达成一致；还有时虽经反复还盘，但终因双方分歧太大而未能成交。

（4）接受或确认。

接受或确认（confirm），是指一方（租船人或船东）无条件地同意对方在发盘或还盘中所提出的各项洽租条件，并以声明或行为表示愿意按这些条件与对方成交、签订租船合同。

（5）签订订租确认书。

订租确认书（fixture note）实质上为简式租船合同。一般在发盘接受以后，合同已经成立，一项租船业务即告成交，但根据国际租船业务中的惯常做法，承租双方常常通过经纪人或者由自己制作包括双方共同承诺的主要条件的订租确认书，等承租双方签署后，每一方将各留存一份备查。

订租确认书无统一的格式，除了包括当事人的名称、地址、合同编号、双方代表签名栏及签署日期外，还需要包括前面所提到的租船合同的主要条款，只不过通常较为简单，且大多采取缩略语罢了。

(6) 签订租船合同。

在签订订租确认书后，承租双方应着手编制正式的租船合同，审核无误后应予以签署。

在租船实务中，很多船东或租船人，尤其是中国的船东或租船人往往用签订订租确认书来代替签署完整的租船合同。由于订租确认书仅包括了合同的主要条款，缺乏对合同细节内容的解释与说明，因此当发生合同履行纠纷时，双方只能依据订租确认书中所约定的标准租船合同格式的有关规定来处理争议。然而，一方面，该标准租船合同格式可能并未对该争议问题做出明确而具体的规定；另一方面，即使有规定也可能对己方不利。原因在于，标准租船合同格式存在两个方面的问题：

①由于制定者不同，不同的标准租船合同格式维护权益的对象也不同，有的维护租船人的利益，有的维护船东的利益；

②这些标准租船合同格式订立的时间较早，有些条款已无法适应当前的航运实践，加之考虑到通用性，不可能对所有方面都做出明确而具体的规定。

因此，为了避免引起争议和更好地保护自己的权益，笔者建议承租双方应签署正式的租船合同，如果认为参照的标准租船合同格式的条款对自己较为有利而不打算再签署正式的租船合同，也应该在订租确认书中对标准租船合同格式未做出规定却可能发生争议的事项做出详细的说明。

（二）定期租船业务

1. 定期租船合同的内容

定期租船合同通常包括船舶说明条款、交船条款、租期条款、合同解除条款、货物条款、航行区域条款、出租人提供事项条款、承租人提供事项条款、租金支付条款、还船条款、停租条款、出租人责任与免责条款、使用与赔偿条款、转租条款、允许承租人派人随船监督条款、共同海损条款、仲裁条款、美国首要条款、新杰森条款、双方互有过失碰撞条款、战争条款、佣金条款等。

2. 定期租船程序

在定期租船下，有关船舶揽货、调度、进出口港、装卸货、加油水等营运工作均由承租人或其代理来安排。在此种情况下，承租人或其代理应做的工作与程序可比照航次租船合同中有关出租人或其代理应做的工作与程序办理。

限于篇幅，以下仅介绍交船、还船、退租、续租、停租与复租等业务环节的内容与程序。

（1）交船业务与程序。

①合同签订后，承租人向出租人通知具体交船地点和交船地代理等事项。

②承租人一方面需要将合同主要条款内容通知自己的代理，指示代理人与出租人或船长办理交船手续；另一方面，还需要要求代理安排诸如装货、加油、靠泊等与营运有关的手续。

③出租人一方面应向船长下达航运指令，指示船长须在装船时间和解约日之前让船舶抵达交船地点，并做好交船准备；另一方面，还需要向交船地代理下达委托书，委托该代理代表出租人与承租人或其代理办理交船手续。

④船长按合同规定向承租人或承租人交船地代理通知船舶动态和预计交船时间。

⑤船舶抵达交船地点，准备就绪后，船长向承租人交船地代理递交交船通知书。

⑥双方代表安排测油、货舱检验及其他检验，并共同签署接船协议书或起租验船报告，详细记载交船时剩余燃油量、起租开始时间、船舶损坏记录等。

⑦承租人向船长通知递交载货清单，船上大副编制配载计划，以备装货。

（2）还船业务与程序。

①承租人向出租人发出还船通知，与此同时，还需要向还船港代理下达委托书，委托其代办还船业务。

②出租人向还船港代理下达委托书，委托其代办还船业务以及还船后的船舶代理业务。

③双方共同测定存油数量，检验货舱以及有关费用的分配与核收等，并签署还船协议书或完租验船报告。如果发现船舶损坏，则应按照合同约定要求承租人予以修理或赔偿。

（3）退租、续租、停租与复租。

①在租期中退租。在租期内，因某种原因，经承租双方同意，双方可以委托代理办理退还船手续，其要求与程序和还船相似。

②租期期满后续租。租期届满后，若承租双方愿意续租，可委托代理同时办理还船、接船手续。还船证书和接船证书可分别签署，因还船、接船时间一致，存油量相同，这两份证书也可合为一份。

③停租。由于出租方责任，船舶不能继续为承租人营运，双方可以委托代理办理停租手续，签署停租证书，做好事实记录，以作为船租双方划分责任、结算租金和燃料的证明。

④复租。停租事故清除后，船舶可以继续为承租人服务，双方应委托代理办理复租手续，签署复租证书。

五、国际租船单证与费用

（一）国际租船单证

1. 租船提单

二维码 4－7
租船提单

租船提单（charter party B/L）是船东或租船人为了履行租船合同而签发的提单。

租船提单除了具有班轮提单的一般特征之外，还具有自己的特征。

（1）租船提单内容与格式的选择权。

在租船运输中，出租人通常并不印制自己的提单，提单的内容与格式通常由租船人决定，或由国际船东组织印制。班轮提单的拟定往往由班轮公司自行决定，而且绝大多数的班轮提单都印有班轮公司的名称，以达到广告宣传和建立商誉的效果。

（2）租船提单运输栏目。

租船提单是港到港提单，其运输栏目通常仅包括装货港、卸货港、船名与航次三项；班轮提单大多一式两用，既可作为港到港提单，也可作为多式联运提单，其运输栏目通常包括收货地、前程运输工具、装货港、卸货港、船名与航次、交货地六项。

（3）租船提单背面条款。

租船提单背面条款较为简单，通常仅包括租约并入条款、首要条款、共同海损条款、新杰森条款、共同碰撞条款，可以通过并入条款，利用租船合同约束提单持有人。但班轮提单背面条款则较为复杂，除了包括有关规范提单的国际公约或国内法律的基本规定外，还通常列有光船租赁（过户）条款、承运人身份条款、无船承运人条款。此外，班轮提单的格式与条款不会因不同航次或不同发货人而轻易改变。

租船提单上加批租约并入条款（简称“并入条款”），使得提单持有人也受租约的制约，从而可有效地避免出租人承担比租约更大的责任以及日后追索的麻烦。然而，由于租约是由出租人与承租人签署的，当提单转让给善意第三人时，为了保护善意第三人，各国均对并入条款的效力以及可并入的范围进行了严格的限制。

①并入的是租约内与提单有直接关联的内容或条款，如装船、运输、交货等条款。一些与提单没有直接关联的条款，如租约内的“仲裁条款”、FOB买卖下租约内的“责任中止条款”，必须通过文字特别写明，否则不能合并。

②并入的内容不得与提单明示条款或批注相冲突，如果二者发生冲突，后者的解释要超越前者。比如，提单上注明运费预付，则不能把租约中有关运费到付的规定并入提

单中。此外，这里所说的明示条款也包括强制适用于提单的国际公约或国内法律。比如，租约约定承运人承担的责任低于提单中明示适用的强制性国际公约或国内法律所规定的承运人责任，则应以后者为准。再如，如果并入时未载明装货港发生的滞期费、亏舱费和其他与装货有关的费用由收货人、提单持有人承担，则根据《海商法》第78条的规定，装货港发生的滞期费、亏舱费和其他与装货有关的费用不由收货人、提单持有人承担。

③由于船舶多次转租，一份租船提单可能涉及多份租约，但实务中通常仅注明"as per C/P dated"，并不注明哪份租约，此时就需要识别并入提单的是哪份租约。其基本原则与方法如下：一是查看租约的性质，分清是程租、期租还是光租。依据并入条款与提单有直接关联的原则，选择以程租优先并入。比如，出租人与承租人签订了期租租约，而分租租约是程租，则应合并期租承租人订立的分租租约，以此类推，若分租租约也是期租租约，则去看分租租约，直至找到一份可以与提单配套的程租租约为止。二是若发生两次以上转租，且皆为程租，则应依据并入原租约理论，看是由谁签发的提单、签发谁的提单，来判断当事人的真实意图，从而决定并入哪一份租约。

（4）租船提单附加条款。

租船提单除了加批"运费支付方式"外，还需要加批租约并入条款，以使租约约束提单持有人。班轮提单通常并不加批并入条款，如果班轮提单加批并入条款，则该班轮提单转化为租船提单。

（5）租船提单的签发。

租船提单一般由船长或租船人的代理签发。班轮提单一般由船长或班轮公司的代理签发。

2. 其他单证

因租船运输不以集装箱为载体，故其在租船运输下没有相关的箱管单证，同时，有关托运业务与交付业务的单证也相对简单。

（1）订舱委托书（booking note），也称托运单、订舱单、订舱申请书，它本来是由船公司或其订舱代理印制的，供托运人或其代理订舱时使用。在租船运输中，许多船公司已将其取消，改用装货单来替代。

（2）装货联单。散杂货的出口报关和入港、装船的交接均须使用装货联单。装货联单，也称三联单，一般由船舶代理公司印制并提供给托运人来填写。

①装货单（shipping order），也称"下货纸""排载单"，是由承运人或其代理签署而形成的一份出口货运的承诺性书面文件。该文件作为托运人办理货物出口报关手续的必备单据之一应向海关递交，经海关查验并加盖海关放行章后则作为承运人代理接收货物、安排货物装船与出运的依据。因此，装货单通常也被称为"关单"（customs declaration）。

②收货单，也被称为大副收据（mate's receipt），它与第一联装货单同时随货转移，直至货物装上船后由大副在该联上签字确认收到所列货物，再经理货，由港方返回给托运人，托运人凭大副已经签收的大副收据到代理公司换取正本提单。在实践中存在许多不规范操作，比如，在装船时，许多大副直接在装货单上对包装或货物不良状况予以批注。

③留底联（counterfoil），可以印制数联，分别由代理、托运人和其他有需要的部门保存备查。

（二）国际租船费用

在航次租船下，与双方有关的费用主要包括运费、佣金、速遣费与滞期费、港口使费（含装卸费）、燃油费、船员工资等。承租人除支付运费、按合同条款规定承担可能由其负责的货物装卸费及滞期费外，其他费用均由出租人承担。

在定期租船下，承租人除支付租金外，还应负责有关船舶营运费用，如港口使费（含装卸费）、燃油费等，原则上由出租人负责直接的或间接的船舶和船员的维持费用。为此，在租船合同中，对于各方承担的费用项目应详细列明，在实践中易发生争议的主要有船舶附加保险费、船舶在港发生的交通费、通信费等等。

在光船租船下，承租人应承担租金、港口使费（含装卸费）、燃油费、船员工资等费用，出租人仅承担船舶折旧、购买或制造船舶的本金及利息支出等资本性费用。

1. 运费

在航次租船中，运费由承租人承担。至于运费的计算方式与支付时间，需由承租人与船东在所签订的租船合同中明确规定。

（1）运费计算方式主要有两种：一种是按运费率计算，即规定单位重量或单位体积的运费额，同时还要规定是按装船时的货物重量（intaken quantity）还是按卸船时的货物重量（delivered quantity）来计算总运费；另一种是整船包价（lump-sum freight），即规定一笔整船运费，船东保证船舶能提供的载货重量和容积，不管租方实际装货多少，一律照整船包价付。

（2）运费支付方式。一是运费在出租人签发提单之前支付。此种方式对出租人较为有利，但在目前运力大于需求的情况下，实务中采用此种方式的较少。此种方式下，出租人的风险在于一旦因船舶或货物中途灭失而未能完成运输任务，则可能面临承租人以船舶未能完成运输任务为由要求返回已支付运费。为避免此风险，通常在合同中列明如下条款："无论船舶和/或货物损失与否，货物一经装上船，或运费一经支付，就视为出租人所赚取，一概不予以退回。"二是运费在出租人签发提单后若干天内支付。至于具体天数由双方协商，实务中通常为3天或5天。此种方式下，出租人除了同样面临第一种方式下存在的风险外，还可能面临既未收到运费又要自付费用履行本航次的情况。原因在于出租人既然已签发了运费预付提单，就要受到提单条款的约束，对于善意提单持有人而言，提单上“预付运费”的记载构成绝对证据，因此，即使承租人未按约支付运费，出租人也不能以此为由采取拒绝航行、扣货等方式要求提单持有人支付运费。为了避免风险，出租人最好拒绝接受此方式，在不得不接受的情况下则应确保承租人具有良好的资信。三是运费在货物交付收货人前支付。此种方式下，出租人需要承担因船舶或货物灭失而造成无法收取运费的风险，对此，出租人必须为运费投保。四是运费在货物交付收货人后支付。此种方式下，出租人除了与第三种方式下一样需要承担运费损失风险外，还因为失去了货物留置权而无法通过扣押货物要求收货人支付运费。

综上所述，为了保护自己的利益，如果承租人要求签发运费预付提单，则出租人应要求选择第一种方式；如果承租人要求签发运费到付提单，则出租人应要求选择第三种方式。

在实务中，有些租船合同综合运用以上条款，即运费部分预付、部分到付，比如，合同规定：“90%运费于提单签发后 3 天内支付，余下 10%运费连同滞期费、速遣费等在货物交付后 30 天内支付。”

2. 装卸费

在航次租船业务中，货物装卸责任及费用由当事人在合同中规定的装卸费用条款处理。常用的装卸费用条款主要有：

（1）出租人不负担装卸费条款（free in and out，FIO），即船方既不负担装货费，也不负担卸货费。这种条件一般适用于散装货。采用这一条款时，必要时还须明确规定理舱费和平舱费由谁负担，如规定由承租方负担，则称为“船方不管装卸、理舱和平舱”（free in and out，stowed and trimmed，FIOST）条款。在涉及货物绑扎费用时，为了避免引起双方争议，合同通常采用“FIO Lashed”条款，以明确绑扎费用由承租人负担。

（2）船方管卸不管装（free in，FI）条款，即船方负担卸货费，但不负担装货费。

（3）船方管装不管卸（free out，FO）条款，即船方负担装货费，但不负担卸货费。

（4）出租人负担装卸费条款，也称班轮条款（liner term），或称泊位条款（berths term）、总承兑条款（gross term）、船边交货接货（free alongside ship，FAS）条款，即采用班轮运输的做法，将货物的装卸费包括在程租船运费内。货方即租船人负担运费，装卸费由船方负担。在此条件下，船货双方一般以船边划分费用，多用于木材和包装货物的运输。

3. 租金

（1）租金由双方依据船舶吨位大小与舱位容量、船龄长短与船舶技术状况、船舶经营条件及租期长短、租船市场的行情及其发展变化趋势等因素协商而定。在实务中，出租人为了减小外界环境对合同租金水平的影响，以使租金水平随出租人承担的费用增加而增加，有时会要求在合同中订有“租金调整条款”。

（2）租金计算方法。在实务中通常以夏季载重吨作为租金计算基础，租金通常以日租金率并按有效租赁日数计收，也有按每载重吨每日历月或每30天为一单位进行租金计算的。

（3）租金支付时间。租金支付时间应是租金到达出租人指定的收付银行的时间，而不是承租人汇出租金的时间或通知出租人汇出的时间。

（4）租金的扣减。承租人扣减租金的项目必须是法律上或合约内所允许的，主要包括应付款之前已出现的船舶停租、承租人为出租人所垫付的款项以及承租人向出租人提出的航速索赔和船舶额外燃料消耗的索赔等。

（5）租金与撤船。出租人行使撤船权受到如下限制：①如果合同规定“在承租人未准时和全额支付每一期租金时，出租人应书面通知承租人在若干银行工作日内予以弥补”等抵御市场波动条款，则出租人应事先给予警告并在期满后撤船。②如果撤船时船舶并非空载（比如，正在装货、卸货或者载货航行），则出租人行使撤船权时还负有履行提单合同的义务，不能损害提单持有人的利益。③出租人应在未准时收到租金的一段合理时间内行使撤船权，若超过了这一段合理时间则构成撤船权的放弃。此外，出租人接受承租人迟付的租金的行为也被认为是放弃撤船权。

4. 租船经纪人佣金

租船经纪人佣金一般按约定运费或租金总额的百分比计收，由出租人支付。至于具体的百分比，国际上并无统一的标准，通常需要双方协商而定。根据租船业务惯例，合同的总佣金一般不超过运费或租金总额的5%，其中，洽租佣金（address commission）即回扣佣金，通常为2.5%，经纪人佣金通常为1.25%～2.5%。

如前所述，在实践中，船公司通常需要考虑货物的性质及数量、货物的始发地和目的地、解约日期与装货准备完成日期、所使用的船舶、竞争对手等因素以及船舶成本支出等情况，进行基于盈亏平衡的租船成本估算，在此基础上，确定有竞争力的运价和租金。

第四节　国际海运拼箱

一、海运拼箱概述

1. 海运拼箱的概念

海运拼箱，是指无船承运人作为集拼经营人或组装化人将起运地的拼箱货汇集成一个或数个整箱货后，交由船公司发运的组织方式，因此，也称为集中托运。海运拼箱操作下各关联方的相互关系如图 4-16 所示。

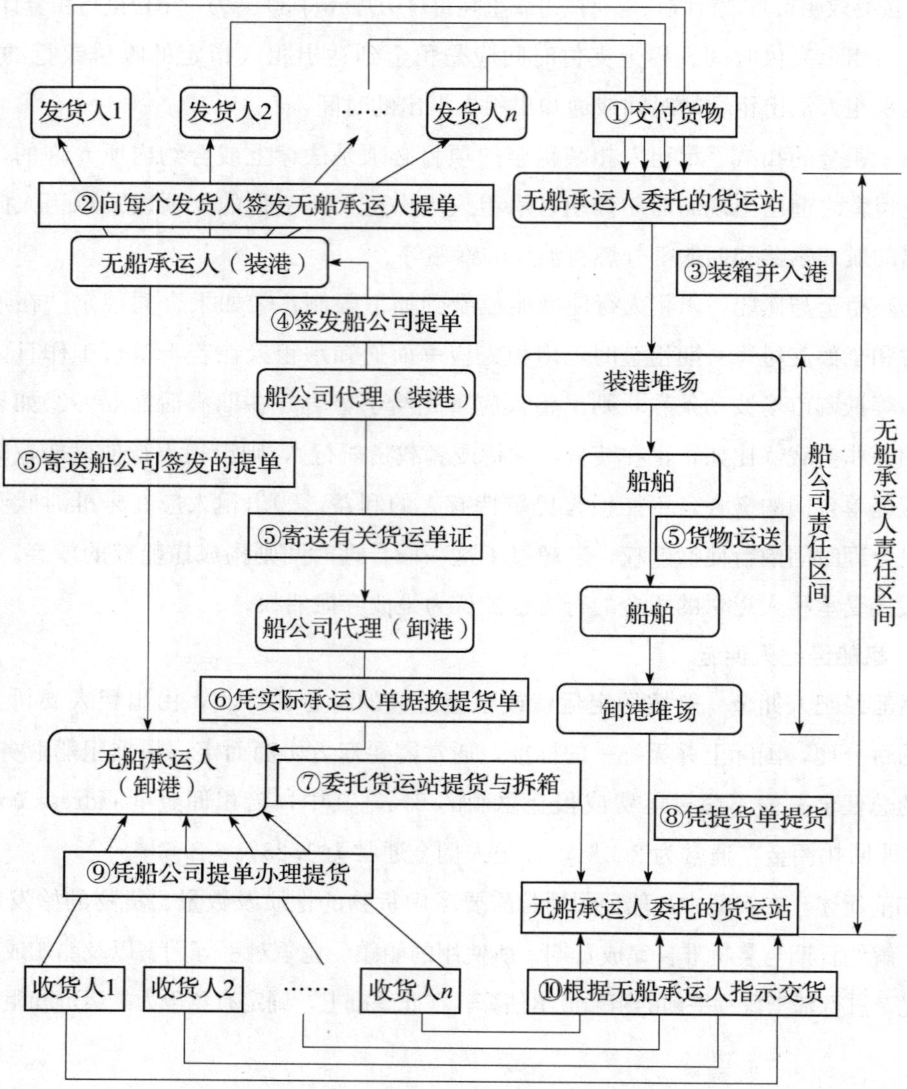

图 4-16　海运拼箱操作示意图

2. 海运拼箱的优点

海运拼箱操作可实现“四方”受益：

（1）无船承运人受益。无船承运人将拼箱货装入集装箱后，以整箱货集中托运，可以赚取整箱货与拼箱货之间的运费差价。

（2）托运人受益。托运人直接向船公司订舱，因货源较少，船公司将会按“零售价”收费；如向无船承运人订舱，为吸引客户，无船承运人会将赚取的运费差价返回一部分给托运人，因而托运人将支付较低的运费。此外，在拼箱操作下，无船承运人提供了站到站，甚至门到门服务，货方可获得更为便捷的服务，同时，托运人交付货物后即可取得无船承运人签发的提单，从而使结汇时间提前，加速了资金的周转。

（3）船公司受益。可以解除船公司揽货量不足的困扰，提高船公司的满载率。

（4）社会受益。有利于无船承运人与船公司之间的分工与合作。前者专注于货运组织工作，后者专注于实际的海上运输生产。

3. 海运拼箱操作的缺点

（1）对货方而言，货物实际装船时间及交付时间不易确定，这在无船承运人或其代理业务能力较差的情况下更是如此。因而，货方应选择资信良好的无船承运人，同时，易腐烂变质货物、紧急货物或对时间要求较高的货物最好不采用拼箱操作方式。

（2）对无船承运人而言，一是需要软硬件投入，以具备从事拼箱操作的设施与能力，拥有良好的通信网络与服务网络；二是风险增加，须对货主、船公司承担责任。

（3）对船公司而言，无船承运人将成为其竞争对手之一，迫使其降价。

二、国际海运拼箱的组织模式

1. 按是否中转划分

（1）直拼。它是指在装港时将托运的同类性质、同一流向和目的港的若干票货物拼装在同一集装箱内，交给承运人直接运至目的港进行拆箱交货的运输方式。

（2）混拼。它是指在装港时将托运的同类性质，但不同目的港的若干票货物拼装在同一集装箱内，交给船公司运至既定的中转港，由转运代理人接箱拆拨后再按直拼的条件与要求拼箱后直接运至目的港进行拆箱交货的运输方式。

直拼操作运期短，方便快捷，一般有实力的拼箱公司会提供此类服务。混拼操作因目的港不一、待船时间长等因素，运输时间较长，甚至运费偏高。

2. 按装箱场所不同划分

（1）拼箱。按海关的规定，拼箱特指在海关监管场所装箱的拼箱货。

（2）自拼。按海关的规定，自拼是指在非海关监管场所装箱的拼箱货。

3. 按承办人不同划分

（1）船公司或其代理承办的集拼。船公司直接受理拼箱货，并以 CFS/CFS 条款签发船公司提单。当然，此种情况有减少的趋势，因为船公司一般仅接受整箱货，而拼箱货则大多由货运代理或无船承运人承办。

（2）无船承运人承办的集拼。无船承运人以承运人的身份采用 CFS/CFS 条款接受不同发货人的拼箱货后，分别向其签发无船承运人提单，然后将其集中并装入整箱后，再以发货人的身份以CY/CY条款向实际承运人订舱，以求赚取更多的利润。

（3）货运代理承办的集拼。货运代理接收托运人的货物后，如果自行拼箱并向其签发自己的提单，则成为无船承运人，实际上系无船承运人承办拼箱；如果再将其交由其他的无船承运人进行拼箱操作，则称为转拼，此时的货运代理通常不签发自己的提单，但其身份是代理人还是当事人视具体情况而定，不能一概而论。

三、国际海运拼箱货物通关操作

（一）出口拼箱货物的通关

1. 通关模式

目前，对于出口拼箱货物，通常采用集中报关或集中交单模式。所谓集中报关，是指拼箱中所有分票货物的报关单等单据须集中递交后再实施审核、放行等操作。

（1）一次报关。拼箱货的各个发货人或其代理可以各自向海关发送电子数据申报；在货物装箱后，拼箱承运人按整箱将各分票报关单及随附单证汇齐后，向现场海关一次性递单，并附《出口拼箱货物装箱明细表》或《出口拼箱货物清单》。向海关发送电子数据的各报关企业分别承担各自所报单证的法律责任及相关义务。

（2）货到报关。在集装箱内的所有货物运抵海关监管场所后，拼箱仓库向海关发送运抵报告。运抵报告发送后，拼箱承运人才能办理拼箱货物的海关申报，以保障“货到报关”的有效实施。

（3）以箱为单元进行查验。拼箱货物报关后，对拼箱货物的监管将以集装箱为单元进行管理，所有查验手续按照整箱货物查验手续进行办理。

2. 通关单证

（1）出口拼箱货物报关单。报关企业在向海关申报出口拼箱货物时，应填报正确的集装箱箱号和封号，并在报关单备注栏内填报“拼箱”或“自拼”字样，其中在海关监管场所装箱的填报“拼箱”字样，在非海关监管场所装箱的填报“自拼”字样。

（2）拼箱清单。天津海关使用《出口拼箱货物装箱明细表》，宁波、广州等海关使用《出口货物拼箱清单》。以出口货物拼箱清单为例（详见表4-9），其上应加盖企业报关印章，并包含同一拼箱中所有出口货物的对应报关单，属特殊监管区域货物报关单和无纸通关货物报关单的应在备注栏内注明。无纸通关货物报关单“事后交单”时，无须递交《出口货物拼箱清单》。

表 4-9　出口货物拼箱清单

申报单位				报关员	
船　名				航　次	
装箱点					
箱　号					
序号	报关单号	提运单号	重　量	体　积	备　注
1					
2					
3					
4					
5					
6					
合　计：					
报关员签章处：					

填制说明：拼箱货物实行集中交单，同一集装箱所涉及的出口报关单必须全部填制本清单，并在清单右下角"报关员签章处"加盖报关章。

(3) 出口拼箱货物报关单与《出口货物拼箱清单》必须相符，如更改须向海关办理更改手续。

3. 拼箱货物的更改与退关

(1) 对于查验有问题的单票货物，为了不影响整箱内其他货物的出口，海关允许拼箱仓库将其他正常货物装箱、施封。

(2) 如果拼箱承运人需要在该集装箱里增加新的货物，需重新办理相关手续。

(3) 在海关监管场所装箱的拼箱货物部分申请退关的，应按照规定办理相应出口拃箱货物报关单的删除手续，再向监管场所办理相应出口运抵报告的更改，并且重新填报《出口货物拼箱清单》；在非海关监管场所装箱的拼箱货物发生部分退关的，视同全部货物退关，须删除全部报关单并办理重箱出卡口手续；全部拼箱货物申请退关的，按照规定办理全部报关单删除及重箱出卡口手续。

4. 不同贸易方式货物申报问题

出口口岸海关允许一个集装箱内拼装非口岸报关、不同贸易性质的出口货物（如：一般贸易货物、加工贸易货物及保税区货物、私人物品、使馆货物和拼箱转关货物等特殊监管货物）；有非口岸报关货物的，报关企业应先在主管地海关办结货物的通关手续后，再凭主管地海关的放行装货单与拼箱中其他货物的报关单到口岸海关办理拼箱货物的出口手续。

(二) 进口拼箱货物的通关

如前所述，对于进口拼箱货，首先，应由无船承运人向海关申请分拨，将其从码头 CY

移至自己的 CFS；然后，拆箱后，各个收货人在办理换单、报关手续后，可以提取货物。

1. 分拨的概念

分拨，是指海关监管场所经营人将进境货物、物品从一海关监管场所运至另一海关监管场所的行为。

2. 分拨的申报

（1）进境货物、物品需要分拨的，舱单传输人应当以电子数据方式向海关提出分拨货物、物品申请，经海关同意后方可分拨。

（2）分拨货物、物品运抵海关监管场所时，海关监管场所经营人应当以电子数据方式向海关提交分拨货物、物品运抵报告。

（3）在分拨货物、物品拆分完毕后的 2 小时以内，理货部门或者海关监管场所经营人应当以电子数据方式向海关提交分拨货物、物品理货报告。

（4）分拨货物、物品提交理货报告后，海关可办理货物、物品的查验、放行手续。

四、国际海运拼箱操作流程

国际海运拼箱操作包括出口集运与进口分拨两大部分，其操作流程如图 4－17 所示。

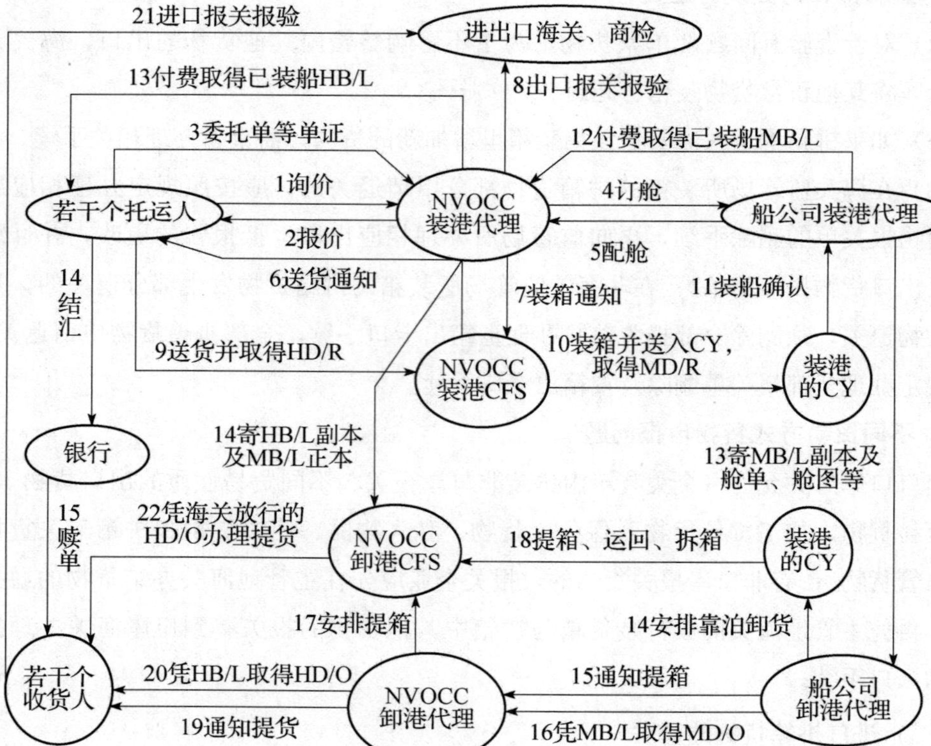

图 4－17　国际海运拼箱操作流程

1. 出口集运

（1）接受委托、集中订舱。

无船承运人根据拼箱量的大小，在开航前 10 天左右制作预托单，注明托运人为无船承运人，收货人为国外指定代理，并在货物说明栏中说明是拼箱货，并列出所拼集装箱内每一种货物的名称或直接注上“consolidate goods”，向船公司暂订舱。

无船承运人根据协议或经过临时协商与船公司事先订妥运价，取得船名、航次、总提单号后，再向托运人确认运价，并提供船名、航次、分提单号。

在拼箱的过程中，应注意将信用证规定的转运期相近的货物尽量装在一起，以便及时出运，同时对货物的特性也要有所了解，防止将相互排斥的货物放在一起。

（2）收货、装箱与拼箱货报关。

托运人或代理将货物送到无船承运人指定的拼箱 CFS 后，CFS 应向其签发无船承运人的场站收据（HD/R）。CFS 还应负责提空箱、装箱及拼箱货统一报关等事宜。

（3）安排重箱入港。

货物装箱后，无船承运人安排拖车送箱入码头 CY 后，码头 CY 应向其签发船公司的场站收据（MD/R）。

（4）取得船公司提单。

货物装船后，船公司或其代理根据运杂费支付凭证（如为预付运费）、MD/R 等向无船承运人签发船公司提单（MB/L）。

（5）向托运人签发提单。

无船承运人装港代理凭运杂费支付凭证（如为预付运费）、HD/R 等向托运人签发无船承运人提单（HB/L）。如要求签发收货待运提单，则在收货后即可签发；如要求签发已装船提单，则须待集装箱装船后才能签发。

（6）托运人递单结汇。

托运人取得无船承运人提单后，连同其他单证向银行交单结汇，收货人则向银行付款赎单，取得全套正本无船承运人提单。

二维码 4-8
无船承运人提单

（7）寄交单据。

无船承运人装港代理应将船公司提单正本、装箱单、无船承运人提单副本及电放提单（如果为电放）、舱单、各分票海运费收费标准（如为运费到付）等送至其目的港代理，并向其发布船舶开航报。与此同时，船公司的装港代理也应将所签发的提单副本等货运单据寄送给船公司的卸港代理。

2. 进口分拨

(1)缮制并分发单证。

无船承运人目的港代理取得这些单证后，首先应核对有关整箱舱单及各分票舱单数据是否一致；其次应缮制有关分票舱单及提货单；最后将有关整箱舱单和各分票舱单转交给卸港货运站或拆箱监管场所及拖车公司。

(2)办理船公司换单手续。

无船承运人目的港代理支付运费后（如运费到付)，凭正本船公司提单取得船公司目的港签发的提货单（MD/O)。

(3)海关分拨申请、重箱离港、入站拆箱。

无船承运人目的港代理凭船公司提货单（MD/O)、各分票提单副本、舱单及入库清单等，向海关申请将整箱货移至无船承运人指定的具有海关监管资格的货运站，以便进行拆箱作业。海关放行后，无船承运人安排的拖车公司从码头堆场提取重箱，并移至货运站进行拆箱作业，如有短损，应由理货公司填写溢短单或残损单。

(4)发到货通知，签发提货单。

无船承运人目的港代理向收货人发到货通知，并在收取运费（如为运费到付）和正本无船承运人提单后，向收货人签发无船承运人提货单（HD/O)。

(5)收货人报关、提货。

各收货人可以自行或委托无船承运人办理通关手续，取得海关放行后，收货人可持无船承运人提货单（HD/O）到无船承运人指定的货运站提取货物。

综合练习

一、不定项选择题

1. 班轮提单具有（　　）功能。

A. 运输合同证明　B. 运输合同　C. 货物收据　D. 物权凭证

2. 集装箱整箱计费方式是（　　）。

A. FAK　B. FCS　C. FCR　D. FCB

3. 常见的海上班轮航线结构包括（　　）。

A. 点—点航线　B. 枢纽-辐射式航线

C. 环绕式航线　D. 钟摆式航线

4. 由船东支付船员工资的租船方式是（　　）。

A. 航次租船　B. 光船租船　C. 定期租船　D. 包运租船

二、是非题

1. 海上集装箱运输是海上班轮运输的主要形式。

2. 场站收据是证明海上承运人收到已装船货物的凭证。

3. 设备交接单适用于COC和SOC箱。

三、简述题

1. 简述国际海上运输的特点。

2. 简述国际海上班轮运输进出口流程。

3. 简述航次租船程序。

4. 简述国际海运拼箱操作流程。

第五章 国际铁路物流

开篇案例

中欧班列引领“一带一路”北、中、南三条干线重新定位

中欧班列是国际铁路联运领域的重要创新，也是“一带一路”倡议扎实落地的典范和深化国际合作的重要纽带。尤其是新冠疫情发生以来，中欧班列这支钢铁驼队肩负起“生命通道”的神圣使命，累计向欧洲发运1 199万件、9.4万吨防疫物资，有力保障了全球产业链供应链稳定，为护佑班列沿线各国人民生命安全和身体健康发挥了重要作用。

“一带一路”的欧亚大通道是欧亚经济一体化的核心连接，在乌克兰危机后，按其稳定性受到的威胁程度可分为北、中、南三条干线。第一，大通道北线（中欧班列主干线）面临受阻危险。北线（西伯利亚—莫斯科—波罗的海—波兰；哈萨克斯坦—波罗的海—波兰）是大通道的主干线，包含约90%的中欧班列货运。如果俄罗斯被制裁、乌克兰战场形势持续恶化，北线或将面临中断风险，欧亚陆上运输和中欧班列的前景不容乐观。第二，“一带一路”中线的替代作用有限。中线（里海—高加索地区—黑海）需要经过里海和黑海两次转运，运输速度受到限制。同时，中线多处连接点尚未完全合拢。即使中线彻底打通，也只能承担北线约10%的运力，替代性较差。第三，“一带一路”南线潜力大，但连接障碍多。南线包含中国喀什—吉尔吉斯斯坦—乌兹别克斯坦—土库曼斯坦—伊朗—土耳其—黑海—巴尔干半岛。但目前中吉乌铁路尚在规划中，5年之内难以落地。南线必经的库尔德地区是伊朗和土耳其的争夺焦点，南线在该地区尚无法顺利接通。南线在通过土耳其进入欧洲后，仍面临打通陆上连接点和渡海等难题。此外，南线也无法完全替代北线的运输量。如果打通南线，将深刻改变欧亚大陆的地缘政治经济结构。未来若干年内，北、中、南三条干线或将面临不能畅通的状况，全面贯通至少需要5年以上时间。

/ 学习目标 /

知识目标：

1. 了解国际铁路物流的产生与发展、国际铁路物流组织与公约。

2. 熟悉国际铁路联运的概念与特点、中欧班列的概念与特点、中欧班列的基本格局。

3. 掌握国际铁路联运进出口操作流程、单证与费收业务，中欧班列的运营组织、单证与费收业务。

能力目标:

1. 能正确设计国际铁路联运进出口操作流程。

2. 具备运用国际铁路物流理论解决实际问题的能力。

素养目标:

1. 认识中欧班列推进国际铁路联运领域创新和保证“一带一路”倡议扎实落地的典范作用。

2. 明确国际铁路物流人才的责任和担当，增强使命感，提高专业认同度。

第一节 国际铁路物流概述

一、国际铁路联运概述

国际铁路物流是以国际铁路货物联运为主要运输形式，借助现代信息技术，连接供给主体和需求主体，使原材料、产成品从一国起点至另一国终点及相关信息有效流动的全过程。它将运输、仓储、装卸、加工、整理、配送、信息等方面进行有机结合，形成完整的供应链，为用户提供多功能、一体化的综合性服务。

国际铁路物流的鲜明特征是以国际铁路联运为核心，因此，以下重点阐述国际铁路联运的概念、特点等。

1. 国际铁路联运的概念

2024 年 7 月 1 日生效的《国际铁路货物联运协定》（以下简称新版《国际货协》）对以下两个术语的概念进行了界定。

(1) 国际铁路直通联运中的货物运送，是指全程按统一票据（运单）办理、经由两个或两个以上国家境内的铁路货物运送。

(2) 国际铁路—轮渡直通联运中的货物运送，是指在国际铁路直通货物联运中经过水路区段且货物从发站至到站始终在车辆中运行或自轮运行的货物运送。

在上述定义中，一是强调了“直通”，其内涵是指全程按统一票据（运单）办理，在一国铁路向另一国铁路移交货物时，无须发、收货人参加；二是将火车轮渡纳入新版《国际货协》的适用范围之内，其原因在于，在国际铁路—轮渡直通联运模式下，尽管涉及水上运输，但因采用火车轮渡方式，使得在水上运输区段，货物仍在铁路车辆上，这表明该模式只是国际铁路直通联运的一种特殊类型。

综上所述，通常所称的国际铁路货物联运实际上就是新版《国际货协》中所称的国际铁路直通联运中的货物运送。

值得注意的是，国际铁路货物联运只是国际铁路货物运输中的一种特殊组织形式。一般而言，国际铁路货物运输是指根据相关国家政府间有关协定，经过批准，通过国家开放的铁路口岸和相关国家的铁路进行出入国境的铁路货物运输。

国际铁路货物运输实际上应以国内铁路货物运输为基础，往往表现为两阶段运输，即国内段运输和境外段运输。目前，铁路运输所承担的进出口货物运输工作主要体现在如下四个方面：

(1) 国际铁路货物联运，主要承运我国与朝鲜、蒙古国、俄罗斯、中亚及欧洲国家的进出口货物。

(2) 参与国际多式联运，与其他运输方式合作，提供门到门多式联运服务。

(3) 对港澳地区的铁路运输，主要承运我国内地与港澳地区之间的货物和通过香港转运的进出口货物。对港澳地区的铁路运输，既不同于国际联运，也不同于内地运输，而是比照国际货物运输采取特殊的方式进行。

(4) 内地与口岸间的铁路集疏运。铁路承担我国出口货物由内地向港口集中、进口货物从港口向内地疏运，以及省与省之间、省内各地区间的外贸物资的调拨。

显然，从业务量的角度来看，国际铁路货物运输与国际铁路货物联运实际上已变成可相互替代的术语。

2. 国际铁路联运的特点

国际铁路联运是国际贸易中最主要的运输方式之一，运输量仅次于国际海运。国际铁路联运的优势是运输量较大、速度较快、运行时间较短、运输风险明显小于海运、适应性强、能准点运营以及运输成本较低等。

一般而言，国际铁路联运具有以下五大特征：

（1）两个国家。每运送一批货物都要涉及两个或两个以上国家和多个国境站。这是国际铁路联运有别于国内铁路运输的重要标志。

（2）一种方式。国际铁路联运仅使用铁路一种运输方式，这是其有别于多式联运的重要标志。

（3）一人负责。国际铁路联运在运输责任方面采用统一责任制，运输全程由铁路承运人负责。

（4）一张单据。这是指在新版《国际货协》或国际公约范围内，全程使用一份铁路货物联运票据完成货物的跨国运输。详细内容将在后面予以具体说明。

（5）有时需要换装作业或更换轮对作业。如表 5－1 所示，各国铁路的轨距并不完全相同，因而国际铁路联运往往需要换装作业或更换轮对作业（只有油品等少数货类采取更换轮对作业），这也成为国际铁路联运的最大缺陷。

表 5－1　我国与邻国的边境铁路车站站名及其他

通道名称	我国国境站的站名	邻国国境站的站名	邻接轨距（毫米）	距国境线的距离（千米）	
				我国国境站	邻国国境站
中俄	满洲里	后贝加尔	1 520	9.8	1.3
	绥芬河	格罗迭科沃	1 520	4.9	20.6
	珲春	马哈林诺	1 520	—	—
中蒙	二连浩特	扎门乌德	1 524	4.8	4.5
中哈	阿拉山口	多斯特克	1 520	4.02	8.13
	霍尔果斯	阿腾科里	1 520	0.21	14.79
中朝	丹东	新义州	1 435	1.4	1.7
	集安	满浦	1 435	7.3	3.8
	图们	南阳	1 435	2.1	1.3
中越	凭祥	同登	1 000	13.2	4.6
	山腰	新铺	1 000	6.5	4.2

二、国际铁路物流的产生与发展

国际铁路货物联运开始于 19 世纪中叶，1890 年，欧洲各国外交代表在瑞士首都伯尔尼举行会议，制定了《国际铁路货物运输公约》（以下简称《国际货约》），即《伯尔尼公约》。国际铁路货物联运有了第一个比较完整的国际铁路联运规章，并正式开始。

1951 年 11 月，匈牙利、波兰、苏联等 8 国部长参加会议，对国际铁路客货运输问题进行了研究，并起草通过了《国际铁路货物联运协定》（以下简称《国际货协》）和

《国际旅客联运协定》(简称《国际客协》)。

我国铁路是《国际货协》的参加铁路，自我国开始进行国际铁路货运，并在1954年1月1日正式执行《国际货协》以来，国际铁路联运已成为我国国际经贸交往的重要运输方式。然而由于诸多方面的原因，长期以来，我国国际铁路联运发展缓慢，其业务主要集中于中国与中亚、俄罗斯等国家之间，直至2011年开通中欧班列。

自从2011年3月19日首列中欧班列——重庆到德国杜伊斯堡的货运列车成功开行以来，中欧班列硕果累累，已经成为“一带一路”的建设进程中具有标志性意义的举措，大力推动了我国与亚欧各国的贸易往来和互联互通。中欧班列正加速驶入“黄金时代”，日益成为“一带一路”建设中动力强劲的重要引擎。具体来说，中欧班列有以下意义：

(1) 成为促进“一带一路”建设的重要引擎。中欧班列背后需要中国和“一带一路”国家之间频繁的政策沟通、民心沟通、设施联通以及资金的融通。中欧班列不仅顺应了我国对外开放区域结构转型的需要，顺应了中国要素流动转型和国际商贸资源转移的需要，还顺应了中国与其他合作国家经济结构转变的需要。中欧班列对于世界最大的贡献，不仅在于装了多少货物，产生了多少利润，更重要的是它能够给世界各国的经贸交流带来新的思路，开辟了一条平等合作、互利共赢的康庄大道。

(2) 开辟了内陆地区面向亚欧国家的贸易新通道。铁路运输比海运省时，比空运经济，具有自身独特的优势，尤其适合内陆城市之间跨境点对点运输，对实现我国内陆地区与亚欧国家的贸易畅通意义重大。中欧班列开拓了中欧之间更加快捷高效的物流大通道和物流网络，从这个意义上来讲，贸易和物流本身会为中欧以及沿线国家带来新的贸易机会和发展机会，同时也能够满足不同国家对不同产品的需求，促进经济的发展。

(3) 激发了我国企业对“一带一路”相关国家的投资热情。方便、快捷的中欧班列吸引了越来越多的企业订单，带动了中国与沿线国家贸易的发展。同时也增加了投资机会。随着中欧班列不断发展，我国企业参与相关国家铁路、场站、装卸、集散、物流等基础设施建设的意愿日渐强烈。目前，已有不少企业开始布点投资，在相关国家设立集散分拨中心和海外分支机构，改造运输场站和物流仓库等。

(4) 成为拉动我国中西部开放的“火车头”。从始发城市来看，位于中西部的重庆、郑州、成都、武汉的班列最多。其主要原因在于：一方面，这些城市都是中西部城市，通过亚欧大陆桥到欧洲的距离要比沿海城市短。另一方面，这些城市所在的区域人口众多，劳动力十分丰富，吸引了大量的沿海产业转移落户。比如富士康就先后在郑州、武汉等地设厂，重庆更是吸引了一系列笔记本巨头落地。

三、国际铁路物流组织与公约

1. 国际铁路物流行业组织

目前，与国际铁路物流最为密切的国际行业组织主要有以下四个：

（1）国际铁路运输政府间组织。

国际铁路运输政府间组织（Intergovernmental Organization for International Carriage by Rail，OTIF）是《国际货约》各参加铁路的政府间国际组织。100多年前即开始从事国际铁路联运。1985年5月，OTIF随着修订后的《国际铁路货物运输公约》（COTIF1980）正式生效而成立。OTIF旨在通过建立统一的法律体系，消除欧洲、亚洲和非洲开展国际联运存在的障碍，确保联运设施设备间的互通性，促进国际铁路联运的发展，提高国际联运的便利性。截至2024年8月，其总部设于瑞士伯尔尼，正式成员共有53个。

OTIF有3个管理部门，分别是全体大会、行政委员会和秘书处。全体大会是OTIF最高决策机构，由所有成员国代表组成，主要工作任务有选举秘书长、任命行政委员会成员、修改公约等；行政委员会由1/3成员国代表组成，任期为3年，直接管理秘书处的行政事务和财务状况，并监督其他委员会的工作；秘书处为OTIF常设机构，内设领导层、联络组和工作组，秘书处对外代表OTIF开展工作，执行全体大会、行政委员会和其他委员会的决定。此外，OTIF还包括4个委员会，分别为法律修订委员会、危险品运输专家委员会、技术专家委员会、促进铁路发展委员会。

2016年7月，中国国家铁路局和OTIF达成谅解备忘录。该备忘录陈述了二者之间的广泛合作计划，包括在国际铁路运输监管、铁路技术标准、运输通道布局方面进行交流，推进欧亚铁路运输中《国际货约》或《国际货协》运单的广泛使用，探讨并解决中欧班列操作中出现的问题等。这被普遍认为是以中国为主导的“一带一路”建设的重要成果，同时也表明了中国正在认真考虑是否加入OTIF。

（2）铁路合作组织。

铁路合作组织（Organization for Cooperation between Railways，OSJD），简称铁组，成立于1956年6月，总部设在华沙，其宗旨是发展国际旅客和货物运输，建立欧亚地区统一的铁路运输空间，提高洲际铁路运输通道的竞争能力，促进铁路运输领域的技术进步和科技合作。它原为《国际货协》参加国政府间的组织，但从1993年1月1日起，铁组按照新的机制运转，成为政府和企业混合型组织。也就是说，作为一个国际铁路组织，它既是铁组成员国国家机关的组成体，同时又可从企业的角度综合解决国际铁路运输问题。

截至2024年8月，铁组有30个部长级会议成员，它们的中央国家机关和国家铁路公司参加不同层面的活动，还有5个观察员。作为铁组成员之一，中国国家铁路局在铁组总部派有常驻人员，代表中国铁路参与国际铁路联运的管理和协调工作。

铁组的领导机关是铁组部长会议和总局长（负责代表）会议。部长会议是铁组最高领导机关，由各国主管铁路的中央国家机关参加，每年举行一次会议，在政府级别上审查有关铁组活动的所有问题并通过相应决议。总局长会议由各国（古巴和阿尔及利亚不参加）国家铁路公司或中央国家机关（政企合一的情况下）参加，每年举行一次会议，在国家铁路权限范围内审查铁组活动并通过相应决议。

铁组委员会是铁组的常设执行机关，在部长会议和总局长会议休会期间保证铁组的活动。铁组委员会由铁组各成员国所派的代表组成（每一成员国派一名代表），委员会领导包括主席 1 名（铁组委员会所在国波兰的代表）、副主席 2 名（中国和俄罗斯）和秘书（匈牙利）。

铁组设有专门委员会、常设工作组、临时工作组以及与其他国际组织的共同工作组。5 个专门委员会包括：一专：运输政策和发展战略专门委员会；二专：运输法专门委员会；三专：货物运输专门委员会；四专：旅客运输专门委员会；五专：基础设施和机车车辆专门委员会。其中一专和二专工作为政府层面，三专、四专、五专工作为国家铁路层面。2 个常设工作组包括：编码和信息技术常设工作组、财务和清算问题常设工作组。临时工作组有 8 个。与其他国际组织的共同工作组有 4 个。

(3) 国际铁路联盟。

国际铁路联盟（International Union of Railways，UIC），简称铁盟，是成立于 1922 年的非政府国际组织。其主要目标是提升铁路运输在世界范围内的交流和可持续发展能力。铁盟成员主要包括各国铁路运输主管政府机构、铁路运营单位、科研及学术机构等，一个国家或地区可以有多家单位分别加入铁盟。截至 2022 年 7 月，铁盟共有 208 个成员。我国铁路于 1979 年 6 月恢复在铁盟内的活动。

铁盟每年召开大量会议协调各领域科研工作，并举办具有国际影响力的大型会议。这些研究成果一部分以研究报告的形式体现，一部分则以铁盟标准的形式体现。

制定标准是铁盟最主要的活动之一。铁盟现有标准的重点是互联互通技术装备、技术管理要求，分为机车车辆、固定设备、信息等。许多国家在铁路基础建设和装备制造方面大量采用其标准。欧盟许多铁路标准与铁盟标准互认或互相转化。

(4) 大湄公河区域铁路联盟。

大湄公河区域铁路联盟（GMRA）是大湄公河次区域经济合作（Great Mekong Subregion Economic Cooperation，GMS）机制下的政府间铁路合作组织，于 2013 年 12 月启动组建，2014 年 8 月正式成立，致力于加快推动区域内各国铁路基础设施互联互通，早日实现货物和旅客运输便利化。第一任董事会主席国由柬埔寨担任。成员国路网北连丝绸之路经济带，南连海上丝绸之路，西连孟中印缅经济走廊，是深化本区域基础设施合作、推动区域经济一体化、落实“一带一路”倡议的重要成果。

2015年3月和2016年9月分别举行了第一次和第二次GMRA全体大会。中国、柬埔寨、老挝、缅甸、泰国、越南等六个成员国，以及亚洲开发银行的代表出席了会议。会议总结了联盟在推动区域内铁路连通、跨境运输协定研究，以及联盟组织架构、运作机制、议事规则、预算编制、秘书处选址方面的工作进展情况，研究明确了联盟下一阶段重点工作和未来发展方向。

2. 国际铁路物流公约

国际铁路物流存在两套规则体系：一个是《国际货约》；另一个是《国际货协》。国际铁路联运的运输条件高，每批货物的运输条件（如包装、转载、票据的编制、添附文件及车辆使用）和运作过程必须符合有关国际联运的规章、规定。

（1）《国际货约》。

《国际货约》是在《伯尔尼公约》的基础上发展起来的，后于1961年和1970年修订，修订后的《国际货约》于1975年1月1日生效。因铁路技术的进步和各国经济发展导致的铁路变化，1980年5月9日再次对该公约进行了较大修订，修订后简称COTIF1980，中文依旧是《国际铁路货物运输公约》（简称《国际货约》）。1999年，OTIF又对该公约进行了较大修订，形成COTIF1999。

自2015年7月1日起，OTIF成员国适用COTIF1999。COTIF1999是在COTIF1980的基础上，为适应成员国的政治、经济及法律制度变化从而进一步消除成员国间的联运障碍形成的，并且已与欧盟法律完全兼容。COTIF1999不仅适用于铁路运输，也适用于公铁联运和铁水联运，包括正文和7个附件。由此可见，《国际货约》确切的名称应为《国际铁路运输公约-铁路货运合同统一规则》（COTIF-CIM）。

经统计，该公约适用于27万千米铁路线路、1.7万千米航运和内河水运线路，以及各国接续铁路和水路的国内道路运输。截至2024年，《国际货约》正式成员国共有49个。

《国际货约》由以下6部分，共70条和4个附件组成。第1部分为公约的目的和适用范围（第1～5条）；第2部分为运输合同（第6～25条）；第3部分为责任、法律诉讼（第26～53条）；第4部分为各种规定（第54～61条）；第5部分为特殊规定（第62～64条）；第6部分为最终规定（第65～70条）。4个附件为《危险物品铁路运输国际规章》《国际铁路运输中央事务局规章》《修订委员会和专家委员规则》《仲裁规则》。

（2）《国际货协》。

《国际货协》是1951年由苏联、罗马尼亚、波兰等8个国家签订的。中国、朝鲜、蒙古国于1953年加入该协定。后来，越南和古巴也加入了该协定。

《国际货协》自生效以来，为发展欧亚国家间国际铁路直通货物运输发挥了极为重要的作用，极大地促进了各国间的贸易往来。但是，随着各国铁路的不断完善，以及国际运输物流业的快速发展，出现了一些新情况和新问题。尤其是，自 20 世纪 90 年代以来，许多国家铁路进行了重大的机构改革，实现了政企分开、网运分离、铁路客货运输单独核算、铁路货车进行公司化或私有化管理，以及撤销铁道部成立铁路公司等重大变革。而当时的《国际货协》已无法完全适应这些新的情况和新的变化，对其进行重大修改也成为必然。为此，国际铁路合作组织运输法专门委员会国际货协问题会议于 2014 年、2024 年对《国际货协》进行了两次修订，并公布了 2014 年 7 月 1 日、2024 年 7 月 1 日生效的《国际铁路货物联运协定》和《国际铁路货物联运协定办事细则》的正文和部分附件，以便更好地适应各国铁路管理体制的变革、满足各国铁路发展实际的需求。

3. 其他相关协定

(1)《国际铁路货物联运统一过境运价规程》。

《国际铁路货物联运统一过境运价规程》(简称《统一货价》)，过去从属于《国际货协》，由于东欧地区在 20 世纪 80 年代末至 90 年代初发生了巨大的变化，1991 年 6 月 27 日保加利亚、中国、朝鲜、蒙古国、罗马尼亚和苏联的铁路部门在波兰华沙签订了《关于统一过境运价规程的协约》，该协约规定了《统一货价》不再从属于《国际货协》，具有独立的法律地位。新的《统一货价》于 1991 年 7 月 1 日起实施，它是在原《国际货协》统一货价的基础上修改补充而成的。我国铁路于 1991 年 9 月 1 日实行上述新规定。目前，波兰、捷克、匈牙利、德国四国已不再参加新的《统一货价》，但仍采用《国际货协》的规定。因而，过境这四国的进出口货物须用自由外汇结算过境运费，而且费率明显提高。

(2) 国境铁路协定。

国境铁路协定是两个相邻国家铁路部门签订的，规定办理联运货物交接的国境站、车辆及货物的交接条件和方法，交换列车和机车运行办法及服务方法等。中朝、中越、中蒙、中俄、中哈和中蒙俄铁路间都订有国境铁路协定和议订书，它对铁路和发收货人都有约束力。

(3)《国际铁路货物联运协定办事细则》。

《国际铁路货物联运协定办事细则》用于调整承运人之间的关系，不能用以调整发货人和收货人（为一方）同承运人（为另一方）之间的相互关系。它由以下内容组成：前言、补送运行报单、普通记录、商务记录、承运人戳记、运输合同的变更、停运或禁运的通知、货物的查寻、赔偿请求的审核、承运人之间的货物交接、轨距变化时的货物换装、货物误送时承运人的处理办法、公文的办理，以及补送运行报单、普通记录、交接单这三个附件。

第二节　国际铁路联运物流

一、国际铁路联运进出口操作流程

国际铁路联运进出口操作流程包括发送站的发送作业、发送路国境站作业、过境路作业（如有）、到达路国境站作业、到达路的到发作业等环节。图 5－1 显示了中欧班列出口业务流程，至于进口业务流程则是在流转方向上正好相反。

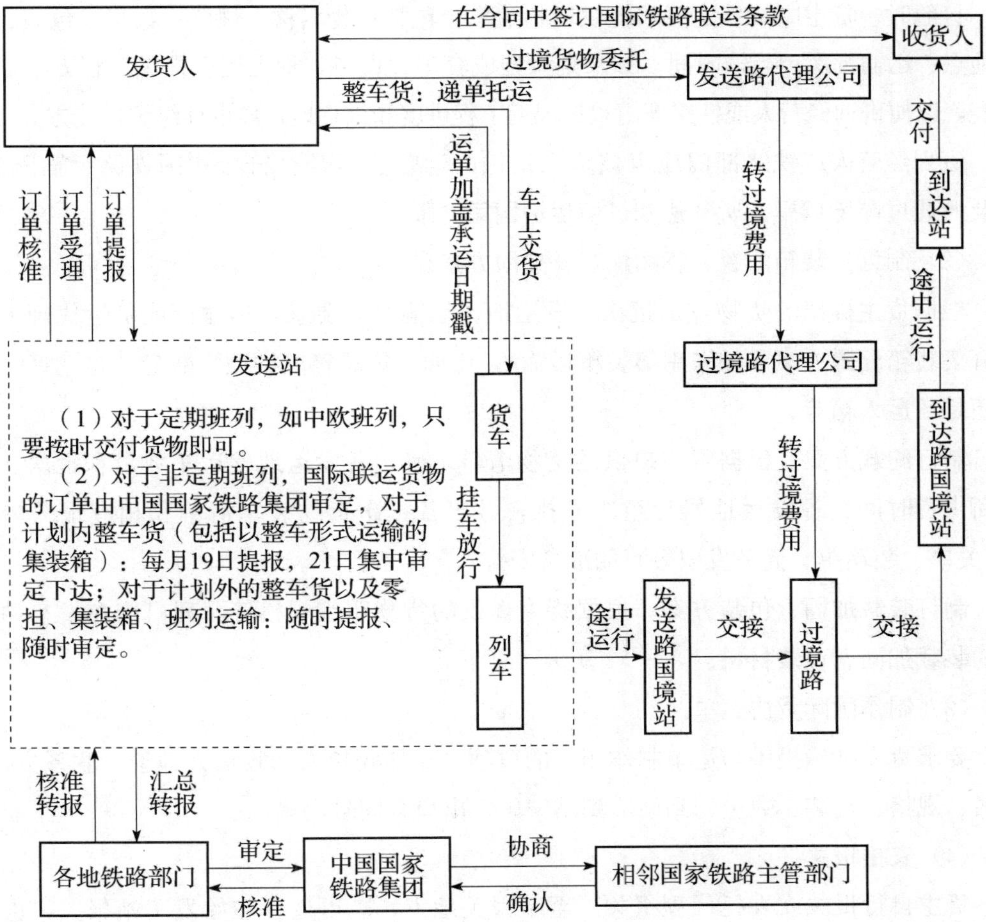

图 5－1　中欧班列出口业务流程图

（一）国际铁路联运出口业务操作流程

1. 发运准备

（1）订舱。

货主可自行或通过代理查询已开通的中欧班列和中亚班列，然后向相关的班列经营人订舱；如果没有合适的班列，则通过铁路订舱管理系统，提报国际联运计划，待中国国家铁路集团与国外铁路部门商定批准后执行。一般情况下，普通货物应提前10日左右提报，超限、超长、超重、危险品货物应提前1个月左右提报。如有特殊要求或工程急需货物运输，须向中国国家铁路集团提报临时加急特批计划的时间。待国际联运商定条件获批，货主就可按规定办理发货事宜。

在订舱前，货主除了需要了解各班列的运营状况外，还需要提前调查发送站、集散站的装卸、储运能力，装车地的短途运输能力和道路情况，以便确定运输交付条件是上门取货还是自行送货等。

订舱时，货主应按规定要求提供货物清单，包括货物名称、规格、数量、包装、采购地点、运输批次、运输时间。如果是大型成套工程设备，货主还应提供工程方案或进度表，以便班列经营人或铁路部门根据现场工程进度和供货地距离设计组织最佳方案。

班列经营人或铁路部门应审核货主提供的运输资料是否符合我国铁路运输限制，以及所通过国境口岸、所到达和过境运输国家的限制。

（2）制订集装箱配置、货物配载及加固方案。

根据货主提出的货物发运批次、发运地、运输时间要求，运输商或货运代理人应制订集装箱配置方案（如采用集装箱运输）。比如，集装箱的类型、数量，是选择自备箱还是承运人箱等。

制订配载方案。根据货主提供的货物清单，确定各发运地发运车数量和批次、供货商供货时间、各发运地发运组织安排，做出各批次货物装车清单和相应报关单据（报关单、装箱单、商务发票等）的准备安排。

制订装载加固、包装方案。根据货主提供的货物明细规格等，列出应在发车站准备的装载加固、包装材料。

（3）制作国际货协运单。

要求货主准确提供与运单制作相关的事项，比如收货人、收货人地址、联系方法、货名、规格、包装、数量、到站、到站编码、出口合同号码等。

（4）安排报关。

货主自行报关或委托代理报关。至于报关地点，既可选择在始发车站报关，也可选择在边境口岸站报关。

2. 发运

（1）按约定发出时间，准备货物短运、上站等工作。

（2）货物报关后，凭编制好的国际货协运单向车站报请日装车计划。车站货运室根据货物情况请上级货运调度批准后，即可配车发运。

（3）装车时，如已报关货物，则须在国际货协运单上加盖海关监管戳记。如不在始发车站报关而在边境口岸站报关，则只须按规则填写运单后，即可发送。由国境站海关报关查验后在国际货协运单上加盖海关监管戳记交接出境。（货物出口后，边境口岸海关返回发车站海关货物出境回执。）

（4）按报请批准的装载加固方案进行装车和加固工作。

（5）需押运的货物准备押运人员，办理押运手续。

（6）装车后交纳运费。车辆应于当日 18 时前开出，车站货运室在第二日将加盖车站戳记的国际货协运单第一联（正本）发还。发车站海关在收到边境口岸海关返回的出境回执后，返回核销单等报关单据。

（7）运输途中货物跟踪。对于比较重要的物资和运输时间要求较紧的货物，货主要求跟踪国内段铁路运输，应及时向货主通报运输信息，包括国内铁路车辆所在地点、是否有事故滞留等。

3. 国境站交接

（1）委托口岸货运代理公司，负责办理口岸交接手续。具体包括到达车辆的车站交接手续，海关须随机查验的货物的卸货、拆箱检验，出口车、箱的检疫和检疫费用交纳，需在口岸报关货物的报关、报检，运输变更申请、进口货物的发运；通知国外段代理接货（应提前通知签有代理协议的境外铁路运输代理公司做好接货的准备，需要换装铁路车辆的货物，安排在接运国口岸站的换装场换装作业）。

（2）对于特殊货物的交接，如鲜活商品，易腐、超重、超限货物，危险品等，则按合同和有关协议的规定，负责具体的交接方法和手续。

（3）如果货主委托在国境站办理出口货物的报关，则要在货物发运前，把内容准确、详细且与货物、运单及其他单证记载相符的报关委托书交付给口岸代理。

（4）需办理商品检验的货物，要向产地检验检疫局办理商品检验手续，以确定品质、规格、重量和体积，并取得商品检验证书或工厂出具的检验证书或商检换证凭条。

（5）对于出境货物包装，应注意尽量不使用或少使用木制包装材料和托架，否则需要由相关部门安排检验检疫，出具熏蒸证明和熏蒸戳记。上述检验和检疫证书，须在发站托运货物时，同运单、报关单一并随车同行，并在国境站由海关凭有关检验部门签发的证书执行监管，查证放行。当然，如在国境站办理商检熏蒸，则要花费更多时间和费用。

（6）货运事故的处理。在国境站换装交接时，如发现货物短少、残损、污染、湿损、被盗等事故，国境站的货运代理人应会同铁路查明原因，分清责任，分别加以处理。提请铁路编制商务记录，并由国境站货运代理人负责协调。

4. 境外运输

（1）根据货物品种、规格和到达国家地区，选择合适的境外运输。在《国际货协》的成员中，必须是在国家主管部门和铁路当局注册的运输公司才能从事外贸和过境运输业务。

（2）办理口岸接货、换装、单据交接等工作。

（3）办理境外各过境国、到达国铁路运费交付。

（4）办理各过境国边境口岸交接及问题协调工作。

（5）境外运输的交货条款通常是到达车站车板交货，即境外铁路不负责卸货事宜。但也可以委托代理负责卸货，只不过费用较高。

（二）国际铁路联运进口业务操作流程

1. 发运前准备工作

国际铁路联运进口货物发运工作，是由国外发货人根据合同规定，向该国铁路部门办理。因此，买方（收货人）与卖方（发货人）在签订贸易合同时，应特别注意以下事项：

（1）收货人唛头须按规定的方法编制，在合同的“收货人”栏内要填写收货人唛头。

（2）货物数量要注意，一张运单的重量和件数应符合《国际货协》的规定，必要时还应订明溢短装条款。

（3）审核货物到达路局和车站的名称，货物数量和品种要符合到站的办理种别。请注意，到站应是中国境内实际到站（如北京东站、上海西站等），而不能填写中国的国境站（如满洲里站、二连站等），否则，按国际货协运单到站满洲里，则认为一票运输截止，应在满洲里车站卸货、清关后，再申请国内运输计划装车发往国内实际到站，接收国铁路原则上不允许在国境站接受货物，而国境站发往国内运输计划十分难申请，会增加很多环节和费用。

（4）合同中明确注明经由国境站。

（5）包装条件须严格按《国际货协》和其他有关规定办理。

（6）对于需要押运的货物，要在合同中具体订明。

（7）对于超限、超长、超重货物，合同中应规定发货人向发送铁路提供必要的资料，商定有关国家铁路同意后发运。

（8）有关运送费用的划分应与《国际货协》的规定相一致。

（9）对于发货人在运单中错填经由口岸、到站、收货人等，从而使收货人遭受经济损失，合同中应规定约束性条款。

2. 国境站的交接与分拨

（1）进口货物的交接程序。

进口货物的交接程序与出口货物的交接程序基本相同。进口国境站有关单位根据货车预报和确报做好检查准备工作，货车到达后铁路会同海关接车，然后两国国境站交接所根据交接单，办理货物和车辆的现场交接，我国进口国境站交接所通过内部联合办公做好单据核放、货物报关验关工作，然后由铁路负责将货物调往换装线，进行换装作业，并按流向编组向国内发运。

（2）进口货物的核放。

进口合同资料是核放货物的依据，也是纠正货运错乱的重要资料。口岸货运代理机构在收到合同资料后，如发现内容不齐全、有错误、字迹不清，应迅速联系有关单位修改更正。进口货物抵达国境站时，货运代理根据合同资料对各种运输单证进行审核，只有单、证、票、货完全相符，才可核放货物。

（3）口岸货运代理的工作。

除负责上述工作外，还要负责进口货物的报关、报检，发运、交纳运费和换装费，并负责进口货物的关税、增值税交纳。

3. 运送工具和空容器的返回

（1）属于发货人的运送工具与空容器。如发货人希望将不属于铁路的运送用具或空容器从到站返还发站，应在运单“对铁路无约束效力的记载”栏内注明运送用具或空容器应予返还。进口国境站海关填发运送用具或空容器返还运送证明书，证明书附在运单上交给收货人。收货人凭该证明书有权从货物到达站之日起 3 个月内返还。返还时应经原经由的国境站出境，运送费用照收。

（2）属于发送路的运送工具与空容器。发货人在发运国际联运货物时，在发送站使用发送路的运送工具（篷布、粮谷挡板、运送牲畜或水果用的车门栅栏、钢丝绳、炉子、铁制拴马棒等）随同货物运往到站或换装站时，发运站应按车辆使用规则格式编制运送工具寄送单随同运送工具直至返还所属路。寄送单号码应在运单“货物名称”栏注明。运送工具仅到达进行货物换装的邻国国境站时，不编制寄送单。

二、国际铁路联运单证业务

1. 国际铁路联运运单的概念与分类

国际铁路联运运单（international through rail waybill）是参加国际铁路联运的发送铁路与发货人之间订立的运输契约，规定了参加国际铁路联运的各国铁路和收发货人的权利及义务，对收发货人和铁路都具有法律约束力。

国际铁路联运运单属于 UCP600 规定的道路、铁路或内河运单的范畴，具有运输合同证明和货物收据的功能，但与海运提单不同，它并不具有物权凭证的功能，不具有流通性。因此，《国际货协》和《国际货约》均明确规定国际铁路联运运单中的收货人一栏必须是记名的。

目前，国际铁路联运运单包括国际货协运单、国际货约运单和国际货约/国际货协运单三种。

（1）国际货协运单（SMGS 运单），是指参加《国际货协》各国（以下简称“货协国”）之间办理国际铁路联运时所使用的货运单据。

此外，新版国际货协运单取消了旧版运单的慢运与快运之分，增加了电子运单。电子运单履行纸质运单的功能，包含与整套纸质运单数据相同的电子数据。

（2）国际货约运单（CIM 运单），是指参加《国际货约》各国（以下简称“货约国”）之间办理国际铁路联运时所使用的货运单据。

（3）国际货约/国际货协运单（CIM/SMGS 运单），是适用《国际货约》和《国际货协》的国家在国际铁路联运中证明《国际货约》和《国际货协》运输合同已缔结的单据。

2. 国际货协运单的构成与流转

二维码 5-1
国际货协运单

旧版国际货协运单由运单正本、运行报单、运单副本、货物交付单、货物到达通知单以及必要份数的补充运行报单组成，新版国际货协运单增加了一张货物接收单。根据新版《国际货协》第 2 章“运单”中的规定，国际货协运单是一整套票据，由带编号的 6 联运单和必要份数的补充运行报单组成，见表 5-2。

表 5-2 国际货协运单的构成、用途及流转程序

	名称	领受人	用途
1	运单正本	收货人	随同货物至到站
2	运行报单	将货物交付收货人的承运人	随同货物至到站
3	货物交付单	将货物交付收货人的承运人	随同货物至到站
4	运单副本	发货人	运输合同缔结后，交给发货人
5	货物接收单	缔约承运人	缔约承运人留存
6	货物到达通知单	收货人	随同货物至到站
无编号	运行报单（补充联）	承运人	给货物运送途中的承运人（将货物交付收货人的承运人除外）

运行报单（补充联）的份数应同参加运送的承运人数量一致（但将货物交给收货人

的承运人除外），是否需要为缔约承运人编制运行报单（补充联），应由缔约承运人确定。

在运单栏目的设置上，新版国际货协运单基本保留了原运单的内容，只是将个别栏目合并，或调整了它们在运单中的位置。2024 年版国际货协运单共有 65 个栏目，其中，第 1～29 个栏目为所有单证正面共同设置的栏目，第 30～34 个栏目是第 3 联（货物交付单）和第 6 联（货物到达通知单）背面共同设置的栏目，第 35 个栏目和第 36 个栏目是第 3 联增设的栏目，第 37～65 个栏目是第 1、2、4、5 联及运行报单（补充联）的背面栏目，用于计算运送费用。这些栏目有的由发货人填写，有的由承运人填写，有的则视由何人办理货物装车或车辆施封，而由发货人或承运人填写。另外，还有一个栏目是由海关或行政机关填写的。

3. 国际铁路联运运单的应用

（1）在《国际货协》参加铁路或适用《国际货协》规定的铁路间的货物运送。

例如，中俄、中亚班列全程采用国际货协运单，并按《国际货协》的规定办理发运与交付手续。

（2）通过货协国的港口向其他国家运送货物。

①铁—铁—海。比如中亚货物由铁路经连云港下海转运至日本。发货人在铁路始发站用国际货协运单办理至过境铁路港口站，然后由发货人或收货人委托在港口站的代理人办理海运至最终目的地。

②海—铁—铁。比如日本货物经海运至大连港，再由铁路转运至中亚。发货人或收货人委托在过境铁路港口站的代理人，以发货人的全权代理人的身份负责填制国际货协运单，将货物发送至最终到达站。

（3）货协国与货约国之间的铁路货物运送。

例如，中欧班列通常属于货协国与货约国之间的铁路货物运送，它可以采用以下两种方式签发运输单据。

①“两单制”——国际货协运单＋国际货约运单。旧版《国际货协》规定，通过参加本协定国家的铁路，向未参加本协定国家的铁路及相反方向的货物运送，若不采用其他国际铁路联运协定，则按各有关路采用的用于这种国际联运的过境运价规程所规定的办法和条件办理。也就是说，发货人在发送路用国际货协运单办理至参加《国际货协》的最后一个过境铁路的出口国境站或进口国境站，由国境站站长或发、收货人委托的代理人办理转发运手续，然后将货物送至最终到站。新版《国际货协》中，对这种国际铁路联运，除规定可使用国际货约或国际货协运单外，并无其他更加明确的规定。

目前，随着国际货运代理业的快速发展，在实际工作中，国境站站长不再负责办理转发运手续，而是由国际货运代理公司完成，并负责其他作业，如接货、报关报检手续、接运车辆的提供、转运票据的填制和运费支付等。

②“一单制”——国际货约/国际货协运单。在货协国与货约国之间进行国际铁路联运时，若发送路和到达路均为《国际货约/国际货协运单指导手册》的参加路，则该货物运送可采用国际货约/国际货协运单办理，这样可避免在两种不同运输方法间办理转运手续，从而节省时间和费用。自2017年5月1日起，经阿拉山口、满洲里、二连浩特、绥芬河、霍尔果斯铁路口岸的中国至欧洲国家及返程方向的集装箱列车，可采用国际货约/国际货协运单办理货物运送，由发货人自愿选择。值得注意的是，使用统一运单时，需要提前提交包含运行径路和货物名称等内容的商定运送申请：对国际货约规定的普通货物和非常规货物（同时包括某些线路区段），分别为不迟于运送开始前的7天和1个月。在参加运送的国际货约承运人审查申请后，转发地点的国际货约承运人将商定号码以及应遵守的特殊条件（如有必要）通知国际货协缔约承运人后，应将商定号码记入运单第64栏“承运人”。显然，因需要不少于7天的提前申请，故统一运单使用较少。

(4) 货协国与未参加《国际货协》或《国际货约》国之间的铁路货物运送。由于未参加《国际货协》或《国际货约》（包括虽未加入，但适用该公约规定）的国家极少，因而此类情况并不常见。

①向未参加《国际货协》或《国际货约》的国家运送货物。发货人采用国际货协运单办理至未参加《国际货协》国的最后一个过境铁路的出口国境站，由国境站站长或发货人或收货人在这些站委托的代理人以发货人的全权代理人身份负责办理转发至最终到达站。

②从未参加《国际货协》或《国际货约》国向货协国运送货物。发货人采用适当的运单办理至参加《国际货协》的第一个过境国的进口国境站的手续，再由该国境站站长或发货人或收货人在这些站委托的代理人以发货人的全权代理人身份负责填制国际货协运单并附原运单，将货物发送至最终到达站。

三、国际铁路联运费收业务

1. 国际铁路联运费用核收

(1) 核收原则（见表5-3）。国内段发生的发送路运送费用、到达路运送费用按我国《铁路货物运价规则》及相关规定计算；国外段发生的发送路运送费用、到达路运送费用分别按发送国和到达国铁路收费标准计算；过境路运送费用则按《国际铁路货物联运统一过境运价规程》（以下简称《统一运价》）计算核收，其中，过境我国的运送费用主要依据《统一运价》和《关于过境中国铁路国际联运货物运送费用核收暂行规定》等相关规定计算。

表 5-3　国际铁路联运费用核收原则

	发送路（货协国）	过境路（统一货价）	到达路（货协国）
适用规章	承运当日发送路国内规章	承运当日的统一货价	加盖日期戳当日到达路国内规章
支付货币	发送国货币	折成核收国货币	到达国货币
支付地	发站	国境站或港口站（由港口接入时）	到站（我国为国境站）
支付人	发货人	发货人	收货人

（2）铁路运送费用的支付人与支付方式。根据 2024 年版《国际货协》的规定，发送费用与过境费用由发货人支付，到达费用由收货人支付，发货人或收货人也可委托承运人认可的代理人支付。显然，上述支付方式将对贸易术语的选择产生重大影响，比如在贸易双方约定 EXW（工厂交货）条款成交的情况下，所有运费均由买方（收货人）支付，但按《国际货协》的上述规定，发货人（卖方）仍有义务向发送站支付发送路的运费，甚至过境路的运费，因此买卖双方在签订贸易合同时应正确处理贸易术语与铁路运输费用支付的关系，以避免一方承担额外的运费。

（3）《国际货协》与《国际货约》铁路间运送费用的核收。对于《国际货协》与《国际货约》铁路间运送费用的核收，除发货人与承运人之间签有特殊协议的外，《国际货约/国际货协运单指导手册》规定按以下方式核收：

①从适用《国际货约》的国家发送时，与《国际货约》运输合同有关的运送费用由发货人支付；如果发货人通过支付人支付运送费用，则发货人应在运单上注明这些支付人。与《国际货协》运输合同有关的运送费用，由收货人支付。

②从适用《国际货协》的国家发送时，与《国际货协》运输合同有关的运送费用由发货人支付；如果发货人通过支付人支付运送费用，则发货人应在运单上注明这些支付人。与《国际货约》运输合同有关的运送费用，由收货人支付。

（4）相关运费结算规则或惯例。

①货主（托运人）与班列运营平台公司结算惯例。全程运费由班列运营平台公司垫付，然后按一定结算周期向货主（托运人）收取。国内货主一般是在班列开出后的一至两周内支付全程费用；国外货主则是在班列开出时就支付全程费用。

②班列运营平台公司与铁路运输公司结算惯例。国内段要求在托运起票时支付铁路运费；境外段要求在提报运输计划时即支付相应运费。须指出的是，签订协议运价合同的，在提报运输计划及起票时，按协议运价费率执行，在全年货运量完成后，再依合同规定，对运费进行“减成”或“追加”。

此外，不同区段运费结算的货币不同，境内段是以人民币支付，宽轨段是以美元支付，欧洲段是以欧元或美元支付。

2. 国际铁路联运国内段的运费计算

（1）运费计算：货物适用的发到基价，加上运行基价与货物的运价里程的乘积，再与计费重量（集装箱为箱数）相乘，算出运费。国际联运货物运价里程还应加上国境站到国境线零公里处的里程。

运费＝(发到基价＋运行基价×运价里程<国境>)×计费重量

（2）铁路建设基金＝铁路建设基金费率×计费重量×运价里程。

（3）电气化附加费＝电气化附加费费率×计费重量×通过铁路电气化区段里程。

（4）印花税：以每张货票计算，按运费的万分之五核收，不足一角免收，超过一角实收。

（5）特殊运价区段运费。

根据国家规定，部分正式铁路营业线执行单独核收特殊运价，有些地方铁路、合资铁路与国家铁路办理直通运输，其单独特殊运价也合并收取。如经过铁路特殊运价区段，则应计算特定区段运价加上正常运费。铁路特殊运价区段里程应从运输总里程中扣除。

（6）铁路营运杂费：包括运单表格费、长大货车使用费、篷布使用费、集装箱使用费、机车作业费等。按规定项目和标准，计算出发生的杂费。

（7）国际联运杂费。

以上各项费用相加，就可得出全部运输费用。

【实例1】 上海某外贸公司出口俄罗斯一批家用电器，共250件，100立方米，装运一辆P62型铁路棚车，使用国际铁路联运方式运往俄罗斯莫斯科巴威列茨卡娅货站。发送站：上海铁路局杨浦站。境外运输代理是俄罗斯TSES货运公司。

现将上海杨浦到满洲里运费计算如下：

路程：杨浦—满洲里（境）全程3 343千米，计费里程：3 343千米。

运行径路：杨浦—无锡北—蚌埠东—徐州北—磁窑—南仓—秦皇岛—锦州—通辽—三间房—满洲里。其中电气化路段1 627千米，国境里程：10千米（满洲里车站至国境线零千米）。

使用车型：P62型铁路棚车，标记载重60吨。

货名：家用电器。

运价号：6号。

运价率：基价Ⅰ：14.60元/吨；基价Ⅱ：0.078 4元/吨千米；电气化附加费：0.012元/吨千米；铁建基金：0.033元/吨千米。

运费计算如下：

①基本运费：14.60×60+0.078 4×60×3 343=16 601.5 元

②铁路建设基金：0.033×60×3 343=6 619.1 元

③电气化附加费：0.012×60×1 627=1 171.4 元

④特殊运价区段运费：0 元。

⑤印花税：8.3 元。

费用合计：24 400.3 元。

第三节 中欧班列物流

一、中欧班列概述

1. 中欧班列的概念与特点

中欧班列是指按照固定车次、线路、班期开行的，往来于中国与欧洲以及共建“一带一路”国家的集装箱国际铁路联运班列。

中欧班列涉及“中欧”“集装箱”“班列”“国际铁路联运”四个关键词。

(1) 中欧班列具有特定的服务区域：欧洲以及共建“一带一路”国家。

中欧班列以服务欧洲国家为主，但并非仅限于此，它也服务于共建“一带一路”国家。也就是说，中欧班列服务区域主要包括欧盟、俄罗斯、中亚、中东、东南亚等国家。

(2) 中欧班列是特殊的货运班列——中欧集装箱国际班列。

狭义上的班列，是指在固定发到站间，有固定的车次和运行线、明确的开行周期和运行时刻，按客车化模式组织开行的列车。班列的核心要素是纳入中国国家铁路集团（简称国铁集团）的“列车运行图”，只有纳入“列车运行图”，列车在铁路部门才能被称作班列，也叫“图定班列”。

二维码 5-2 中欧、中亚班列开行周期表

广义上的班列，是将虽然没有纳入“列车运行图”，但是以“点对点”模式开行的货运列车也统称为班列，为与图定班列相区别，也称之为不定期班列。由国内铁路站点发出，经铁路口岸出境，到达国外的跨国班列就是国际班列，如各个城市的中欧班列、“蓉欧+”班列、南向班列等都可以被称为国际班列。

有别于一般的货运班列，中欧班列是以集装箱为载体，横跨中欧的国际集装箱班

列，而且以开设定点（装车地点）、定线（固定运行线）、定车次、定时（固定到发时间）、定价（运输价格）的“五定”班列，即图定班列为主。

（3）中欧班列是特殊的国际铁路联运——中欧集装箱国际铁路联运。中欧班列作为特殊的国际铁路联运，既具备国际铁路联运的特征，又在载体（以集装箱为载体）、组织形式（以班列为组织形式）、运行区间（中欧之间）三个方面有别于一般的国际铁路联运，具有更加高效的特点。

2. 中欧班列基本格局

目前，中欧班列已经形成以“一大品牌、二大陆桥、三大通道、四大口岸、五个方向、六大线路”为特点的基本格局。

（1）一大品牌。中欧班列运距短、速度快、安全性高，具有安全快捷、绿色环保、受自然环境影响小等综合优势，已成为国际物流领域最著名的品牌。

（2）二大陆桥。大陆桥运输本质上是海-陆-海多式联运，其中“陆运”部分以大陆桥为载体，采用的组织方式为国际铁路联运。换言之，作为特殊的国际铁路联运，中欧班列主要依托于西伯利亚大陆桥和新亚欧大陆桥两大陆桥。

①西伯利亚大陆桥。也称亚欧第一大陆桥，全长 13 000 千米，东起俄罗斯东方港，西至俄芬（芬兰）、俄白（白俄罗斯）、俄乌（乌克兰）和俄哈（哈萨克斯坦）边界，过境欧洲和中亚一些国家。与全海运相比，这条大陆桥运输线具有三个明显的优点：第一，运输距离缩短。从远东到西欧，经西伯利亚大陆桥的路程是 13 000 千米，比绕道非洲好望角的航程缩短约 1/2，比经苏伊士运河的航程亦可缩短 1/3。第二，途中运行时间减少。西伯利亚大陆桥在过境时间上有优势，而且与多个港口和多条铁路干线相连，运输潜力巨大。途经西伯利亚大陆桥的集装箱运输，一般比全程海运要缩短 15～35 天。第三，运输成本降低。在一般情况下，其运输成本比全程海运要少 20%～30%。当然，这条大陆桥运输线亦有局限性。例如，冬季严寒，运输能力受到影响；来回运量不平衡；西向长度大于东向长度的 2 倍；前苏联地区使用宽轨铁路，必须换轨才能进入欧洲其他各国。

②新亚欧大陆桥。新亚欧大陆桥全长 10 900 千米；在中国境内长 4 131 千米，占 1/3 多，东端直接与东亚及东南亚诸国相连，进而与美洲西海岸相通。与西伯利亚大陆桥相比，新亚欧大陆桥具有地理位置和气候条件优越、运输距离短、腹地广大、对亚太地区吸引力更大等优势，但同时也面临沿线过境国较多、相关国家铁路场站能力不足、效率低等挑战。

（3）三大通道。包括西通道、中通道和东通道。

①西通道，主要吸引西南、西北、华中、华北、华东等地区进出口货源，经陇海、兰新线在新疆阿拉山口（霍尔果斯）铁路口岸与哈萨克斯坦、俄罗斯铁路相连，途经

白俄罗斯、波兰等国铁路，通达欧洲其他各国。依托新亚欧大陆桥，可进一步形成北、中、南三线接上欧洲铁路网通往欧洲。北线，由哈萨克斯坦阿克套北上与西伯利亚大铁路接轨，经俄罗斯、白俄罗斯、波兰通往西欧及北欧诸国；中线，由哈萨克斯坦经俄罗斯、乌克兰、斯洛伐克、匈牙利、奥地利、瑞士、德国、法国至英吉利海峡港口转海运，或由哈萨克斯坦阿克套南下，沿吉尔吉斯斯坦边境经乌兹别克斯坦塔什干及土库曼斯坦阿什哈巴德西行至克拉斯诺沃茨克，过里海到达阿塞拜疆的巴库，再经格鲁吉亚第比利斯及波季港，越黑海至保加利亚的瓦尔纳，并经鲁塞进入罗马尼亚、匈牙利，通往中欧诸国；南线，由土库曼斯坦阿什哈巴德向南入伊朗，至马什哈德折向西，经德黑兰、大不里士入土耳其，过博斯普鲁斯海峡，经保加利亚通往中欧、西欧及南欧诸国。

②中通道，主要吸引华北、华中、华南等地区，经京广、集二等铁路干线运输的货物。由内蒙古二连浩特口岸出境，途经蒙古国与俄罗斯西伯利亚铁路相连，通达欧洲其他各国。

③东通道，主要吸引东北、华东、华中等地区，经京沪、哈大等铁路干线运输的货物。由内蒙古满洲里（黑龙江绥芬河）口岸出境，接入俄罗斯西伯利亚铁路，通达欧洲各国。

经由西伯利亚大陆桥的运输中通道、东通道，可进一步采用三种方式通往欧洲：第一，铁—铁（transrail）方式。该联运路线的边境站有鲁瑞卡（去芬兰）、布列斯特（去波兰、德国）、乔普（去匈牙利、捷克、斯洛伐克、南斯拉夫、意大利、奥地利、瑞士）、温格内（去罗马尼亚、保加利亚）、朱尔法（去伊朗）。第二，铁—海（transea）方式。该联运路线欧洲的主要港口有圣彼得堡（去荷兰、比利时、德国和美国）、塔林（去芬兰、瑞典、丹麦和挪威）、里加（去法国、英国）、日丹诺夫（去意大利、希腊、土耳其、西班牙和法国地中海沿岸各港）。第三，铁—卡（tracons）方式。该联运路线可运至布列斯特附近的奥托布列斯特，再用卡车将货运至德国、瑞士、奥地利等国。

此外，目前也开通了中国至东南亚、南亚、印度洋方向的新通道。比如，从浙江义乌出发经由广西凭祥铁路口岸出境，驶往越南首都河内，联通了中欧班列南向对接东盟的通道。

（4）四大口岸。包括阿拉山口、满洲里、二连浩特、霍尔果斯。其中，阿拉山口是班列出入量最大的口岸，其次是满洲里，二连浩特居第三位，霍尔果斯承接的班列数也在逐步增长。

（5）五个方向。是指发往欧盟、俄罗斯、中亚、中东、东南亚等五大方向。其中，欧盟、俄罗斯、中亚是中欧班列最为集中的地区和国家，中东、东南亚仅有少量班列线路。

（6）六大线路。是指重庆、郑州、成都、西安、武汉、苏州等地开行的六大线路，它们在规模、货源组织以及运营稳定性等方面的表现较为突出。

二、中欧班列运营组织

中欧班列运营组织的关键要素包含运营主体、运营线路、运输价格、货源组织、箱源组织、货运组织六大类。

1. 运营主体

中欧班列涉及三大主体：一是铁路承运人，即各国铁路局，负责铁路运输实际运营；二是铁路货运场站经营人，即各国铁路货运场站企业，负责铁路场站具体业务作业；三是铁路班列运营人，也称班列平台公司，主要负责中欧班列运营，包括国际线路制定与开发、境外货运代理洽谈、班列价格制定、与铁路局的计划对接等。

在实践中，铁路货运场站经营人与铁路班列运营人可以是同一家企业，也可以是独立的两家企业。

（1）铁路班列经营人的法律地位。旧版《国际货协》并未提及“承运人、合同承运人、接续承运人”的概念，其对应术语是“各参加路和适用路”。现因有些国家已实行“网运分离”，即铁路基础设施网络与运输设备与工具已并非归属于一家企业，为此，2024 年的新版《国际货协》明确了“承运人”概念，并将其分为“合同承运人”和“接续承运人”。

①合同承运人和接续承运人。新版《国际货协》规定：承运人是指参加货物运送（包括在国际铁路—轮渡联运水运区段）的合同承运人和所有接续承运人。其中，合同承运人是指根据协定同发货人签订运输合同的承运人；接续承运人是指从合同承运人或其他接续承运人处接运货物，以继续运送并加入运输合同（由合同承运人缔结）的承运人。

值得注意的是，《国际货约》界定了实际承运人的概念。实际承运人是指未与发货人签订运输合同，但承担部分和全部铁路运送的承运人。显然，对比《国际货约》中的实际承运人与新版《国际货协》中的接续承运人，可以发现它们是同一概念，即接受合同承运人或其他接续承运人的委托，从事实际铁路运输的人。

②班列平台公司。目前中欧班列均由各地组建的班列平台公司负责货源的组织与管理，而国铁集团仅负责中欧班列的实际运输工作。可见，班列平台公司（班列经营人）是合同承运人，而国铁集团及其他国家铁路部门则是实际承运人或接续承运人。

二维码 5-3
中欧班列
平台公司的特点

在实践中，铁路货运班列既可以由铁路运输企业自己经营，也可以由班列经营人包租经营。

（2）中欧班列平台公司的分类。表 5-4 显示了中欧班列平台公司的分类。

表 5-4　中欧班列平台公司的分类

分类视角	主体类别简称	主要含义	示例
平台公司属性及背景	地方国企主导	地方政府支持下的地方运营平台	郑欧、蓉欧
	铁路与地方联合主导	铁路系统内部构建的运营平台	中铁多联
	民营主导	民营企业自负盈亏	义乌天盟
平台公司资产规模	轻资产运营	资产及业务规模较小	安徽新亚欧
	重资产运营	资产及业务规模较大	郑州陆港
铁路代理及组织方式	全程自主	境内外均分段合作	渝新欧早期实践
	境内委托＋境外自主	境内委托中铁多联、境外分段合作	郑欧部分线路
	境内自主＋境外委托	境内与地方路局、境外委托德铁或俄铁	蓉欧部分线路、长安号
	全程委托	均委托中铁多联	义新欧部分线路

①按运营主体的性质分类。

一是国有或国有控股企业参与成立班列平台公司，如汉欧公司是武汉市属国资企业武汉新港建设投资开发集团有限公司的全资子公司。郑新欧运营方郑州国际陆港开发建设有限公司，是郑州经济技术开发区管理委员会和河南物资集团公司共同投资组建的合资公司。

二是由国铁集团和地方政府联合沿线主要国家铁路公司组建合资平台公司，如渝新欧公司是由中国国铁集团、俄铁、哈铁、德铁及重庆交通运输控股（集团）有限公司合资组建的。这一组织形式有利于带动沿线各国的积极性。

三是民营企业自主开发和主导的平台公司，目前仅有义乌的中欧班列由义乌市天盟实业投资有限公司负责运营。

此外，国铁集团下属的中铁集装箱运输有限责任公司（简称“中铁集”）代表国铁集团作为中欧班列全程经营和服务平台。

②按是否独立组织运输分类。

一是班列平台公司全程负责运输组织工作；二是班列平台公司全程委托中铁集负责运输组织工作；三是班列平台公司负责国内段运输组织工作，由国际物流商负责国外段运输组织工作；四是班列平台公司委托中铁集负责国内段运输组织工作，由国际物流商负责国外段运输组织工作；五是中铁集代表国铁集团，直接接受货主委托，全程负责运输组织工作。

目前，采用第四种方案的较为常见，其原因在于，首先，中铁集担负着国铁集团中欧班列全程经营和服务平台的角色，各地平台公司委托中铁集负责国内段运输组织工作，可以更有效地与国内铁路部门沟通与对接；其次，由于国外段并非中铁集所控制的范围，或许是相比国外代理公司，中铁集缺乏竞争力，因而，对国外段中欧班列业务，各平台公司大多委托国外代理公司全权处理。

2. 运营线路

科学设计始发站至到达站及沿途经过的主要城市构成的铁路运行线路，将直接影响班列的开行价格和辐射市场。因此，对于班列平台公司而言，优化运营线路至关重要。

3. 运输价格

运输价格包括实际成本价格和对外销售价格。实践中，各地平台公司开行的班列实际成本价格通常高于对外销售价格。一方面是因为需要平衡与海运的价格差距，从而吸引原本的海运货源转向铁路运输；另一方面是各地政府为了吸引货源到自己的城市发运而逐步开展了价格战。也就是说，目前中欧班列的有效运营仍需要依托大量的政府财政补贴政策。

4. 货源组织

货源组织是班列开行的核心。能否组织足够的货源支持班列的常态化开行，对于班列开行有着决定性作用。目前，中欧班列运送货物已由开行初期的手机、电脑等 IT 产品，逐步增加到服装鞋帽、汽车及配件、粮食、葡萄酒、咖啡豆、木材、家具、化工品、机械设备等品类；此外，还包括跨境电商、快件、邮件等。

5. 箱源组织

一是铁路箱（COC）。由各国铁路公司管理，比如，我国国铁集团委托中铁集负责铁路系统集装箱的堆存、调用等管理。

二是非铁路箱（SOC）。一般由集装箱堆场设立或委托的箱源管理中心进行管理。它们管理的集装箱基本都是社会集装箱，包含国际货代的自备集装箱、社会租箱公司的集装箱以及企业的自备箱等。此外，箱源管理中心还可作为国际班列开行的集装箱提还箱点为中欧班列开行提供服务。

6. 货运组织

货运组织，既包括中欧班列的组织工作，也包括班列平台公司开展门到站、站到门的道路短驳配送组织工作。

（1）开行列数。目前大体分为三个阵营。

第一阵营：常态化开行且密度合理，可保证每天到发一列，年运行 300 列以上。

第二阵营：具备了常态化的要素，每周能够开行至少一列。

第三阵营：开行密度不高，稳定性不高，走走停停，时好时坏。

目前，属于第一阵营的中欧班列所在城市还不到 10 个，主要为渝新欧（重庆—杜伊斯堡）、蓉欧快线（成都—罗兹）、郑欧（郑州—汉堡）、苏满欧（苏州—华沙）、汉新欧（武汉—捷克、波兰）、湘欧快线（长沙—杜伊斯堡）、义新欧（义乌—马德里）、哈欧（哈尔滨—俄罗斯、汉堡）和沈满欧（沈阳—汉堡）等班列。

（2）编组数量。集装箱班列的编组数量，由班列运行区段的牵引定数和班列挂靠车站到发线有效长度决定。日本等国家因国土面积比较小，集装箱直达列车开行特点是牵引重量不大、编组不长、以提高速度为主，如日本铁路，集装箱直达列车的编组数为 24 辆或 26 辆，牵引重量分别为 1 200 吨和 1 300 吨，运行速度达 110 千米/时；美国、加拿大等北美国家国土面积比较大，主要开行以重载为特征的双层集装箱直达列车，由 20 辆五节式双层集装箱车编成的列车总长度达 1 609 米，牵引重量达 6 000 吨，能装 200 个 40 英尺集装箱。美国集装箱办理站装卸线有效长度为 1 610 米。双层集装箱列车通常有两种编组方式：一种是每列车为 20 个单元，每一单元由 5 辆关节式凹底双层平车构成；一种是由载重 113 吨的凹底平车来装运双层集装箱，一般由 4 台机车牵引，列车总重近万吨，使双层集装箱运输进入了重载运输的领域。

为使运行较为灵活，美国、英国铁路通常采取固定编排的定期直达列车，通常以五个专用车厢为一组（car），形成五联车（5-well double stack car）（见图 5-2），“甩”和“挂”均以一组为单位，既可灵活运用运力，又不影响直达的速度和准时性。

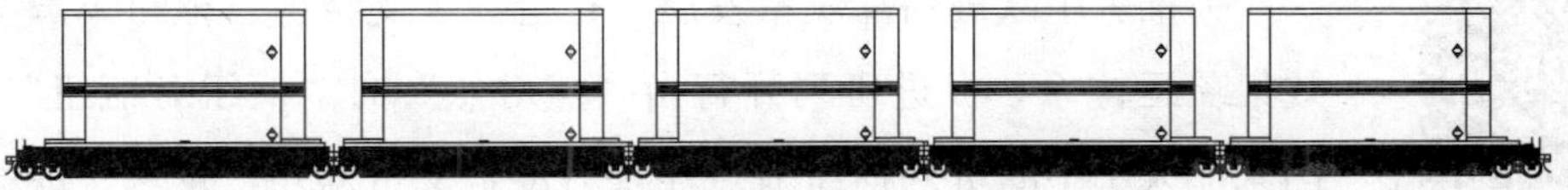

图 5-2 五联双层集装箱专用车示意图

目前，根据欧盟的标准，中欧班列编组数量不能超过 41 辆，换长不超 52.0，总重不超 2 500 吨。因此，中国与欧盟之间的班列不得超过 41 辆（即 41 个 40 英尺集装箱或 82 个 20 英尺集装箱）。另外，中俄、中亚班列编组数量则有所不同。中国境内的班列编组数量约为 50 辆（载 50 个 40 英尺集装箱），俄罗斯境内的班列编组数量约为 65 辆（载 65 个 40 英尺集装箱），因此，往往需要在边境口岸进行拼箱，以达到俄方规定数量，这已经成为影响各中欧班列运输时间的瓶颈问题。

（3）组织模式。

①按公共与定制化分类。

公共班列。即定时定点开行的班列，特点是价格优惠、集拼集运。

精品班列。根据客户对时效、质量的个性化需求开行班列，特点是快速直达、时效精准。

定制班列。根据特定的货物品类专属定制的班列，如平行进口车、肉类进口、木材进口等，特点是个性化服务、量大优惠。

②按直发与非直发分类。

直发班列。在始发城市进行集装箱业务办理的中欧班列，开行过程中不经补轴直接到达欧洲到站。

集结班列。中欧班列各箱流在国内不同始发城市进行办理，随后集结至规模较大的集结中心，汇集成列开往欧洲到站。比如，通过两到三节挂车运输，到达乌鲁木齐集结编组。

阶梯式班列。始发城市开行中欧班列行至中途其他一个或若干个城市补轴后，继续开往欧洲到站。比如，如果一列货车开行时达不到 41 节，可以先开出，从南疆或东疆到乌鲁木齐，再到口岸沿途，在不同的车站进行阶梯式编组，逐渐增加，最终到达口岸时形成完整的班列。

内外贸集并班列。加挂 46 个集装箱，其中 5 个集装箱是内地至新疆的内贸箱，其余 41 个是外贸箱。

二维码 5-4 中欧班列枢纽节点

“三并二”集并班列。在宽轨段（俄铁、哈铁等），每列最多可装载 72 个柜，而在中国被限制装 41 个柜，则费时、耗力、更折腾。

为推进中欧班列高质量发展，打造“干支结合、枢纽集散”的高效集疏运体系，促进班列开行由“点对点”向“枢纽对枢纽”转变，国家加大了中欧班列枢纽节点建设力度，支持郑州、重庆、成都、西安、乌鲁木齐五个城市开展中欧班列集结中心示范工程建设。

二维码 5-5 中欧班列开展跨境电商与邮件服务

③按发送通关的快慢分类。目前，中欧班列以承运普通进出口货物为主，但已有不少中欧班列开展跨境电商、快件、邮件的运输业务。

三、中欧班列单证业务

1. 中欧班列使用的运输单证

在中欧班列实践中，依据运输单证使用多少，可分为单轨制和双轨制两种形式。

（1）单轨制。全程采用铁路部门签发的国际铁路联运运单。

（2）双轨制。全程采用班列平台公司签发的运输单证＋铁路部门签发的国际铁路联运运单。

至于国际铁路联运运单，如前所述，根据中欧班列途经国家与地区，具体分为全程使用国际货协运单、国际货约运单、国际货约/国际货协运单三种情形。

2. 铁路运单物权化

2017 年 4 月，成都国际铁路港开始探索用班列运单解决中小外贸企业的融资难问题，首次尝试把海运提单的物权属性嫁接到班列运单上，拓展班列运单的基本功能。通过物权属性契约化、承运人全程控货、一单到底等制度设计，成功实现铁路运单的物权化改革，这一举措被纳入 2018 年国务院深化自由贸易试验区改革创新的 53 条措施中。在商务部的协助下，成都国际铁路港全面总结、梳理改革经验，形成了一套统一、成熟的制度规范，实现了从运单到提单的重大升维。成都创新模式的主要特点有三：通过当事人之间的契约设计，成功嫁接、移植了海运提单的物权属性；通过承运人全程控货及目的站正本提单放货的约定，实现了提单的流转功能；通过将正本提单质押给第三方开证机构或担保机构，破解了买方的融资难题，保障了开证机构的权益。然而，班列提单面临的最大难题，即中欧班列提单改革最大的困境是尚未获得法律支持。缘于《中华人民共和国民法典》物权法定原则的限制，班列提单当事人通过多方契约固定物权属性的变通做法，对提单善意购买方可能无效。换言之，第三方开证机构通过质押合同所持有的提单，在买方未能付款赎单时将其转让给其他购买人的行为很可能无效。

二维码 5－6
铁路提单

四、中欧班列费收业务

1. 中欧班列定价机制

（1）中欧班列实行“量价捆绑”的协议运价机制。

一是境内段。参与协议运价合同谈判的主体是中铁国际多式联运有限公司和地方班列平台公司，境内段的运价优惠幅度按不同运量规模等级来划定。

二是境外段。由国内平台公司分别与境外相应的铁路运输线路代理商谈判确定运价。其中，途经阿拉山口的班列公司多与德国铁路股份公司（Deutsche Bahn AG，DB）旗下的跨欧亚物流公司（TEL）合作，途经满洲里的班列公司多与俄罗斯铁路集团旗下的东方路桥公司合作。

（2）定价机制受各国铁路管理体制的影响。

在国内，我国铁路实行网运合一、独家经营，因而实行国家统一定价。

在国外，国外铁路大多实行网运分离，铁路运输服务向市场开放，由不同经营主体负责提供相关货运服务，因此，其价格需要谈判确定，相互差别较大。比如，中国段 40 英尺集装箱的每箱每公里的运价为 0.7～0.8 美元，哈萨克斯坦段为 0.5 美元，俄罗斯段为 1.2～1.3 美元；波兰到德国段的运费执行欧盟运费标准，每箱每公里的运价为 1.40 美元。此外，欧盟地区的人工和管理费用均比中国高很多。

目前，各中欧班列线路的运价未能统一，各班列各自为政，致使中铁提出的建立统一的“量价捆绑”优惠打折机制尚未得到充分实施。由于各中欧班列分别与境外铁路运营方谈判，洽谈通行费，因此很难获得国际段运费和通关的优惠及便利。例如，俄铁为了充分利用西伯利亚大陆桥，对从不同口岸入境的中欧班列实行不同价格，阿拉山口与满洲里口岸的中欧班列入境运输价格分别为0.7美元/箱·公里（指长度为40英尺的集装箱）和0.4美元/箱·公里。

（3）中铁集的“量价捆绑价格方案”。

中铁集作为中铁多联的母公司，根据委托代理方式类别，对各地班列运营平台采取两种运价方案：一是国内段与宽轨段联动操作；二是不联动操作，国内段运价相对高于前者。

2. 中欧班列运费构成

中欧班列运费由发送路运费、到达路运费和过境路运费三部分构成。

（1）发送路运费。

运费：发到站服务费和运输费用。

杂费：根据实际操作情况，收取相关作业服务的杂费、附加费等（比如，换装费、集装箱使用费、堆存费、两端配送费等）。

（2）到达路运费。

运费：基础设施服务费和车辆使用费。基础设施服务费是铁路货运公司租用国家铁路基础设施及设备的费用，比如购买线路运行时刻资源，使用国家铁路的机车牵引服务等；车辆使用费则一般分为铁路货运公司车辆使用费和国家铁路车辆使用费两大类，涉及车辆回空的，包含回空运输费用。

杂费：根据实际操作情况，收取相关作业服务的杂费、附加费等。

（3）过境路运费。

同样包括运费及杂费，目前在《统一货价》确定的运价基础上给予一定优惠。

根据各班列运行线路公布的运价水平，宽轨段的去程平均运价水平大多为0.69美元/箱·公里，经二连浩特和满洲里出境利用西伯利亚大陆桥的运价较低，约为0.4美元/箱·公里；欧盟段的去程平均运价水平差异较大，根据不同线路走向，从0.7美元/箱·公里至3.42美元/箱·公里不等，高运价率的区段一般是运输里程较短、固定费用分摊较多所致。国内段的去程平均运价水平约在0.6美元/箱·公里，回程平均运价水平约在0.55美元/箱·公里。

同时也可能会产生空箱成本。由于没有返程运输货物（或者说没有人补贴返程运费），所以集装箱只能在当地低价销售，造成运输成本增加。目前，各地发运所使用的集装箱基本是海运二手箱。在重庆，一个二手箱的价格为1 500美元，到了德国后只能按废箱价格（约200美元）卖出，从而产生了1 000多美元的箱成本。如果可以使用空箱往返，从理论上说可以节约一些集装箱成本。不过，由于欧洲各国对集装箱箱况的要求比较高，而国内去程基本使用二手箱，这些二手箱的箱况无法满足欧洲的要求，所以一般还是在欧洲采购集装箱用作回程，因而其运输成本更高。

此外，依赖于地方政府补贴，各中欧班列线路的总运价不尽相同。目前，政府补贴是绝大部分中欧班列开行的必要条件。为了保证运行和吸引货物，各地方政府都出台了补贴方案，规定超出海运价格的成本由政府补贴，补贴至少为 2 000～3 000 美元/箱。由于各地对中欧班列的财政补贴力度不同，其货运运费也不尽相同。例如，一个 40 英尺集装箱的运行成本大概为 1 万美元，郑欧班列的价格仅为 3 000～6 800 美元，而成都和重庆的站到站价格也只有 7 000～9 000 美元。郑州除参照海运价格对中欧班列进行财政补贴外，还对 1 500 千米以内货源地的货物实行免费集结；武汉补贴了铁路运价的 60%～70%。

渝新欧班列从重庆出发，经西安、兰州、乌鲁木齐，向西过北疆铁路，到达边境口岸阿拉山口，进入哈萨克斯坦，再经俄罗斯、白俄罗斯、波兰，至德国的杜伊斯堡，全长 11 179 千米，见表 5-5。

表 5-5　渝新欧班列

途经主要站点	过境	运输时间（小时）	距离（千米）
重庆—阿拉山口	中国	100	3 777
阿拉山口—多斯特克	转关或换轨	64	0
多斯特克—伊列茨克	哈萨克斯坦	74	3 412
伊列茨克—克拉斯诺耶	俄罗斯	54	1 497
克拉斯诺耶—布列斯特	白俄罗斯	20	587
布列斯特—马拉舍维奇	转关或换轨	44	0
马拉舍维奇—杜伊斯堡	欧盟	36	1 906
总计		392	11 179

在渝新欧班列正式开通前，重庆及周边产品主要是依靠铁—海联运、江—海联运以及航空运往欧洲。从时间上看，渝新欧班列为 16 天左右，比铁—海联运要节约 20 多天，运价仅为航空运价的 1/4，但与海运相比，渝新欧班列在时间上有优势，而在价格上并无优势。

重庆地处内陆，为了打破地理上的界限，重庆政府提出了"一江两翼三洋"的国际物流通道战略。一江是指长江，也就是从重庆走水运到上海，再从上海跨太平洋经海运到西欧，全程 22 000 千米，耗时 40 天；两翼中的西南翼就是指渝新欧班列，从重庆到乌鲁木齐，经大陆桥直通大西洋至西欧，全程 11 197 千米，耗时 16 天；而西北翼是指从重庆到云南瑞丽再到东盟，走印度洋出海，全程 20 000 千米，耗时 30 天。

当前重庆到欧洲已开通了5条运输路线：重庆—深圳—欧洲的铁—海联运；重庆—比利时的航空运输；渝新欧班列；上海—重庆—莫斯科—卢森堡的航空运输；重庆—上海—欧洲的铁—海联运。表5-6显示了不同运输方案的运行时间与运价情况。

表5-6　不同运输方式的运行时间与运价情况

运输方式	路线	时间（天）					
航空运输	重庆—欧洲	1			35元/千克		
铁—海联运	重庆—深圳—欧洲	重庆—深圳	货物停留	深圳—欧洲	重庆—深圳	深圳—欧洲	合计
		2.2	2	24.8	1 700元/FEU	21 384元/FEU	23 084元/FEU
	重庆—上海—欧洲	重庆—上海	货物停留	上海—欧洲	重庆—上海	上海—欧洲	合计
		8	2	25	1 688元/FEU	22 701元/FEU	24 389元/FEU
渝新欧班列	重庆—欧洲	16			55 975元/FEU		

以宏碁笔记本电脑为例，资料显示，2011年重庆制造的宏碁笔记本电脑大约有250万台出口欧洲，价格平均为3 600元/台，包含国际运输成本在内的每台毛利润为200元。下面以一台宏碁笔记本电脑为基础计算相对成本。

一个40英尺高柜（HC）的容积约为50立方米；每个笔记本电脑包装的体积为0.033立方米，且每台宏碁笔记本电脑的重量约为4.5千克。因此，每个集装箱的运输量为：

$$50/0.033=1\,515\text{ 台}$$

空运总费用为：

$$35\times4.5\times1\,515=238\,612.5\text{ 元}$$

目前，渝新欧班列的运价为0.86美元/箱·公里，据此，可计算一个40英尺集装箱的运价=0.86×11 179=9 613.94美元/箱。而从上海、广州通过海运到达欧洲，一个40英尺集装箱的运价大概为5 000美元/箱，运送时间为45天左右。显然，由于现在渝新欧班列运送的大多为电子产品，每箱货的价值为80万～100万美元，渝新欧班列的运行时间比海运节省20天，而80万美元20天的利息也达2 000～3 000美元，因此，与海运相比，虽然渝新欧班列的运价贵一些，但它可节省时间、加快资金周转、减少利息成本，这一点在信息技术等高附加值产品上体现得更明显。

综上所述，若一个40英尺集装箱的货值超过200万元人民币，就可以选择渝新欧班列；若货值低于200万元人民币，就应该选择海上运输；当然，如果货值更高或者急于交付，则应选择航空运输方式。

综合练习

一、不定项选择题

1. 国际铁路联运的特点是（　　）。

A. 一种方式　　B. 中途无换装作业

C. 两种方式　　D. 中途须换装作业

2. 沈阳经满洲里至莫斯科的中欧班列所使用的运输单据是（　　）。

A. 国际货协运单　　B. 国际货约运单

C. 国际货协运单+国际货约运单　　D. 统一运单

3. 按规定，中国与欧盟之间的班列不得超过（　　）。

A. 40 辆　　B. 41 辆　　C. 42 辆　　D. 43 辆

4. 中欧班列适用于（　　）。

A. 整车货物　　B. 零担货物　　C. 集装箱货物　　D. 超长超重货物

5. 我国经由西伯利亚大陆桥出口的货物，可选择的出口铁路国境站是（　　）车站。

A. 满洲里　　B. 二连浩特　　C. 阿拉山口　　D. 绥芬河

二、是非题

1. 中欧班列是国际铁路联运的一种特殊形式。

2. 国际铁路联运运单具有物权凭证的功能。

3. 目前中欧班列普遍实行班列经营人制度。

三、简述题

1. 简述国际铁路联运的概念与特点。

2. 简述国际铁路联运进出口操作流程。

3. 简述中欧班列的组织模式。

4. 简述中欧班列的定价机制。

第六章 国际道路物流

开篇案例

西部陆海新通道上的跨境道路班车

跨境道路班车是西部陆海新通道的三种物流组织形式之一，近年来，西部陆海新通道跨境道路班车已构建起以跨境道路运输为主、以公铁联运与公海联运为辅的国际物流体系，形成了“3向11线19口岸”的通道格局。其中，“3向”为：面向东盟，面向中亚，面向南亚；“11线”为：重庆—广西或云南—东南亚方向6条线路，重庆—西藏—南亚方向2条线路，重庆—新疆—中亚方向3条线路；“19口岸”为：广西友谊关、东兴，云南磨憨、畹町，新疆阿拉山口、霍尔果斯，西藏樟木、吉隆等19个口岸。同时，在重庆—广西或云南—东南亚主线上，已建成“1+20+30”的辐射分拨体系。“1”即主线，班车与境外20余家物流企业建立合作，在东南亚地区供客户选择使用的海外分拨仓已达30余个，分布在越南、老挝、泰国、马来西亚、新加坡等国家，进出境口岸也由广西凭祥扩展到瑞丽、磨憨、东兴等。

西部陆海新通道跨境道路班车由重庆公运东盟国际物流有限公司营运，目前已获得了大湄公河次区域（GMS）行车许可证和《国际道路运输公约》（《TIR公约》）车辆批准证明书，推动重庆成为全国唯一一个同时拥有两大国际道路运输体系牌照的城市。西部陆海新通道跨境公路班车积极完善推广“一站式、一票制、一箱到底”的物流体系，创新拓展服务，提高综合能力。班车发车量从100车次/年的规模，提升至超过3 000车次/年的规模。货源也实现了从单一的通用机械品类拓展到机械设备、摩托车及其配件、化工、日用品、五金等多品类。

学习目标

知识目标：

1. 了解中国国际道路物流发展历程、国际道路物流组织与公约、ACTS国际道路运输。

2. 熟悉国际道路运输的概念、特点与分类，GMS 国际道路运输。

3. 掌握双边国际道路物流经营许可与单证管理、进出口操作流程，TIR 国际道路运输。

能力目标:

1. 能正确设计双边与多边国际道路物流操作流程。

2. 具备运用国际道路物流理论解决实际问题的能力。

素养目标:

1. 认识中欧班列在“一带一路”倡议中的载体作用。

2. 明确国际道路物流人才的责任和担当，增强使命感，提高专业认同度。

第一节 国际道路物流概述

一、国际道路物流介绍

国际道路物流是以国际道路货物运输为主要运输形式，借助现代信息技术，连接供给主体和需求主体，使原材料、产成品从一国起点至另一国家终点及相关信息有效流动的全过程。它将运输、仓储、装卸、加工、整理、配送、信息等方面有机结合，形成完整的供应链，为用户提供多功能、一体化的综合性服务。

国际道路物流的鲜明特征是以国际道路运输为核心，因此，以下重点阐述国际道路运输的概念、特点、类型等。

1. 国际道路运输的概念与特点

国际道路运输，也称跨境道路运输或出入境道路运输，是指根据相关国家政府间有关协定，经过批准，载货汽车通过国家开放的边境口岸和道路完成货物运送活动。此外，鉴于中国香港、澳门实行“一国两制”，因此，对港澳地区的道路运输既不同于国际道路运输，也不同于国内道路运输，而是比照国际道路运输采取特殊的方式进行。

与国内道路运输相比，国际道路运输最突出的特点是涉及两个或两个以上的国家，即通过载货汽车将货物从一个国家的某一个地点运到另外一个国家的目的地。由于各国间经济发展水平、国情、法律法规及行业管理方式等方面存在差异，国际道路运输具有出入境监管严、运作风险更大、运作更复杂等特征。国际道路运输线路开行面临着市场认知度不高、回程空载成本较高、车辆境外出险查勘理赔困难等问题，同时通关时间及费用、司乘人员语言障碍等也是影响线路开行的重要因素。

与其他运输方式相比，国际道路运输主要具有以下特点：

(1) 机动灵活、运输方便。道路运输的灵活性主要表现在批量、运输条件、时间和服务上的灵活性上。比如，在运输时间上，可以随时调度，装车和起运具有较强的机动性；在运输空间上，可以进行长、短途运输，可以深入工厂、车站、码头等；在批量上，既能满足大批量的运输，又能满足零散、小批量的运输。由于贸易商品种类繁多，有着不同的运输和时限要求，而道路运输灵活便捷的组合方式、运输路线，特别是集装箱运输的发展，使得道路运输发展的潜力尤为可观。比如一单货物装在40英尺集装箱里，用一辆卡车就可以运输；如果只有一半的货物，则可以装在20英尺集装箱里运输；而铁路运输一般会有40～50个集装箱，需要等货物都准备好了才可以发货。比如，俄乌冲突爆发后，俄罗斯受西方经济制裁，将出口重心东移，向中国大量出口农产品和半成品，如大豆、玉米、糖果制品、冰激凌、谷物、葵花籽油等，由于生鲜品保质期短，迫切需要更便捷的道路运输，以缩短运输时间。

(2) 点多面广、流动分散。道路运输是一种地区性的“面”上的运输，由于道路网密布全国城乡、覆盖区域大，因此，道路运输能满足各种需要。铁路运输需要有铁路线路，而在邻近中国的一些国家中，铁路网络并不是那么发达，而道路运输网络却四通八达：在中国周边的一些共建“一带一路”国家，尤其是中亚国家，甚至包括高加索地区的国家，不是所有地方都有铁路，很多情况下无法选择铁路运输，在这种地理和经济发展的形势之下，有时候道路运输或许是唯一的选择。比如，哈萨克斯坦运输公司就正在从中国承揽货物运到远至德国、波兰等地。

(3) 送达速度快，可实现门到门的直达运输。道路运输可以做到取货上门、送货到家，减少中转环节和装卸次数，送达速度快；另外，道路运输可以实现门到门的运输，比如从工厂到客户，或者是两个工厂之间的门到门运输。以从中国将40英尺集装箱运送到波兰为例，经测算，海运需要30天，成本约3 000美元，用铁路运输需12～14天，成本约9 000美元。如使用道路运输，哈萨克斯坦运输公司从相关口岸揽货运到波兰与白俄罗斯交界口岸，距离约6 000千米，大概耗时10天，成本约5 000美元。显然，与海运、铁路相比，道路运输在运输成本和效率上具有综合优势。

(4) 原始投资少、资金周转快、回收期短。道路运输对基础设施的依赖较小，仅需要投入运营车辆，因而原始投资回收期短，运输的资本周转快。

(5) 载运量小、单位成本较高、不适宜长距离运输、易造成货损货差。传统上，道路运输的合理运距一般认为不超过 200～500 千米。但随着高速公路的建设与发展、运输车辆的大型化与高速化，目前，许多干线道路的合理运距已经超过 1 000 千米。

（6）安全性与稳定性有待提高。对于跨国长途运输，许多客户质疑国际道路运输的安全性和稳定性，为此，企业需要采取以下措施：一是建立标准化和安全的海关过境审查程序；二是检查车辆和驾驶员的资质和合规性；三是在货物装车后，对卡车进行施封，确保货物在运输过程中不被偷换或擅自开启；四是货物运输保险覆盖，GPS 在线即时追踪；五是制定路线限制措施，确保货物运输在安全和合法的道路上运输；六是合理指导货物包装和装载，有效防止货物受潮、挤压或碰撞，减少货损。

2. 国际道路运输的类型

基于不同的角度，国际道路运输可分为不同的类型。

（1）按作用不同划分。

①独立实现门到门运输。作为一种独立的运输体系，这类道路运输可以独立完成货物运输的全过程。目前，道路运输是欧洲大陆国家之间进出口货物运输的最重要的方式之一。我国与邻国之间，以及供应港澳物资和通过港澳中转物资的运输，很大部分也是由道路运输独立承担的。

②进出口货物的集疏运短途运输。道路运输可以配合进出境的船舶、火车、飞机等运输工具完成国际运输的全过程，是外贸港口、车站、机场集散货物的重要手段。尤其是鲜活商品、集港疏港抢运，道路运输往往能够起到其他运输方式难以起到的作用。可以说，其他运输方式往往要依赖道路运输来最终完成两端的运输任务。

③参与国际多式联运。道路运输可以将两种或多种运输方式串联起来，实现多种运输方式的联合运输，以便向进出口货主提供门到门运输服务。

（2）按运输车辆要求不同划分。

根据《国际道路运输管理规定》的规定，国际道路运输行政许可分为国际道路货物运输（普通货物运输、货物专用运输、大型物件运输）和国际道路危险货物运输，并规定了相对应的运输工具技术标准要求。其中，货物专用运输包括国际道路冷藏保鲜、罐式容器等专用运输以及国际道路集装箱运输。

（3）按流向不同划分。

①入境运输，是指始发地在国外的道路运输。

②出境运输，是指目的地在国外的道路运输。

③过境运输，是指始发与目的地均在国外的道路运输。

（4）按运输工具在口岸是否进行换装作业划分。

①直通运输，是指运输工具在边境口岸无须换装作业，可直通运行。

②非直通运输，即口岸过驳运输，是指运输工具必须在边境口岸将货物换装到另一国的运输工具，而无法直通运行。比如，中国出口至哈萨克斯坦的货物，如使用非直通运输工具，则该运输工具在边境口岸需要将货物卸下，并装上哈萨克斯坦的运输车辆，由其运至目的地。显然，在这种模式下，全程运输需要由两国车辆共同完成，为此，有人将其称为国际道路联运。然而，值得注意的是，国际铁路联运和国际多式联运之所以发生换装作业，前者是因两国轨距不同，后者是因不同运输方式之间运输工具大小不匹配或某一种运输方式无法单独完成全程运输，而道路运输的最大优势是可实现门到门直达运输，而中途进行换装作业自然会增加运输成本、降低运输效率。由于直通运输相对于口岸接驳运输具有通关费用低、货损货差少、运输时间短、物流成本低等优势，因此，在实践中，除非因为出入境监管限制或货源不足或过多而需要在边境口岸进行集运与分拨，否则应避免发生这种所谓的国际道路联运。

（5）按运输区间的不同划分。

国际道路运输按运输区间不同，可划分为国界间运输和国内段运输，分界地点为边境口岸海关监管区。

①国界间运输，是指运输车辆经公路口岸来往于我国同邻国之间，在口岸海关监管区内装卸货物或经监管出入境的道路运输。

②国内段运输，是指边境口岸海关监管区至国内装卸车站（点）之间的道路运输。

（6）按途经国家多少划分。

①双边道路运输。这是指中国与和其接壤的国家通过签订双边道路运输协定而开展的国际道路运输。截至2023年，我国已与全球21个国家签订了17个双边国际道路运输协定，可以开展双边道路运输。

②多边道路运输。这是指有接壤、非接壤国家之间通过签订多边道路运输协定而开展的国际道路运输，即通过第三国的领土，货物的起讫点均不在通过国的国际道路运输。比如，中哈俄国际道路运输、中巴哈吉国际道路运输、中蒙俄国际道路运输、中吉乌国际道路运输。

二、中国国际道路物流发展历程

国际道路物流是国际物流的第四种运力，是除海运、铁运、空运以外的全道路卡车物流方式。据统计，全球国际道路物流市场规模已经达到数万亿美元。其中，欧洲、北美等发达的国际道路物流市场规模较大，而亚洲、非洲等发展中的国际道路物流市场规模较小。

随着中国“一带一路”倡议的推进，亚洲地区的国际道路物流市场步入快速发展期。我国国际道路运输的发展起源于 20 世纪 90 年代。随着对外开放力度的不断加大，我国积极与周边国家加强沟通协调，用了约 10 年时间，同周边 10 多个国家签署了双边或者多边汽车运输协定，重点解决了国际道路运输“通”的问题。进入 21 世纪以后，我国又用了约 10 年时间，围绕贯彻执行中遇到的问题，与有关国家的交通运输、商务、海关、口岸等部门进行协商，重点解决了国际道路运输“畅”的问题。2013 年“一带一路”倡议提出以来，越来越多的共建国家与我国加强了国际道路运输合作，国际道路运输进入了新的历史发展阶段，重点解决了国际道路运输“便”的问题。国际道路运输已经由初期的以口岸接驳运输、双边跨境运输为主，加快向区域间过境运输以及更大范围的国际运输转变，国际道路运输便利化发展水平逐步提升，对中外经贸和人员往来发挥了越来越重要的作用。

三、国际道路物流行业组织与公约

1. 国际道路物流行业组织

（1）联合国欧洲经济委员会。

国际道路运输途经的外界环境复杂，沿途受干扰的可能性大，涉及的利益主体较多，只通过制定国际公约，以国际法的形式对道路运输的方方面面加以规范。过去的半个世纪，在联合国欧洲经济委员会（the United Nations Economic Commission for Europe，UNECE）的协助下，欧洲国家签订了数百个多边决议和多边协议，并签订了近 50 个国际多边协议和公约。这些多边协议和公约，目前已在世界范围内得到了广泛应用，UNECE 也由于其在此领域的杰出贡献奠定了绝对的领导地位。

（2）国际道路运输联盟。

国际道路运输联盟（International Road Transport Union，IRU）成立于 1948 年，总部设在瑞士日内瓦，最初由比利时、丹麦、法国、挪威、荷兰、瑞典、瑞士和英国八个国家组成，在莫斯科和布鲁塞尔两处设有常设办事机构，至今已有 56 年历史，是目前世界道路运输行业唯一的非政府、非营利性国际组织，联合国已经授权 IRU 作为其国际顾问及合作伙伴。现在，IRU 会员涵盖全球 100 多个国家的 350 万家从事交通运输的企业。作为道路运输行业的代言人和道路运输经营者利益的代表，IRU 的工作重点围绕道路运输行业可持续发展和推动运输便利化展开，推动国际货物运输、人员流动和国际贸易的发展，最主要的措施是主持管理或参与管理七项最核心的便利运输公约，即：《国际道路交通公约》；《道路标志和信号公约》、《关于持有 TIR 单证国际货物运输海关公约》、《国际道路货物运输合同公约》（CMR）、《统一边境货物管理国际公约》、《临时进口商用道路车辆关务公约》、《集装箱关务公约》。

(3) 中国道路运输协会。

中国道路运输协会（China Road Transport Association，CRTA）成立于1991年，由中国道路运输业及相关行业的企事业单位和团体自愿组成，是经国家交通运输部批准、民政部注册登记设立、具有法人资格的全国性社会团体，属行业性、非营利性组织。该协会代表中国道路运输业于2002年加入了IRU，于2017年7月取得海关总署的授权，成为中国TIR证发证担保机构，履行《TIR公约》相应职责。

此外，我国还参与了多个国际合作机制（见表6-1）。

表6-1 我国参与的国际合作机制

区域	合作机制
中亚方向	上海合作组织、中亚区域经济合作等
南亚方向	孟中印缅次区域合作论坛、中国-南亚博览会、南盟观察员等
东南亚方向	大湄公河次区域经济合作、中国-东盟自贸区升级版等
东北亚方向	大图们倡议、图们江地区次区域合作组织、长吉图开发开放先导区建设等

2. 国际道路物流公约

国际上在处理国际道路运输问题方面，除了采用双边协定，比如，《大湄公河次区域便利货物及人员跨境运输协定》《上海合作组织成员国政府间国际道路运输便利化协定》，主要还是通过加入与国际道路运输有关的国际公约，减少烦琐的双边谈判，同时，这也有利于国际道路运输一体化的发展。

在欧洲，由于地理上的原因，大多数国家间的国际交通和过境交通量很大，货物运输超过400千米几乎就意味着国际运输。因此，政府之间的便利运输合作显得尤其重要。在这种背景下，与便利运输有关的公约在欧洲逐步发展、完善。这些公约的主要目的是便利国际陆上运输，使国际经济贸易和运输活动规范化，防止经济贸易和运输活动中的欺诈行为，保护公共利益和国家利益。这些公约几经修改、完善，实践证明有利于提高经济贸易和运输效率。随着世界经济一体化的发展以及道路运输在综合运输体系中地位的日益加强，源于欧洲的与国际道路运输有关的国际公约逐步为世界其他地区所接受和采用。

1992年4月，在北京召开的亚太经社会第48次会议通过了与便利道路和铁路运输有关的第48/11号决议，决议建议各国考虑加入7个与便利运输有关的国际公约的可能性。

这7个公约分别是：《道路标志和信号公约》《道路交通公约》《国际道路运输公约》《临时进口商用车辆海关公约》《1972年集装箱关务公约》《国际道路货物运输合同

公约》《关于统一边境货物控制的国际公约》。这 7 个公约是开展国际道路运输业务的基础，也是 50 多个国际现行公约的基础。

我国于 1986 年和 2016 年分别加入《1972 年集装箱关务公约》和《TIR 公约》，其他公约尚未加入。

第二节　双边国际道路物流

一、双边国际道路物流经营许可与单证管理

1. 国际道路物流经营许可和备案

《国际道路运输管理规定》第二章对经营许可和备案做了如下规定：

（1）基本条件。

①已经取得国内道路运输经营许可证的企业法人；

②从事国内道路运输经营满 3 年，且近 3 年内未发生重大以上道路交通责任事故；

③驾驶人员和从事危险货物运输的装卸管理人员、押运员应当符合《道路运输从业人员管理规定》有关规定；

④拟投入国际道路运输经营的运输车辆技术要求应当符合《道路运输车辆技术管理规定》有关规定；

⑤有健全的安全生产管理制度。

（2）国际道路旅客运输实行许可制。

申请从事国际道路旅客运输经营的，或已取得国际道路旅客运输经营许可，申请新增定期国际旅客运输班线的，均应当向所在地省级人民政府交通运输主管部门提出申请，并提交符合前述基本条件的材料；省级人民政府交通运输主管部门对符合法定条件的国际道路旅客运输经营申请做出准予行政许可决定的，应当出具《国际道路旅客运输经营行政许可决定书》或《国际道路旅客运输班线经营行政许可决定书》，并向被许可人发放《道路运输经营许可证》。《道路运输经营许可证》应当注明经营范围；《国际道路旅客运输班线经营行政许可决定书》应当注明班线起讫地、线路、停靠站点、经营期限以及班次。省级人民政府交通运输主管部门予以许可的，应当向交通运输部备案；从事国际道路旅客运输的经营者应当按照承诺书的要求购置运输车辆，省级人民政府交通运输主管部门向拟投入运输的车辆配发《道路运输证》。

（3）国际道路货物运输实行备案制。

从事国际道路货物运输经营的，最迟不晚于开始国际道路货物运输经营活动的 15 日内向所在地省级人民政府交通运输主管部门备案，提交《国际道路货物运输经营备案表》，并附送符合前述基本条件的材料；省级人民政府交通运输主管部门收到国际道路货物运输经营备案材料后，对材料齐全且符合要求的，应当予以备案并编号归档，向社会公布并及时更新已备案的国际道路货物运输经营者名单，便于社会查询和监督。

（4）从事国际道路运输的经营者凭《道路运输经营许可证》等许可文件或者备案文件到外事、海关、边防检查等部门办理有关运输车辆、人员的出入境手续。

2. 国际道路运输单证

从事国际道路运输，除了必须取得《国际道路运输经营许可证》外，在运营过程中还必须向口岸管理部门提供所要求的单证，详见表 6－2。其中，《国际道路运输经营许可证》规定的经营许可事项包括国际道路货物运输（普通货物运输、货物专用运输、大型物件运输）和国际道路危险货物运输；《运输证》又称《营运证》，实行“一车一证”制度。

表 6－2　国际道路运输单证的种类与功能

序号	名称	功能
1	行车许可证	从事国际道路运输经营时车辆行驶的通行凭证
2	国籍识别标志	识别从事国际道路运输车辆国籍的标志，固定于车辆前后保险杠的右侧。中国车辆的国籍识别标志为“CHN”
3	人员资格证	从事国际道路运输的驾驶员、道路危险货物运输从业人员的上岗证
4	行车路单	国际道路客运车辆的行车命令，是记录车辆运行情况的原始凭证
5	国际道路货物运单	具有道路运输合同证明和货物收据的功能
6	车辆审批表	用于国际道路运输车辆在各级国际道路运输管理机构备案
7	线路标志牌	从事国际道路旅客运输线路的经营许可标志
8	道路运输证	从事国际道路运输经营活动的车辆的合法凭证

（1）行车许可证。

行车许可证是国际道路运输经营者在相关国家境内从事国际道路运输经营时车辆行驶的通行凭证。

我国与有关国家签署的双边和多边汽车运输协定都确定了国际道路运输实行许可证制度，出入邻国的运输车辆和公务车辆必须持有行车许可证，一车一证，运输车辆为半挂汽车列车、全挂汽车列车时，仅向牵引车发放国际汽车运输行车许可证。

我国从事国际道路运输的车辆进出相关国家，应当持有相关国家的国际汽车运输行车许可证。外国从事国际道路运输的车辆进出我国，应当持有我国国际汽车运输行车许可证。

根据《国际道路运输管理规定》的规定，国际道路运输行车许可证分为A、B、C及特别行车许可证四种。A种行车许可证用于定期旅客运输，一车一证，一年多次往返有效。B种行车许可证用于不定期旅客运输，一车一证，在规定期限内往返一次有效。C种行车许可证用于货物（含行包）运输，一车一证，在规定期限内往返一次有效。特别行车许可证用于大型物件运输或危险货物运输，一车一证，在规定期限内往返一次有效。

需要注意的是，长期以来，双边运输通常限制经营区域与路线，比如，中越两国所签发的行车许可证只能在边境省的城镇转运旅客，或在边境地区换装货物，无法超越毗邻第三省的范围运营，也就是货车无法实现国家之间的门到门直达运输。2012年中越两国签订了《关于建立国际汽车运输行车许可证制度的协议》，并规定了7种行车许可证，见表6-3。可见，A、B、C、D行车许可证仍限定在两国边境地区，而E、F、G行车许可证将运输合作范围扩大到了两国非边境地区，并将运输方式由转运、换装改为“点到点”直达运输。此外，2018年，中俄重新修订了双边汽车运输协定，首次提出了“全域开放”，不再限制运输车辆的行驶路线。

表6-3 中越两国国际道路运输行车许可证

种类	适用范围	有效期
A	两国边境地区的定期旅客运输车辆	当年多次往返有效
B	两国边境地区的不定期旅客运输和公务车辆	当年1次往返有效
C	两国边境地区的货物运输车辆	当年1次往返有效
D	两国间危险货物运输和超限货物运输车辆	当年1次往返有效
E	两国超出边境地区的定期旅客（含游客）运输车辆	当年多次往返有效
F	两国超出边境地区的不定期旅客（含游客）运输和公务车辆	当年1次往返有效
G	两国超出边境地区的货物运输车辆	当年1次往返有效

根据双边协定，缔约双方主管机关每年应交换一次双方共同制定的统一格式的行车许可证，这些行车许可证应有缔约双方主管机关指定的道路运输主管部门的印章和负责人的签字。行车许可证的交换程序由缔约双方主管机关商定。此外，根据双边协定，一般下列运输项目无须办理行车许可证：①死者的骨灰或尸体，②搬家时的动产，③为举办展览和交易会而使用的展品设备及材料，④为举办体育活动而使用的交通工具、动物以及各种器材和财产，⑤为演出而使用的舞台布景和道具、乐器、设备以及拍摄电影、制作广播和电视节目所需的用品，⑥邮件，⑦损坏的汽车运输工具，⑧从事技术急救的工程车辆进入缔约另一方国境，无须办理许可证。

（2）国际道路货物运单。

国际道路货物运单是用以证明国际道路货运合同和货物已由国际道路承运人接管或装上国际道路运输工具的一种货运单证。与海运提单相比，尽管国际道路货物运单也具有合同证明和货物收据的功能，但它不具有物权凭证的性质。因此，国际道路货物运单不能转让，只能做成记名抬头，在货物到达目的地后，承运人通知运单抬头人提货。

二维码 6-1 国际道路货物运单

根据我国《国际道路运输管理规定》，从事国际道路运输的车辆应当使用《国际道路货物运单》，一车一单，并在规定期限内往返一次有效。

此外，为了统一道路运输所使用的单证和承运人的责任，联合国所属欧洲经济委员会负责草拟了《国际道路货物运输合同公约》（CMR 公约），于 1956 年 5 月 19 日在日内瓦签署。CMR 公约第六条规定：CMR 运单包括 19 项内容，由 3 份正本组成；其中，第 1 份交发货人，第 2 份随货同行，第 3 份由承运人留存。当待装货物装在不同车内或者装有不同种类货物或数票货物时，发货人或承运人有权要求对使用的每辆车、每种货或每票货分别签发运单。

二、双边国际道路物流操作流程

图 6-1 显示了国际道路出口物流操作流程。其操作内容主要为：

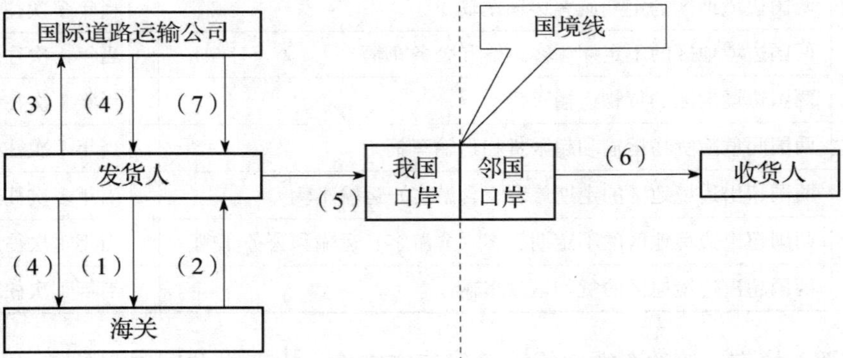

图 6-1　国际道路出口物流操作流程

（1）发货人备齐出口报关资料，填制报送单向海关报检（或由国际道路运输公司代理报关）。

（2）海关审核后放行。

（3）通知国际道路运输公司（行内又称外运车队）发货。

（4）国际道路运输公司接受委托并安排车辆前往发货人仓库装车，然后在海关监管下封关，并填写国际道路货物运单，由发货人确认。

（5）当车辆抵达边境口岸时，接受口岸国际道路运输管理机构的查验，查验车辆驾驶员的国际驾照、国际汽车运输行车许可证、国际道路运输国籍识别标志、国际道路运输有关牌证及货物出口相关单证。过境到对方口岸也要接受对等的查验。

（6）在通过口岸查验后，按规定线路将货物运达外国海关指定停车地点（其他地点要由收货人办理本国进口报关），然后再将货物运到收货人处，并与收货人进行货物与相关单证的交接及确认。

（7）国际道路运输公司凭相关承运单证与发货人进行运输费用的结算。

图 6-2 显示了国际道路进口物流操作流程。有关各环节的具体操作内容，可参照国际道路出口物流操作流程中的相关说明。

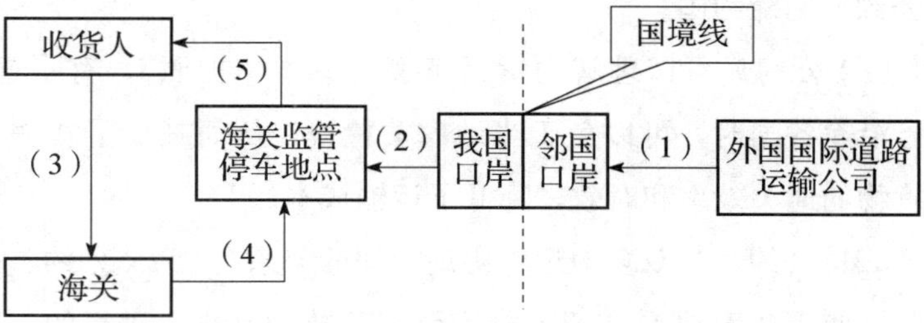

图 6-2　国际道路进口物流操作流程

第三节　多边国际道路物流

一、TIR 国际道路运输

1.《TIR 公约》概述

《TIR 公约》的正式名称是《根据国际道路运输手册进行国际货物运输的海关公约》（Customs Convention on the International Transport of Goods under Cover of TIR Carnets），又称《国际道路运输公约》（Transport International Router）。该公约制定于 1959 年并于 1975 年进行修订。

《TIR 公约》作为一种国际制度，截至 2024 年 8 月，缔约方有 78 个。在与我国接壤或相邻的周边国家中，俄罗斯、哈萨克斯坦、塔吉克斯坦、乌兹别克斯坦、吉尔吉斯斯坦、土库曼斯坦、蒙古国、阿富汗、韩国、日本、印度都已加入《TIR 公约》，并相应开展了运输。2016 年 7 月，我国政府向联合国递交公约加入文书并获得批准，

《TIR 公约》于 2017 年 1 月 5 日在我国正式生效。作为一项海关公约，我国海关总署于 2017 年 7 月授权中国道路运输协会作为中国 TIR 证的发证担保机构，履行《TIR 公约》的相应职责，并指定十大口岸：霍尔果斯口岸、伊尔克什坦口岸、二连浩特道路口岸、满洲里道路口岸、绥芬河口岸、大连港口岸、吉木乃口岸、巴克图口岸、阿拉山口口岸、都拉塔口岸作为 TIR 运输试点口岸。

(1)《TIR 公约》的宗旨和目的。《TIR 公约》的宗旨和目的是为国际道路货物运输提供海关便利和保障。因此，《TIR 公约》建立了 TIR 海关过境制度，简单来说，就是一辆运输车辆在起运地装车以后，经海关检查并施加海关封志进行密封，在持有有效海关文件的情况下，在抵达目的地国之前货物可以不受海关的检查，只要途经国家全部是《TIR 公约》的缔约国。

换言之，《TIR 公约》可以理解为货运车辆的一本"护照"，有了这个身份证明，这台车辆在通行沿途各国时，可以免于当地海关检查，从而减少了货物在口岸的通关时间，提高了货物的通关效率和时效，降低了运输成本。

(2) 加入《TIR 公约》与双多边运输协定之间的关系。《TIR 公约》是一项海关便利化公约，因此，使用 TIR 证是在双方国家路权开放的基础上进行的，即运输所涉及国家已经与我国签署了双多边运输协定并交换了国际汽车运输行车许可证。因此，TIR 单证解决便利化问题，行车许可证解决运输权利问题。在 TIR 运输中，TIR 单证和国际汽车运输行车许可证缺一不可。

2. TIR 制度的管理框架与运行机制

《TIR 公约》作为联合国的一项国际便利运输公约，由联合国进行管理，具体由设在瑞士日内瓦的联合国欧洲经济委员会负责。TIR 制度的管理框架共分为四个层次：

(1) 决策层。TIR 行政委员会是《TIR 公约》的最高权力机关，由所有《TIR 公约》的缔约方组成。

(2) 监督层。执行理事会是行政委员会的执行机构，负责 TIR 证的集中印发、国际担保链的运作以及各国政府之间的交流和协商。

(3) 管理层。国际道路运输联盟的会员主要包括各国国家级道路运输协会（TIR 发证担保机构）、主要跨国运输集团、重要运输咨询机构等。目前，IRU 拥有专门的 TIR 团队管理 TIR 系统运作的各个方面，主要包括：TIR 证印发与回收、国际担保链运作和 SafeTIR 系统的管理。

(4) 操作层。各国政府批准授权 TIR 发证担保协会和批准可以使用 TIR 制度的承运人（运输企业），并由三者构成 TIR 制度的操作层。中国道路运输协会是 TIR 证中国发证担保协会。

3. TIR 制度的六大支柱（基本原则）

（1）严格的 TIR 证运输车辆或集装箱的结构标准与审批程序。《TIR 公约》要求使用符合海关监管要求、具有海关监管设置、能够确保安全的车辆或集装箱装载货物。按照我国《国际道路运输管理规定》，厢式载货汽车和汽车列车、罐式载货汽车和汽车列车、集装箱运输汽车列车等车型均可申报 TIR 运输。同时，车辆的轴荷、尺寸应符合《汽车、挂车及汽车列车外廓尺寸、轴荷及质量限值》（GB 1589—2016）和《国际道路货物运输车辆选型技术要求》（JT/T 1208—2018）的规定。拟从事 TIR 运输的车辆必须取得《海关加封货物运输车辆批准证明书》。我国 TIR 运输车辆批准证明书发证机构为交通运输部公路科学研究所汽车运输研究中心。《海关加封货物运输车辆批准证明书》是车辆审核机构核发的文件，用以证明运输车辆已符合 TIR 运输标准，必须随车携带，海关会检查证明书是否仍在有效期内（有效期为两年）。

（2）国际担保系统。为承担整个运输过程中的海关关税和税收的风险，《TIR 公约》建立了国际担保制度，由 IRU 管理。所有《TIR 公约》缔约国的国家担保协会（我国是中国道路运输协会）和国际道路运输联盟共同构成了联保系统，在《TIR 公约》缔约国中形成一个支持 TIR 单证运输的国际担保链。该联保系统又由几家大保险公司担保，并由 TIR 执行理事会监督。在担保总额方面，各缔约国可以确定担保金的限额。目前，中国签发的 TIR 证有 10 万欧元的海关关税担保，可以覆盖绝大多数的海关关税担保需求，但如遇到关税担保金超出 10 万欧元这种极端情况，TIR 证持证人可以向国家发证担保协会（中国道路运输协会）申请使用 TIR+，从而增加关税担保金额，满足运输需求。

（3）统一的 TIR 证。TIR 证是一种国际海关文件，由国际道路运输联盟集中刊印并分发至各国的担保协会。TIR 证是具备担保和担保有效的证明，需要在发证协会规定的时限内被起运地国的海关接受，一直保持有效，直至 TIR 运输在目的地国海关结束作业。

TIR 证由国际道路运输联盟向各缔约国的担保协会发放，各国担保协会再根据自己与承运人的相关协议发放给承运人。

（4）各国海关监管的相互承认。由起运地国海关查验并施加关封后的道路车辆或集装箱，在通过过境国及目的地国边境海关时无须开封检查。只有在有充分证据怀疑 TIR 单证运输存在违法可能或存在欺诈行为的情况下方可开封检查。

（5）在管控范围内使用。各国政府主管部门（通常是海关）授权国家担保协会向符合条件的企业发放 TIR 证，并对承运人使用 TIR 证实行行政许可管理。

（6）TIR 电子化，其主要目标是尽最大可能便利国际贸易中海关加封货物的流动和提供必要的海关控管和保障。

《TIR 公约》还规定不排除各缔约方出于公共道德、公共治安、卫生或公共健康等理由，依照本国法规对国际货物过境运输施加符合 WTO 基本原则的限制。

4. TIR 国际道路运输的概念与特点

TIR 国际道路运输，是指持有由《TIR 公约》缔约国担保、发证机构发放的 TIR 证的道路运输工具负责人（以下称 TIR 证持证人），根据《TIR 公约》规定的 TIR 运输程序，将 TIR 证列明的货物从起运地海关运至目的地海关的行为。

在 TIR 制度下，中国和欧洲之间的卡车之旅成为可能，也有迹可循，故这种模式也通常称为中欧卡车航班（简称中欧卡航）。由大型卡车作为运输整体，从中国装车递送货物到欧洲的一种运输方式，是继空运、海运、铁运之后的又一运输方式，也被称为第四物流通道。

相较于传统道路运输，TIR 道路运输“一车到底”，全程不倒装不卸货，降低了运输成本。同时，TIR 道路运输能够实现“门到门”“点对点”运输，具有机动灵活、装卸方便等优势。TIR 道路运输将与传统运输方式互为补充，有利于促进我国国际物流运输方式多样化发展，使我国与共建“一带一路”国家的外贸交流更加便捷。

（1）相比空运，卡航速度可以与空运媲美，价格却只有空运的三分之一。受疫情影响，大量航班停飞限航，而卡航仓位不受限，且无须排仓。

（2）相比海运，卡航不受船司延误、港口拥堵等无法掌控因素的影响，稳定性更强。

（3）相比铁路，卡航整体发车计划稳定，全程自主把控，沿途绝大多数问题都可直接介入推进处理进度，灵活性强，时效更快。

当然，TIR 国际道路运输对运输车辆提出了更高要求：车辆需要保证质量，且全程 GPS 定位，实时跟踪关键节点，卡车符合其标准，性能稳定可靠，能够胜任数万千米长途高速行驶，保证货物安全。此外，运输过程中全程双驾，两位司机轮流驾驶，确保时效。

5. TIR 跨境道路运输的发展趋势

（1）TIR＋数字化。2003 年，eTIR 项目在《TIR 公约》成员中展开，旨在以电子 TIR 证担保取代纸质 TIR 证担保，实现系统内各利益相关方的数字化信息互换。2015 年，伊朗和土耳其两国间成功实现了首票 eTIR 运输试点。全面数字化的 TIR 系统将与海关、物流公司等多部门数字化流程相结合，通过协同的电子系统助推多式联运等创新运输模式的发展。

（2）TIR＋多式联运。1975 年联合国对《TIR 公约》进行修订时，已覆盖了多式联运方式。TIR 多式联运仅要求在整个运输作业中至少有一段采用公路运输，运用多式联运可以将货物运输从公路延伸到铁路、内陆、河流乃至海运。2017年，TIR多式联运试点在连接欧洲和中东的运输通道成功完成，首次试点涉及公路、海运和铁路。据IRU测算，采用多式联运的方式比单独使用铁路运输节省了5天的时间。在未来，“TIR＋多式联运”的实现将有效形成公路、水运、港口和航空多种运输方式之间的优势互补。

（3）TIR＋危险品运输。由于中欧班列和航空运输对危险品的运输限制，海运成为危险品运输的主要力量。然而海运方式存在运输周期长、货物安全难以监控的固有弊端。相比之下，公路运输“短、频、快”的特点使得驾驶员可以24小时密切关注货物状态，及时防范事故的发生。因此，道路运输将是危险品运输最为高效且最安全的选择。目前中欧TIR道路运输已经常态化运输9类危险品货物，危险品运输作为一个重要的市场业务版块，将为中欧TIR道路运输提供持续稳定的货源，未来可期。

（4）TIR＋大件运输。现代科学技术的迅猛发展使得工业设备逐步大型化、重型化、超重型化，因此超限货物运输成为不可回避的运输要求之一。目前，超限货物主要选择海运，但是海运周期长的缺点无法满足用户的时效要求。火车的货厢无法承运超出机车车辆限制的货物，飞机更是有机舱空间的限制问题并且运费高昂。因此，TIR道路运输对于有时效要求的超限货物是非常可行的选择。

（5）TIR＋冷链运输。以医药品运输为例，医药品运输的核心在于温度的稳定控制。目前，空运无法做到全闭环的温控运输，在始发地和目的地机场各需要两次倒装。铁路使用温控自备柜，也无法保证沿途发电机燃料的及时补给，如遇沿途设备温度失控，则可能因货仓失温导致货损。公路运输完美规避了以上问题，“门到门”运输从药厂到客户医药仓库，可以实现全闭环、24小时运输，两名驾驶员随时监控温度，一旦设备发生故障，可随时维修恢复正常，保证药品全程温度可控。

6. 从事TIR跨境道路运输的准入条件

目前国内运输企业拟采用TIR，有两种方式可以选择：

（1）申请成为TIR证持证人，独立开展业务。根据《TIR公约》《中华人民共和国道路运输条例》《国际道路运输管理规定》等相关规定，国内运输企业申请使用TIR证需具备以下条件：

①注册地在中华人民共和国境内的法人；

②有可资证明的相关经验，或者至少有经常从事国际运输的能力，如持有国际汽车运输行车许可证或其他相关授权证明；

③良好的财务状况；

④可资证明的《TIR公约》应用知识，参加过中国道路运输协会组织的相关培训；

⑤未曾严重或屡次违反相关海关法或税法；

⑥签署《承诺声明》。

根据《TIR 证签发流程与管理办法（试行）》的规定，中国道路运输协会是经中国海关总署授权的、唯一合法的 TIR 证签发机构，符合条件的国内运输企业须向其提出申请，审核通过后，即可成为 TIR 证持证人。

（2）与国外 TIR 证持证人合作，接受其委托，开展国内段的 TIR 运输业务。

国内具备资质的道路运输企业与国外 TIR 证持证人合作，签署合作协议，获得授权，即可使用国外持证人的 TIR 证，向中国海关进行申报，办理 TIR 的相关手续；但国内企业只能负责国内段的运输工作，在出境口岸需要将货物换装至国外持证人的运输车辆。

7. TIR 跨境道路运输操作流程

如图 6－3 所示，TIR 跨境道路运输包括起运、出境、过境、抵达四大环节。运输作业开始之前，运输经营人需要提前向国家担保协会申领 TIR 证。待运输时，TIR 证持证人须

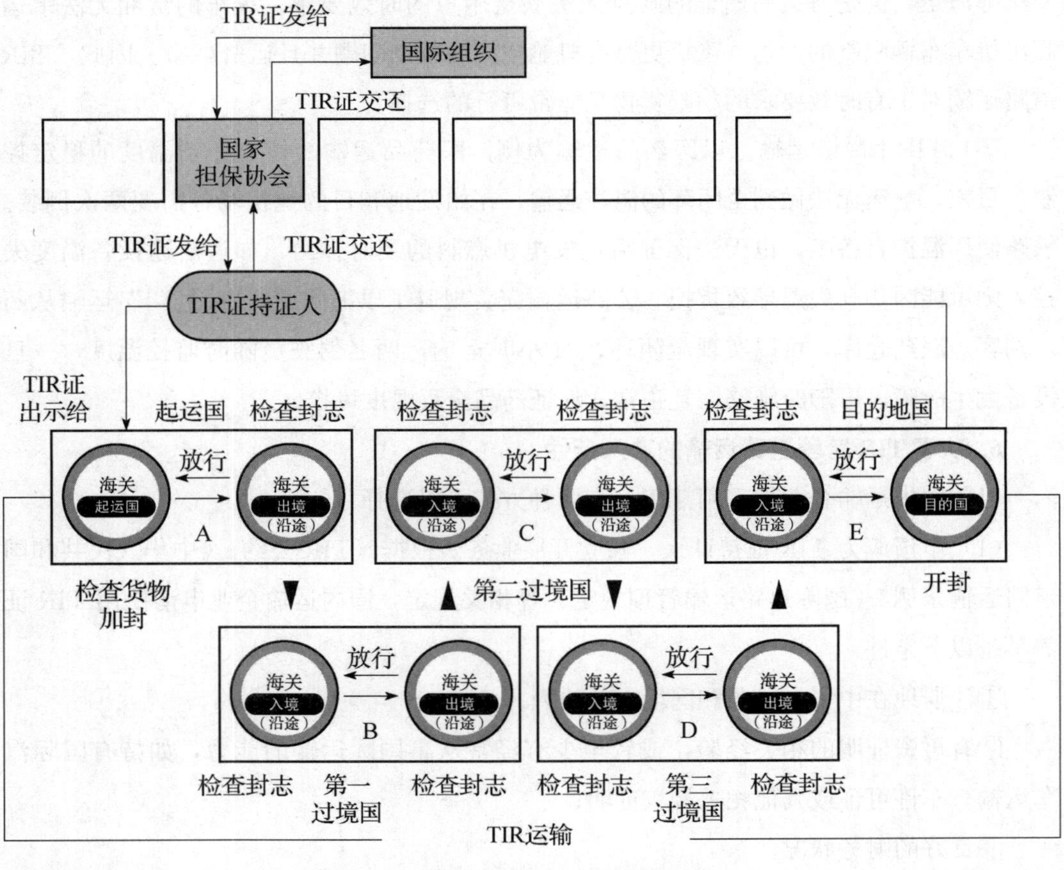

图 6－3 TIR 跨境道路运输操作示意图

向起运国海关出示 TIR 证，海关将根据 TIR 证填报的情况检查所载货物。检查完毕后，海关对装载室或集装箱加封，并同时在 TIR 证上做相应签注，完成单证操作，TIR 证将交还给持证人，运输作业正式开始。离开起运国后，TIR 运输车辆途经的每一个过境国的入境海关都将对封志进行检查并完成 TIR 证签注操作，之后即可放行。直至目的国，海关将开封并检查货物装载室或集装箱，TIR 运输结束。

（1）起运。TIR 证持证人开始 TIR 运输前，应当通过 TIR 电子预申报系统，向海关申报 TIR 证电子数据，并在收到海关接受的反馈信息后，按照有关要求填制 TIR 证。起运国海关根据承运人在 TIR 证上填报的内容检查所载货物；在检验合格后由海关对装载室或集装箱施加关封，同时在 TIR 证上做相应记录，然后保留第一联凭单并填写相应的存根；此后，将 TIR 证交还运输经营人，由其开始 TIR 证运输作业。

（2）出境。在装载货物和 TIR 证的运输车辆离开起运国国境时，由起运国出境海关检查封志，而后从 TIR 证上撕下第二联，填写相应的存根，并将撕下的凭单寄给起运国海关（通常为内陆海关），或使用电子邮件等其他方式发给起运国海关，以加快审核速度；起运国海关核对收到的凭单与自己原来保存的凭单，如果出境海关没有任何反对意见或保留意见，则放行，出境海关填写的存根则作为 TIR 业务在该国已经完成的凭据。如果出境海关撕下的一联凭单含有保留意见，或没有送达起运国海关，或出境海关因其他原因怀疑 TIR 业务，则出境海关有权利进行调查，即 TIR 业务例外性调查。

（3）过境。装载货物和 TIR 证的运输车辆在途经每一个过境国时都适用与起运国相似的海关过境制度。沿途过境国的入境海关对封志进行检查，并从 TIR 证上撕下一联凭单，各过境国的出境海关也像起运国的出境海关一样处理 TIR 证。通过核对该国入境海关与出境海关所取下的两联凭单，在填写无误和一致后即放行 TIR 作业。若出现异常情况，则依出境环节所述程序进行处理。

（4）抵达。若入境海关同时也是目的国海关，便由入境海关填写 TIR 证，并保存两联凭单，进行进口货物贸易清关处理；若货物入境后还需运往该国的另一个海关（通常为内陆海关），则入境海关成为一个入境边境海关，执行过境环节中入境海关的类似程序，而该国境内的另一个海关成为目的国海关，执行开箱查验、清关等程序。

8. TIR 跨境运输操作的注意事项

（1）TIR 证持证人应当遵守我国进出口货物和过境货物的相关禁限规定，配合海关检查查验作业，并按照海关要求做好相关情况说明工作。根据规定，目前 HS 编码为 22.07.10、22.08、24.02.10、24.02.20、24.03.11 和 24.03.19 的六类酒精和烟草产品，不得进行 TIR 跨境道路运输。

（2）TIR 跨境道路运输车辆到达海关监管作业场所后，TIR 证持证人应当向海关交验 TIR 证、TIR 运输车辆批准证明书。经起运地、目的地海关验核有关材料无误、施加海关封志，并完成相关 TIR 运输海关手续后，TIR 证持证人方可开始或结束 TIR 运输。

（3）TIR 跨境道路运输期间发生货物装卸的，相关监管作业场所经营人应当按照现行海关监管货物境内运输管理规定，向海关传输装载信息、到货信息等。

（4）TIR 跨境道路运输货物因故不再运往目的地，或经海关验核 TIR 证号无效，须中止 TIR 运输的，TIR 证持证人应按照进出口或过境货物管理规定，向海关申请办理相关手续。

（5）TIR 跨境道路运输发生未按规定时限过境运输出境等违反相关规定情形，涉及进出口税费及滞纳金的，TIR 证持证人应当按照现行规定，向海关缴纳进出口税费及滞纳金。

（6）TIR 跨境道路运输货物损毁或者灭失的，除不可抗力外，TIR 证持证人应当承担相应的纳税义务和法律责任。

（7）TIR 跨境道路运输中一旦出现违规事件，海关无法从货物承运人处取得税费时，可以通过该国的运输（担保）协会获得赔偿。

二、 GMS 国际道路运输

1.《大湄公河次区域便利货物及人员跨境运输协定》

1999 年 11 月，老挝、泰国、越南三国先签署了《大湄公河次区域便利货物及人员跨境运输协定》（GMS-CBTA，简称《便运协定》）。此后，柬埔寨、中国和缅甸分别在 2001 年 11 月、2002 年 11 月、2003 年 9 月加入。经过多轮技术磋商和谈判，2015 年底，GMS 的六个成员国终于正式批准了《便运协定》所有的技术附件和议定书。至此，大湄公河次区域六国建立了一套完整的货物及人员跨境运输的法律文件。

在 2015 年各国完成国内审批程序后，协定中又出现了与各国当前法律法规相冲突或过时的内容，需要重新修订。于是，CBTA 联合委员会决定重新修订《便运协定》。作为《便运协定》正式全面实施前的过渡期协议，2018 年 3 月，GMS 的六个成员国签署了一份《关于实施〈大湄公河次区域便利货物及人员跨境运输协定〉“早期收获”的谅解备忘录》（MOU，简称《谅解备忘录》），决定自 2018 年 6 月 1 日起（缅甸计划于 2020 年 6 月加入“早期收获”计划），除缅甸外，其余五国在过渡期间，持有 GMS 行车许可证和暂准入境单证（TAD）的车辆，便可在《便运协定》议定书规定的线路上自由通行。

2019 年 5 月，中国、老挝、越南三国开通了 GMS 国际道路运输线路，但第二年初因新冠疫情，道路运输业务全面受阻。2023 年 12 月，中国、越南、老挝、柬埔寨、泰国、缅甸六国的交通运输部门发布了一份联合声明，即《大湄公河次区域便利货物及人员跨境运输协定第八次联合委员会会议联合声明》，决定从 2024 年 4 月 1 日起，恢复“早期收获”跨境运输业务，将《谅解备忘录》有效期延长至 2026 年 12 月 31 日，为运输协定的全面实施奠定了基础。

2. GMS 跨境道路运输线路

2004 年《便运协定》确定了 11 条线路，2018 年《谅解备忘录》进一步增加了 9 条线路；2019 年通过了《关于扩大〈GMS 便运协定〉线路方案的谅解备忘录》，在原有线路基础上新增了 11 条线路，至此，大湄公河次区域基本形成了“东西＋南北＋南部”交通走廊道路运输网络格局。

在规划线路中，与我国相关的主要有 5 条干线：

(1) 南宁—友谊关—谅山—河内，从河内可向南到胡志明市，以及从越南的中南部向西到老挝、泰国、柬埔寨；

(2) 昆明—河口—老街—河内—海防，从河内出发的延伸路线同上；

(3) 昆明—版纳—磨憨—磨丁—万象—曼谷；从万象沿湄公河谷经甘蒙、凯市、巴色到柬埔寨的上丁、金边、西哈努克港；

(4) 昆明—版纳—磨憨—磨丁—琅南塔—会晒—帕夭；以及版纳—勐拉—景栋—大其力—清莱—帕夭；从帕夭经来兴府到曼谷；

(5) 昆明—大理—保山—瑞丽—木姐—腊戌—曼德勒—内比都—仰光。

我国已开通的线路有 3 条：昆明—磨憨口岸—曼谷；昆明—河口口岸—海防；南宁—友谊关口岸—海防。

根据《便运协定》，中国运输企业获得 GMS 行车许可证和 TAD，意味着运输车辆在签订协议的国家之间通关将更加便捷。拥有 GMS 行车许可证及 TAD 的车辆则可以经过海关，从第二国出境到达第三国，直接组建线路进行运输，企业的运输成本与经贸成本都将大大降低，对国家间经贸往来和物流运输起到积极促进作用。

3. GMS 跨境道路运输准入条件

符合企业、车辆及驾驶员规定条件的运输企业，可向广西壮族自治区道路运输管理局（广西壮族自治区国际道路运输管理办公室）申领 GMS 行车许可证，并由中国道路运输协会签发 GMS 机动车辆暂准入境单证后，即可参与 GMS 跨境运输。

4. GMS 跨境道路运输运作的基本要求

(1) GMS 行车许可证类似于车辆的“签证”，而 TAD 类似于车辆的“护照”，在出入境时在边境由东道国海关签署或加盖印章并标注日期。各国可向其国内运输企业颁发最多 500 张多次入境的 GMS 行车许可证和 GMS 机动车辆暂准入境单证，取得证件的车辆可按《便运协定》中的规定路网进行运输。

(2) 不限制运输车辆的入境次数，但在每个东道国的停留时间不得超过 30 天。

(3) 运输车辆可以从一个过境点入境而从另一个过境点离境，但需要按指定的口岸出入境，并按规定的路线行驶。

(4) 车辆获得进出境许可，不用支付关税，不需要提供海关担保或保证金，但车辆所运载的货物还是需要按海关程序和要求来办，如报关、查验、支付或退还关税等。

三、 ACTS 国际道路运输

1. ACTS 概述

2020 年 11 月 2 日，东盟海关过境系统（ASEAN Customs Transit System，ACTS）正式实施。目前，参加 ACTS 的成员国包括柬埔寨、老挝、马来西亚、新加坡、泰国、越南。采用 ACTS 运输模式，可实现"一辆卡车、一次申报、六国畅行"，将便利东盟地区货物陆路跨境运输。

ACTS 是一个数字化的海关过境管理系统，目的是为在东盟内跨境陆路运输货物的企业提供服务。通过该系统，贸易商只须办理一次海关申报手续，就可实现在相关东盟成员国之间自由运输货物。一辆卡车可从它的装载国行驶到在另外一个东盟国家的目的地，中间途经多个东盟国家，但不需要在每个边境上提交不同的报关单，也不需要在每个国家将货物转移到其他卡车上。货物运输在相关所有国家产生的关税和税款均可以使用一份银行担保来承担。简而言之，就是一辆卡车、一次海关申报、一份银行担保，可在参与国范围内实现一次自由畅通的过境运输。

2. 企业申请条件与益处

所有在东盟地区经营的贸易商，包括进口商、出口商、运输商、货运代理和海关代理人，都有资格申请使用该系统来运输货物过境。贸易商必须在相关东盟成员国注册成为"ACTS 贸易商"（ACTS traders）。

获得"经授权的过境贸易商"（authorised transit traders）资质的企业将获得若干特权，包括允许其在离港时从其经营场址启动过境货物的运输，以及在目的地将过境货物运送至其经营场址。

ACTS 来源于东盟十国共同签署的《东盟货物过境便利化框架协定》，是促进东盟内部贸易和促进货物自由流动的关键区域倡议。它的启动反映了东盟在新冠疫情下简化海关手续和加强供应链互联互通的决心。这一举措将促进更顺畅的货物跨境过境运输，为相关企业开展陆路运输货物节省时间、降低成本和运输风险。

在东南亚地区经营的物流企业便是受益者之一。如 DHL 是首批参与 ACTS 的公司之一，已成功实施了从新加坡到泰国经马来西亚的跨境转运业务的试点。

综合练习

一、不定项选择题

1. 港口或铁路车站集疏运通常采用道路运输方式，是因为（　　）。

A. 道路运输的灵活性大、适应性强　　B. 道路运输的成本低

C. 道路运输的运量大　　D. 道路运输的安全性高

2. 国际道路货物运单具有（　　）的功能。

A. 货运合同　　B. 货运合同证明

C. 货物收据　　D. 物权凭证

3. 适用于大型物件或危险货物的国际道路运输应发放（　　）行车许可证。

A. 特别　　B. C 种　　C. B 种　　D. A 种

二、是非题

1. 道路物流以港口或铁路车站的集疏运为主。

2. TIR 运输模式“一车到底”，全程不倒装不卸货。

3. 目前我国以双边跨境道路物流为主。

三、简述题

1. 简述跨境道路出口物流操作流程。

2. 简述 TIR 跨境道路运输的操作流程。

3. 简述 GMS 跨境道路运输运作的基本要求。

4. 简述国际道路运输主要单证。

第七章 国际航空物流

开篇案例

国际航空物流供应链：当前全球产业重构的“基础设施”，却是我国短板

当今世界，科技进步带来时空压缩、需求升级，航空货运已成为高端产业国际供应链体系的核心环节。据统计，航空货运量大约占全球贸易总量的1%，但货值却占全球贸易总量的36%，这可以充分证明国际航空物流在国际供应链体系中已成为核心环节，更成为产业竞争的利器，对诸多高附加值产业或产品具有不可替代性。新一轮全球产业重构中，国际航空货运成为产业集聚的先导因素和赢得产业竞争的利器，国际航空货运能力已成为影响新一轮全球产业重构的“基础设施”。

我国是世界第一大货物贸易国、第二大经济体，我国与欧洲航空货运中80%是手机、笔记本、冷链生鲜、服装奢侈品等高附加值产品，而芯片等产业的全球供应链几乎全靠航空货运完成。但我国航空货运，尤其是国际航空货运与我国的经济体量和国际地位严重不匹配。令人忧虑的是，我国航空货运严重依赖国外企业，航空物流已经成为我国国际供应链的突出短板，发展仍面临航空运力“少而乱”、资源设施“缺而散”、海外网络“疏而虚”、企业主体“小而弱”等四个方面的突出问题。在新一轮全球产业重构背景下，如何提高我国航空物流供应链体系的全球竞争力和抗风险能力，已成为保障产业链供应链安全的重要抓手，也是我国产业转型升级和优化国际供应链的重大命题。

学习目标

知识目标：

1. 了解中国国际航空物流发展存在的问题与对策、国际航空物流组织与公约。
2. 熟悉国际航空运输的概念、特点与组织方式，国际航空快递。
3. 掌握国际航空班机运输、包机运输、包板运输和集中托运。

能力目标:

1. 能正确设计不同组织方式的国际航空运输流程。
2. 具备运用国际航空物流理论解决实际问题的能力。

素养目标:

1. 认识国际航空物流在保障全球产业链供应链安全和韧性中的重要作用。
2. 明确国际航空物流人才的责任和担当，增强使命感，提高专业认同度。

第一节 国际航空物流概述

一、国际航空运输概述

国际航空物流是以国际航空货物运输为主要运输形式，借助现代信息技术，连接供给主体和需求主体，使原材料、产成品从一国起点至另一国家终点及相关信息有效流动的全过程。它将运输、仓储、装卸、加工、整理、配送、信息等方面进行有机结合，形成完整的供应链，为用户提供多功能、一体化的综合性服务。

国际航空物流的鲜明特征是以国际航空运输为核心，因此，以下重点阐述国际航空运输的概念、特点、组织方式等。

1. 国际航空运输的概念

按照《华沙公约》的规定，国际航空运输需满足以下两个条件中的任意一个：

（1）航空运输的出发地和目的地分别在两个缔约国的领土内。

（2）虽然航空运输的出发地和目的地处于同一个缔约国的领土内，但在另一个国家（无论该国是否为《华沙公约》的缔约国）的领土内有一个协议规定的经停地。《海牙议定书》对此并无异议，只是针对《华沙公约》签订时所使用的过时的政治术语如宗主国、委任统治权等作了删改。

因此，国际航空货物运输是指将航空器作为运输工具，根据当事人订立的航空运输合同，无论运输有无间断或者有无转运，运输的出发地点、目的地或者约定的经停地之一不在中华人民共和国境内，而将货物运送至目的地并收取报酬或提供免费服务的运输方式的统称。

2. 国际航空运输的特点

(1) 与其他运输方式相比的特点。

航空运输虽然起步较晚，但发展异常迅速，特别是受到现代化企业管理者的青睐，原因之一就在于它具有许多其他运输方式所不能比拟的优越性。概括起来，航空运输的主要特点有：

①运送速度快。从航空业诞生之日起，航空运输就以快速而著称。目前，飞机仍然是最快捷的交通工具，常见的喷气式飞机的经济巡航速度大都在每小时 850～900 千米。快捷的交通工具大大缩短了货物在途时间，对于那些易腐烂、变质的鲜活商品，时效性、季节性强的报刊、节令性商品，抢险、救急品的运输，这一特点显得尤为突出。可以这样说，快速加上全球密集的航空运输网络才有可能为我们从前可望而不可即的鲜活商品开辟远距离市场，使消费者享有更多的利益。运送速度快、在途时间短，也使货物在途风险降低，因此许多贵重物品、精密仪器也往往采用航空运输的形式。当今国际市场竞争激烈，航空运输所提供的快速服务也使得供货商可以对国外市场瞬息万变的行情即刻做出反应，迅速推出适销产品占领市场，获得较好的经济效益。

②不受地面条件影响，深入内陆地区。航空运输利用天空这一自然通道，不受地理条件的限制。对于地面条件恶劣、交通不便的内陆地区非常合适，有利于当地资源的出口，促进当地经济发展。航空运输使本地与世界相连，对外的辐射面广，而且航空运输相比于公路与铁路运输，占用土地少，对寸土寸金、地域狭小的地区发展对外交通无疑是十分适合的。

③安全、准确。与其他运输方式相比，航空运输的安全性较高。航空公司的运输管理制度比较完善，货物的破损率较低，如果采用空运集装箱的方式运送货物，则更为安全。

④节约包装、保险、利息等费用。由于采用航空运输方式，货物在途时间短、周转速度快，企业存货可以相应减少。这一方面有利于资金的回收，减少利息支出；另一方面也可以降低企业仓储费用。由于航空运输安全、准确，货损、货差少，保险费用较低。与其他运输方式相比，航空运输的包装简单、包装成本减少。这些都构成企业隐性成本的下降和收益的增加。

当然，航空运输也有自己的局限性，主要表现为航空货运的运输费用较其他运输方式更高，不适合低价值货物；航空运载工具——飞机的舱容有限，对大件货物或大批量货物的运输有一定的限制；飞机飞行安全容易受恶劣气候影响；等等。

但总的来讲，随着新兴技术得到更为广泛的应用，产品更趋向薄、轻、短、小、高价值，管理者更重视运输的及时性、可靠性，因此航空运输将会有更好的发展前景。

（2）与国内航空物流相比的特点。

与国内航空物流相比，国际航空运输具有以下特点：

①国际航空运输要依照国际公约和通行标准进行，同时还要遵循当事国的有关政策和法令。现行各国的航空运输是由当事两国政府以双边协议来确定并报经国家民航组织认定和备案后建立的，国际航线是一种双边利益交换。

②国际航空运输是开放性的，它的任务是运载旅客、货物、邮件，目的是取得报酬。这种报酬是由运价来体现的，而在目前的国际航空运输体系中绝大部分运价是由国际航空运输协会通过会议拟定的，只有少部分是根据双边协议制定的，运价对公众是公开的。旅客或托运人可以利用全世界的航空网旅行或运输货物。国际航空运输在运价、服务上有着统一、公开的标准，对承运人而言，按照统一的标准参加国际航空运输的经营和竞争，既给旅客和托运人提供了便利，又通过国际合作扩展了市场。

③在国际航线上的竞争受到国际航空运输协会的规定和双方政府的双重限制，因而竞争是有限度的。一方政府一旦发现原有的协议损害自己的利益就会修改协议，进行干预，所以国际航空运输带有国家利益的因素和贸易保护主义的色彩。

④国际航空运输要尊重所在国的主权，对客运来说要通过所在国的出入境、海关、检疫的手续，对货运来说要遵守有关国家的有关进出口规定。国际航线的国内段通称为国内运载权，按《国际民用航空公约》，它属于一国的排他性特权，也就是主权。在国际航线国内段的两点间本国可以从事营业性运输，外国的航空公司不能经营这两点间的运输。

3. 国际航空运输的组织方式

基于不同的角度，国际航空运输有不同的组织方式。

（1）按照航班确定性划分，可分为班机运输和包机运输。

（2）按照客货是否混载划分，可分为客机腹舱运输、全货机运输和“客改货”运输。

（3）按照是否集运划分，可分为散装运输和集装器运输。

（4）按照承运货物类型及运输速度快慢划分，可分为航空货物运输、航空快递运输和航空邮件运输。

有关上述组织方式的具体内容，将在后面各节予以阐述。

二、中国国际航空物流发展存在的问题与对策

1. 中国国际航空物流发展现状与存在的问题

（1）航空运力虽有所增加，但运力“少而乱”。

近年来，我国航空物流快速发展，尤其疫情以来，货运航班数量增幅明显，货邮运力持续增长。2021 年，我国共有全货机 198 架，全货机航空公司数量仅为 12 家左右，在机队规模上，中国国际航空、东方航空、南方航空三大航的全货机数量分别为 15 架、10 架、14 架，“快递系”航空公司顺丰、邮政自有全货机数量分别为 69 架、29 架。而反观国际头部航空物流公司，仅联邦快递一家企业的在役货机就达 684 架，联合包裹（UPS）紧跟其后，数量达 624 架。海外航空巨头占我国国际货运市场 60%以上的份额，尤其是关键航路、关键产业链节点城市，几乎被国外航空公司垄断。此外，国际三大物流巨头运力以全货机为主，但我国全货机运量占比仅为 30%。疫情导致国际客运量断崖式下跌，国际货运能力大幅萎缩，使我国航空货运运力结构性失衡、全球竞争力和抗风险能力不足等问题凸显。

（2）航空资源设施“缺而散”。

受传统“重客轻货”观念影响，既有机场规划建设侧重客运功能，存在货运设施落后、发展空间受限、地面运行效率低等问题。据统计，中国货运航班的数量仅为客运航班的 24%。浦东机场是国际货运量最大的机场，但其普通的货运时刻只占 8%，而且货运时间段基本是从 0 点到 6 点，一天实际有效的飞行时间只有 6 小时。机场方面也存在基础设施布局的结构矛盾。目前货运主要通过上海、深圳、广州等枢纽机场进行，中部地区的一些机场也有货运时刻，但货物短缺，所以中部地区的地方政府采取补贴的办法。这样一来，不仅分散了市场需求，还浪费了有限的资源。

（3）海外网络“疏而虚”。

当今世界上最繁忙的航线主要包括：一是西欧—北美的北大西洋航线，该航线主要连接巴黎、伦敦、法兰克福、纽约、芝加哥、蒙特利尔等航空枢纽。二是西欧—中东—远东航线，该航线连接西欧各主要机场至香港、北京、东京等机场，并途经雅典、开罗、德黑兰、卡拉奇、新德里、曼谷、新加坡等重要航空站。三是远东—北美的北太平洋航线，这是北京、香港、东京等机场经北太平洋上空至北美西海岸的温哥华、西雅图、旧金山、洛杉矶等机场的航线，并可延伸至北美东海岸的机场。太平洋中部的火奴鲁鲁是该航线的主要中继加油站。四是北美—南美、西欧—南美、西欧—非洲、西欧—东南亚—澳新、远东—澳新、北美—澳新等国际航线。

2021 年我国货运定期航班通达国内 242 个城市（不含港澳台），联通全球 44 个国

家的 67 个城市，其中全货机定期航班通航国家 30 个。但我国航空货运，尤其是国际航空货运与我国的经济体量和国际地位严重不匹配。目前，我国航空货运的全球连接能力只有美国和德国的一半，而且大部分集中在东南亚、日本、韩国，以及南美、非洲等地区，对于主要的经济体，我国的连接能力非常弱。疫情过后，顺丰速运新开、恢复的国际航线加起来只有 18 条，海外网点只有 210 个，很难满足跨国公司全球布局的需求。由于海外网络布局不足，在海外终端配送方面，国内航空货运公司大多借用当地物流商的海外网络实现，受掌控能力不足、服务质量难以保证等多重因素影响，很难满足国内企业全球市场拓展和产业布局需求。

（4）市场参与主体日益丰富多元，但企业主体仍“小而弱”。

得益于电商、快递物流的快速发展，我国的航空物流市场结构也在加速演变，航空货运行业参与者越来越多，发展模式也更趋多样。一是物流领域的“国家队”蓄势待发。2021 年底成立的中国物流领域的“巨无霸”——中国物流集团，通过海陆空铁多种交通方式立体覆盖，开始向物流领域全方位进军。目前，中国物流集团国际速递供应链管理有限公司在郑州成立，聚焦国际速递，为企业生产制造的高时效、高附加值物品提供高效供应链服务。二是东方航空、南方航空、中国国际航空货运三大航空公司货运板块的混改已相继落地，传统航空货运企业从航空承运人向综合物流服务提供商转型，开始积极拓展干仓配一体化、供应链物流、跨境电商物流、产地直达等航空物流服务，加速向综合性、专业性、国际性方向转型发展。三是中国邮政、顺丰速运、圆通速递等快递企业主导的航空货运公司快速发展，货运机队规模超过 100 架，占我国全货机数量的半壁江山。这些快递企业不仅向航空承运端延伸，还同时拓展多种物流服务，致力于成为综合物流服务提供商。四是阿里巴巴、京东等大型互联网电商企业依托庞大的自有货源优势，加速向航空物流市场渗透和延伸发展，阿里巴巴旗下的菜鸟网络通过包机、包板等方式深度参与国内国际航空物流业务，目前每月有 240 多架干线包机；京东物流也正在积极筹备货运航空公司（以南通兴东国际机场为主运营基地），且已经获批公共航空运输企业经营许可证。五是中国外运股份公司、欧华国际物流集团等航空货运代理向供应链前后端拓展，向前直接面对大客户，向后开始包租飞机。

截至 2023 年底，中国有 13 家全货运航空公司，其中有些企业飞机数量非常少，甚至只有 1～2 架。顺丰速运可以说是国内最大的货运航空公司，但飞机数量与联邦快递相比还不到其十分之一。从营业收入来看，东方航空在国内是龙头企业，但其年收入只有 UPS 年收入的 2%，差距巨大。再有，华为是中国国际化程度最高的企业之一，它希望通过中国的航空企业去解决其国际供应链的需求，但目前国内航空货运企业很难满足华为的需求业务量。这就是今天中国国际航空物流所面临的突出问题与挑战。

2. 推进国际航空物流发展的对策建议

（1）加强顶层设计，落实客货并举，补齐“少而乱”的短板。

目前，中国航空货运总量少、结构乱的问题，从根本上看是长期以来重客轻货的结果。建议加快开展国际航空货运能力建设的专项规划及配套的具体政策设计，以解决前面提到的问题。

（2）立足枢纽建设，改革实验引领，补齐“缺而散”的短板。

从国家战略的高度推进航空货运枢纽机场的建设，设立国际航空货运能力建设综合改革试验区，以及先行试验航线、时刻等重要的资源配置，尤其是创新配置；系统性地强化资源设施供给，推动区域航空资源有序整合，包括空铁等多式联运服务，打造国内国际双循环发展新格局的战略支点。

（3）强化资本引导，推进协同出海，补齐“疏而虚”的短板。

目前我国国际航空物流主要面临货运不足和资金不足两方面的问题，建议完善大型制造企业、龙头贸易企业、电商企业等大型货主的对接联动机制，多主体协同推进国际航线网络和境外服务网络的投资布局，完善国际供应链海外投资并购的金融工具，加快筹集国际供应链并购的基金。

（4）聚焦全球能力，多元化整合培育，补齐“小而弱”的短板。

一是整合打造国际航空货运的领军企业，围绕全球供应链服务体系构建的要求，以骨干物流企业为核心，系统构建航空物流网络的服务体系，整合国际航空货运上下游顶尖的优质企业，充分发挥不同所有制的独特优势，以多种模式组建若干家具有全球竞争力的国际航空物流企业。二是政府主导打造国际航空货运开放协同平台，建立协同运行机制以及底层的数据架构。以龙头物流企业为主体，吸引国际供应链上下游企业共同参与，打造国际航空货运公共服务的底盘，支撑中国航空物流企业形成系统化的作战能力。

三、国际航空物流组织与公约

1. 国际航空物流相关组织

（1）国际民用航空组织。

国际民用航空组织（International Civil Aviation Organization，ICAO）是各国政府之间组成的国际航空运输机构。该组织是负责国际航空运输的技术、航行及法规方面的机构。它所通过的文件具有法律效应，各成员国必须严格遵守。

（2）国际航空运输协会。

国际航空运输协会（International Air Transport Association，IATA）是各国航空运输企业之间的联合组织，会员必须是国际民用航空组织的成员国颁发定期航班运输许可证的航空公司。该协会的目标就是调解有关商业飞行的一些法律问题和加速国际航线的客货运输，促进国际航空运输的安全和世界范围内航空运输事业的发展。

该协会的活动主要分为运价协调、运输服务、代理人事务、法律、技术等服务，近年来随着自动化技术的应用发展制定了适用客、货销售的航空公司与代理人结算的开账与结算系统（BSP）和货运账目结算系统（CASS）。

（3）国际航空电信协会。

国际航空电信协会（Society International De Telecommunication Aeronautiques，SITA）是联合国民航组织认可的一个非营利组织，是航空运输业世界领先的电信和信息技术解决方案的集成供应商。SITA不仅为航空公司提供网络通信服务，还可为其提供共享系统，如机场系统、行李查询系统、货运系统、国际票价系统等。

（4）中国航空运输协会。

中国航空运输协会（China Air Transport Association，CATA），简称中国航协，成立于2005年9月26日，是依据我国有关法律规定，以民用航空公司为主体，由企、事业法人和社团法人自愿参加结成的行业性的、不以营利为目的，经中华人民共和国民政部核准登记注册的全国性社团法人。协会的基本宗旨是：遵守宪法、法律法规和国家的方针政策；按照社会主义市场经济体制要求，努力为航空运输企业服务，为会员单位服务，为旅客和货主服务，维护行业和航空运输企业的合法权益，促进中国民航事业健康、快速、持续地发展。

2. 国际航空物流相关公约

航空业的跨国特征是与生俱来的，因而航空货物运输的产生、发展必然伴随着调整这种运输方式的统一实体法规范的国际公约的产生、发展。又因为航空业历史较短，它得以吸收包括海运在内的其他各种运输方式有关国际公约、惯例的精神，并根据其自身特征做出修改。其中较有影响力的国际航空物流公约有：《华沙公约》（1929年）；《海牙议定书》（1955年）；《瓜达拉哈拉公约》（1961年）；《危地马拉议定书》（1971年）；《蒙特利尔第一号附加议定书》（1975年）；《蒙特利尔第二号附加议定书》（1975年）；《蒙特利尔第三号附加议定书》（1975年）；《蒙特利尔第四号附加议定书》（1975年）。

在这些文件中，《华沙公约》是最基本的，随后的各项议定书和公约都是对《华沙公约》的补充或修改，所以这八份文件又被合称为华沙体系。它们彼此内容相关却又各自独立，《华沙公约》的缔约国并不自然成为以后各次议定书的参加国，也不一定受其管辖。其中《华沙公约》和《海牙议定书》最为广泛适用，已经为世界大多数国家所认可。

《华沙公约》全称为《统一国际航空运输某些规则的公约》，于 1929 年 10 月 12 日在华沙签订，因而简称《华沙公约》。它是最早的国际航空私法，也是目前为止为世界上大多数国家所接受的航空公约，其目的是调整不同国家“在航空运输使用凭证和承运人责任方面”的有关问题。《华沙公约》规定了以航空承运人为一方和以旅客、货物托运人、收货人为另一方的航空运输合同双方的权利、义务关系，确定了国际航空运输的一些基本原则。

二战后，由于航空运输业的飞速发展以及世界政治形势的急剧变化，《华沙公约》的某些内容与现实的要求脱节，《海牙议定书》正是此时诞生的，该协定签订于 1955 年，1963 年 8 月 1 日生效。我国参加《华沙公约》和《海牙议定书》的时间分别是 1958 年和 1975 年。

《华沙公约》与《海牙议定书》的精神是一样的，只是措辞稍有不同，它们都规定公约不仅适用于商业性的国际航空货物运输，还适用于包括旅客、行李在内的其他取酬的和免费的国际航空运输，但邮件和邮包的运输因为另有国际邮政公约管辖，所以不适用。

第二节 国际航空班机运输

一、班机运输概述

1. 班机运输的概念

班机（scheduled airline）是指固定起飞时间、固定航线、固定停靠站和目的站的航班。由这种航班进行的运输就是班机运输。

2. 班机运输的分类

按照业务的对象不同，班机可分为客机和全货机。

（1）客机（combination carrier）：通常为客货混合型飞机，一般主舱载客，下舱装运货物，所以货舱容量较小，运载的货物主要是小批量散货。

（2）全货机（all cargo carrier）：主舱和下舱都用于装运货物。其飞机代号有字母“F”。全货机一般设计为集装设备型的货舱，飞机货舱底部一般设置滚轴及固定系统，可以放置集装板和集装箱。全货机的来源主要有两类：制造出厂的全货机、由客机改装而成的货机。

一般来说，航空运输中约50%的货物是全货机运输，约50%的货物是客货机运输，而疫情开始后，主要国家基于紧缩机场、港口的防疫措施，航空公司逐渐减少客运航班，客机机腹载货量随之减少，舱位供给更加紧张。加之海运供应链受阻，更多有实力的大货主选择包机服务，货运包机业务的需求水涨船高，货运包机就成为比较受欢迎的物流运输方式。

3. 班机运输的优缺点及适用范围

班机运输的优点有以下两方面：

（1）班机运输固定航线和停靠站，定期开航、定点到达，因此，此种方式可以使收发货人准确掌握货物起运和到达时间，保证货物安全、准时地成交。这对市场上急需的商品、鲜活易腐货物、电子器件及贵重商品的运送是非常有利的。

（2）班机运输不仅航班时刻固定，而且收费标准也比较固定，因此，客户易于预期准确的发运和到达时间，运输成本也容易核算，更重要的是航班密集、选择余地大，因此成为很多国际贸易公司首选的航空货运形式。

班机运输也具有一定的缺点：班机运输一般使用客货混合型飞机，客机舱位有限，在运输旺季很容易出现舱位紧张而订不到期望的航班日期的情况，因此，难以满足大批货物的运输要求，只能分期分批运输。当然，一些大的航空公司也会开辟定期全货机航班。

二、国际航空运输单证

（一）航空货运单

1. 航空货运单的概念与组成

航空货运单（airway bill）是航空承运人或其代理人签发给托运人用以证明双方之间存在运输合同和货物已装上飞机的凭证。与陆路运单一样，航空货运单也不具有物权凭证的作用，不能进行背书或转让流通。因此，航空货运单收货人一栏必须是记名的，不可转让。

目前，航空公司及其航空货运代理公司使用的都是统一的一式12份的空运单，其中包括3份正本（original）、6份副本（copy）和3份额外副本（extra copy）。正本的背面印有运输条款。航空货运单的构成及其用途如表7-1所示。

二维码 7-1
航空货运单

表 7-1 航空货运单的构成及其用途

顺序	名称	颜色	用途
1	正本 3	蓝	交托运人。作为承运人收到货物的证明，以及作为承托双方运输合同成立的证明
2	正本 1	绿	交承运人财务部门。除了作为承运人财务部门之运费账单和发票外，还作为承托双方运输合同成立的证明
3	副本 9	白	交代理人。供代理人留存
4	正本 2	粉红	随货物交收货人
5	副本 4	黄	交付联。收货人提货后应签字并交承运人留存，以证明已交妥货物
6	副本 5	白	交目的港机场
7	副本 6	白	交第三承运人
8	副本 7	白	交第二承运人
9	副本 8	白	交第一承运人
10	额外副本	白	
11	额外副本	白	
12	额外副本	白	

2. 航空货运单的作用

（1）航空货运单是承运人与托运人之间缔结运输契约的凭证。

航空货运单是发货人与航空承运人之间的运输合同。与海运提单不同，航空货运单不仅证明航空运输合同的存在，而且其本身就是发货人与航空承运人之间缔结的货物运输合同，在双方共同签署后产生效力，并在货物到达目的地交付给货运单上所记载的收货人后失效。

（2）航空货运单是承运人收运货物的证明文件。

航空货运单是承运人签发的已接收货物的证明，在发货人将货物发运后，承运人或其代理人就会将其中一份交给发货人（即发货人联），作为已经接收货物的证明。除非另外注明，它是承运人收到货物并在良好条件下装运的证明。

（3）航空货运单是运费结算凭证及运费收据。

航空货运单分别记载着属于收货人负担的费用、属于应支付给承运人的费用和属于应支付给代理人的费用，并详细列明费用的种类。

（4）航空货运单是报关单证之一。

出口时，航空货运单是报关单证之一。在货物到达目的地机场进行进口报关时，航空货运单也通常是海关查验放行的基本单证。

（5）航空货运单可作为保险证书。

如果承运人承办保险或发货人要求承运人代办保险，则航空货运单也可用来作为保险证书。

（6）航空货运单是承运人内部业务的依据。

航空货运单随货同行，证明了货物的身份。运单上载有有关该票货物发送、转运、交付的事项，承运人会据此对货物的运输做出相应安排。

3. 航空货运单分类

（1）按有无承运人的名称分类。

①航空公司货运单（airline air waybill）。这类航空货运单代表出票航空公司的身份，其上印有出票航空公司名称及标志（航徽、代码等）。

②中性货运单（neutral air waybill）。这类航空货运单不代表任何一个航空公司，是中立货运单，其上没有预先打印任何承运人名称或标志。

（2）按照不同作用分类。

①航空主运单（master air waybill，MAWB）。凡由航空运输公司签发的航空运单就称为主运单。一般由航空公司与一级空运代理之间签发，它是航空运输公司据以办理货物运输和交付的依据，是航空公司和托运人订立的运输合同。每一批航空运输的货物都有其相对应的航空主运单。

②航空分运单（house air waybill，HAWB）。集中托运人（空运代理）在办理集中托运业务时签发的航空货运单被称作航空分运单。在集中托运的情况下，除了航空运输公司签发主运单外，集中托运人还要签发航空分运单。航空分运单作为集中托运人与各托运人之间的货物运输合同，合同双方分别为各个托运人与集中托运人；而航空主运单作为航空运输公司与集中托运人之间的货物运输合同，当事人则为集中托运人和航空运输公司，货主与航空运输公司没有直接的契约关系。不仅如此，由于在起运地货物由集中托运人交付航空运输公司，在目的地由集中托运人或其代理从航空运输公司处提取货物，再转交给收货人，因而货主与航空运输公司也没有直接的货物交接关系。有关分运单的应用，将在集中托运一节予以阐述。

4. 航空货运单的填开责任

根据《华沙公约》的规定，航空货运单应当由托运人填写，承运人根据托运人的要求填写航空货运单的，在没有相反证据的情况下，应当视为代替委托人填写的。这表明托运人应对货运单所填各项内容的正确性、完备性负责。货运单所填内容不准确、不完全，致使承运人或其他人遭受损失的，托运人负有责任。在航空货运业务的操作中，各航空公司承运的大量货物是通过其代理人收运的，某些特种货物由航空公司直接收运。因为填写航空货运单必须具有一定的专业知识，同时为了方便操作和向客户提供服务，托运人以托运书（shipper's letter of instructions）或委托书的形式授权航空公司或其代理人代替填写航空货运单；航空公司或其代理人根据托运人的托运书或委托书代替托运人填写航空货运单。在这种情况下，对于代理人来说，他既是托运人的代理人又是有关航空公司的指定代理人（或称授权代理人）。因此，托运人正确地、完整地填写托运书或委托书十分重要。

5. 航空货运单的限制

一张航空货运单只能用于一个托运人在同一时间、同一地点托运的，由承运人承运的，运往同一目的站同一收货人的一件或多件货物。任何IATA成员都不允许印制可以转让的航空货运单，货运单上的"不可转让"字样不可被删去或篡改。

6. 交付货物时收货人异议的提出

（1）货物的明显损坏，应在发现损坏时立即提出，最迟在收到货物后14天内提出。

（2）货物的其他损坏，自收到货物之日起14天内提出。

（3）货物延误，自其自由支配货物之日起21天内提出。

（4）货物没有交付，自填开货运单之日起120天内提出。诉讼应在货物到达目的地之日起，或从飞机应该到达之日当日起，或从运输停止之日起两年内提出，否则即丧失承运人诉讼的权利。

（二）随机文件

随机文件就是"随飞机一起带走的文件"，即当一票货物空运出口时，国外清关或其他用途所需要的、随同货物一起装上飞机运走的文件（documents with air shipment）。

1. 常见的随机文件

（1）航空主运单是每一票空运货都必须随机的文件，因为航空运单是承运人与托运人之间签订的运输契约，也是承运人或其代理人签发的货物收据。如需要出具分运单，则分运单以及载货清单（manifest）一起随机。

（2）最常见的是发票（invoice）及装箱单（packing list）。其他的证书，比如质量证书（certificate of quality）、卫生证书（hygiene certificate）等，视客户的清关需求而定，此外，中东国家需要提供原产地证书（certificate of origin，CO）。

2. 随机文件的使用

（1）随机文件主要用于目的港清关。通常发票、装箱单等用于目的机场的清关，而原产地证书主要用于申请关税减免或优惠。南美洲国家通常要求必须提供正本的发票及装箱单随机，非洲最好正本发票随机，欧洲部分国家需要发票随机以方便卡车中转，亚洲、北美洲以及大洋洲的要求则相对宽松。如果随机发票、装箱单在运输途中丢失，通常需要重新快递寄送，或提供电子文档让客户自行彩色打印。

（2）如果有随机文件，一般由发货人将报关文件和随机文件一起快递给货代，或者司机去提货时让司机顺便带给货代。此时一定要跟司机交代清楚报关文件和清关文件，以免造成后续的麻烦。

（3）货代用报关文件进行出口报关，随机文件跟航空运单、舱单等一起随到目的港，目的地客人或清关代理拿到随机文件就可以清关了。由于文件和货物同时到达，所以不会出现"货等单"的问题。如果通过国际快递邮寄清关文件，则容易出现"货等单"的问题，即货物到了，而清关文件（发票、装箱单等）还没到，从而耽误客户清关。

（4）对于随机的装箱单和发票等文件，有的目的国只需要复印件，不要求一定是正本；但有的目的国如南美洲一些国家必须要正本，复印件或扫描件不行。务必提前和客户确认清楚所需要的清关资料形式。

（5）托运人提供的目的港清关文件可以让航空公司携带，但这不在航空公司的承运范围之内，如果丢失，航空公司不负责。因此，如果有原产地证书等比较重要的文件，可选择通过国际快递寄给客户。

三、国际航空运输费用

（一）国际航空运费概述

1. IATA 区域的划分

IATA 在制定运价规章及有关规定的过程中，考虑到世界不同地区的社会经济、贸易等状况，划分了三个航空运输业务区，即 Area TC1、Area TC2、Area TC3，简称 TC1 区、TC2 区、TC3 区，其下又可以进行次一级的分区，称为次区（sub-area）。

（1）TC1 区：北美洲、中美洲、南美洲、格陵兰、百慕大和夏威夷群岛。该区可细分为中大西洋区、北大西洋区和南大西洋区三个区。

（2）TC2 区：整个欧洲（含前苏联的欧洲部分）、冰岛、亚速尔群岛、非洲和毗邻岛屿与中东（含伊朗）。该区可细分为非洲区、欧洲区和中东地区三个区。

（3）TC3 区：从巴基斯坦开始的亚洲、澳大利亚、新西兰及太平洋岛屿（夏威夷群岛除外）。该区可细分为北太平洋或中太平洋区（亚洲）、西南太平洋区两个区。

通过以上分区可以看出，TC1 区为西半球，TC2 区与 TC3 区为东半球。IATA 的分区与传统地理上的概念不尽一致。比如，欧洲不仅包括地理上的欧洲，还包括摩洛哥、阿尔及利亚、突尼斯、土耳其等，同样，塞浦路斯、埃及和苏丹也包括在 TC2 区的中东地区内。

为了便于航空运输当事人使用，IATA 出版了每个小区域所包括国家或地区的名单和主要城市及机场，这些城市分别用三个字母表示，如上海用 SHA 表示，新加坡用 SIN 表示。

2.《国际航空货运费率手册》

《国际航空货运费率手册》(*The Air Cargo Tariff Books*，*TACT Books*) 最初是由美国、加拿大等国的 13 家航空公司于 1975 年出版发行的，后来又有 76 家航空公司参与该手册的修订与出版。尽管中国航空运输企业未参与此手册的出版，但包括我国在内的世界各国的航空公司都遵循此运价规则办理国际航空运输业务，因而，它目前已成为世界上最完整、统一的一套国际航空运价规则。该手册由三卷组成：第 1 卷为《规定手册》(*TACT Rules*)，包括一般的运输要求、操作程序和承运人的规定，每年 4 月和 10 月各出版一期；第 2 卷为《北美运价手册》(*TACT Rates——North America*)，包括与美国、加拿大、波多黎各、美属维尔京群岛、圣皮埃尔、密克隆有关的各类运价；第 3 卷为《世界运价手册》(*TACT Rates——Worldwide*)，包括除北美以外的世界范围内的运价。第 2、3 卷运价手册，每两月出版一期。除了上述手册外，有时还不定期地出版一些资料以对该手册内容进行补充、修改或更正。

3. 空运运价的构成与货币单位

空运运价是指机场至机场间的航空运费，除非运价本有特别说明，否则公布的运价仅指基本运费，不包括声明价值附加费和其他附加费用。

当货物的价值毛重每公斤超过 20 美元（或等值其他货币）时，托运人可办理货物声明价值，并交纳声明价值附加费。一般此费用按超过 20 美元部分的 0.5%计收，即声明价值附加费=(整批货物的声明价值−20×货物毛重×汇率)×0.5%。

(1) 托运人办理声明价值时必须整批货物办理，不得办理分批声明价值或在整批货物中办理两种不同的声明价值。

(2) 供运输用的声明价值仅适用于货物的毛重，不包括航空公司的集装箱（器）。

(3) 根据 IATA 规定，发货人必须在运单上对发运的货物声明其价值，若无声明价值，也要在运单上写上无声明价值（no value declared，NVD）。

(4) 中国民用航空局规定，每票货物的声明价值不得超过 10 万美元，声明价值附加费的最低标准为 10 元人民币。

运价的货币单位一般以起运地当地货币单位为准，费率以承运人或其授权代理人签发空运单的时间计算。

4. 计费重量

空运与其他运输方式的计费标准相同，航空货物也是按货物的实际毛重与体积重量二者较高者作为计费重量。

（1）重货与轻泡货的划分标准。重货与轻泡货的具体界限是 6 000cm^3/kg。当货物每公斤体积小于 6 000cm^3 时为重货；反之，当货物每公斤体积大于等于 6 000cm^3 时为轻泡货。

（2）计费重量单位。空运计费重量以 0.5kg 为单位，尾数不足 0.5kg 者，按 0.5kg 计费，如货物重量为 300.15kg，则计费重量为 300.5kg；尾数在 0.5kg 以上不足 1kg 者，按 1kg 计费，如货物重量为 300.54kg，则计费重量为 301.0kg。若用 b 表示重量，不足 1 磅的尾数进为 1b。

（3）体积重量的确定。空运中的体积重量不是指货物的实际体积，而是指货物的实际体积除以 6 000 cm^3/kg 的值。实际体积应按货物的长、宽、高的最大值的乘积求得。比如，一批货物的毛重为 250kg，体积为 1 908 900cm^3，则体积重量＝1 908 900/6 000＝318.15kg，因此，计费重量是应为 318.5kg。

5. 最低运费

最低运费是航空公司办理一批货物所能接受的起码运费。最低运费不包括声明价值附加费。不同地区规定不同的最低运费，比如，从广州到香港，从福州、昆明、宁波、上海到香港的最低运费分别为 35 元和 65 元。

6. 不能办理运费到付的情况

下列情况不能办理运费到付：

（1）到达国的货币管理制度不允许从收货人处收取费用；

（2）承运人不允许运费到付；

（3）收货人是托运人本人或政府临时代理机构（除非货物是由有适当证书的政府机构托运的）或自由受到限制的人；

（4）收货人所在地为机场、宾馆或其他临时性地址；

（5）无价样品，报纸和其他印刷品，新闻图片、影片和电视片，礼品，酒精、饮料，尸体、骨灰，活体动物，易腐货物，私人用品及无商业价值的家具，以及本身商业价值低于运输费用的货物等。

（二）国际航空运费计算

目前很多国家都是以 IATA 制定的运价，即 IATA 运价作为基本运价。IATA 运价可分为非公布直达运价（unpublished through rates）和公布直达运价（published through rates）两种。非公布直达运价是指当货物的始发地至目的地之间无公布直达运价时所采用的运价，此时可采用的运价通常为比例运价（construction rates）、分段相加组合运价（combination of rates）等；公布直达运价是在 IATA 运价中能够直接查到的运价，即普通货物运价（general cargo rates，GCR）、指定商品运价（specific commodity rates，SCR）、等级货物运价（class commodity rates，CCR）、成组货物运价（ULD Rates）。

1. 普通货物运价

GCR是指运输所使用的除等级货物运价或指定商品运价以外的运价。它分为适用于普通货物45千克以下没有数量折扣的N运价（normal rate）以及诸如45千克、100千克、200千克、300千克、500千克、1 000千克、1 500千克、2 000千克等不同重量点的有数量折扣的Q运价（quantity rate）。

在计算时，货物的运费一般是以货物的实际毛重或体积重量，乘以相应的重量等级运价所得来的。如果计算结果低于最低运费M则按最低运费计费；如果一批货物的重量接近于下一个较高重量等级分界点时，我们应该将计算的运费结果与下一个较高重量等级分界点运价的最低值相比较，将其中的较低者作为该批货物的运价。

【实例1】 FROM BEIJING TO ANTWERP，普通货物，计费重量为40千克，运价表如表7-2所示。

表7-2 FROM BEIJING TO ANTWERP

数量类型	运价
M	320.00元
N	50.73元/千克
Q45	42.04元/千克
Q300	38.03元/千克

根据N运价，该批货物应付运费40×50.73＝2 029.2元，而Q45kg运价的最低值为45×42.04＝1 891.8元，所以，该批货物的运费应为1 891.8元。

2. 指定商品运价

SCR是指为某些从指定始发地至指定目的地的指定商品而公布的运价。SCR一般较GCR低。目前，自中国运出的货物，采用SCR运价的主要为中国至日本、美国、加拿大或新加坡的食品、海产品、药品、纺织品等。

为了方便使用，IATA在公布SCR时，将指定商品以品名编号，并根据货物的性质、特点、用途按每1 000号为一组，分成十大组，每一大组内又以100号为一组分成若干小组，以便更详细地分列各种货物。在空运单中指定商品通常用字母“C”与商品品名编号组成，如“C1201”表示“1 201号指定商品”。

在以SCR计算时应首先查找所适用的运价，然后进行运费计算。

通常根据以下步骤查找运价：查找两点间所有的指定商品运价；记下指定商品品名编号；查找《国际航空货运费率手册》，选择适用的品名编号；检查最低计费重量限制。

在计算运费时应注意如下几点：

(1) 自运输始发地至目的地两点之间公布有SCR，且托运货物满足其规定时，可直接适用 SCR。

（2）尽管运输始发地没有至目的地的 SCR，但该运输始发地在满足：①在该国内其他地点有公布的 SCR；②始发地的 N 运价不高于公布 SCR 地点的 N 运价；③托运数量、运输期限符合公布的 SCR 的规定等三个条件的情况下，该运输始发地可以适用其他地点已公布的 SCR 计收运费。比如，上海—蒙特利尔，皮鞋重量为 605 千克，假设上海—蒙特利尔的 N 运价为 37.39 元/千克，无 SCR 运价，北京—蒙特利尔的 N 运价为 40.66 元/千克，SCR 皮鞋运价为 15.29 元/千克（最低重量为 500 千克）。由于符合前述条件，上海—蒙特利尔的 605 千克皮鞋可以以北京—蒙特利尔的 SCR 皮鞋运价计算应付的运价。

（3）当托运的货物在运价手册上可同时适用"确指品名"和"泛指品名"时，则应优先适用"确指品名"运价。比如，手工织布机，在手册上的 C4783 手工织布机与 C4499 机器和工具均可适用，但由于 C4499 为"泛指品名"，因而，应按"确指品名"C4783 运价计算运费。如果"泛指品名"运价高于"确指品名"运价，而重量分界点较低，则可以比较两种计费方法，取低者作为货物的运费。再比如，假设托运的手工织布机重量为 280 千克，C4783 和 C4799 的运价为：C4783，500 千克，10.00；C4499，250 千克，10.55。按 C4783 计算：500×10.00＝5 000 元，按 C4499 计算：280×10.55＝2 954 元，因此，应按 C4499 运价计算运费，即运费为 2 954 元。

（4）当按 SCR 计算所得运费高于按 GCR 计算所得运费时，应按 GCR 计费。

（5）如无特别说明，机器零件可按适用主机的 SCR 计算运费，但附属品、供应品除非特别说明，否则不得适用主机的 SCR 计算运费。

3. 等级货物运价

CCR 是指在规定地区范围内，在 GCR 的基础上附加或附减一定百分比作为某些特定货物的运价。它包括附减等级货物运价（运价种类代号为 R）和附加等级货物运价（运价种类代号为 S）两类。前者适用于报纸、杂志、作为货物运送的行李等，后者适用于活体动物、贵重物品、尸体、骨灰等。

CCR 计算步骤如下：

（1）根据货物品名判断其是否适用于等级货物运价；

（2）用适用的公布运价乘以一定百分比，并将得到的运价进位；

（3）用适用的等级货物运价乘以计费重量。

比如，发运北京至东京的杂志 500 千克，经查杂志适用附减等级货物运价，其公布的运价为：M：230.00，N：37.51，Q45：28.13，附减比例为 N 运价的 50%，则适用的运价＝37.51×50%＝18.755 元，进位得 18.76 元，因而运价＝500×18.76＝9 380.00 元。

4. 运价的适用顺序

在运价的适用上，除了要求所适用的运价在空运单填开之日仍旧有效，并不得适用反向运价外，还要求按下列顺序适用运价。

(1) 优先适用协议运价。

若无协议运价，则适用 IATA 运价。

(2) 指定商品运价。

指定商品运价优先于等级货物运价和普通货物运价。一般而言，在三种运价中适用指定商品运价计算出的运费通常是比较低的，然而，如果适用等级货物运价或普通货物运价所产生的运费低于指定商品运价，则应适用等级货物运价或普通货物运价，目的在于为发货人提供最低的运价。

比如，一批热带活鱼，毛重 120 千克，体积 0.504 立方米，从 A 点到 B 点，三种运费计算如下。

按 GCR 计算运费：9.00×120＝1 080 元

按 CCR 计算运费：16.70×120＝2 004 元

按 SCR 计算运费：1 024（起码重量为 100 千克）

7.59×120＝910.80 元

根据以上计算比较，该批货物的运费应按 SCR 计算的运费收取。

(3) 等级货物运价。

等级货物运价应优先于普通货物运价，但如果适用普通货物运价的某一重量分界点的运价低于等级货物运价，则可适用较低运价。

(4) 普通货物运价。

按下列顺序计算运价：优先适用公布直达运价、比例运价、分段相加组合运价。

四、国际航空运输流程

1. 航空运输基本组织过程

在从货源组织开始，经过地面运输服务、机场货站服务及空中运输服务等作业环节，并最终将货物送到客户（收货人）手中的一系列过程中，由航空货运代理企业、地面运输企业、机场货站服务企业、航空运输企业及客户等组成的有机整体，被称作航空物流服务链，如图 7－1 所示。

图 7－2 显示了客货混合型飞机的运输组织过程。可见，航空运输是一个组织严密的生产过程，有严格的工序控制和定时要求，涉及的部门多，需要统一组织和协调，

密切合作共同完成。有些航空公司委托航线机场进行货物进出港的组织与管理，而一些大型航空公司则在基地机场自行进行货物进出港的组织与管理。具体可分成旅客及货物两大主线开展运输组织活动，对于旅客部分，主要包括运输计划编制和载运工具的编组计划，对于货物部分，主要包括货运站工作组织、货运组织形式和货物的集装组织等。

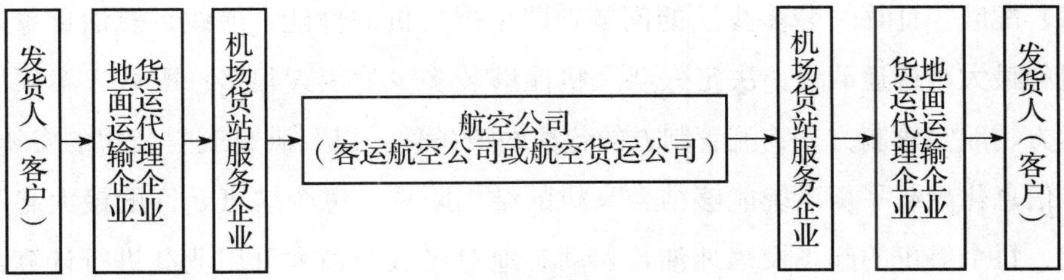

图 7－1　航空物流服务链构成的示意图

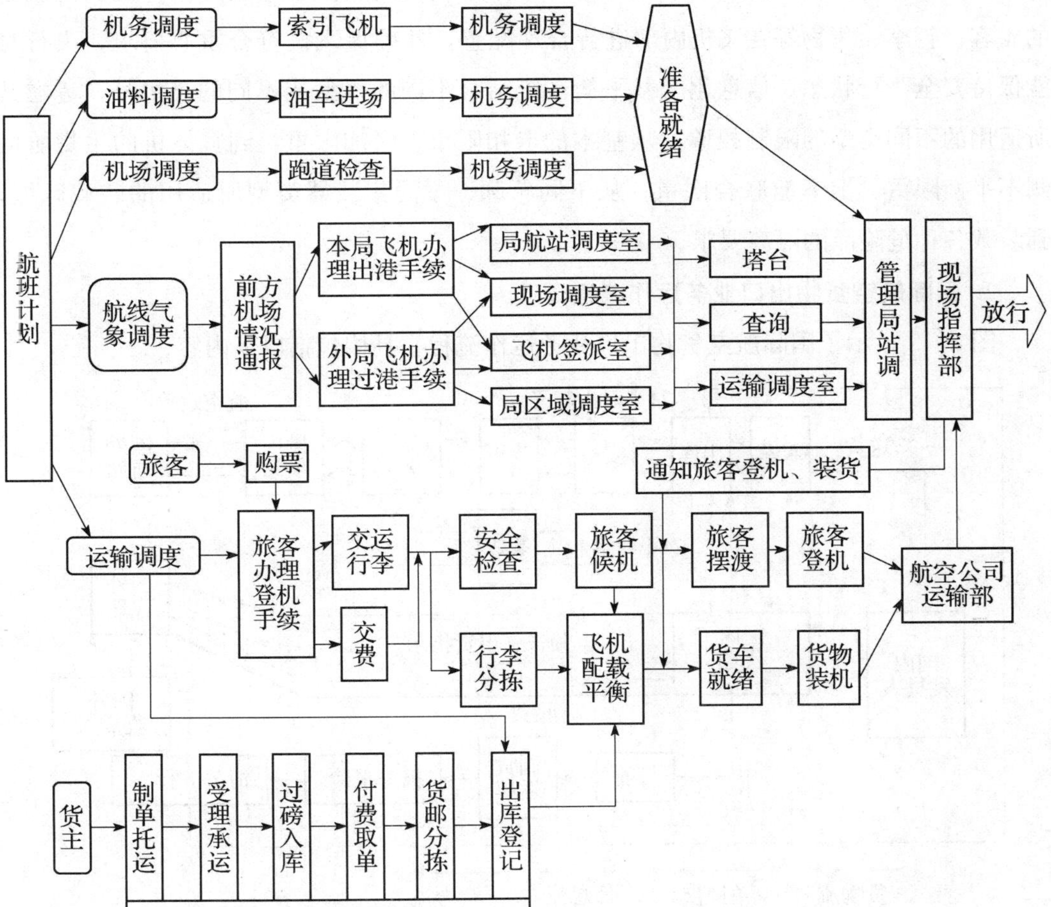

图 7－2　客货混合型飞机的运输组织过程示意图

限于篇幅，以下对配载平衡做简要说明。在航空运输中，配载平衡的重要性不言而喻，高质量的载重平衡能在保证安全的前提下，最大限度地利用飞机的运载能力，为航空公司的飞行安全、经济营运提供有力支撑。简单来说，配载平衡就是解决飞机货运“装多少”和“怎么装”的问题。怎么装才安全、怎么装更高效、怎么装最便利，这亦是配载平衡要考虑的。配载平衡分为“配载”与“平衡”两个环节。

（1）配载，计算“装多少”的问题，即根据飞机的性能、航线、燃油重量等计算出飞机的最大可用运载量。决定一架飞机能够装多少的因素很多。配载方案须满足来自托运方、航空管制方、物流管制方的各种约束条件，以及满足航空公司的资源限制。目前，信息化配载平衡系统能够结合飞机的结构限重、每个航班允许的最大起飞及落地重量、每个航班的起飞及落地油量，动态地对飞机的最大可用业载进行计算，对飞机的剩余业载进行校验。

（2）平衡，解决“怎么装”的问题，即在完成配载工作的基础上，将飞机所载运的旅客、行李、货物等在飞机内部进行合理配置，并确保飞机符合重心要求，飞行时能保持安全飞行状态。信息化配载平衡系统结合不同的机型或不同的飞机号，考虑其所适用的不同类型的限制校验：从基本的卡扣限重、累加限重，到宽体机的主货舱横测不平衡限重、上下舱联合限重；从不同轮廓、不同集装器类型所适用的装载区域，到装载各种危险品的隔离要求。

2. 国际航空货物出口业务运作流程

图 7－3 显示了国际航空货物出口业务运作流程。具体包括以下内容。

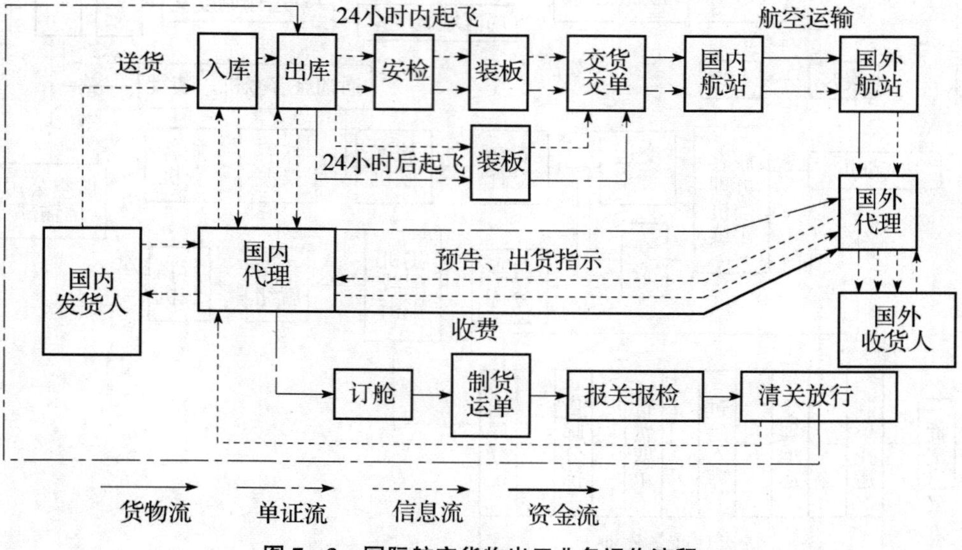

图 7－3 国际航空货物出口业务运作流程

（1）托运人办理托运。

托运人除了填写托运书，并附发票、装箱单、报关单、外汇核销单、进出口许可证、商检证等报关单证外，对于特种货物还需要提交额外单证。

（2）货物收运。

与海运货运市场不同，空运货运市场的销售较为集中，承运对象主要是一些对时间要求紧、不宜颠簸、容易受损、价格较高的货物，如海鲜、服装、鲜花、精密仪器、邮件等，加之受飞机机型及载重量等方面的限制，因此，在货物承运方面，空运比海运的限制更为严格。

（3）预配舱、预订舱与订舱。

空运代理汇总所接受的委托，应根据托运人的要求选择最佳的航线和最理想的承运人，制订预舱方案，为每票货物分配货运单号。空运代理接到托运人的发货预告后，应采取合适的方式向航空公司预订舱或订舱。

（4）接单接货。

接单是指空运代理从托运人手中接过货物出口所需要的一切单证，包括商务单证和货运单证。接收文件应检查舱位预订情况、货物品名、适用的运价、运费、随附的文件、限制和禁运情况、货运单内的其他信息。

接货是指空运代理把即将发运的货物从托运人手中或托运人指定的国内段承运人手中接过来并运送到机场。空运代理可以安排车辆上门取货，也可按照托运人提供的运单号、航班号及接货地点、接货日期，代为向有关国内段承运人提取货物。如果货物已在起运地办理了出口海关手续，则托运人应同时提供起运地海关的关封。

接货时，双方应办理货物的交接、验收，并进行过磅称重入库。重点应检查数量、重量、体积、包装、标签等。货物接到机场后，或先入周转仓库，或直接装板或装箱。

（5）制单、报关、装箱与出仓。

制单是指空运代理缮制航空公司货运单（主运单）、空运代理货运单（分运单）和货物交接清单等单证、标签的行为。

（6）航空公司签单。

航空货运单加盖海关放行章后还需要到航空公司签单，主要是审核运价是否正确以及货物的性质是否适合空运、有关随附单证是否齐全等。

（7）货交承运人。

只有经过航空公司地面代理签单确认后，空运代理才能将单货交承运人。

货交承运人是指空运代理与航空公司办理交单交货的过程。航空公司进行验货、核单、过磅称重，确保单单相符、单货相符后，在货物交接清单上签收。对于大宗货物、集中托运货物，以整板、整箱称重交接；对于零散小件货物，按票称重，计件交接。

航空公司接单接货后，将货物存入出口仓库，单据交吨控部门，以便进行舱单缮制、吨位控制与配载。

（8）办理货物发运后的事宜。

货物交接发运后，空运代理还需要做好航班跟踪、向托运人交付单证、结算费用等后续工作。

空运代理应将盖有放行章和验讫章的出口货物报关单、出口货物收汇核销单、货运单正本第三联（在集中托运情况下仅交付分运单第三联，主运单留存货运代理人手中）等单据交付托运人。

3. 国际航空货物进口业务运作流程

图 7－4 显示了国际航空货物进口业务运作流程。从中不难看出，飞机卸港后，航空公司通常先将货物卸入监管库，同时根据空运单上的收货人及地址发出取单提货通知，然后即进行航空公司与收货人或其代理的交单交货过程。一般情况下，航空公司首先将随货空运单交予收货人或其代理，收货人或其代理凭此空运单报关报验，通关后，收货人或其代理持加盖海关放行章的空运单到航空公司换取提货单，然后可持提货单到监管库提取货物。如果属于集中托运货物，且空运代理自身拥有海关监管车和监管库，则空运代理可以在未报关的情况下先将货物从航空公司监管库转至自己的监管库，进行理单、拆单，并在代表实际收货人报关后，通知收货人提取货物，或者送货上门。在这种情况下，航空货运代理进口（CIF）业务需要经过：到货预报—接单

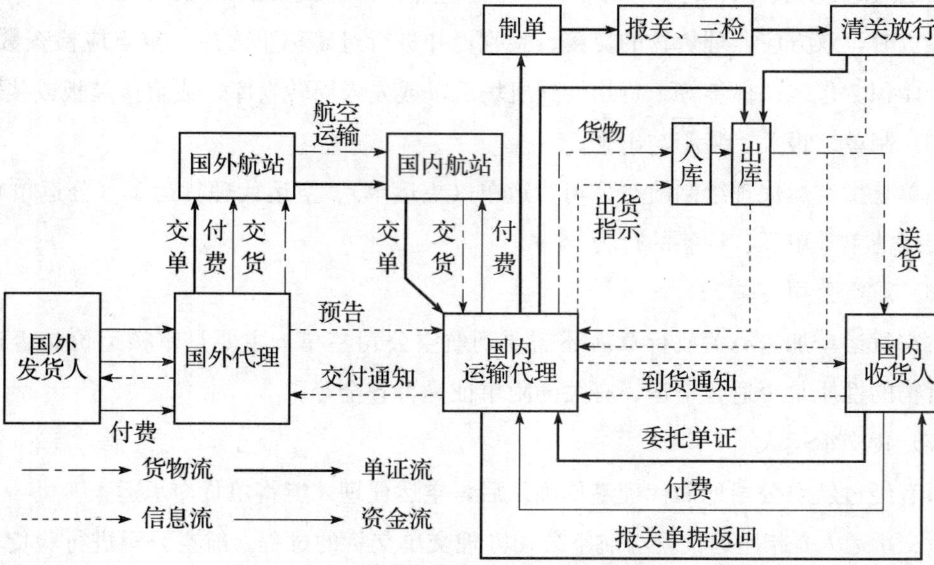

图 7－4　国际航空货物进口业务运作流程

接货—理单与理货—发到货通知—报检报验—报关—发送货或转运—信息传递—代理费用及垫付款结算—业务归档等环节。

第三节 国际航空包机运输

一、包机运输概述

1. 包机运输的概念与分类

（1）包机运输的概念。

包机运输（chartered carrier），是指航空公司按照约定的条件和费率，将整架飞机租给一个或若干个包机人（包机人可以是发货人或航空货运代理），从一个或几个航空站装运货物至指定目的地的运输组织方式。

（2）包机运输的分类。

包机运输方式可分为整架包机和部分包机两类。

整架包机（full charter），是指航空公司或包机代理公司按照与租机人事先约定的条件与费率，将整架飞机出租给包机人，从一个或几个航空站装运物品到指定目的地的运输组织方式。

部分包机（partial charter），是指由几家航空货运代理或发货人联合包租一架飞机，或者由航空公司把一架飞机的舱位分别租给几家航空货运代理或发货人装载货物的运输组织方式。

（3）对“包机”内涵的不同解读。

值得注意的是，在实践中，基于不同的视角，对“包机”的内涵会有不同的解读。

基于货运代理视角，包机是指将一整架飞机或者飞机的部分舱位承包，即全包和部分包机。这与上面的包机定义相吻合，主要关注点是舱位的取得方式。

基于航空公司、中国民用航空局的视角，包机的含义则有所不同，主要关注点是航权是固定的还是临时的。例如，XY 航空公司在广州白云国际机场—法兰克福机场航线上，用波音 777 执飞一周三班的航班，其中一班为全货机。在货运代理看来，就是 XY 航空公司开设一周三班的定期班机运输。而事实上，广州白云国际机场的时隙（slot）太紧张，不能完全满足一周三班的要求，但是在某一时间段，若某个航空公司暂时退出市场，就会产生临时的时隙位。这时 XY 航空公司就可申请一个临时的、以定期班机模式运作的包机航权，也就是说，对外公布的一周三班中的全货机航班，它不是固定航权，只是以临时申请的形式，即包机方式来飞行的，中国民用航空局有权随时撤回。可见，以航空公司的视角，此种模式实际上为“两班定期班机+一班临时包机”，只不过这个包机的时间稍微长一点，但是航权不稳定。这种情况下，航空公司可以将这个临时包机进行灵活的调用，对外宣称它是一个定期航班，也可以在有需要的时候，把它直接变成给货运代理的整架包机。目前，中国民用航空局鼓励这种临时的货运包机模式，致使整个航空货运市场充斥着各种临时包机。显然，对货主而言，不必介意是定期班机还是临时包机，只要舱位落实了，这两种模式就是一样的。

2. 包机运输的优缺点及适用范围

（1）包机运输的优点如下：

①解决了班机仓位不足的问题。

②减少了货损、货差或丢失的现象。

③货物全部由包机运出，节省了时间，并避免了多次发货的烦琐。

④弥补没有部分直达航班的不足，且不用中转。

（2）包机运输的缺点如下：

①尽管部分包机有固定的时间表，但是往往会有多种原因导致飞机不能按时起飞，因而部分包机比班机运输时间长。

②受政治因素影响较大。各国政府为了保护本国航空公司利益，对于从事包机业务的外国航空公司有各种限制。比如，包机活动范围较窄，降落地点受限制；不能准点靠近目的地附近，还需要其他运输工具辅助，再进行一段长时间运输；需要向当地的政府部门申请，降落当地的申请时间较长且烦琐等。

③受新冠疫情的影响，部分机场还存在机场人手不足、包机拆板量大导致的拆板慢问题。

（3）包机运输的适用范围。

包机运输适用于大批量货物的运送，费用低于定期航班。部分包机适用于托运不足一整架飞机舱位，但重量较大的货物。

3. 包机运输与货机租赁的关系

航空运输货机的运力服务在整个航空物流产业链中位于偏上游的运力供应领域，是除飞机制造商直售外重要的运力供应补充，同时依托其自身的融资租赁业务为各类航空公司提供重要的运力供给。全球范围内，目前在飞的 2.5 万架飞机中，约有 40% 归租赁公司所有，且这个比例一直在上涨。聚焦航空运输领域，通过货机租赁而实现的运力供应占比较高，不同的租赁模式也有各自的适用场景，为各大运输方、货源方提供了灵活多变的选择。

（1）按是否具有融资性质划分。

①融资租赁。飞机融资租赁业务模式如图7-5所示。融资租赁业务具有金融属性，由航空公司首先选择飞机，由银行或融资租赁公司提供购买飞机的资金，航空公司获得飞机大部分使用寿命期的使用权。

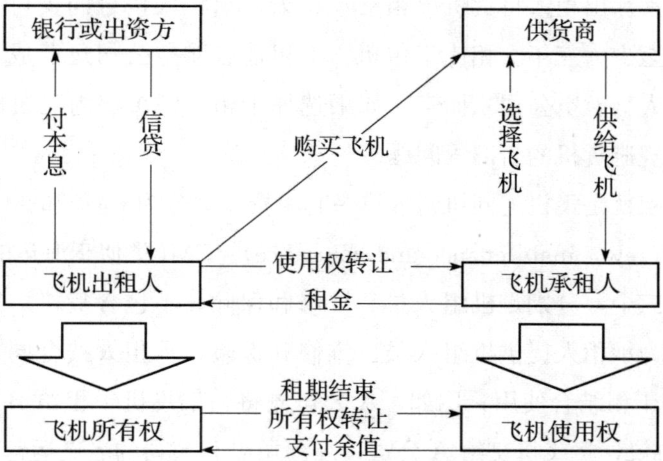

图7-5 飞机融资租赁业务模式

②经营性租赁。飞机经营性租赁业务模式如图7-6所示。经营性租赁业务，一般由飞机租赁公司购买市场上较为热门的机型，进而出租给航空公司，在该模式下，通常租金不能完全覆盖飞机购买价格，并且出租人要承担飞机维修、保险等费用。

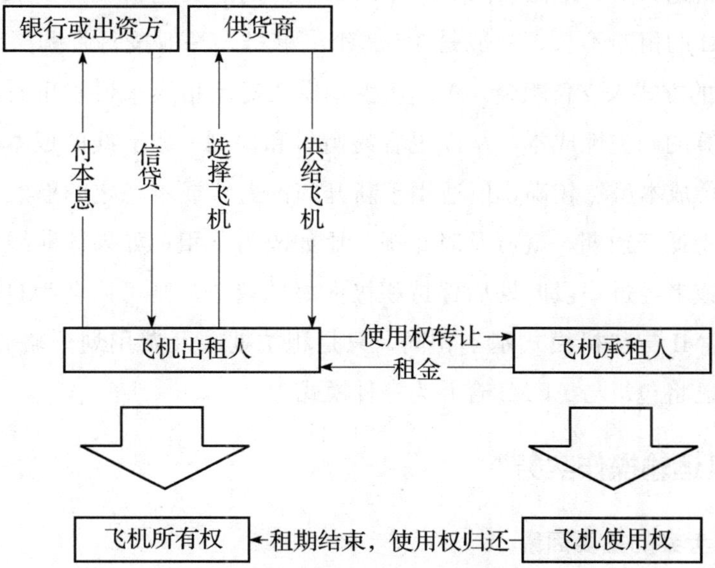

图7-6 飞机经营性租赁业务模式

(2) 按租赁要素配置多少划分。

一般而言，货机租赁一般包含飞机、机组人员、维修、保险、地勤等多个要素。因此，基于租赁要素配置多少，可分为包机、干租（dry lease）和湿租（wet lease）。可见，对于航空公司而言，包机运输只是经营性租赁的一种特殊形式。

①干租。干租类似于海运的光租租船，其租赁标的物仅有货机，不包括机组人员、维修、保险等要素。出租人将货机出租给承租人，承租人按合同支付租金。干租的租期比较长，一般至少为三年。相比于包机，干租适合航空公司运营成熟、货源稳定的航线。对于承租人（航空公司）而言，如果选择干租，则短期内飞机的使用成本是增加的，但可有效规避货机的折旧等问题。

②湿租。湿租就是飞机连同机组人员一起租赁，又分为 CMI 和 ACMI 两种方式。

一是 CMI（crew，maintenance and insurance）。CMI 类似于海运的船员劳务外派，其租赁标的物有三个，分别是机组人员、维修和保险，不包含货机。货机由承租人自己解决。出租人为承租人提供机组人员、维修和保险，承租人按合同支付租金。大多情况下，CMI 和干租结合使用，比如，A 公司先将一架飞机干租给 B 公司，B 公司再按照 CMI 租赁协议，将飞机交给 A 公司，A 公司以 B 公司的名义运营，并向 B 公司收取租金。"干租＋CMI" 适用于虚拟航空公司，比如，亚马逊初涉航空货运业务时，主要采用这种模式。

二是 ACMI（aircraft，crew，maintenance and insurance）。ACMI 相当于海运的定期租船，其租赁标的物有四个，分别是货机、机组人员、维修和保险。出租人为承租人提供飞机、机组人员、维修和保险，并以承租人的名义运营飞机，承租人按合同支付租金。ACMI 的租期不长，一般是 1～3 年。承租人一般按每月购买多少轮班时间（block hour）的方式来支付租金。ACMI 租赁模式对承租人来说省事省心，它给了承租人一个可计算的确定性成本，从而更容易衡量和预测一条航线的成本收益水平。因此，ACMI 租赁成本虽然较高，但适用于新开辟的航线或不稳定的航线。一旦新航线的实际收益水平低于预期，就可及时止损，比如改为干租；如果该航线的实际收益水平高于预期，或者经过一段时期后保持积极向好的趋势，则可以转为自购自营。值得注意的是，ACMI 与包机模式基本相同，只是租赁期限及费用划分略有差别，因此，许多航空公司已将包机与 ACMI 合并为一种模式。

二、包机运输操作实务

1. 包机应考察的主要因素

航空货运代理或托运人在决定采用包机运输之前，应考察航空公司的地面服务、航班时限、舱位重量，并对承包价格、出口货物的时限、货物重量、货运市场情况进行测算，确定承包航班和舱位。承包的舱位首先保证用于运输自己的货物，剩余舱位可转租于其他航空货运代理。

（1）货物。货物的种类、批量、流向、时间及安全要求等，既决定包机方式、机型、价格，包机是单程还是往返等，也决定包机的时机。实践中，办理包机至少须在发运前一个月与航空公司洽谈，并签订协议，以便航空公司安排运力，办理包机过境、入境、着陆等有关手续。

（2）始发地和目的地。一是国际包机直飞目的地是否为国际机场，即是否可以办理通关手续。如不是，则不能安排直飞。二是航班的始发地与目的地机场是否可以起降包机的机型。三是航空公司与始发地和目的地之间是否签署地面操作协议，包括和哪个仓库进行交接，由谁进行打板，由谁进行装卸货，有什么设备可以使用，由谁进行起飞前检查（机务）等地面操作。在申请航权之前，应该先申请地服协议，因为如果没有地服协议，航权申请一般也不会获批。四是始发地和目的地的政治与安全等因素。

（3）航线、机型与航权申请。一是包机有没有中间经停站点，是技术经停还是其他，这些因素会涉及货物安全问题。二是机型，表 7－3 显示了包机常用的货运机型。三是申请航权。没有航权，谈何包机？因此，航空公司应事先取得指定航线涉及国家和地区的民用航空部门颁发的飞越和机场降落许可。

表 7－3　包机常用的货运机型

规格	B777－200F 货机	B747－400F 货机	A300F 货机	B738F 货机	B757－300 货机	B767－300 货机	安 124－100 货机
机长（米）	63.7	70.6	58.37	37.57	54.5	54.94	69.1
翼展（米）	60.9	64.4	56.4	34.1	38.05	47.57	73.3
高度（米）	18.5	19.4	16.4	11.76	13.56	15.8	21.08
空机重量（千克）	139 225	178 756	119 600	75 478	123 600	90 011	450 000
装载重量（吨）	100	120	60	15	35.6	54	150
装载体积（立方米）	600	960	350	120	67	54	1 160

2. 包机的操作程序

（1）询盘。

包机人应找寻合适的航空公司，提前说明包机的任务性质、包用机型、架次、使用日期和航程等事项，并协商包机运输条件。

（2）签约。

双方协商包机的运输条件后，签订包机运输合同，明确双方权利、义务与责任。

①押运员。包机人和承运人可视货物的性质确定押运员。押运员凭包机运输合同办理机票并按规定办理乘机手续。

②包机吨位的利用。包机的载运量由承运人根据包机人包用的机型和飞机的航程确定，包机人可以充分利用飞机的吨位。承运人如须利用包机剩余吨位，应与包机人协商。对于包机的剩余吨位，包机人不得擅自决定用于载运其他单位的货物和人员。承运人需要利用时，应征得包机人的同意，承运人可组织货源。吨位以及费用由双方协商解决。

③包机变更。包机合同签订后，除天气或其他不可抗力的原因之外，包机人和承运人均应当承担包机合同规定的经济责任。包机人提出变更包机前，承运人因执行包机任务已发生调机的有关费用，应当由包机人承担；要求改变飞行日期时，在承运人运力调整许可的情况下可以同意；如因运力安排困难不能更改时，应向包机人说明情况，若包机人要求取消包机，则应收取退包费。由于承运人不能按包机合同如期飞行，包机人要求退包时，免收取一切费用。因特殊情况，包机人需要留机时，应在申请包机时提出，留机费用按相关规定收取。由于承运人原因（天气、禁航、民航保障部门等原因除外），超过规定起飞时间不能执行，在第 3 小时内执行，按合同规定的全部费用的 90%收取；在第 4～6 小时之内执行，按合同规定的全部费用的 80%收取；在第 7～24 小时之内执行，按合同规定的全部费用的 70%收取；超过 24 小时执行，按合同规定的全部费用的 50%收取。由于承运人原因取消包机合同，按合同规定的全部费用的 50%赔偿包机人。

（3）履约。

①包机人应当按约定的时间将货物送到指定机场，自行办妥检验检疫、海关等手续后办理货物托运手续。如遇有特殊情况的装卸，一般应当由托运人自行解决，承运人或其代理人负责在现场指导。

②执行包机合同时，每架次货物包机应当填制一份或几份货运单，货运单和包机运输合同作为包机的运输凭证。包机人与承运人应当履行包机合同规定的各自承担的责任和义务。

③包机运输危险品、活体动物、鲜活易腐货物等特种货物时，要遵守相应的规则和要求。

④包机合同签订后，除天气或其他不可抗力的原因外，托运人和承运人均应当承担包机合同规定的经济责任。包机人提出变更包机前，承运人因执行包机任务已发生调机的有关费用应当由包机人承担。

⑤包用飞机，承运人按包机双方协议收取费用。申请包舱或包集装板（箱）的合同签订及双方应当承担的职责和义务参照包机的有关条款办理。

3. 包机费用与核收

（1）包机费用构成与计算。

①包机费用项目，包括用于载运货物的包机飞行费用；执行包机任务而产生的事前事后调机费；执行包机任务期间的留机费；货物的声明价值附加费。

②包机收费标准。按飞机最大起飞全重计费，每天飞行不足 2 小时按 2 小时计收最低飞行费。

③包机运费的计算。按各机型每千米费率乘以计费里程计算，特殊情况按各机型每小时费率乘以实际飞行小时计算。目前，包机运费是按每一飞行千米固定费率核收费用，并按每一飞行千米费用的 80%收取空放费。因此，大批量货物使用包机时，要争取来回程都有货载，这样费用比较低；而只使用单程的费用比较高。

④调机运费计算。每飞行小时按包机飞行小时标准费率的 50%计算。

⑤留机费的计算。包机人要求包机停留，在 1 小时之内不收留机费；凡超过 1 小时的，从第 2 小时起每停留 1 小时（不足 0.5 小时不计算，超过 0.5 小时不足 1 小时按 1 小时计算）按包机飞行小时费率的 20%计收留机费；不是包机人原因须停留的，不收留机费。

⑥退包费。包机人签订包机合同后，在执行包机的 3 天前提出退包者，收取包机合同规定的全部费用的 10%作为退包费；在执行包机的 3 天内、24 小时以前提出退包者，收取包机合同规定的全部费用的 20%作为退包费；在执行包机的 24 小时以内提出退包者，收取包机合同规定的全部费用的 50%作为退包费。

（2）包机费用收取。

包机所有费用支付均按合同约定，通常是由包机人在起飞前支付全部费用。此外，航空公司会额外收取押金，以担保额外的费用。

第四节　国际航空包板运输

一、包板运输概述

1. 包板运输的概念

包板即承包集装板，是指与航空公司签订销售代理合同的空运代理，向航空公司承诺，在其某个航线的每个航班（次）上，保证交付一个或几个“板”的货物。航空公司则给其比散货低的集装货物运价，使其在航空货运市场上取得价格优势。若空运代理没有向航空公司交付原先承诺数量的货物，则仍需要按原先承诺的板数向航空公司支付运费。因此，空运代理为了保证揽到充足的货源、避免空舱，通常把包板的价格稍加利润，放给下级代理（空运二级代理）或直接货主。

包板运输操作也是货运代理经常说的“整板交货”（build-up，简称 BUP），BUP 交货时一般航空公司会根据航空货运代理的要求使用集装器承载货物，不与其他货运代理拼板，即整个板上均是自己的货物，多用于高附加值的空运货物（如成品手机）以保证货物在运输、中转、装卸过程中的安全。与之相对应的是“交散交货”（loose cargo），这并不是说货物是散落的或货物底部没有使用托盘，而是说没有采用 BUP 这种独占“板”的方式，即航空公司根据需要将不同货主的货物拼在一起。

2. 包板运输的优点

（1）仓位保证。特别是在货运旺季此优势更明显，不包板的散货在旺季货多时，可能会被航空公司直接甩到下个航班，而如果航空货运代理自己包板，则基本不会发生这种情况。因此，许多不包板的货运代理或货主，通常会将自身“货源”转手卖给包板以保证舱位。

（2）价格优势。包板运输直接与航空公司按航空集装板结算，在价格上有优势，肯定比散货订舱价格便宜。

（3）操作灵活。包板方可以通过泡货重货的科学搭配，在装板上实现利润最大化。

（4）安全性高。采用包板时，整个板上都是自己的货物，多用于高附加值的空运货物，以保证货物在运输、中转、装卸过程中的安全性。

3. 包板运输的缺点

由于包板以“板”为单位，如若货运代理公司没有向航空公司交付原先承诺数量的货物，则仍须按原先承诺的板数向航空公司支付运费。

4. 包板所需要的资质

对于货运代理而言，想要成为航空公司一级代理，首先要具备以下基本的条件和资质：

（1）每个月或每个航班上必须要有足够的货量；

（2）有足够的资金，签约时须缴纳给航空公司押金，所走货物的运费结算周期也比较短；

（3）须提供中国航空运输协会颁发的国际货运一类代理资质（CATA）；

（4）需要代理人提供 IATA 资质和 CASS 结算资质；

（5）其他资质文件，如危险品相关的培训证书等。

二、包板运输操作

1. 打板

简单来说，飞机在装货仓前，先把货物按照一定的规格装到集装器上，然后再统一装进飞机货仓里（类似于海运装箱），这一过程就叫作打板，也称装板。打板实际上包含了装箱这个动作，就是将货物按照一定的规律，比如下重上泡，装在板上或者箱里，板分成高、中、低几种规格，每块板、箱都有自己的体积（容积）、重量的限制，装货的组板员就将货按规律堆在这些集装器上，用网罩或拱形盖板固定，以达到速装速卸、提高航班载运率的目的。之后必须根据板箱的重量划平衡，把板箱号标注在配载单上，组板员根据这个单子把事先打好的板或箱按顺序装到机舱的指定位置。

航空打板用的载具主要分三种：集装板、集装箱、车架，统称为集装器。由于飞机机型不同，所以配置的航空载具也不同，目前，全货机所有的载具都可以使用，比如 B747－400F、A300F、MD11F 等等，而客机就只能使用低板和集装箱。

二维码 7－2
常见空运集装器和集装板图解

（1）集装器（unit load devices，ULD）。为了更好地处理大体积、大批量的货物运输，可将货物按一定的流向装入集装器内进行整装整卸。集装器包括集装板和集装箱两大类。集装器被视为飞机构造中可拆卸的一部分，能放集装器的飞机货舱底部一般均设置有滚轴及叉眼装置，集装器的底部直接与这些装置相接触，可使集装器平稳地进入货舱并牢固地固定在机舱内。

集装器代号通常由 9 位组成，如 PAP2233CA，其中，1～3 位为字母，分别代表集装器类型（箱型代码）、集装器底部尺寸（箱底尺寸代码）、集装器顶部外形及适用的机型（适配代码）。第 1 位类型代码常用字母的含义为："A"代表经适航审定的集装箱，即有证书集装箱；"D"代表未经适航审定的集装箱，即无证书集装箱；"P"代表有证书的集装板；"F"代表无证书的集装板。第 2 位箱底尺寸代码常用字母的含义为："A"代表 224cm×318cm；"K"代表 153cm×156cm；"P"代表 153cm×119cm。第 3 位适配代码常用字母的含义为："E"适配于宽体机型的底舱，无叉槽；"N"适配于宽体机型的底舱，有叉槽。4～7 位为数字，代表集装器的序号；8～9 位为字母，代表集装器拥有者代号。

（2）空运集装箱（air-mode cargo container），包括空陆联运集装箱、主货舱集装箱、下货舱集装箱等多种类型。空运集装箱对货物的保护性是最好的，同时可以用于制冷和保鲜，一般鲜活产品必须用空运集装箱，还有一些箱子有特殊的用途，比如挂衣、危险品运输等等。空运集装箱有多种形状，甚至有一些不规则的形状，主要是充分利用飞机的空间，因为飞机有些仓位是弧形的。常见的空运集装箱主要有 AKE、AKN、DPE 和 DPN 四种类型。

（3）空运集装板（aircraft pallets），简称“板”，是根据机型要求制作的一块平面台板，下边有轮，便于拖带，上边有滚轴，便于装卸，四周有钩或锁扣，便于固定、捆扎货物。货物放上去后，用网罩或拱形盖板固定，然后锁定入货舱，以达到速装速卸的目的。集装板有一定的规格，有大板（318×244）、小板（318×224）等等，具体怎么打板还要看具体的舱位再安排。低板可装到 1.6 米平高（一般低板、大板可装 8～10 立方米的货，要看货物是托盘还是散货），如果是 747 货机，中高板一般是 2.4 米平高，如果是 MD11 货机，一般是 1.6 米收口，具体看机型以及各家航空公司的要求。

（4）车架，主要用于运输汽车，放置在 PGA 集装板上，使两辆车可以相叠放置。

表 7-4 和表 7-5 显示了常见的集装箱器与飞机的装载数据，供装板时参考。

表 7-4　常见的集装箱器的装载数据

<table>
<tr><th>名称</th><th>底板（cm）</th><th>高度（cm）</th><th>自重（kg）</th><th>毛重（kg）</th><th>容量（m³）</th><th>使用机型</th></tr>
<tr><td>AKE/AVE（LD3）</td><td>153×156</td><td>163</td><td>100</td><td>1 588</td><td>4.3</td><td rowspan="7">747，
747F，
777，
Airbus</td></tr>
<tr><td>AKN（LD3）</td><td>153×156</td><td>163</td><td>100</td><td>1 588</td><td>4.2</td></tr>
<tr><td>DPE（LD2）</td><td>119×156</td><td>163</td><td>100</td><td>1 225</td><td>3.5</td></tr>
<tr><td>DPN</td><td>119×156</td><td>163</td><td>100</td><td>1 225</td><td>3.4</td></tr>
<tr><td>标准板：P1P，PAG</td><td>224×318</td><td>163/244/290</td><td>105</td><td colspan="2">4 626(LD)，6 033(MD)</td></tr>
<tr><td>10 英尺板：P6P，
PMC，PQP</td><td>244×318</td><td>163/244/290</td><td>105</td><td colspan="2">5 035(LD)，6 804(MD)</td></tr>
<tr><td>PLA</td><td>153×318</td><td>163</td><td>103</td><td colspan="2">3 175</td></tr>
<tr><td>20 英尺板：P7E，PGE</td><td>244×606</td><td>244/290</td><td>480</td><td colspan="2">11 340</td><td>747F</td></tr>
</table>

表 7-5　飞机的装载数据

<table>
<tr><th>机型</th><th>舱门尺寸（cm）高×宽</th><th>最大装载量（散舱容积）</th><th>动物货舱</th></tr>
<tr><td rowspan="4">B747-400
COMBI</td><td>主货舱 305×340</td><td>7 块 P6P 集装板或 5 块 P6P 板加 1 块 20 英尺板</td><td rowspan="4">可以</td></tr>
<tr><td>前下货舱 168×264</td><td>5 块 P1P 板或 P6P 集装板</td></tr>
<tr><td>后下货舱 168×264</td><td>16 个 AVE 箱或 4 块 P6P 板或 4 块 P1P 板加 4 块 AVE 箱</td></tr>
<tr><td>散装舱 119×112</td><td>12.3m³(4 408kg)</td></tr>
</table>

续表

机型	舱门尺寸（cm）高×宽	最大装载量（散舱容积）	动物货舱
B767-300	前货舱 175×340	4 块 PIP 板或 P6P 集装板	可以（无气味）
	后货舱 175×187	14 个 DPE 箱或 7 块 PLA 板	
	散装舱 119×97	12.0m³(2 925kg)	
B777-200	前货舱 170×270	6 块 P1P 板或 P6P 集装板或 18 个 AVE 箱	可以（无气味）
	后货舱 170×180	14 个 AVE 箱	可以（限板）
	散装舱 114×91	17m³(4 082kg)	可以
A340-300	前货舱 169×270	6 块 P1P 板或 P6P 集装板或 18 个 AVE 箱	可以
	后货舱 169×270	4 块 P1P 板或 P6P 集装板或 14 个 AVE 箱	不可以
	散装舱 95×95	19.6m³(3 468kg)	可以
B737-300	前货舱 88×121	10.4m³(2 269kg)	可以
	后货舱 88×117	19.6m³(3 462kg)	
B737-800	前货舱 89×122	19.6m³(3 558kg)	可以
	后货舱 84×122	25.4m³(4 850kg)	

2. 包板运价

表 7-6 显示了常见的航空运价分类。一般而言，航空公司运价可分为散货价和板价两类。其中，散货价是按重量等级计费；而板价是以集装板为单位计费。

表 7-6　常见的航空运价分类

按时间分类	长期协议	协议期限 1 年
	短期协议	协议期限≤0.5 年
按包板（舱）分类	死包板（舱）	无论托运人是否付货，均按协议支付运费
	软包板（舱）	若起飞前 72 小时未确定总量控制下的舱位，则承运人自行销售
按返还内容分类	按销量返还	代理人在规定期限内完成指定货量可获运费返还
	按销额返还	代理人在规定期限内完成指定销售额可获运费返还
按器具分类	非集装货运价	以计算重量计费，一般高于集装货运价
	集装货运价	以集装器为单位计费，运价较低
自由销售	议价货物或一票一价	签订协议，托运人保证每年交运一定数量的货物，航空公司则向托运人提供一定数量的运价折扣

包板运价与集装货运价有交叉。一方面，集装货运价是包板运价的基础，因为包板运价是以集装器为单位计价的；另一方面，集装货运价也是班机运输定价的一种形

式，在班机运输中，如货主使用集装器托运货物，则应按集装器计价。

对于集装货运价，目前主要采取如下三种形式：

(1) 大宗货集装器运价（bulk unitization charge，BUC）。此种运价以一个集装器为单位，对装有货物的集装器规定了最低收费重量和最低收费金额。当装有货物的集装器重量超过规定的最低收费重量时，超出部分（扣除集装器的自重）应按规定的费率支付附加超重费。

(2) 集装器运价。此种运价是按集装器的重量与规定的费率予以收费。它通常根据使用航空公司的集装器还是使用货方自备集装器而分别定价。目前，我国始发站不办理由托运人或代理人自备集装器的货运业务。

使用航空公司集装器托运货物时，集装器运价按以下规定计算：

①目前除了特别公布的指定商品运价（SCR、ULD、RATES）外，《国际航空货运费率手册》公布的运价适用于所有货物。

②在计算集装货运价时应考虑以下内容：集装器运价种类代号、集装器最低计费重量（pivot WT）、集装器最低运费率（pivot rate）、超过最低计费重量的货物重量（over-pivot WT）和相应的费率（over-pivot rate）。

③如果货物的实际重量未超出最低计费重量，则按最低计费重量计算运费，在货运单中用符号 U 表示；如果货物重量超过最低计费重量，则超出部分的货物运费应使用超出的重量乘以第一个 over-pivot rate 作为集装箱货物附加运价，在货运单中用符号 E 表示。比如，假设公布的某种集装器各重量点及其对应费率为 700 千克：40 元；1 000 千克：30 元。如果货物重量低于 700 千克，则运费应按 700 千克计费，即运费=700×40=28 000 元；如果货物重量超过 700 千克，假设为 800 千克，则对超出的 100 千克应按 30 元/千克计算附加运费，即附加运价=100×30=3 000 元，因此，合计运费=28 000+3 000=31 000 元。

④对于已包装好，不需要把集装器作为包装使用的集装货物，计算运费时不考虑集装器的自重。对于需要把集装器作为包装使用的集装货物，运费应在上述公式计算的基础上加上集装器租赁费。目前，各航空公司集装器租赁费标准各不相同，有些航空公司还对集装器的最低收费重量、最低租赁费、是否扣除集装器自重以及集装器租费是否可议价等做出详细的规定。比如，中国某航空公司对于我国始发的挂装箱的计费做出如下规定：运费按装完货物的集装器计收，并不扣除集装器自重，而且规定最低收费重量不得少于 600 千克，集装器的租赁费可协商。

(3) 包箱运价（FAK）。这种运价是不管装运货物的种类，而是根据装运在集装器中的货物体积制定统一的费率，从而简化了手续，也有利于市场竞争。

在货物使用集装器运输时，货方还可能要支付其他费用，如滞期费、装拆箱服务费等。

一般而言，托运人、收货人或其代理人在始发站和目的站提取航空公司的集装器装卸货，在 48 小时内不收取费用，如果超过 48 小时，则要收取滞期费。其时间的计算如下：在始发站自托运人或其代理人提取集装器当日午夜 24 时起算，在目的站则是自货物到达后第 2 天午夜 24 时起算。星期六、星期天、节假日不计在内。

装拆箱板、送提箱板、重整箱板及其他服务一般由货方自己负责，如果由承运人提供这些服务，则另外收取服务费。

第五节 国际航空集中托运

一、集中托运概述

1. 集中托运的概念

如图 7－7 所示，航空集中托运（consolidation）是指航空货运代理作为集运商（consolidator）将起运地几个托运人运给另一目的地的几个收货人的小件货物汇集成一整批后，以托运人身份向航空公司办理托运，采用一份航空主运单集中发运到同一目的地，由集运商在目的地的分拨代理（break bulk agent）以收货人身份从航空公司处提取货物后，再根据集运商签发的航空分运单分拨给各个实际收货人的运输组织方式。

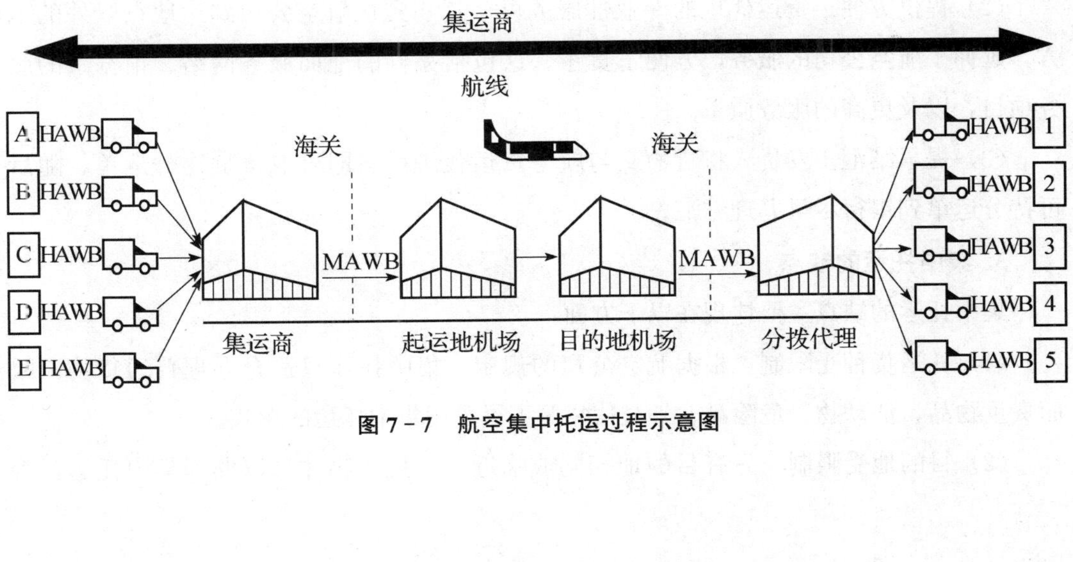

图 7－7 航空集中托运过程示意图

表 7－7 显示了航空集中托运与直接运输的区别。由此可见，在集中托运下，航空集运商除了可以提供航空销售代理人提供的服务内容外，还可以承担其他货运服务。

表 7－7　集中托运与直接运输的区别

比较项目	直接运输	集中托运
货物交付	货物由货主或航空货运代理交付给航空公司	货物由货主交付给集运商，集运商集运后再交付给航空公司
使用运单	航空公司的货运单	同时使用航空公司的主运单和集运商的分运单
运单填开	航空货运单由航空货运代理填开； 托运人栏和收货人栏分别填列真正的托运人和收货人	主运单、分运单均由集运商填开； 主运单上记载的发货人、收货人分别为集运商、分拨代理；分运单上记载的货物收货人、发货人分别为真正的托运人和收货人

2. 集中托运的优点

对于托运人而言，集中托运的优势主要表现在以下三个方面：

(1) 节省运费。由于航空运输按不同重量标准确定不同运费率，托运量越多，费率越低。例如有 10 批货物空运至美国芝加哥，每批 20 千克，如单批发运，运价为每千克 19.34 元，若将此 10 批货物集中托运，开列一张运单，按 200 千克级运价，仅为每千克 13.69 元。因此，当货运代理将若干个小批量货物组成一大批出运时，能够争取到更为低廉的费率。货运代理会将其中一部分用于支付目的地代理的费用，将另一部分返还给托运人以吸引更多的客户，其余的作为自己的收益。

(2) 提供方便。货运代理的专业性服务可使货物到达航空公司到达地点以外的地方，延伸了航空公司的服务，方便了货主。这包括完善的地面服务网络、拓宽了的服务项目，以及更高的服务质量。

(3) 提早结汇。发货人将货物交与航空货运代理后，即可取得货物分运单，随后可持分运单到银行尽早办理结汇。

3. 集中托运的缺点

集中托运的缺点主要体现在以下方面：

(1) 托运货种受限制。根据航空公司的规定，集中托运只适合办理普通货物，因而贵重物品、活动物、危险品、外交信袋等不得采用集中托运的形式。

(2) 目的地受限制。只有目的地相同或临近的一批货物才可以办理集中托运，否则无法发挥集中托运的优势。

(3) 出运时间不易确定。由于需要将不同的货物集中托运，货物的具体出运时间有时不易确定，因此，对于易腐烂变质的货物、紧急货物或其他对时间要求高的货物，不宜采用集中托运形式。

(4) 对书籍、杂志等可以享受航空公司优惠运价的货物，如使用集中托运的形式，则可能不仅享受不到运费的节约，反而使托运人负担加重。

二、集中托运操作实务

1. 集中托运下航空货运代理的法律地位

(1)《瓜达拉哈拉公约》的规定。

根据《瓜达拉哈拉公约》的规定，航空货运中的缔约承运人和实际承运人具有如下内涵：缔约承运人（contracting carrier），是指以自己的名义，与托运人或托运人的代理人签订航空运输合同的人。实际承运人（actual carrier），也称履约承运人（performing carrier），是指根据缔约承运人的授权，履行全部或部分航空运输合同任务的人。

在集中托运模式下，托运人将货物交给航空货运代理并提出托运要求，表明托运人将航空货运代理视为承运人；航空货运代理以承运人的身份向货主承揽货物，表明其愿意按货主指示以合理方式运输货物，双方具有订立运输合同的意思表示，因此，按《瓜达拉哈拉公约》规定，应将航空货运代理认定为缔约承运人，航空分运单可以作为证明航空货物运输合同的初步证据。

(2)《中华人民共和国民用航空法》（简称《民用航空法》）的规定。

根据我国《民用航空法》第九十三条、第一百零六条的规定可知，只有拥有航空器、航空人员的公共运输企业才有资格成为实际承运人或缔约承运人。而航空货运代理一般不具有航空器、航空人员，因而无法成为承运人（实际承运人或缔约承运人）。

既然航空货运代理不能成为《民用航空法》下的承运人，这就意味着，在集中托运模式下，航空公司与航空货运代理所签发的主运单与分运单的性质有所不同。航空公司或其代理出具的主运单具有运输合同证明的性质，而航空货运代理出具的分运单则不具有运输合同证明的性质，只能证明航空货运代理与托运人之间存在合同法律关系，即只能由《中华人民共和国民法典》（简称《民法典》）相关规定来调整航空货运代理的权利、义务与责任。由此，航空货运代理将面临以下风险：

①无法享有赔偿责任限制的权利。在合同或分运单没有特别约定的情况下，如货物在运输期间发生损坏、灭失或短少，航空货运代理应当按照货物的实际价值向货主赔偿；赔偿完毕后，航空货运代理可以向航空公司追偿。然而，作为《民用航空法》

下的承运人，航空公司有权援引责任限制，将自己的赔偿责任限定在责任限额之内。换言之，航空货运代理将无法追回全部损失。

②无法享有索赔时效的保护。根据《民用航空法》的相关规定可知，发生货损或迟延交付的，托运人必须在以下期限内向承运人提出异议：货物损坏的，应在收到货物之日起 14 日内提出；货物迟延交付的，应在收到货物之日起 21 日提出；如在上述期限内未提出异议的，托运人将丧失提出索赔诉讼的权利，除承运人有欺诈行为外。

在集中托运模式下，如货损或迟延交付的异议未及时提出，航空货运代理将丧失向航空公司索赔的权利，但货主仍然可以起诉航空代理要求索赔，只要在收到货物后的 2 年内提出即可。

基于以上风险，建议航空货运代理在从事集中托运业务时应注意采取以下预防措施：

①注意使用保价条款，以保护自身利益；

②重视货物交接环节的验货，特别是从航空公司处提货时，务必要检验货物，在发现货损时及时告知航空公司，并保留书面或语音记录；

③注意选择合理的商业保险方案，以转移运输风险。

2. 集中托运的操作流程

集中托运的操作流程如下：托运人—航空货运代理（起运地）—航空公司—航空货运代理（目的地）—收货人。

（1）出口货运服务。

①为每一票货物分别制定分运单，即出具航空货运代理的运单。

②负责集中托运货物的组装。将所有货物区分方向，按照相同目的地（同一国家、同一城市）来集中，制定出航空公司的总运单。总运单的发货人和收货人均为航空货运代理。

③打出该总运单项下的货运清单，即此总运单有几个分运单，号码各是什么，其中件数、重量各多少，等等。

④把该总运单和货运清单作为一整票货物交给航空公司。一个总运单可视货物具体情况随附分运单（可以是一个分运单，也可以是多个分运单）。如一个主运单内有 10 个分运单，则说明此总运单内有 10 票货，发给 10 个不同的收货人。

⑤货物的信息跟踪。

（2）进口货运服务。货物到达目的地机场后，当地的航空货运代理作为总运单的收货人负责接货、分拨，按不同的分运单制定各自的报关单据并代为报关，为实际收货人办理有关接货事宜。

实际收货人在分运单上签收以后，目的地航空货运代理以此向发货地的航空货运代理反馈到货信息。

3. 集中托运下分运单纠纷处理

在集中托运模式下，通常航空货运代理分别向若干个托运人签发自己的分运单，同时也代表航空公司签发一份主运单。下面讨论几种不同情况下的处理。

（1）航空货运代理同时签发主运单与分运单。

在实务中，根据单证记载不同，可分为两种情况：

①货运代理以自己为托运人，以航空公司的名义出具一份主运单，同时又向托运人出具分运单，主运单中注明了分运单的编号，而分运单中注明了主运单的编号。

在此种情况下，可初步推定该企业为航空公司代理的身份，除非具有相反证据，即该分运单可以视为主运单的补充，航空货运代理及所代理的航空公司与托运人、收货人或其代理人之间是航空货物运输合同关系。主运单成为托运人或收货人与航空公司之间存在运输合同的证明，分运单所有人及（或）签发人仅承担代理人的责任。

②空运代理以自己为托运人，以航空公司的名义出具一份主运单，又向托运人出具分运单，主运单中没有注明分运单的编号，而分运单中也没有注明主运单的编号，或者注明的编号不一致的。

值得注意的是，在航空货物运输合同中，一方当事人必然是出具主运单的航空运输公司或其代理人，另一方当事人是托运人、收货人或其代理人。当航空货运代理仅出具一份货运单，却又分别向其他托运人出具分运单时，如果发生货物运输纠纷，可分为两种情况讨论：

一是航空货运代理与航空公司存在委托代理关系。此时航空货运代理属于间接代理或隐名代理。对此，当托运人或收货人向航空货运代理主张权利时，航空货运代理作为承运人的代理人应当披露委托代理关系，并向托运人提供主运单，托运人可以选择航空公司或者航空货运代理作为诉讼主体。

二是航空货运代理与航空公司不存在委托代理关系。主运单并不是托运人与航空公司之间直接缔结的合同，而是由两种合同关系组成的，即航空货运代理与航空公司之间存在航空运输合同，以及航空货运代理与托运人之间存在航空货运委托合同。对此，根据《民法典》第一百七十一条："行为人没有代理权、超越代理权或者代理权终止后，仍然实施代理行为，未经被代理人追认的，对被代理人不发生效力"，托运人无权直接对航空公司主张权利，航空公司也没有必要对托运人承担任何义务，而只能根据分运单向航空货运代理主张权利。航空货运代理赔偿货方损失后，可根据主运单向航空公司追偿；当然，如果托运人与航空公司可以举证证明航空货运代理存在欺诈，致其利益受损害，也可以主张撤销合同。

（2）航空货运代理仅签发分运单，未签发主运单。

此时，航空货运代理与托运人通过出具分运单或者以其他形式证明权利义务关系的，相互之间成立委托代理合同，托运人据此向航空货运代理主张权利。

第六节 国际航空快递

一、国际航空快递概述

1. 国际航空快递的概念

国际航空快递，是指由具有独立法人资格的企业，将进出境的诸如急需的药品、医疗器械、贵重物品、图纸资料、货样、各种运输贸易商务单证和书报杂志等小件物品从发件人所在地通过自身或代理的网络运达收件人的一种快速运输组织形式。

2. 国际航空快递与国际航空普通货物运输的区别

作为国际航空货物运输业的一个分支，国际航空快递与国际航空普通货物运输既存在许多相似性，又有自己的特点：

（1）国际航空快递的最显著特点是快捷、方便。

（2）国际航空快递承接的货物以商业函件、小型样品为主，其本身的价值并不高，但一旦在运输途中造成损坏、灭失或延误，可能引起货方较大的间接损失。

（3）国际航空快递大多提供“桌至桌”服务，快递经营人的责任期间为在收货地从收货人处收到物件开始直至在目的地将物件交至收货人止的全部期间，即责任期间在传统的航空运输的基础上向两端延伸，从而扩大了快递经营人的责任期间。

（4）国际航空快递大多采取“预先申报，集中验放”方式通关。发达国家快递公司的资料库一般同海关联网，在承运快件的飞机尚未到达时，有关资料已进入海关的资料库进行电子清关。飞机到港后，海关决定查验的快件马上送交海关查验，其他快件海关会立即放行。这样，快件的清关时间就可大幅缩短。根据《中华人民共和国海关对进出境快件监管办法》规定，我国海关对进出境快件也实施特殊的快速通关政策。

（5）尽管国际航空快递过程涉及陆运与空运两种运输方式，但整个国际航空快递过程仍统一适用规范国际航空货物运输方面的国际公约或国内法律法规，因而它并不构成《联合国国际货物多式联运公约》中规定的国际多式联运。

（6）基于国际航空快递的特殊性，与普通的航空货运单相比，各快递公司所签发的分运单（也称为交付凭证，proof of delivery，POD）均专门增加了有关间接损失、保险等方面的条款，而且承运人的责任限制也提高到100美元/件。

3. 国际航空快运与国际航空快递的区别

快运与快递的区别如表7-8所示。可见，它们之间的重要区别在于：一是受理货物的规格不同；二是监管部门不同，快运由交通运输部门管理，而商业快递则委托邮政部门管理，商业快递公司需要接受邮政部门的管理。

表7-8 快运与快递的区别

对比项目	快运	快递
货物规格	大件货或者比较多的货物	小件货或单件货物
计费单位	按体积和重量计算价格	按重量收费
价格	便宜	较贵
上门取货或者送货上门	一般不提供	提供
运送时间	较慢	较快
查询服务	无快递单号的，不能网上查询	可以按照单号在网上查询
适用法规	运输法规	邮政法规
监管部门	交通运输部门	邮政部门

4. 国际航空快递与中国邮政EMS、邮政普通服务的区别

国际航空快递为进出口商务客户提供限时服务，除非经过批准，否则一般不得为私人，尤其是党政军客户提供服务，其经营行为是与国际惯例接轨的市场行为，其价格由市场调节；中国邮政EMS是我国邮政部门办理的特快专递业务，既为商务客户提供服务，又为私人、党政军客户提供服务，其价格通常执行国家指导价；邮政普通服务不经营快件业务，只履行万国邮政联盟的规定与我国《宪法》规定的义务，只能是“微利”或“保本”经营，而非完全的市场行为。

在很多方面，快递要优于邮政的邮递服务。除了较快送达目的地及必须签收外，现在的快递业者均提供邮件追踪功能、送递时间的承诺及其他客户需要的服务。因此，快递的收费比一般邮递高出许多。在中国，快递业者可以不同的规模运作，小至特定市镇服务，大至区域、跨国甚至是全球服务。比如，国际四大快递巨头为 DHL、UPS、FedEx 和荷兰邮政（TNT），中国的主要快递机构包括顺丰速运、邮政快递、中通快递、圆通速递、申通快递等。

二、国际航空快递的组织方式与运作流程

1. 国际航空快递的组织方式

国际航空快递的组织方式主要分为三类：门到门、门到机场、专人派送。

（1）门到门。

门到门服务是指发件人需要发货时打电话给快件公司，快件公司接电话后，立即派人到发件人处取件，快件公司将所需发运的快件根据不同的目的地进行分拣整理、核对、制单、报关，通过航空公司或快件公司自己的班机，将快件运往世界各地。发件地的快件公司用电传、电子邮件或传真等形式将所发运快件的有关信息，如航空运单及分运单号、件数、重量等内容，通知中转站或目的地的快件公司。快件到达中转站及目的地机场后，由中转站或目的地的快件公司负责办理清关、提货手续，并将快件及时送到收货人手中，之后将快件派送信息及时反馈给发件地的快件公司。这是最普遍的组织方式，适合发运一般的文件、成交的样品。

（2）门到机场。

门到机场（door to airport）服务中的运输服务只能到达收件人所在城市或附近的机场，快件到达目的地机场后，当地快件公司及时将到货信息通知收件人，收件人可自己办理清关手续，也可委托原快件公司或其代理公司办理清关手续，但须额外缴纳清关代理费用。采用这种运输方式的快件多是价值较高，或目的地海关当局有特殊规定的货物或物品。

（3）专人派送。

专门派送（courier on board）这种方式是指发件地快件公司指派专人携带快件，在最短的时间内，采用最便捷的交通方式，将快件送到收件人手里。这种方式一般是在比较特殊的情况下，为了确保货物安全及交货时间而采用的。

2. 国际航空快递的运作流程

国际航空快递一般采用轴辐式网络结构，整个运输过程通常由始发地（发货人）—集结中心—始发枢纽机场—终到枢纽机场—分拨中心—目的地（收货人）组成的集结运输、干线运输、分拨配送等多环节组成，具体可分为发送、中转及交付三大环节。实践中，根据交付地点不同，其运作流程略有差异，图 7 - 8 显示了常见的国际航空快递运作流程。

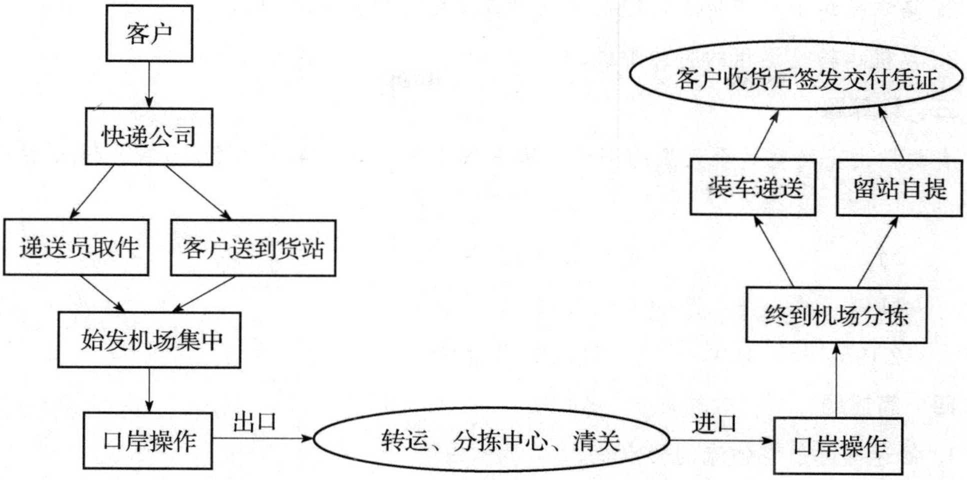

图 7-8　国际航空快递运作流程

（1）发送。由快递公司上门取货或客户自己送货；在始发机场集中快件，办理口岸业务后离港。

（2）中转。在中转机场（如有）办理快件中转操作。

（3）交付。快件在终到机场办理分拣、清关等口岸业务后，由快递公司送货上门或由客户自提。

综合练习

一、不定项选择题

1. 从上海运往大阪的一票航空货物，品名是报纸，计费重量是 65 千克，请问选择的适用运价是（　　）。

A. N 运价 GCR　　B. N 运价 GCR 的 50%

C. 45 千克的运价　　D. 100 千克的运价

2. 大宗货集装器运价的英文缩写是（　　）。

A. BUC　　B. ULD

C. SCR　　D. CCR

3. 航空运单具有（　　）功能。

A. 货物收据　　B. 物权凭证

C. 运输合同证明　　D. 流通性

二、是非题

1. 包板运输是包机运输的特殊形式。

2. 集中托运下航空货运代理往往同时签发主运单及分运单。

3. 包机运输是湿租的特殊形式。

三、计算题

有两批由上海空运至大阪的围裙，第一批 150 千克，第二批 80 千克。假设运价资料为：

M		1 850 元
N		22.71 元/千克
2 195	100	18.80 元/千克

四、简述题

1. 简述国际航空物流的特点。
2. 简述国际航空快递的组织方式。
3. 简述包机运输的优缺点。
4. 简述集中托运操作流程。

第八章 国际多式联运物流

开篇案例

多式联运为何“叫好不叫座”?

随着全球经济的不断发展，物流行业成为推动经济繁荣的关键领域之一。而多式联运是高效的货物运输组织方式，不仅在于多式联运推动了交通运输业自身的变革，提高了运输效率与经济效益，更在于多式联运依托运输组织与运输规则，牵引运力、货物在空间上的移动与分布，构建了一个高效、智能的物流体系，进而影响甚至控制生产要素的流动，重构国际贸易规则乃至经贸格局。因此，大力推广多式联运对充分利用运输资源、促进各种运输方式合理分工、提高一体化运输服务水平、降低运输交易成本和社会物流成本、促进交通运输绿色发展、提升经济社会综合效益与产业竞争力等均具有显著作用。然而，就目前的推广进程来看，多式联运在国内“叫好不叫座”，在物流体系中发挥的作用和想象中仍有较大的差距。究其原因，主要来自哪些方面？应采取哪些措施？要回答以上问题，便需要本章所讲述的相关知识。

学习目标

知识目标：

1. 了解国际多式联运的优缺点。

2. 熟悉国际多式联运的概念、内涵与构成要素、国际多式联运系统、国际多式联运物流流程设计、国际多式联运“一单制”“一箱制”。

3. 掌握国际多式联运物流单证与费收业务、国际多式联运物流方案设计。

能力目标:

1. 能正确进行国际多式联运物流流程设计与方案设计。

2. 具备运用国际多式联运物流理论解决实际问题的能力。

素养目标:

1. 认识国际多式联运在交通强国、贸易强国建设中的重要作用。
2. 明确国际多式联运物流人才的责任和担当，增强使命感，提高专业认同度。

第一节 国际多式联运与国际多式联运系统概述

一、国际多式联运概述

国际多式联运是以国际货物多式联运为主要运输形式，借助现代信息技术，连接供给主体和需求主体，使原材料、产成品从一国起点至另一国家终点及相关信息有效流动的全过程。它将运输、仓储、装卸、加工、整理、配送、信息等方面进行有机结合，形成完整的物流服务供应链，为用户提供多功能、一体化的综合性服务。

（一）国际多式联运的概念

多式联运起源于20世纪60年代的美国。在发展初期，凡是经由两种及以上运输方式的联合运输均被称为多式联运。后来，随着技术的不断进步和发展形式的日趋多样，各国对于多式联运概念和内涵的界定也有所不同，比如，有称多式联运，也有称联合运输、复合运输、一贯制运输、组合运输等。由于长期以来多式联运这一概念一直存在诸多争论，这为理论研究和社会实践带来了一定的障碍，因而有必要准确认识和把握多式联运的概念。

1. 欧洲

2001年欧盟发布了《组合运输术语》，对相关概念作了统一规范。从外延自大到小看，共涉及以下三个基本概念：

（1）多式联运（multimodal transport）。泛指以两种及以上运输方式完成的货物运输形式。显然，不论是否使用集装箱等多式联运箱具，只要运用了多种运输方式就可以称之为“multimodal”。因此，“multimodal”可分为集装化和非集装化，前者是指运用集装箱（或集装化工具）进行的多种运输方式的联运，而后者是指不使用集装箱（或集装化工具）的多种运输方式的联运，或者即使使用了集装化工具，在运输过程中仍要对货物本身进行转载，这种运输组织形式也可以用“transloading”一词表示。

（2）复合运输（intermodal transport）。前缀 inter 和 intra 的区别在于，前者是指不同事物之间，而后者是指同一事物内部各部分之间。显然，在一般情况下，intermodal transport 指多式联运，intramodal transport 是指同一运输方式下的联运。不过，在《组合运输术语》中，intermodal transport 特指"货物全程由一种且不变的运载单元或道路车辆装载，通过两种及以上运输方式无缝接续，且在更换运输方式过程中不发生对货物本身操作的一种货物运输形式"；实践中，可将"loading unit"和"road vehicle"合称为"多式联运成组器"（运载单元，intermodal transport unit，ITU）。

（3）组合运输（combined transport）。指复合运输中"全程仅使用一种标准化成组器"的特定形式。标准化成组器在欧盟国家有三种，即国际集装箱、可脱卸箱体（swap-body）、厢式半挂车（semi-trailer）。

显然，在欧盟《组合运输术语》下，多式联运仅强调"联"，而复合运输和组合运输更强调应使用集装箱、拖车等标准化成组器实现"联"，以提高联运的效率。也就是说，在欧盟《组合运输术语》中，这三个概念是有区别的：复合运输包含了多式联运，多式联运又包含了组合运输；反过来，组合运输是多式联运的特定形式，多式联运则是复合运输的特定形式。

值得注意的是，此处对多式联运、复合运输和组合运输概念的区分，主要是便于说明欧盟对多式联运概念的界定。实际上，在我国，这三个概念并没有严格的界线，如无特殊说明，它们均可译为多式联运。

2. 美国

在美国运输统计局和运输研究委员会的专业术语词典中，multimodal transport 和 intermodal transport 的概念基本等同，均指多式联运。不过，近年来，在美国许多研究报告中，前者多泛指多种运输方式之间的组合，而后者则侧重于针对标准化运载单元的多种运输方式之间的快速转运，显然，这与欧盟的《组合运输术语》有关多式联运的概念界定趋向一致。

3. 国际规则与公约

（1）国际商会《联合运输单证统一规则》。

在国际商会（International Chamber of Commerce，ICC）1973 年制定的《联合运输单证统一规则》中，多式联运用"combined transport"表示，被定义为"至少以两种不同的运输方式，将货物从一国运往另一国的运输"。同时又规定"不同的运输方式是指使用两种或两种以上的运输方式，如海运、内河运输、航空运输、铁路运输或公路运输等运输货物。"显然，该规则下的"combined transport"包括多式联运和江海联运。

(2)《联合国国际货物多式联运公约》。

在1980年《联合国国际货物多式联运公约》中，多式联运用“multimodal transport”表示。

根据该公约，国际货物多式联运是指“按照多式联运合同，以至少两种不同的运输方式，由多式联运经营人（MTO）将货物从一国境内接管货物的地点运至另一国境内指定交付货物的地点”。

这是目前关于多式联运最具权威性和影响力的定义。与欧美相关术语定义有角度上的不同，该公约更多地规定了多式联运服务主体与服务对象的关系，强调了“由一个多式联运经营人一票到底、全程负责”。

(3) 国际商会《跟单信用证统一惯例》(UCP600)。

国际商会《跟单信用证统一惯例》(UCP600) 在第19条“涵盖至少两种不同运送方式的运送单据”中，将multimodal transport和combined transport作为多式联运的术语，认为二者可相互替代。

4. 中国

(1)《民法典》。

《民法典》在“运输合同”一章专门对多式联运进行了规定，其中尽管未明确定义多式联运合同，但在第八百三十八条规定：“多式联运经营人负责履行或者组织履行多式联运合同，对全程运输享有承运人的权利，承担承运人的义务。”其隐含之意即多式联运经营人必然与托运人之间有一项多式联运合同，且多式联运人承担全程运输责任。

(2)《海商法》。

《海商法》第四章第八节对多式联运合同作了规定，即多式联运合同“是指多式联运经营人以两种以上的不同运输方式，其中一种是海上运输方式，负责将货物从接收地运至目的地交付收货人，并收取全程运费的合同”。同时，该法第二条第二款规定：“本法第四章海上货物运输合同的规定，不适用于中华人民共和国港口之间的海上货物运输。”显然，《海商法》有关多式联运合同的规定只针对其中一种是国际海上运输方式的多式联运合同。

(3)《物流术语》。

国家标准《物流术语》(GB/T 18354—2021) 将多式联运定义为“货物由一种运载单元装载，通过两种或两种以上运输方式连续运输，并进行相关运输物流辅助作业的运输活动”。

（4）《货物多式联运术语》。

《货物多式联运术语》（GB/T 42184—2022）分别对联合运输、多式联运、组合运输进行了定义。联合运输指货物从接受委托至到达交付，通过两种及以上运输方式或由两个及以上承运人接续完成的运输组织形式；多式联运指货物由一种且不变的运载单元装载，相继以两种及以上运输方式运输，并且在转换运输方式的过程中不对货物本身进行操作的运输形式；组合运输指干线运输采用铁路、水路、航空运输方式，且最先和最后的接驳运输采用尽可能短距离公路运输的多式联运形式。

显然，长期以来，我国多式联运的定义较多地借鉴了《联合国国际货物多式联运公约》有关国际多式联运的内涵表述，更多地强调“一个承运人”承担“全程运输”，未能突出集装箱、拖车、可脱卸厢体等标准化运载单元在提升多式联运效率中的作用。《物流术语》（GB/T 18354—2021）和《货物多式联运术语》（GB/T 42184—2022）则借鉴了欧盟《组合运输术语》的定义，将“运载单元”视为多式联运的必要条件，以提升多式联运的效率。

集装箱多式联运是狭义的多式联运中以集装箱为载体的联运。目前，许多多式联运的定义都强调集装箱的使用，这是因为集装箱的使用可以大大减少货物在运输方式之间进行转载的时间和成本，而集装箱也主要在运输方式间的转载过程中才凸显其巨大的优势。因此，多式联运往往就是集装箱多式联运的代名词。

（二）国际多式联运的内涵与构成要素

1. 国际多式联运的内涵

由于定义者的研究视角和应用领域不同，对于多式联运的定义在内涵和外延上都有较大的差异，所以不可避免地会存在一些误解，比如只强调多种运输方式参与的定义会使人们夸大多式联运的范围；过多强调集装箱这一种联运箱具作用的定义会使人们对采用非集装箱联运箱具以及不采用联运箱具进行的多种方式的运输感到疑惑；而有些人则可能将多式联运和集装箱运输等同起来理解；等等，而且还有很多中英文献使用不同的词汇来表述大致相同的概念，这样一来就会给理论研究对象的确定、学术交流以及实际中的其他工作（如多式联运相关数据的统计等）带来诸多不便。不过，可以肯定的是，这些定义的基本核心和主题还是一致的，多式联运定义的共同主题是“以两种或多种运输方式实现货物运输”。然而，如果仅认为货物运输只要涉及两种或两种以上运输方式就是多式联运，则是对多式联运的错误认识。实际上，多式联运的核心内涵主要体现在效率与责任两个方面。

（1）效率。

尽管多式联运利用至少两种运输方式，但利用两种以上运输方式所进行的运输并不都是多式联运。这是因为，多式联运并不是不同运输方式的简单叠加，其核心是“联”，它要从过去的分方式、分环节、分区域的运输组织拓展为全程无隙的运输链条，即以统一标准、专业规范构建连续的、综合性的一体化货物运输，从而使多式联运更加方便、简洁、安全、高效。由于全程运输“一体化”程度可以反映出多式联运系统的效率水平，因此，“一体化”也可以作为多式联运的核心内涵，用以评价多式联运系统的运作效率。

（2）责任。

此处的“责任”是指“全程运输责任”，即多式联运必须以多式联运合同为根据，而且该合同必须明确规定由多式联运经营人承担全程运输责任。

目前，欧美国家技术体系较完备，其定义主要是基于技术的视角，强调运载单元和道路车辆作为载货工具必须标准化，因而更多强调效率；我国参照《联合国国际货物多式联运公约》的定义，则是从法律的视角出发，更多强调“全程运输责任”，即多式联运经营人履行全程运输的责任。

建立全程责任制，最终体现在更多的企业采用多式联运提单，形成“一票到底”的结算模式上。实现“一票到底”的全程责任，需要各种运输方式在运力交换节点做到无缝衔接，以保证转运效率的可靠性；需要统一各种运输方式要遵守的规则；需要形成覆盖主要业务区域的联运网络，以解决空重箱调配问题；需要一站式运输服务产品和可以承担全程责任的多式联运经营主体。

效率与责任作为多式联运的核心内涵，二者缺一不可，片面地强调效率或责任都是不可取的。通过多式联运经营人的高效组织与管理，在运输组织环节，多式联运下的货物可以在不同运输方式间实现快速、无缝式换装；在货运业务环节，虽然涉及不同运输方式，但对于发货人而言，在多式联运合同下无须再同各区段的实际承运人打交道，只须面对一个多式联运经营人，这个多式联运经营人必须对全程运输负责，而不管实际承运人到底是谁，到底有几个，这也意味着对于发货人、收货人而言，不但是“一次托运、一次付费、一票到底、统一理赔”，而且由于多式联运经营人承担全程货损货差责任，因此可有效地保护自身的合法权益。

2. 国际多式联运的构成要素

构成国际多式联运的必要条件可概括为两种方式、两个国家、一份单证、一人负责。

（1）两种方式。

首先，如前所述，多式联运不仅需要有两种或两种以上运输方式，而且是这些不同运输方式的有机组合，因而，诸如海海、铁铁或空空等组合，虽经由两种运输工具，但因为是同一种运输方式，所以不属于多式联运范畴。另外，即使涉及两种或两种以上的运输方式，如果各种运输方式之间未能有机组合，则也不能称之为多式联运。其次，严格来讲，这里所指的运输方式包括铁路、公路、水路、航空、管道五种。不过，在实践中，有时会根据需要，对运输方式范围进行扩大或缩小的解释。《海商法》仅将包含国际海运方式在内的多式联运纳入管辖范畴，而排除了公铁、陆空等其他多式联运形式；1973 年国际商会《多式联运单证统一规则》将江海联运视为多式联运，纳入其管理范畴。此外，为了履行单一方式运输合同而进行的该合同所规定的货物接送业务，比如，全程签发航空运输单证下机场两端的汽车接送货物运输业务，从形式上看已构成陆空组合形态，不过，作为航空运输的延伸，这种汽车接送习惯上视同航空业务的一个组成部分，它虽称为陆空联运，但由于签发了包括全程运输在内的航空运输单据，因而即使货运事故发生在陆运区段，仍会按航空运输方面的国际公约或法规处理。对此，《联合国国际货物多式联运公约》将这种全程适用某一运输方式法规的接送业务排除在多式联运之外，以避免多式联运法规同单一方式法规在这个问题上的矛盾。这再次说明，基于不同法规适用的特定性，在不同法规下所界定的多式联运内涵会有所差异。

（2）两个国家。

两个国家是指货物的接收地和交付地位于不同的国家，这是区别于国内运输和判断是否适用国际法规的限制条件。也就是说，在国际多式联运下，货物运输必须是跨越国境的一种国家间运输。此外，还应注意以下两点：一是因我国香港、澳门地区实行“一国两制”，所以我国内地与港澳之间的多式联运按国际多式联运办理；二是我国东北地区经由俄罗斯水域运抵南方的货物，因运输经停点在俄罗斯，故应作为一种特殊的国际多式联运，在运输、海关检疫、结算等方面实行特殊的管理。

（3）一份单证。

一份单证是指由多式联运经营人签发一份多式联运单证，明确规定多式联运经营人与托运人或收货人之间权利、义务、责任与豁免的合同关系和运输性质。在多式联运模式下，多式联运经营人根据多式联运合同的规定，负责完成或组织完成货物的全程运输并一次性收取全程运费。因此，多式联运合同是确定多式联运性质的根本依据，也是区别多式联运和一般传统联运的主要依据。然而，在实践中，作为多式联运合同证明的多式联运单证往往取代多式联运合同，成为多式联运不可缺少的必要条件，其原因在于：首先，就货主而言，买卖双方在贸易合同中大多将多式联运单证作为结汇、提货的必备单证；其次，现阶段双方大多不再签订多式联运合同，而是签署托运单，由于托运单并未规定承托双方的权利、义务与责任，这就需要签发多式联运单证，以证明多式联运合同的存在和明确合同的条款。

（4）一人负责。

一人负责是指由一个多式联运经营人作为当事人，承担全程货物运输责任。这意味着多式联运经营人不但应该承担全程运输组织、全程运输服务，比如，向货主提供“一次托运、一次付费、一票到底、统一理赔”的一站式服务，更应该实现身份的转变，成为多式联运合同的当事人和多式联运单证的签发人，负有履行多式联运合同的责任。

（三）国际多式联运的优缺点

与传统运输相比，国际多式联运除了具有一般的多式联运所具有的四个“跨”和四个“一”的特点，即跨方式、跨行业、跨区域、跨国境以及一次托运、一票到底、一个多式联运经营人、一次计费，还具有以下优缺点。

1. 国际多式联运的优点

（1）简化托运、结算及理赔手续，节省人力、物力和有关费用。在国际多式联运下，无论货物运输距离有多远，由几种运输方式共同完成，运输途中货物经过多少次转换，所有一切运输事项均由多式联运经营人负责办理。而托运人只须办理一次托运、订立一份运输合同、支付一次费用、办理一次保险，从而省去托运人办理托运手续的许多不便。同时，由于多式联运采用一份货运单证，统一计费，因而也可简化制单和结算手续，节省人力和物力。此外，一旦运输过程中发生货损、货差，由多式联运经营人对全程运输负责，从而也可简化理赔手续，减少理赔费用。

（2）缩短货物运输时间，降低库存，减少货损、货差事故，提高货运质量。在国际多式联运下，各个运输环节和各种运输工具之间配合密切、衔接紧凑，货物所到之处中转迅速及时，大大减少了货物的在途停留时间，从根本上保证了货物安全、迅速、准确、及时地运抵目的地，也相应地降低了货物的库存量和库存成本。同时，国际多式联运以集装箱为运输单元进行直达运输，尽管货运途中须经多次转换，但由于使用专业机械装卸，且不涉及箱内货物，因而货损、货差事故大为减少，在很大程度上提高了货物的运输质量。

（3）降低运输成本，节省各种支出。由于多式联运可实行门到门运输，因此对货主来说，在货物交由第一承运人以后即可取得货运单证，并据以结汇，使结汇时间提前。这不仅可以加速货物占用资金的周转，而且可以减少利息的支出。此外，由于货物是在集装箱内进行运输的，因此从某种意义上看，可相应地节省货物的包装、理货和保险等费用的支出。

（4）提高运输管理水平，实现运输合理化。对于区段运输而言，由于各种运输方式的承运人各自为政、自成体系，因而其经营业务范围受到限制，货运量也相应有限。而一旦由不同的运输方式承运人共同参与多式联运，经营范围就可以大大扩展，同时可以最大限度地发挥其现有运输设备的效用，选择最佳运输线路以组织合理化运输。

（5）其他作用。从政府的角度来看，发展国际多式联运具有以下重要意义：有利于加强政府部门对整个货物运输链的监督与管理；保证本国在整个货物运输过程中获得较大的运费收入比例；引入新的先进运输技术；减少外汇支出；改善本国基础设施的利用状况；通过国家的宏观调控与指导职能保证使用对环境破坏最小的运输方式，以达到保护本国生态环境的目的。

2. 国际多式联运的缺点

对于国际多式联运而言，集装箱多式联运具有适用范围有限、初始投资大、对管理水平要求较高等缺点。当然，对于不同的运作主体而言，国际（集装箱）多式联运的缺点也有所不同。

（1）运输企业和场站企业。

对于实际从事运营的运输企业和场站企业而言，参与国际多式联运，除了需要大量的初始投资和招聘高素质的人才，还会面临空箱调运成本和空箱堆存成本等增加的问题。比如，在装货港和卸货港货物流量不平衡的情况下，在中国—北美洲、中国—欧洲等航线上，班轮公司不得不将所属空箱调回，这大大增加了成本。另外，如果集装箱的调度调配不当，也会造成集装箱在某地的积压，产生大量的堆存费。

（2）多式联运经营人。

对于多式联运经营人而言，一方面，他不仅会面临实际承运人的抵制与竞争，而且需要对实际承运人及其他分包商的过失承担向货主的赔偿责任；另一方面，他还需要因货主未付运费或货源落空而向实际承运人或其他分包商承担违约责任。因此，与货运代理人或船舶代理人相比，多式联运经营人的风险更大。

（3）货主。

对于货主而言，一是有些货物无法采用集装箱运输，而且相较于散杂货运输，集装箱运输的运费较高。二是无法满足特定需求。多式联运虽然具有明显的综合优势，但在满足货主的特定要求方面，如运费低或速度快，则不如单一运输方式。三是面临更大的风险。多式联运经营人“一人负责”，既是多式联运的优势，也是多式联运的劣势。由于现阶段我国尚未形成一流的多式联运经营人队伍，在实践中，不少多式联运经营人并不具备对全程运输负责的能力，或者虽有能力，但其资信较差，因而货主往往会面临多式联运经营人的能力风险、道德风险，致使多式联运服务可能无法按照合同约定顺利实施，而且在造成货损货差事故时，也会因多式联运经营人资不抵债而无法获得赔偿。

二、国际多式联运系统概述

国际多式联运系统可分为两个方面，一是硬件体系，二是服务体系。硬件体系包括联运通道、联运枢纽、联运技术装备等硬件设施设备要素，服务体系包括信息平台、市场主体、技术标准、多式联运规则等软性要素。硬件体系是多式联运运作的基础，服务体系是运作的核心，也是当前我国在发展多式联运过程中亟待突破的重难点。硬件体系与服务体系两类要素紧密衔接、环环相扣，形成有机统一的整体，促进国际多式联运体系高效运转。

从要素的角度划分，国际多式联运系统包括多式联运经营人、多式联运承运人、多式联运规则和标准、多式联运场站、标准化运载单元、多式联运专用载运机具、转运设施装备、多式联运信息系统八大要素。

1. 多式联运经营人

多式联运经营人是指与托运人签订多式联运合同并对运输过程承担全部责任的合同主体。各种运输方式的承运人，也包含无车、无船、无轨的承运人以及运输代理人，均可以发展成为多式联运经营人，但是多式联运经营人若想具备整合运输资源的能力和提供一站式服务的能力，需要建立规范的服务标准。

2. 多式联运承运人

多式联运承运人又可以分为实际承运人和缔约承运人：实际承运人是指实际从事货物运输或者部分运输的承运人；缔约承运人是指以明示或者默示方式承担运输责任的承运人，如无船承运人、无车承运人。

3. 多式联运规则和标准

多式联运规则和标准是关于多式联运中的货物运输组织与管理、参与人的权利和义务、经营人的赔偿责任及期间、定价机制和违约处理、运输单证的内容和法律效力等方面的协议、标准或规范，同时也包括多式联运服务质量、场站与装备的标准化以及国际多式联运转关和监管法规与标准等。

（1）国际多式联运公约与法规。

①《联合国国际货物多式联运公约》。1980 年 5 月 24 日，该公约在日内瓦召开的联合国国际联运会议上通过。由于该公约采用的修正的统一责任制的多式联运经营人责

任体系遭到多式联运经营人的反对及严格不允许做出任何保留条款等，迄今为止公约因尚未满足最后条款规定的生效条件而未生效。但是作为第一个旨在统一国际货物多式联运合同法律规定的国际公约，该公约的许多规定为世界各国在其国际货物多式联运实践中所遵循或者采纳，其针对国际货物多式联运所创设的一些用语、概念、原则，例如对国际多式联运、多式联运经营人、多式联运合同、多式联运单证等的定义和规定等，及其对多式联运法律制度所建立的框架结构，对国际多式联运的开展和发展影响重大而深远，在国际、区际和国内层面的多式联运立法中发挥着示范法的作用。

②《多式联运单证统一规则》与《联合国贸易和发展会议/国际商会多式联运单证规则》。1973 年，国际商会制定了《多式联运单证统一规则》（以下称《1973 年单证规则》），并在该规则中提出了网状责任制。之后，为弥补《联合国国际货物多式联运公约》迟迟未生效所产生的多式联运立法空白，联合国贸易和发展会议与国际商会在《1973 年单证规则》的基础上，起草了《联合国贸易和发展会议/国际商会多式联运单证规则》（以下称《1991 年单证规则》）。由于国际商会系民间组织，《1973 年单证规则》和《1991 年单证规则》均仅属于民间性规则而非国际公约，在不违反其他国际公约和国家法律强制性规定的前提下，以当事人自愿选择并入国际货物多式联运合同而产生约束力。这两个民间性规则在国际多式联运实务中仍被使用，在一定程度上填补了国际多式联运的国际立法空白。

③《海商法》。我国关于国际货物多式联运的立法主要集中于《海商法》。我国《海商法》在第四章海上货物运输合同第八节，就多式联运合同做出了特别规定，涉及五条法律条文，分别规定了多式联运的定义、责任期限、多式联运经营人的责任、区段损坏的赔偿和责任推定。此外，除了第八节特别规定外，第四章第一节至第六节的相关规定，也有条件地适用于国际货物多式联运合同，如依照第一百零六条的规定，货物的灭失或者损坏发生的运输区段不能确定的，多式联运经营人应当依照第四章关于承运人赔偿责任和责任限额的规定负赔偿责任。

2018 年 11 月，《中华人民共和国海商法（修订征求意见稿）》向社会公开征求意见。其中，对于多式联运合同特别规定的修改，主要体现在将原《海商法》第一百零五条和第一百零六条整理合并，增加了关于迟延交付及区段实际承运人连带责任的规定。可见立法者对于完善国际货物多式联运的国内立法在积极努力。

④《民法典》。《海商法》有关多式联运合同的规定只针对其中一种必须是国际海上运输方式的多式联运合同，对其他不涉及国际海上运输方式的多式联运合同不适用。

为了适应国际运输贸易发展的需要和规范多式联运合同关系，我国《民法典》于第十九章“运输合同”中设置了第四节多式联运合同，该节规定充分借鉴吸收了《海商法》关于国际货物多式联运的内容。相较于《海商法》，《民法典》的调整范围涵盖了包括国际货物多式联运在内的所有多式联运合同。

(2) 国际多式联运经营人责任制度。

关于多式联运经营人的责任制度，常见的有统一责任制（uniform liability）和网状责任制（network liability）两种立法模式，以及在该两种立法模式基础上予以修正，进而衍生出的修正的统一责任制和修正的网状责任制。

①统一责任制与修正的统一责任制。依照统一责任制，无论是定域性损害还是非定域性损害，多式联运经营人均适用调整国际货物多式联运合同的统一法律规定承担赔偿责任。而依照修正的统一责任制，对于定域性损害，多式联运经营人应当适用调整该区段运输方式的有关法律规定。《联合国国际货物多式联运公约》即采用修正的统一责任制。

②网状责任制与修正的网状责任制。依照网状责任制，对定域性损害，多式联运经营人的赔偿责任适用调整该区段运输方式的有关法律规定，对于非定域性损害，则无适用空间。修正的网状责任制在此基础上针对非定域性损害进行了补充完善，依照修正的网状责任制，多式联运经营人对非定域性损害的赔偿责任适用调整国际货物多式联运合同的法律规定。《1973 年单证规则》和我国《海商法》均采用修正的网状责任制。特别地，《海商法》第一百零五条规定多式联运经营人修正的网状责任制有明确的适用事项，即仅限于“赔偿责任”和“责任限额”，不应扩大解释为包含诉讼时效。

国际多式联运经营人的责任制度，本质上亦为国际货物多式联运合同纠纷适用的不同法律原则。统一责任制的优点在于对赔偿责任的可预见性，缺点在于国际多式联运经营人和区段承运人责任的不平衡，且约定的统一赔偿责任往往较少。网状责任制的优点在于保证了国际多式联运经营人和区段承运人责任的一致性，缺点则是损害定域难，赔偿结果不可预见。对比修正的统一责任制和修正的网状责任制，从文义上看，其主要区别在于以适用统一法律规定为基础还是以适用区段法律规定为基础；从实践效果看，其法律适用结果时常殊途同归。

(3) 国际多式联运标准化。

以单证为例，单证标准化就是各企业常提到的“一单制”，其本质是承运人签发的“一单到底”，这是系统建设的难点，无法靠单个企业实现。“一单到底”要解决三个领域的问题：首先是国际多式联运提单能够在内陆使用，为内陆市场建立国际贸易中心提供便利，通过单证物权化的手段，降低贸易风险；其次要重点解决我国内贸运输中单证不统一导致全程运输中多段结算、理赔标准不统一影响客户信誉、品名编号不统一导致信息互联难以实现等影响效率的问题；最后是解决国际铁路联运涉及的两大运输法体系不统一导致的问题，即《国际货协》体系和《国际货约》体系在连带责任、费用清算、交货条件等主要条款方面自成一体，各使用各的运单，造成中欧班列货物运输衔接困难。中国可以牵头协同沿途国家，重构国际运输规则，这是“一带一路”建设中需要完成的历史使命。

4. 多式联运场站

多式联运场站是货物在各种运输方式之间转运的实际发生地。多式联运场站既可以是铁路集装箱中心站、港口码头、公路货运站，也可以依托堆场或者仓库等设施。多个场站转运设施可形成多式联运枢纽。多式联运枢纽具备中心性和中介性两大特征，中心性是指各种运输方式的资源聚集中心和物流活动强度中心；中介性是指两种以上运输方式的运力交易和信息传导作用。目前国内多式联运枢纽主要呈现的形态包括港口内部（或临港）的铁水联运换装设施、铁路物流中心（含集装箱装卸能力）、内陆港、航空货运中心、拥有铁路作业能力的货运型物流园区等，其中内陆港是铁水联运下一轮竞争的关键。多式联运枢纽是多式联运主通道的支点，多式联运枢纽与通道的建设必须同步规划、整体推进。

5. 标准化运载单元

标准化运载单元主要指集装箱、可脱卸箱体、厢式半挂车，也包括物流台车（笼车）、集装袋等。

6. 多式联运专用载运机具

多式联运专用载运机具主要包括铁路集装箱平车、厢式半挂车平车；整车货车或半挂车专用滚装船舶；铁路商品车运输专用车辆；公铁两用半挂车及其转换架等。

7. 转运设施装备

多式联运转运设施装备是实现多式联运运作机械化的重要条件，实现高效的多式联运所必需的转运设施装备包括但不限于：龙门吊、桥吊、集装箱堆高机、叉车、托盘等等。

8. 多式联运信息系统

跨运输方式的信息交换共享和互联互通是多式联运运作的重要基础条件。通过多式联运信息系统，可以实现货物跨运输方式、全程的实时追踪和在线查询。

第二节 国际多式联运物流单证与费收业务

一、国际多式联运物流单证业务

（一）多式联运单证概述

1. 多式联运单证的概念与性质

《联合国国际货物多式联运公约》对多式联运单证所下的定义是：多式联运单证（MTD），是指证明多式联运合同以及证明多式联运经营人接管货物并负责按照合同条款交付货物的单证。

《1991 年单证规则》所下的定义是：多式联运单证是指证明多式联运合同的单证，该单证可以在适用法律的允许下，以电子数据交换信息取代，而且可以以可转让方式签发，或者表明记名收货人，以不可转让方式签发。

以上定义表明，多式联运单证分为可转让的多式联运单证和不可转让的多式联运单证两种。

二维码 8-1
多式联运单证

（1）可转让的多式联运单证。

可转让的多式联运单证，通常称为国际多式联运提单（multimodal transport B/L or combined transport B/L）。它类似于海运提单，具有多式联运合同的证明、货物收据与物权凭证三大功能。目前，由行业组织制定的可转让的多式联运单证主要有国际货运代理协会联合会（International Federation of Freight Forwarders Associations，FIATA）的 FIATA 提单（FBL）和波罗的海国际航运公会（The Baltic and International Maritime Council，BIMCO）的 BIMCO 多式联运提单（MTBL）等。

（2）不可转让的多式联运单证。

不可转让的多式联运单证，通常称为多式联运运单。它不具有物权凭证功能，即类似于运单（如海运单、空运单），仅具有多式联运合同的证明和货物收据两大功能。目前，常见的不可转让的多式联运单证有承运货物收据、FIATA 制定的 FIATA 运单（FWB）等。

如前所述，在国际多式联运业务中，既可以使用具有物权凭证功能的多式联运提单，也可以使用不具有物权凭证功能的其他多式联运单证，如承运货物收据等。然而，由于多数国际多式联运都包含了海运，加之海运提单因其特有的功能和作用在众单证中居于核心地位，因此，实务中的多式联运以签发多式联运提单为主。

2. 多式联运单证的特点

以可转让的多式联运单证为例，与班轮提单相比，多式联运单证具有以下特点：

（1）多式联运单证负责自收货地至交货地的运输全过程，而海运提单只负责自装运港至目的港的运输。

（2）多式联运单证证明已收妥货物负责运输，所以多为备运提单或收货待运提单（received for shipment B/L），不要求必须标明货已装船或具体的装运船只名称，而海运提单则须证明货已装船或已装上指定船只。

（3）多式联运单证的签发人是联合运输经营人，未必是承运人或承运代理人，而海运提单必须由海运承运人签发。

（4）多式联运单证要求至少有两种不同的运输方式（如海陆、海空、陆空、陆海等），而不要求第一程必须是海运。而海运提单必须是海运。

（5）多式联运单证中船名、装货港、卸货港如有“预期”（intended）或类似意义的修饰词，银行可予接受，因为多式联运是从起运地至目的地的全程运输，只须起运地和交货地符合信用证规定，海运段的船名和装卸港口可不确定，如信用证无特别规定，银行不予过问。

3. 多式联运单证与其他运输单据的比较

（1）多式联运单证与各区段承运人单据的比较。

在多式联运业务中，由多式联运经营人签发的多式联运单证与各运输区段的接运承运人（实际承运人）签发的运输单据（提单或运单等）在缮制上既有一定的联系，又有一定的差别，表 8－1 显示了它们之间的区别与联系。

表 8－1　多式联运单证与各区段承运人单据的区别与联系

项目	多式联运单证	各运输区段承运人单据（提单、运单）
收货地	起始收货地点	区段运输工具实际收货地
装货港	第一程承运船的装港	区段运输工具（船）的实际装货港
卸货港	最末程承运船的卸港	区段运输工具（船）的实际卸货港
交货地	最终交货地点	区段运输工具的实际交货地
签单地	起始收货地点	区段运输工具的收货地（港）
托运人	依贸易合同而定	多式联运经营人或其代理
通知人	依贸易合同而定	多式联运经营人或其代理
收货人	依贸易合同而定	多式联运经营人或其代理
签发人	多式联运经营人或其代理	区段承运人或其代理
责任区间	承担全程责任	承担各自负责区段责任
主要用途	结汇	货物交接与提取

（2）多式联运单证与集装箱提单的比较。

集装箱提单是指为集装箱运输所签发的提单。它既可能是港到港的直达提单，也可能是转船提单或联运提单，还可能是海上运输与其他运输方式接续完成全程运输的多式联运单证。虽然习惯上常将这三种单据统称为集装箱提单，甚至认为集装箱提单就是多式联运单证。然而，应该明确的是，由于集装箱运输并不一定都是多式联运，因而集装箱运输下所签发的集装箱提单也不一定都是多式联运单证。不过，在实务中，集装箱提单大都以“港到港或多式联运”为提单的“标题”，以表明本集装箱提单兼具直达提单和多式联运单证性质，而且都在提单中设置专门条款按港到港运输和多式联运分别为承运人规定了不同的责任。

（二）多式联运单证的流程与收回

1. 基本原则

多式联运单证一般是在多式联运经营人或其代理与发货人（托运人）、通知方、开证行和收货人或其代理之间流转。至于是否收回正本，取决于所签发的多式联运单证是可转让的还是不可转让的。如属可转让的，比如多式联运提单，则多式联运经营人应收回正本，反之，则仅须核对身份，无须收回正本。

各区段运输单证一般在多式联运经营人及其代理与该区段承运人或其代理之间流转。至于是否收回正本，取决于各区段运输单证的性质。若属于提单类，则多式联运经营人或其代理必须凭正本提单向该区段承运人办理提货手续；若属于运单类，则多式联运经营人或其代理无须提交正本运单向该区段承运人办理提货手续，仅须核对身份即可。

2. 相关说明

图 8-1 为全程由多式联运经营人负责，一程是公路运输、二程是海上运输、三程是铁路运输的多式联运下有关运输单证的流转程序。

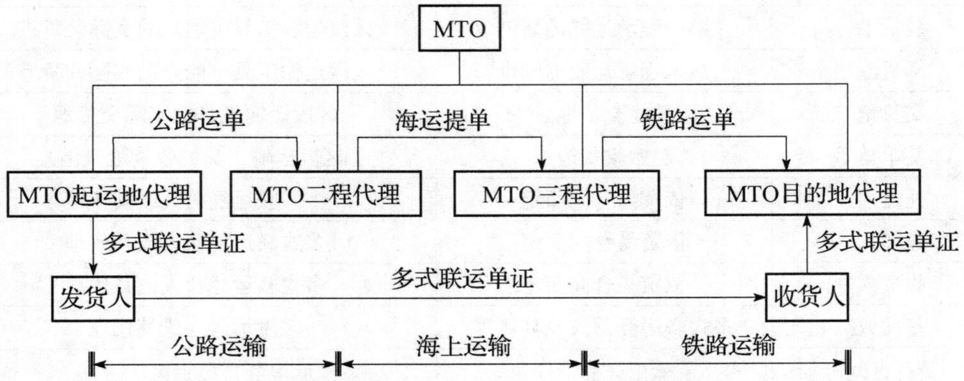

图 8-1　多式联运单证及各区段实际承运人签发运输单证的流转程序

(1) 多式联运经营人起运地分支机构或代理缮制并签发全程多式联运单证，其中正本交给发货人，用于结汇；副本若干份交付多式联运经营人，用于多式联运经营人留底和送交目的地分支机构或代理。

(2) 多式联运经营人起运地分支机构或代理货交一程承运人后，一程承运人签发以多式联运经营人或其起运地分支机构或代理为托运人、以多式联运经营人或其二程分支机构或代理为收货人的公路运单，运单上应注有全程多式联运提单的号码。多式联运经营人起运地分支机构或代理在货物出运并取得运单后，应立即以最快的通信方式将运单、舱单等寄交多式联运经营人二程分支机构或代理；与此同时，还应向多式联运经营人提供运单副本以及载运汽车离站时间及预计抵达时间等信息，以便多式联运经营人全面了解货运进展和向二程分支机构或代理发出必要的指示。

(3) 多式联运经营人二程分支机构或代理可向一程承运人或其代理办理提货手续，提取货物并交付二程承运人或其代理。二程承运人或其代理收到货物后，签发以多式联运经营人或其二程分支机构或代理为托运人、以多式联运经营人或其三程分支机构或代理为收货人的提单（当然也可以是指示提单，但通知方应为多式联运经营人三程分支机构或代理），提单上应注明全程多式联运提单号码。多式联运经营人二程分支机构或代理在货物出运并取得提单后，应立即以最快的通信方式将正本提单、舱单等寄交多式联运经营人三程分支机构或代理，以便三程分支机构或代理用此提货。与此同时，还应向多式联运经营人提供提单副本以及船舶离港报告等，以便多式联运经营人全面了解货运进展和向三程分支机构或代理发出必要的指示。

(4) 多式联运经营人三程分支机构或代理收到提单后，凭此从二程承运人或其代理处提取货物，并交付三程承运人或其代理，三程承运人或其代理收到货物后，签发以多式联运经营人或其三程分支机构或代理为托运人，以多式联运经营人或其目的地分支机构或代理为收货人的铁路运单，运单上应注明全程多式联运提单号码。多式联运经营人三程分支机构或其代理在货物出运并取得运单后，应立即以最快的通信方式将运单等寄交多式联运经营人目的地分支机构或代理；与此同时，还应向多式联运经营人提供运单副本以及火车动态等，以便多式联运经营人全面了解货运进展和向目的地分支机构或代理发出必要的指示。

(5) 多式联运经营人目的地分支机构可向铁路承运人或其代理办理提货手续，提取货物并向收货人发出提货通知。收货人付款赎单后取得多式联运经营人签发的全套正本多式联运提单，凭此全套正本提单可向多式联运经营人目的地分支机构或代理办理提货手续。多式联运经营人目的地分支机构或代理将正本提单与多式联运经营人寄交的副本提单核对，并在收取应收取的运杂费后，将货物交付收货人。

二、国际多式联运物流费收业务

（一）国际多式联运成本构成

国际多式联运企业开展业务时，需要借助船公司、港口、内陆运输公司、装卸仓储公司等运输供应商来完成具体的运输业务。显然，国际多式联运企业的总成本包括两大部分：一是企业为获得运输、仓储等而支付给各运输供应商的运输总成本；二是企业自身付出的经营管理费。

1. 运输总成本

运输总成本的构成与多种因素有关，其中影响最大的是集装箱交接方式与运输方式的构成。表 8-2 是由海上运输方式组成的国际多式联运运输总成本的结构。

表 8-2 运输总成本的结构

交接方式		发货地				海上运输	收货地				费用组成
		A	B	C	D	E	D	C	B	A	
LCL/LCL	CFS/CFS		√	√		√		√	√		B+C+E+C+B
FCL/FCL	DR/DR	√		√		√		√		√	A+C+E+C+A
	DR/CY	√		√		√	√	√			A+C+E+C+D
	CY/CY			√	√	√	√	√			C+D+E+C+D
	CY/DR			√	√	√		√		√	C+D+E+C+A
LCL/FCL	CFS/CY		√	√		√	√	√			B+C+E+C+D
	CFS/DR		√	√		√		√		√	B+C+E+C+A
FCL/LCL	DR/CFS	√		√		√		√	√		A+C+E+C+B
	CY/CFS			√	√	√		√	√		C+D+E+C+B

字母 A、B、C、D、E 所代表的含义如下：

（1）A 代表内陆运输费（inland transportation charge），包括铁路、公路、航空、内河、沿海支线运输所发生的运输费用。

（2）B 代表拆拼箱服务费（LCL service charge），包括取箱、装箱、送箱、拆箱及理货、免费期间的堆存、签单、制单等各种作业所发生的费用。

（3）C 代表码头或堆场服务费（terminal handle charge），包括船与堆场间搬运、免费期间的堆存及单证制作等费用。

（4）D 代表装或卸车费（transfer charge），包括在堆场、货运站等地点使用港区机械从货方接运的汽车或火车上卸下或装上箱子时的费用。

(5) E代表海运费 (ocean freight), 与传统班轮杂货的费用承担范围相同。

2. 经营管理费

经营管理费主要包括集装箱多式联运企业与货主、各派出机构、代理人、实际承运人之间信息、单证传递费用、通信费用、单证成本和制单手续费，以及各派出机构的管理费用。这部分费用既可单独计算，也可分别加到不同区段的运输成本中一并计算。

此外，多式联运过程中还涉及口岸管理机关所收取的检查费、检验费、检疫费与管理费等费用，原则上这些费用应由实际承运人和货主各自支付，如果多式联运企业代收代付了这些费用，可向相关责任人追偿。

(二) 国际多式联运成本控制原理与途径

图8-2显示了国际多式联运企业成本控制的层次结构。

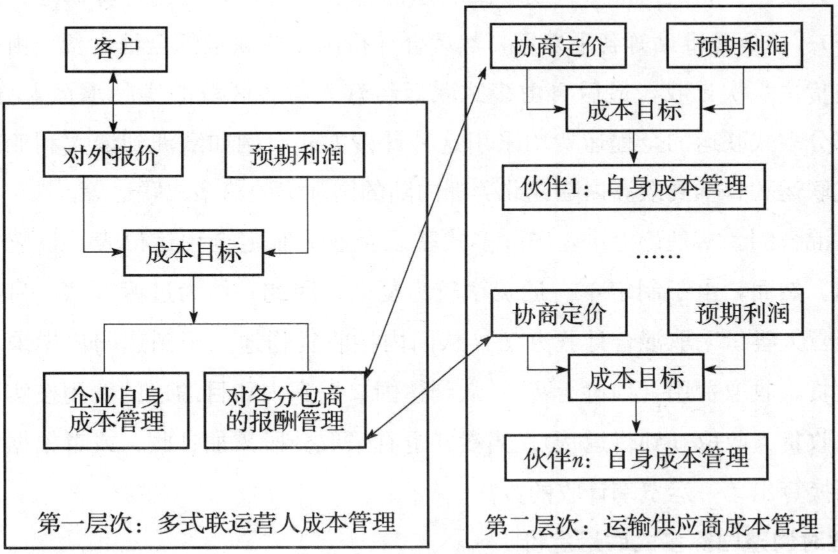

图8-2 国际多式联运企业成本控制的层次结构

与国际货运代理、国际船舶代理不同，国际多式联运企业作为当事人，在其业务经营过程中并不存在代收代付费用项目，其收入与支付取决于经营过程中的报价和必需开支，收支按其经营要求和财务管理做相应的安排，自负盈亏，自担风险。显然，支付给各运输供应商的报酬的高低，直接影响国际多式联运企业的成本费用。由于受运输市场供求的影响，各运输供应商的价格变动较大，这种不确定性导致国际多式联运企业产生了成本费用风险。

可见，除了压缩自己的经营管理费用支出之外，国际多式联运企业还应采取相应的措施来控制支付给各分包商的费用支出。

1. 选择合理的计费方式

近年来，随着国际多式联运市场竞争日趋激烈，不少国际多式联运企业采取灵活的费用计收方法，比如分项计收法、分项加总计收法、包干计收法、部分包干计收法、照实计收法等等。这些计收方式归纳起来主要有单一制、分段制和混合制三种。

(1) 单一制。它是指集装箱从托运到交付，所有运输区段均按照一个相同的运费率计算全程运费。比如，在西伯利亚大陆桥运输中采用的就是这种计费方式。苏联从1986年起修订了原来的7级费率，采用了不分货种的以箱为计费单位的FAK统一费率。大陆桥运输开办初期，从日本任何一个港口到布列斯特（原苏联西部边境站）的费率为385卢布/TEU，大陆桥运输的运费比班轮公会的海运运费低20%～30%。

(2) 分段制。它是指按照组成多式联运的各运输区段，分别计算海运、陆运（铁路、汽车）、空运及港站等各项费用，然后合计得出多式联运的全程运费，由多式联运经营人向货主一次计收，最后再由多式联运经营人与各区段的实际承运人分别结算。目前大部分多式联运的全程运费均采用这种计费方式，例如欧洲到澳大利亚的国际集装箱多式联运和日本到欧洲内陆或北美洲内陆的国际集装箱多式联运等。

(3) 混合制。从理论上讲，国际多式联运企业应制定全程运价表，且应采用单一运费率制。然而，由于制定单一运费率较为复杂，因此，作为过渡方法，目前有的多式联运经营人尝试采取混合计收办法：从国内接收货物地点至到达国口岸采取单一费率，向发货人收取费用（预付运费）；从到达国口岸到内陆目的地的费用按实际成本确定，另向收货人收取（到付运费）。当然，也有采取分段累加计收，或者根据分段累加的总费用换算出单一运费率计收的方法。

2. 适时调整国际多式联运定价

(1) 制定合适的价格表。

为了充分发挥国际多式联运的优越性，国际多式联运价格应该比分段运输的价格对货主更具吸引力，而绝对不能是各单一运输方式运费率的简单相加，因为这将使得多式联运企业毫无竞争力可言。因此，任何一个多式联运企业在制定多式联运价格表之前，首先必须确定具体的经营线路，并就有关各运输区段的各单一运输方式做好安排，在此基础上，依据各单一运输方式的运输成本及其他有关运杂费，估算出各条营运线路的实际成本，然后结合本企业的成本与盈利水平，制定出一个真正合理的多式联运价格表。

通常而言，多式联运企业可采取以下三种定价方法：一是成本导向定价方法，它是基于运输服务成本原则，依据多式联运企业的总成本支出制定企业的运价。二是需求导向定价方法，它是基于运输服务价值定价原则和运输承受能力原则，从多式联运服务需求者的角度出发，依据多式联运服务所创造的价值多少以及承运商品价值的高低制定企业的运价。三是竞争导向定价方法，它主要依据竞争对手的运价水平来确定自身的运价水平。

如表 8－3 所示，上述三种定价方法各有优缺点。因此，多式联运企业应在综合考虑诸如企业的成本支出、市场供求关系、市场结构模式、客户的购买力、货物的价值、经营线路的状况等因素的基础上，选择合适的定价方法。

表 8－3　三种定价方法的优缺点

定价方法	优缺点
成本导向定价方法	主要优点是简单明了，适应需求状况，保持合理利润水平，在需求旺季价格显得较为公平，在需求淡季可以适当降低价格，较为灵活。但是此方法主要从企业自身获得利润或投资回报出发，缺乏市场应对能力和竞争力
需求导向定价方法	基于市场需求定价，可以随市场行情变化而调整，而且贴近行业平均价格，易于被客户接受，但是企业对于市场需求的了解存在一定的滞后性和偏差，只能是粗略的预计，无法准确量化，所以使用该方法制定的价格有可能会使企业失去部分利润或客户
竞争导向定价方法	虽然使用此方法制定的价格更易争取到客户，但是以竞争对手价格作为定价基础，容易造成价格战，故意压低价格或哄抬价格都不利于市场的有力竞争以及保障企业的利润和长远发展

（2）适时调整运价。

运输时间和运输成本是与多式联运企业竞争力密切相关的两个因素。对于组织、管理水平较高的多式联运企业来说，运输时间是比较容易控制的。然而，运输成本的高低在很大程度上受制于各区段的承运人和市场竞争状况，因此，在制定运价时，应根据国际集装箱运输市场价格的变化及时调整运费率水平，以使多式联运价格始终处于最新的状态。

通常，内陆运费率及有关费用的变化比海上运费率要频繁得多。因此，当内陆运费率及有关费用发生变化时，多式联运价格必须尽快做出相应的变化。如果内陆运输成本上升而多式联运价格仍保持在原有的水平，那么，多式联运企业的盈利就会减少。相反，如果内陆运输成本下降，而多式联运价格没有相应降低，多式联运企业的竞争地位就会受影响。

3. 减少对各分包商的费用支出

具体可采取与分包商签订长期合作协议、集中托运或订舱、优化运输方式组合形式与运输路线等措施。

第三节 国际多式联运物流流程设计

一、基于海运的国际多式联运物流

所谓基于海运的国际多式联运物流，是指以国际海上运输作为主要干线运输的多式联运物流。

图 8－3 显示了从国外原材料采购地直至国内终端顾客的完整供应链下的基于海运的国际多式联运业务流程。从中不难看出，该流程包括以下物流作业过程：一个生产制造企业采购原材料面向的是一个广阔的市场，为之提供原材料的企业可能分布在世界各地。对于国外采购的原材料往往需要采用公路或铁路运输将其运至采购地区的内陆的货运站或物流中心进行简单加工、包装、装箱、聚集等物流活动，然后再运至港口口岸的物流中心进行二次聚集，或直接运至港口内聚集，在办理海关商检手续后进行集中装船，最后通过海上干线运输运往进口国，在船舶到达进口国港口后，其出口时的货物聚集活动正好相反，通常是采取分拨的形式，将进口原材料采用铁路或公路运输运至指定的生产制造企业，从而完成了跨国采购物流活动。国外及国内采购的各种原材料通过铁路或公路运输运至生产制造企业后，则进入生产物流阶段。企业接受原材料进行生产的基地可能是一处，也可能分布在不同的地方。这些送往各生产基地的原材料一般都需要在生产线前沿进行短时储存，以备使用。因此，在这个环节，也会发生仓储等物流作业。而在生产现场，各生产装配线的不同工序也需要源源不断的原材料支持。由于生产加工线地域大小的限制，用于直接生产装配的原材料既不能大量囤积在前沿，更不能因为供应不足而影响生产，也就是说，原材料供应的物流作业需要不间断地重复进行。企业加工出产品后，则进入销售物流阶段，即需要将产品送往分布在各地的分销商、零售商或终端客户，在这个过程中产品进入制造企业产成品仓库将发生仓储作业，送往分销中心的运输、中转作业，分销中心的储存作业，直至末端的运输或配送作业等。

从运输方式的组合形式上划分，基于海运的国际多式联运主要包括公海联运、海铁联运等。由于内河与海运在航行条件、船舶吨位、适用法规上有所不同，因此，也可以将其视为两种不同的运输方式，即江海联运。

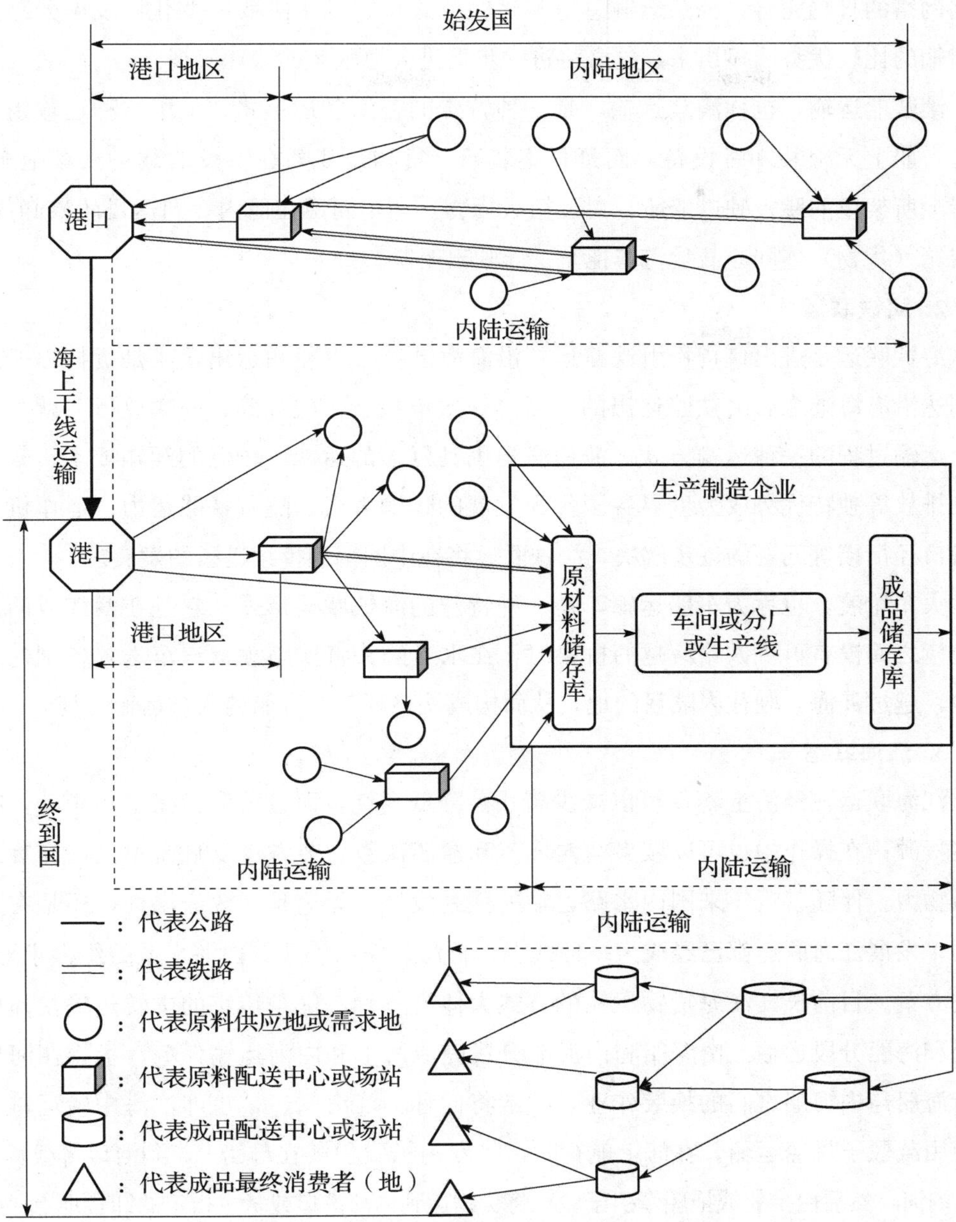

图 8－3　基于海运的国际多式联运物流示意图

1. 公海联运

公海联运是进出口货物由公路运到沿海海港直接由船舶运出，或是货物由船舶运输到达沿海海港之后由公路运出的只需“一次申报、一次查验、一次放行”就可完成整个运输过程的一种运输方式。公路集装箱运输因其安全、快捷、优质、高效、环保等诸多优点日益受到广大用户的欢迎，是公路运输现代化的主要标志之一。随着高速公路网络的日趋完善，公路运输总量和运输方式也在发生重要的变化，发展公路集装箱运输的比较优势凸显出来，这必将进一步促进公海联运的快速发展。

滚装船运输，也称滚装运输，是一种特殊的公海联运形式。采用这种运输组织方式时，船上无须装卸货设备，而是将集装箱（货物）装载在特设的载货汽车拖车上，经岸上所架设的跳板驶进船舱，集装箱（货物）和车同留在舱内。到达目的港卸船时，集装箱（货物）连同原载货汽车拖车一起驶出船舱。

2. 海铁联运

海铁联运是进出口货物由铁路运到沿海海港直接由船舶运出，或是货物由船舶运输到达沿海海港之后由铁路运出的只需“一次申报、一次查验、一次放行”就可完成整个运输过程的一种运输方式。海铁联运因其巨大的运能、较低的运输成本、较少的污染排放等独特优势成为世界各国优先发展的运输方式。随着铁路运力、运作机制和设备口径衔接等问题的逐步解决，海铁联运将在中国得到持续迅猛的发展。

火车轮渡，也称为车船运输，是一种特殊的海铁联运形式。它是在两江或两洋天然地堑之间没有可供铁路跨越的桥梁时，在水运码头将铁路载货汽车送入特别建造的船舱，越过江海，驶往内陆目的地，从而构成铁路列车与货船的联合运输系统。

3. 江海联运

江海联运在经济上不仅可以减少费用，降低损耗，而且可以扩张港口腹地，吸引众多货源；在操作中也可以减少运输环节和驳船次数，节省重复且无意义的卸货载货人力物力。伴随着近年来国内水路运输的强劲发展，无论是在政府层面，还是在企业层面，发展江海联运都已经成为一种共识，长江、珠江等几大内河水系纷纷探求对策，寻找方案。目前长江江海货物运输的方式大体有三种：一是传统的中转运输，即使用河船和海船分段运输。由海船和内河船分段完成海上和内河运输任务，货物在河口港进行海船与内河船之间的换装作业，一般将此称为江海联运，也即江海中转运输。二是使用载驳子母船运输。在海上航行时，将专用子驳积载在母船上，到河口将载货子驳卸入内河，然后由推船或拖船牵引子驳，将货物运到内河港口或货主指定的卸货地点。江海直达驳运输，就是海段和江段都使用顶推船或拖船带动驳船进行货物的运输，在下游的某一个港口进行重新编组。三是江海直达运输，即使用江海两用船，运输途中无须中转换装，称为直达运输。

二、基于陆运的国际多式联运物流

所谓基于陆运的国际多式联运物流，是指整个物流过程以铁路运输或公路运输作为干线运输的多式联运物流（见图 8－4）。

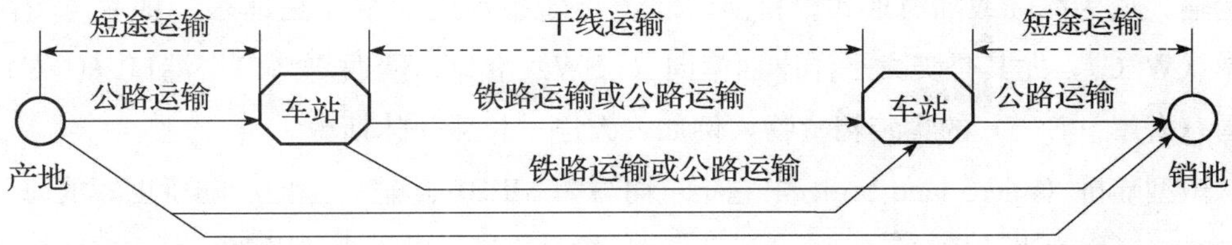

图 8-4　基于陆运的国际多式联运物流示意图

从运输方式的组合划分，基于陆运的多式联运业务主要包括公铁联运、大陆桥运输（海陆海联运）等。

1. 公铁联运

驮背运输（piggyback transport）作为公铁联运的一种特殊形式，其最大优点是中途无须换装作业，因而在北美得到广泛的应用。

驮背运输是一种无须换装作业的公铁联运方式，由北美国家最先采用，最初是指将载运货物的公路拖车置于铁路平车上输送，因而也被称为平板车载运拖车（trailer on flatcar，TOFC）系统。随着 TOFC 的出现，各种拖车或集装箱与铁路平板列车相结合的产物，例如，COFC（container on flatcar）和公铁两用车（roadrailer）都获得了极大的发展。COFC 是指省去拖车而直接将集装箱置于铁路平车上输送；公铁两用车是指一种卡车拖车底盘既适合于橡胶轮又适合于钢轨卡车的系统。

2. 大陆桥运输

大陆桥运输（land bridge transport），也称陆桥运输，是指使用横贯大陆的铁路、公路运输系统作为中间桥梁，把大陆两端的海洋连接起来，形成跨越大陆、联结海洋的运输组织形式。由于大陆起到两种运输方式之间的“桥梁”作用，因此，人们从地理概念出发，形象地将这种海陆海联运中的铁路主干线和干线公路称为“大陆桥”，而将通过大陆桥实现的海陆海联运称为大陆桥运输。

大陆桥运输的基础就是国际铁路联运。所谓国际铁路联运，是指使用一份统一的国际铁路联运票据，在跨及两个及两个以上国家铁路的货物运送中，由参加国铁路负责办理两个或两个以上国家铁路运送货物的全过程，由托运人支付全程运输费用，而无须收、发货人参加的铁路运输组织形式。

亚欧之间的大陆桥运输，主要依托西伯利亚大陆桥（SLB）和新亚欧大陆桥。北美地区的陆桥运输不仅包括大陆桥运输，还包括小陆桥运输和微型陆桥运输等其他运输组织形式。

北美大陆桥（North American land bridge）运输是指利用北美的大铁路从远东到欧洲的海陆海联运。该大陆桥由于海陆竞争和经济效益下降等而萎缩，实际上已名存实亡。但是，由此派生的小陆桥和微型陆桥运输方式却得到了发展。

小陆桥（mini land bridge，MLB）运输，就是比大陆桥的海陆海形式缩短一段海上运输，成为海陆或陆海形式。目前，北美小陆桥运送的主要是远东、日本经美国西海岸（W/C)，尤其是美太平洋岸西南向（PSW）港口、墨西哥湾口岸港口（G/C）到美国东海岸（E/C）的集装箱货物，例如，大连—长滩—休斯敦。

微型陆桥（micro land bridge，它不可简写为 MLB）运输，是比小陆桥更短的海陆运输方式，又称为半陆桥（semi land bridge）运输。它通常是指由美国西海岸或美国东海岸之港口采用铁路或公路转运至 IPI 内陆点，例如，芝加哥、凤凰城、底特律等。IPI 是“内陆点多式联运”（interior point intermodal)，即典型的微型陆桥运输。也就是说，IPI 运输是指远东、日本经美国西海岸之美太平洋岸西南向、墨西哥湾口岸港口，利用集装箱拖车或铁路运输将货物运至美国内陆城市（IPI 点）的海陆联运。IPI 运输与 MLB 运输的区别在于：一是目的地，IPI 是指定的内陆点，MLB 是美国西海岸、墨西哥湾口岸港口；二是内陆运输方式，IPI 可采用火车或拖车，MLB 不可采用拖车—公路运输。

内陆公共点或陆上公共点（OCP)，是使用两种运输方式将卸至美国西海岸港口的货物通过铁路转运至美国的内陆公共点地区，并享有优惠运价。尽管 OCP 运输与 IPI 运输的目的地均为美国内陆点，但二者有本质不同：一是 OCP 运输范围点多面广，约占全美 2/3 的地区。二是 OCP 运输虽然由海运、陆运两种运输方式完成，但海运、陆运段分别由两个承运人签发单据，运输与责任风险也是分段负责。因此，它并不是国际多式联运，而 IPI 运输是真正的多式联运。三是 OCP 运输通常是经美国西海岸之美太平洋岸西北向（PNW）港口，比如，洛杉矶、西雅图、旧金山转运；而 IPI 运输通常是经美国西海岸之太平洋岸西南向、墨西哥湾口岸港口转运。在 OCP 运输时，收货人可要求保税运输，于目的地结关提货。事实上，现行的地区运费率与 OCP 已相差无几，加上 OCP 运输时收货人须于美国西海岸自行办理中转手续，因此目前 OCP 使用得不多。

表 8-4 显示了 SLB、OCP、MLB、IPI 四种运输组织方式的区别。

表 8-4　SLB、OCP、MLB、IPI 四种运输组织方式的区别

比较项目	SLB	OCP	MLB	IPI
运输单证签发	适用于全程运输区段	仅适用于海上区段的货物运输	适用于全程运输区段	适用于全程运输区段
运费计收	收取全程运费	海、陆运输区段分别计收运费	收取全程运输费	收取全程运费
保险区段	可全程投保	海、陆运输区段分别投保	可全程投保	可全程投保
货物运抵区域	不受限制	内陆公共点	美国东海岸和美国墨西哥湾	内陆公共点
多式联运方式	是	不是	是	是

三、基于空运的国际多式联运物流

所谓基于空运的国际多式联运物流是指以航空运输为主要运输工具的多式联运运作过程，如图 8-5 所示。

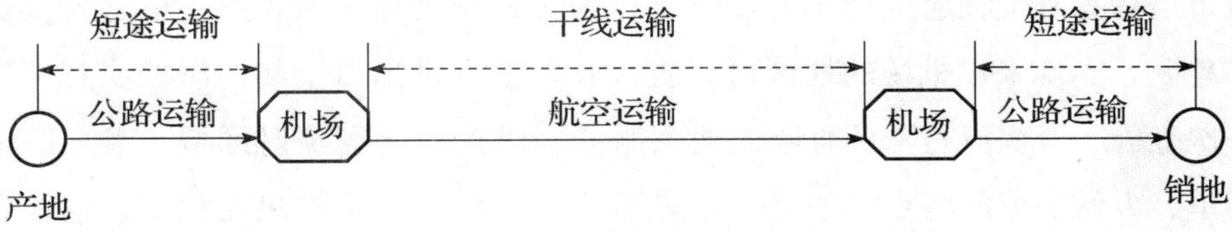

图 8-5 基于空运的国际多式联运物流示意图

1. 海空联运

所谓海空联运就是把空运货物先经由船舶运至拟中转的国际机场所在港口，然后安排拖车将货物拖至拟中转的国际机场进行分拨、装板、配载后，再空运至目的地的国际多式联运形式。海空联运结合海运运量大、成本低和空运速度快、时间要求紧的特点，能对不同运量和不同运输时间要求的货物进行有机结合。具体而言，海空联运具有五大特点：一是安全、准确。海空联运是以航空运输为核心的多式联运，通常由航空公司或航空运输转运人，或者专门从事海空联运的多式联运经营人来制订计划，以使货主对于海空联运货物的抵达时间要求与一般空运一样能精确到“×日×时×分”。由于空运在运输能力、运输方法上有其特点，而且，绝大多数飞机是无法实现海空货箱互换的，因此货物通常要在航空港换入航空集装箱。海空货物的目的地是机场，货物运抵后是作为航空货物处理的，因此，如何在中转时快速、安全地处理货物以及如一般空运那样按时抵达目的地已成为海空联运的关键。二是迅速、经济。海空联运的时间比全程海运少，运输费用比全程空运便宜。三是可以解决旺季时直飞空运舱位不足的问题。四是货物通常要在航空港换入航空集装箱。当然，随着世界商品技术含量的不断提高并向轻、小、精、薄方向发展，以及跨国公司对及时运输的需求，发达国家已出现了采用大型飞机进行国际标准集装箱（空水陆联运集装箱）运输的海空联运方式。五是托运货物的限制。基于海空运输规则及设施限制，有些货物暂不收运，比如危险物品、贵重物品、活动物，以及需要冷藏及冷冻的物品等。长度超过 235 英尺或宽度超过 96 英尺或高度超过 118 英尺的货物，以及每千克申报价值超过 20 美元的货物，一般不接受订舱。

2. 陆空联运

陆空（陆）联运较之海空联运而言，采用更普遍，尤其是工业发达国家、高速公路较多的国家，这种方式更显其效能。陆空联运具有到货迅速、运费适中、安全保质、手续简便和可以提前结汇等优点。陆空联运主要有空陆空联运、陆空陆联运（train-air-truck，TAT）和陆空联运（train-air，truck-air，TA）等形式。目前，接受这种联运方式的国家遍及欧洲、美洲和澳大利亚。陆空联运广泛采用卡车航班运输形式。所谓卡车航班是指具有全程航空运单，以卡车作为飞机的延伸工具，用陆运方式接驳未建机场的地区，实现未建机场的地区可以直接收发航空进出口货物。海关实行"一次报关、一次查验、一次放行"的直通式通关服务，以扩大航空辐射区域。卡车航班具有手续简单、方便快捷的特点：一是卡车航班弥补了空运固定航班在机型、航线以及航班时间等方面的弱点，同时有效发挥了陆运卡车装载能力大、运输路线灵活的优势，又发挥了陆空联运实行"一次报关、一次查验、一次放行"的直通式通关服务，大大节省了通关时间，降低了运输成本。二是通过卡车航班建立了非枢纽机场与枢纽机场之间的联系。卡车航班完全是为了向枢纽机场聚集货物，或者为枢纽机场分拨货物而开通的。

以 SZV 陆空联运的例子说明这种运输形式。从国外空运到苏州的货物，由于苏州没有机场，所以货物运到上海机场后，企业只能在苏州办理异地报关手续，或者委托上海机场的地面货代公司办理异地转关或清关手续，这样不仅手续烦琐，而且费时多，货物运到收货人仓库通常需要 11 小时左右。实际上，苏州园区距离上海浦东国际机场 150 千米，距离上海港 100 千米，而且全线高速，大概 3.5 小时车程。之所以花费这么长时间，主要是分拨慢。由于上海空港吞吐量大，货物到上海空港后需要两级分拨，第一级是下飞机后进入机场指定的两家地面货代仓库进行理货，第二级是由地面货代分拨到各个货代仓库。目前上海机场的场站分拨时间在 5～6 小时，下午的航班则可能要过夜。货到货代仓库后即使不须查验，一般也还要 2～3 小时才能报关出来。从货物抵达上海空港到进入公司仓库过程中，有将近一半时间消耗在分拨上。当然也存在货代对单子的处理能力、系统原因导致的电子数据传输问题等。为此，海关总署正式批复实施《上海-苏州工业园区空运进出口货物快速通关方案》，同意苏州工业园区空陆联程中转模式，就是将苏州工业园区视为一虚拟空港，以 IATA 规定的苏州城市代码 SZV 为标识，货物抵达上海机场后，直接装上视为航空器的卡车航班，定时发班，运输至苏州工业园区。而货主在途中办理完海关清关手续后，直接在苏州物流中心提货。这样使没有机场的内陆城市也能直接收发国际空运货物。图 8－6 显示了 SZV 陆空联运的业务流程。在这种模式下，空运单上可标注"SZV"，货到上海机场后只经机场库，报关由过去在上海机场海关自动转到苏州园区海关，这将大大减少误操作的可能性，而且收发货人对信息流的跟踪和查询也更加方便。据测算，从飞机落地到货运工厂平均需 7 小时，比上海清关节省 10%～20%，比上海转关节省 50%。

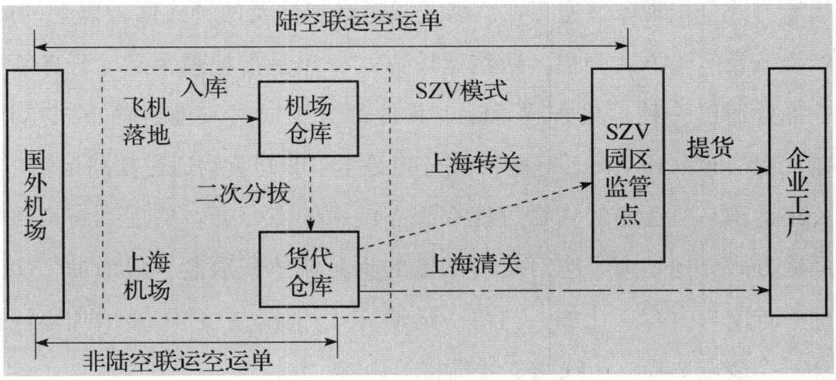

图 8-6　SZV 陆空联运的业务流程

第四节　国际多式联运物流方案设计

一、国际多式联运物流方案设计原理

1. 国际多式联运物流方案设计的概念

国际多式联运物流方案设计，也称为国际多式联运解决方案设计，有广义与狭义两种解释。广义上，它是指国际多式联运企业针对客户的运输需求，运用系统理论和运输管理的原理和方法，制定出满足客户需求的解决办法、措施的过程；狭义上，它是指根据客户需求，设计出最优的多式联运模式与路线的过程。

2. 国际多式联运物流方案设计的特点

（1）非线性运输费用大量存在。在多式联运模式下，无论是运输距离还是运输量，都会大大增加。基于距离经济与规模经济原理，运输费用会呈现递远（大）递减现象，这也导致非线性运输费用大量存在。对于线性运输费用，可以用单位固定费用的线性函数形式建模；而对于非线性运输费用，虽然采用二次费用函数、指数费用函数等形式应该更接近真实问题，但也更难以建模和求解。比如，A、B、C、D 之间均相距 100 千米，线性费用模型中运输费用可能是 1 元/千米，非线性费用模型可能是在 100 千米内是 1 元/千米，超过 100 千米（如 A 到 C）是 0.5 元/千米，因此，在线性费用模型中，A 到 C 的单位运输费用为 200 元，而对于同样距离，非线性费用模型的单位运输费用则是150元。显然，由于非线性运输费用的存在，到终点可选择的路径方案可能会增多。

(2) 运输方式分担现象普遍存在。多式联运必然涉及两种或两种以上的运输方式，因此，必然会涉及运输方式分担。所谓运输方式分担是指把整个运输任务看作多个组成部分，一部分通过一种运输方式承运，其他部分则通过其他运输方式承运。比如，承运200吨货物从北京到上海，运输方式分担是指100吨货物通过铁路运输，另100吨货物通过公路运输。所运输的货物可能在起点或中间点分开，然后到终点再聚集到一起。采用运输方式分担是为了应对货物运输的重量或体积限制，但增加了多式联运物流方案设计的难度与内容，比如，与单一运输方式相比，往往需要增加不同运输方式的最佳组合、换装点选择、干线与支线衔接等内容。

(3) 以干线为核心、干支相互协调。由于涉及多种运输方式，在多式联运物流方案设计过程中，通常拟定干线运输方案，然后再考虑干线运输两端的支线运输方案，并力求两者相互协调。

(4) 运输中转场站大型化和集中化。现有多式联运大多依托若干个大型运输中转场站，实现运输中转场站之间的长途干线运输，以及运输中转场站与起终点之间的短途集疏运，以充分发挥各种运输方式的优势，但也面临着如何减少中转场站的费用和中转时间的挑战。

(5) 信息模糊或不确定。受各种运输方式管理体制等制约，存在大量模糊或不确定的信息，会使承运人无法准确掌握运输费用和运输时间。因而对不确定的信息进行规划是必需的。

3. 国际多式联运物流方案设计要素

国际多式联运物流主要是不同运输方式之间跨时间及空间的活动过程，活动的核心是利用现代化的运输设备与设施满足客户的需求。因此，一个完整的国际多式联运物流方案由以下三要素组成（见图8-7）。

(1) 需求分析，是指衡量客户对集装箱多式联运需求的满足状况。它是由客户的运输需求决定的，通常可细化为若干数量指标和质量指标。

(2) 流程设计，是指根据客户需求，设计一个适合的业务流程。因选择的多式联运组织方式与路线不同，其业务流程会有所不同，因而，流程设计实际上包括多式联运组织方式与路线设计以及具体的运作流程设计。

(3) 资源配置，是指按照客户需求和方案设计的要求，科学地配置多式联运资源和管理机构等。

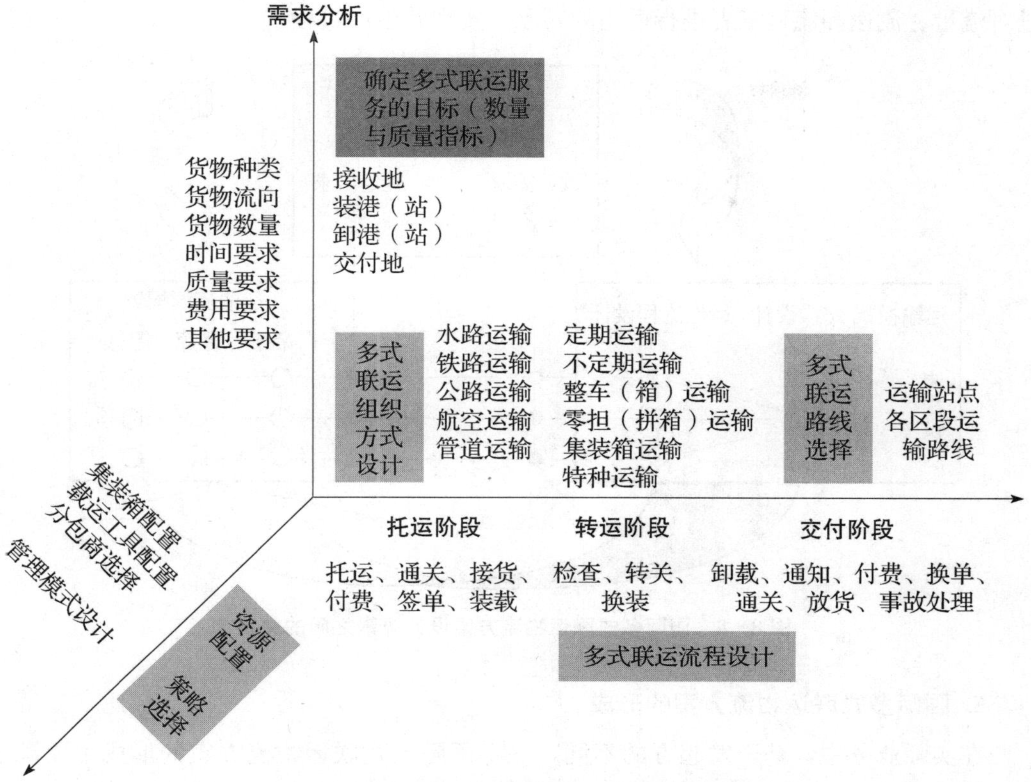

图 8-7　国际多式联运物流方案设计三要素

4. 国际多式联运物流方案设计要素之间的关系

借鉴流体力学理论，可将需求分析、流程设计、资源配置分别称为流量、流程和流速。其中，流量代表多式联运的服务内容，流程代表多式联运的形式结构，流速代表多式联运的实体结构。由此可见，流量、流程和流速分别构成了多式联运物流方案设计的三个侧面，形成了三位一体的关系（如图 8-8 所示）。

（1）流量是多式联运生产的核心内涵——灵魂。客户需求决定了多式联运生产的要求与目标。

（2）流程是反映该灵魂的形式框架——方法论。流程设计是有效开展多式联运生产活动的前提与基础。流程设计是从多式联运生产活动分析开始的，而多式联运生产活动分析又源于对流量的系统化分析。

（3）流速是方法论得以实现的实体基础。流速根据目标要求和相应的方法、程序，确定必要的实现手段——策略、资源和信息。

由此可见，国际多式联运物流方案设计实际上就是通过一定的方法，对一个特定的运输生产过程进行流量、流速和流程的描述，并找到它们之间的函数关系，进而通过对流量、流速和流程三者进行适当的匹配，实现其生产过程。

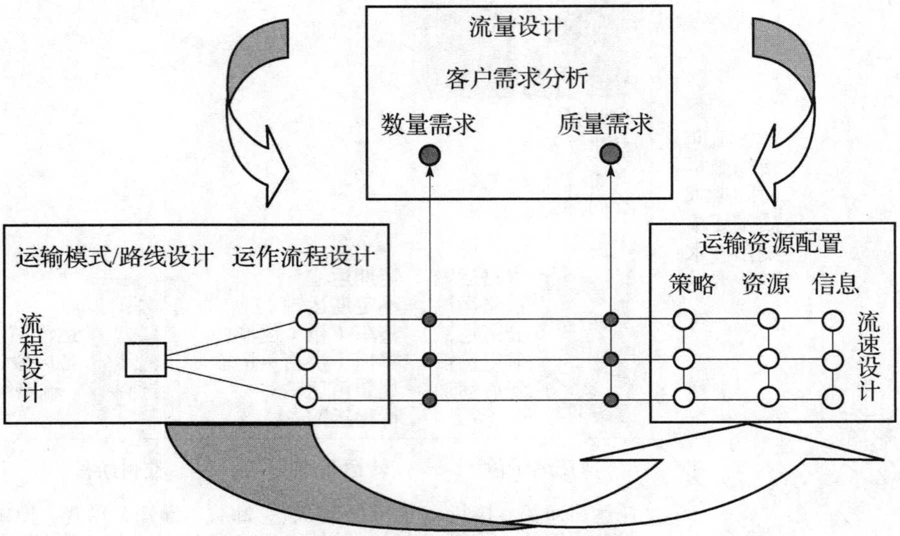

图 8-8　国际多式联运物流方案设计要素之间的关系

5. 国际多式联运物流方案的形成

在实际业务中，基于发起方的不同，一个国际多式联运物流方案的形成主要源于以下三种情况：

(1) 客户发起形成的方案。

客户发现并确认需求，并向国际多式联运企业下达委托任务，国际多式联运企业针对客户的需求形成国际多式联运物流方案。这种方式通常适用于一次性、短期的业务委托，在实务操作中采用这种方式的最为常见。

(2) 企业发起形成的方案。

国际多式联运企业通过国际货运市场机会分析与研究，形成一个具体的国际多式联运物流方案，并依此主动地向目标客户提交国际多式联运需求建议书（REP），获得客户同意后，双方签署国际多式联运合同。此种方式通常适用于长期的战略合作，尤其是在运输外包情况下被广泛采用。

(3) 运输中间商发起形成的方案。

运输中间商帮助客户发现并确认需求，同时还帮助客户寻找国际多式联运企业，并指导国际多式联运企业编制国际多式联运物流方案，从而使双方达成共识，并签署国际多式联运合同。在信息不对称情况下，可以采用这种方式。

从中不难看出，无论哪种情况，一是发现并确认客户的需求极为重要，二是均须由多式联运企业完成方案设计。

二、国际多式联运物流方案设计方法

国际多式联运物流方案设计通常需要采用数量化方法进行优化。限于篇幅，以下介绍两种简单的方法，以供参考。

1. 综合评价选择法

物流系统的目标是实现物品迅速安全和低成本的运输。然而，物流的速度、准确性、安全性和经济性之间是相互制约的。若重视物流的速度、准确性、安全性，则物流成本就会增加；反之，若物流成本降低，则其他的运输目标就可能难以全面实现。因此，在选择运输方式时，应综合考虑物流的各种目标要求，采取诸如因素分析法、权重因素分析法以及层次分析法等进行综合评价选择。

2. 成本费用分析选择法

在影响物流方式选择的条件中，物品种类、运量和运距三个条件是由货物自身的性质和存放地点决定的，因而属于不可变量。事实上，对这三个条件进行变更，从而改变物流方式的可能性并不大，与此相反，物流时间（也即物流方式的速度问题）和物流费用是不同物流方式相互竞争的重要条件，物流时间和物流费用的变化必然带来所选择的物流方式的改变。从物流功能来看，物流时间短是物流服务的基本要求，然而，时间短的物流方式费用往往很高。同时，在考虑物流经济性时，不能只从物流费用本身来判断，还要考虑速度加快缩短了物品的备运时间，使物品的必要库存减少，从而减少了物品的保管费等因素。因此，物流方式的选择应该是综合考虑上述各种因素后，寻求广义的物流费用最低的物流方式。

成本费用分析选择法的基本步骤如下：

（1）确定可供选择的物流方式集合。

（2）估计每个备选的物流方式广义的成本费用。广义的成本费用是指货物从起点到终点的运输及与这种运输有关的全部活动的总费用，它主要由运输成本、在途库存成本、始发地库存成本、终到地库存成本等构成。各指标的计算公式如下。

假设 R 表示运费率，D 表示年运送量，C 表示货物出厂价值，I 表示每单位货物库存成本占货物价值的比例，T 表示运送时间，Q 表示运输批量，K 表示运输服务与运输批次数对库存成本的影响系数。

运输成本＝运费率×运量＝RD

在途库存成本＝每单位货物在途库存成本×在途运量＝$ICDT/365$

始发地库存成本＝每单位货物在始发地的库存成本×平均库存量＝$ICKQ/2$

终到地库存成本＝每单位货物在终到地的库存成本×平均库存量＝$I(C+R)KQ/2$

(3) 应用选择的决策规则将货流分派或分配到各备选的运输方式上。货流在各备选的运输方式间的分配，既可以是全有全无分配（即货物只能由费用最小的运输方式承运），也可以不是全有全无分配（即每个备选运输方式都承运了不等比例的货物），从而出现了诸如优化模型、平衡模型、随机选择模型等各种各样的模型。

在实际业务中，除了可以选择单一运输方式之外，还可以选择多式联运。与选择单一运输方式相比，多式联运下物流方式的选择要复杂得多，除了单一运输方式所需考虑的因素和条件外，还需考虑物流方式的转换费用、转换点、转换延迟、转入运输方式和转出运输方式、多式联运货物容器的应用等等。此时进行物流方式选择时，可以采取将货运进行分段、建立多目标函数以及通过数学模型求解的方式实现。

【实例 1】 某生产箱包的公司的分拨计划是将生产的成品先存放在工厂仓库，然后外包运输公司将产品运往自有的基层仓库。假设有铁路运输、驮背运输、汽车运输、航空运输等四种运输方式可供选择，这四种运输方式的运费率、运送时间等指标如表 8-5 所示。假设每个箱包的平均价值 $C=30$ 美元，所有的库存成本均为箱包价值的 30%，即 $I=30\%C/$年，每年基层仓库销售量（年需求量）$D=70$ 万件。试根据成本费用分析选择法确定该公司应选何种运输方式。

表 8-5 运输方式运价、运送时间、运输批次情况表

运输方式	运费率 R（美元/件）	门到门运送时间 T（天）	运输批量 Q（万件）	运输服务与运输批次数对库存成本的影响系数 K（%）
铁路运输	0.10	21	20	100
驮背运输	0.15	14	10	93
汽车运输	0.20	5	10	84
航空运输	1.40	2	5	81

根据前面介绍的公式，计算出每种运输方式的四种相关成本（如表 8-6 所示），从而可知，采用汽车运输方式的总成本最低。

表 8-6 四种运输方式成本费用计算结果 单位：万美元

计算成本	计算公式	铁路运输	驮背运输	汽车运输	航空运输
运输成本	RD	0.10×70=7	0.15×70=10.5	0.20×70=14	1.4×70=98
在途库存成本	$ICDT/365$	0.3×30×70×21/365=36.2	0.3×30×70×14/365=24.2	0.3×30×70×5/365=8.6	0.3×30×70×2/365=3.5
始发地库存成本	$ICKQ/2$	0.3×30×10=90	0.3×30×5×0.93=41.9	0.3×30×5×0.84=37.8	0.3×30×2.5×0.81=18.2

续表

计算成本	计算公式	铁路运输	驮背运输	汽车运输	航空运输
终到地库存成本	$I(C+R)KQ/2$	0.3×30.1×10=90.3	0.3×30.15×5×0.93=42.1	0.3×30.2×5×0.84=38.1	0.3×31.4×2.5×0.81=19.1
总成本		223.5	118.7	98.5	138.8

三、国际多式联运物流方案设计实例

（一）背景材料

多元医药公司是位于英国谢菲尔德的一家中型公司，该公司制造一系列钢制手术器械，如镊子、切骨刀和手术剪刀。由于已经有10年时间成功向土耳其出口产品，多元医药公司决定使用其资金储备在安卡拉设立一个新的全资销售子公司。考虑到土耳其政府宣布将提高国家的医疗水平，公司管理层希望此举能够应对未来的需求增长。

6月，公司配送部经理克莉丝汀·梅森被要求确定将下一年所需产品从谢菲尔德工厂运至安卡拉的子公司的最适当的方法和时间表。多元医药公司的销售经理估计，下一年土耳其的总需求量按成本价计算将达到25万英镑的订单量，需求量相当均匀地分布在全年。但是，他相信如果公司以新的销售子公司的形式实实在在出现在当地，销售量还会大大增长。

1. 交付备选方案

梅森提出了三种可能的交付备选方案：

11月或12月将全部交货量一次性装运，为下一年1月的开张做准备；

11月或12月将全部交货量的一半装运，其余部分下一年5月或6月装运；

11月或12月开始，按月装运等量的货物。

多元医药公司标准的国内及出口装运的产品包装方法是：包装采用50×50×40厘米的硬纸板箱，手术器械用塑料袋独立包装后装入纸箱，每层用棉纸隔开。平均每个包装纸箱重约10千克，内含大约价值500英镑的手术器械。

2. 生产

手术器械用购自波皮曼公司的锻钢制成，该公司是位于谢菲尔德的一家落锤锻造公司。原材料成本约占总制造成本的25%，而制造成本大约是销售价格的50%。

梅森与波皮曼公司的生产经理马丁·迪森特举行了一次会谈，讨论上述三种方案将会如何影响制造时间表。经过讨论，迪森特最终确定将按以下方式进行生产：

对于交付方案 1 和方案 2，全部产品将在装运前四周制造完成。

对于交付方案 3，从第一次装运的四周前开始，每月完成固定比例的产品的制造。

迪森特同时确认，无论采用哪种制造时间表，制造成本基本上都是相同的，但为了得到波皮曼公司提出的 10%的批量购买折扣，公司将会在 10 月购买全部的原材料，以满足土耳其下一年的需求。

3. 运输

梅森与伍兹国际货运代理公司的代理人史蒂夫电话交谈了解了海运、陆运、空运至土耳其的运费报价和服务水平。表 8-7 显示的是梅森记录下的电话交谈的信息，史蒂夫解释道，他不能提供全部所需的信息，因为他发往位于伊斯坦布尔的货代公司的传真还没有得到回复，在传真中他询问了在土耳其境内的详细的运输费用。

表 8-7 电话交谈的信息

<table>
<tr><th>运输方式</th><th colspan="5">方案设计</th></tr>
<tr><td rowspan="9">A. 海运</td><td rowspan="3">选择 1：专用集装箱</td><td>集装箱类型</td><td>可容纳
包装纸箱数
（个）</td><td>交付给收货人所需的总费用</td><td rowspan="3">集装箱先运至谢菲尔德的工厂（装箱的头 3 个小时免费，此后每小时为 10 英镑）交付安卡拉的收货人，从英国费利克斯托港至土耳其梅尔辛港：航行 21 天，每 10 天一个航班，发货人比船期日至少提前两天将集装箱集中到港口。从梅尔辛港至安卡拉的时间：2 天公路运输（运价未知）</td></tr>
<tr><td>20 英尺
集装箱</td><td>250～300</td><td>1 290 英镑</td></tr>
<tr><td>40 英尺
集装箱</td><td>600</td><td>1 935 英镑</td></tr>
<tr><td rowspan="6">选择 2：集装箱拼箱服务</td><td>纸箱数</td><td>费用（英镑）</td><td colspan="2" rowspan="6">价格包括从谢菲尔德交付至伊斯坦布尔港的货舱，船期时间表等信息与选择 1 相同，从伊斯坦布尔至安卡拉的间接费用未知，因为史蒂夫没有收到伊斯坦布尔货代公司的传真答复</td></tr>
<tr><td><40</td><td>12/箱</td></tr>
<tr><td>40</td><td>共 393.86</td></tr>
<tr><td>100</td><td>共 885.35</td></tr>
<tr><td>250</td><td>共 2 044.69</td></tr>
<tr><td rowspan="5">B. 横越大陆公路运输</td><td>选择 1：整车运输——可装运 600 个纸箱，费用2 975 英镑</td><td colspan="2"></td><td colspan="2" rowspan="5">从谢菲尔德交付给安卡拉的收货人运输时间需 8～12 天
注：卡车直接从英国驶往土耳其，途中采用滚装式轮渡或经海底隧道通过英吉利海峡，从希腊至土耳其采用滚装式轮渡经过博斯普鲁斯海峡。费率报价包括轮渡费用和其他所有途中费用</td></tr>
<tr><td rowspan="4">选择 2：公路拼装服务</td><td>纸箱数</td><td>费用（英镑）</td></tr>
<tr><td>40</td><td>633</td></tr>
<tr><td>100</td><td>1 070</td></tr>
<tr><td>250</td><td>1 710</td></tr>
</table>

续表

<table>
<tr><th>运输方式</th><th colspan="4">方案设计</th></tr>
<tr><td rowspan="6">C. 空运</td><td rowspan="6">拼装费率</td><td>纸箱数（个）</td><td>费用（英镑）</td><td rowspan="6">从谢菲尔德抵达安卡拉机场（通关前）运输时间需 2～3 天，每天有班机从伦敦希思罗机场至安卡拉；
抵达安卡拉机场以后的运输由收货人负责（运行未知）</td></tr>
<tr><td>1</td><td>97.5</td></tr>
<tr><td>2</td><td>132.55</td></tr>
<tr><td>5</td><td>229.48</td></tr>
<tr><td>10</td><td>396.8</td></tr>
<tr><td>40</td><td>1 152.93</td></tr>
</table>

4. 来自货代的其他信息

（1）海关通关。

在土耳其，海关通关的时间是不可预知的，平均需要 1～3 天。对于海运和空运集装箱，需要在土耳其雇佣一家货代公司来安排海关通关所需的文件，费用为每船（飞机）30～40 英镑。货运代理可由伍兹国际货运代理公司安排。

（2）保险费。

海运拼装货、公路拼装货，可保价值的 0.5%。

集装箱整箱装运（海运）、整车装运（公路）、空运拼装货，可保价值的 0.425%。

可保价值的计算方法是：可保价值=(货物价值+运费)×10%。

（3）需要的特殊文件。

土耳其需要 EUR1 表格，这是欧盟的"原产地证"，以 15 英镑从英国商会获得，商会签署该证，以证明产品产自欧盟。EUR1 必须与货物一同装船。

（4）体积/重量比和空运费率。

在与史蒂夫的交谈中，他提及多元医药公司使用的纸箱不能比 40×40×40 厘米小，如果使用这样较小的纸箱，它可以容纳同样重量的产品，即 10 千克，而空运费率却低得多，采用其他运输方式，运价也会低一些。他解释道：空运费率是同时依据重量和体积制定的，采用的标准比率是 6∶1（体积比重量），运费由体积和重量哪一个产生的费率更大来确定，即 6 立方米计费相当于 1 吨的重量。

多元医药公司使用的纸箱的体积/重量比是 10∶1，结果每箱 10 千克的装载实际上要按 16.7 千克来收费，因为他们是按体积而不是按重量来收费。

如果使用更小的纸箱（0.06 立方米），相关情况见表 8-8。

梅森考虑了这些因素以后，她认识到需要重新考虑包装纸箱，在不损坏手术器械产品的前提下，或许可以减少在纸箱内垫牢手术器械的棉纸数量。之后她联系了公司包装材料的供应商，被告知制造较小尺寸的纸箱的费用是 0.40 英镑/个，与现有纸箱相同，但最小订货数量是 5 000 个。

表 8-8 运输方案下的纸箱数与费用情况

空运拼箱：谢菲尔德/安卡拉机场		海运拼箱：谢菲尔德/伊斯坦布尔		公路拼箱	
纸箱数（个）	费用（英镑）	纸箱数（个）	费用（英镑）	纸箱数（个）	费用（英镑）
1	97.50	40	260.43	40	432.00
2	101.00	100	594.18	100	833.00
5	162.00	250	1 350.31		
10	260.00				
40	846.00				

（二）方案设计

1. 运输方案的成本构成

固定成本主要包括所运输的手术器械的采购成本和纸箱费用。可变成本的高低将主要影响总成本的变化，因此在做方案选择时，应根据运输的可变成本来进行决策。

海运中所包含的可变成本主要有海上运费、海关通关费、保险费、ERU1 以及货物在土耳其境内的公路运输费用。

公路运输中所包含的可变成本主要由运费和保险费组成。

空运中所包含的可变成本主要由运费、海关通关费、ERU1 和保险费组成。

2. 可变成本分析

（1）方案一：一次性装运 500 箱。

选用专用集装箱运输时，20 英尺集装箱需要装两箱；40 英尺集装箱需要装一箱；公路运输为两天。

选用集装箱拼装服务时，按原有的纸箱尺寸，成本最低的拼装方法为 250 个一箱，共两箱；改为小纸箱后，拼装方法相同。影子价格分别为 8.2 英镑和 5.4 英镑。

选用公路整车运输时，不满一车以一车运；选用公路拼装服务时，成本最低的拼装方法为 250 个一箱，共两箱；改为小纸箱后，拼箱方法为 100 个一箱，共五箱。影子价格分别为 6.8 英镑和 8.3 英镑。

选用空运时，成本最低的拼装方法为 40 个一箱，共 12 箱半；改为小纸箱后，拼箱方法相同。影子价格分别为 28.8 英镑和 21.2 英镑。

可变成本计算表如表 8-9 所示。

表 8-9 方案一对应的可变成本计算表 单位：英镑

	海运				公路运输			空运	
	专用集装箱		拼装		整车运输	拼装		原来	改小纸箱
	20 英尺	40 英尺	原来	改小纸箱		原来	改小纸箱		
运费	2 580	1 935	4 098.38	2 700.62	2 975	3 420	4 165	14 411.63	10 575
海关通关费	35	35	35	35				35	35
ERU1	15	15	15	15					
额外的公路运输	300	300	100	100					
保险费	107.3	107.0	127.0	126.3	107.5	126.7	127.1	112.3	110.7
合计	3 037	2 392	4 375	2 977	3 083	3 547	4 292	14 559	10 721

基于上表计算可知，成本最低的为选用海运专用 40 英尺集装箱方案，总成本为 2 392 英镑；其次的方案为改用小纸箱后的集装箱拼装方案，总成本为 2 977 英镑，但还应考虑纸箱最小订货数量为 5 000 个所带来的一定量的损失；再次的方案为专用 20 英尺集装箱方案，总成本为 3 037 英镑。

(2) 方案二：分两批装运 250 箱。

选用专用集装箱运输时，单航次中 20 英尺集装箱需要装一箱。

选用集装箱拼装运输时，按原有的纸箱尺寸，单航次中成本最低的拼箱方法为 250 个一箱；改为小纸箱后，拼装方法相同。影子价格分别为 8.2 英镑和 5.4 英镑。

选用公路拼装运输时，单次成本最低的拼装方法为 250 个一箱；改为小纸箱后，拼箱方法为 100 个一箱，共两箱半。影子价格分别为 6.8 英镑和 8.3 英镑。

选用空运时，按原有的纸箱尺寸，单航次中成本最低的拼箱方法为 40 个一箱，共 6 箱零 10 个；改为小纸箱后，拼箱方法相同。影子价格分别为 28.8 英镑和 21.2 英镑。

可变成本计算表如表 8-10 所示。

表 8-10 方案二对应的可变成本计算表 单位：英镑

	海运			公路运输			空运	
	专用集装箱 20 英尺	拼装		整车运输	拼装		原来	改小纸箱
		原来	改小纸箱		原来	改小纸箱		
运费	2 650	4 089.38	2 077.62	5 950	3 420	4 165	14 411.66	10 575
海关通关费	70	70	70				70	70
ERU1	30	30	30				30	30

续表

	海运			公路运输			空运	
	专用集装箱20英尺	拼装		整车运输	拼装		原来	改小纸箱
		原来	改小纸箱		原来	改小纸箱		
额外的公路运输	500	500	150					
保险费	107.4	127.0	126.3	108.8	126.7	127.1	112.3	110.7
合计	3 357	4 816	2 454	6 059	3 547	4 292	14 624	10 786

从上表可以看出，成本最低的为改用小纸箱后的集装箱拼装方案，总成本为 2 454 英镑，但还应考虑纸箱最小订货数量为 5 000 个所带来的一定量的损失；其次的方案为选用海运专用 20 英尺集装箱方案，总成本为 3 357 英镑；再次的方案为用原设计纸箱的公路运输方案，总成本为 3 547 英镑。

（3）方案三：按月等量装运 42 箱。

选用专用集装箱运输时，单航次中 20 英尺集装箱需要装一箱。

选用集装箱拼装运输时，按原有的纸箱尺寸或改为小纸箱，拼装方法都为 40 个一箱，2 个纸箱单独装箱。

选用公路拼装运输时，42 个一箱，2 个纸箱单独装箱。

选用空运时，按原有的纸箱尺寸，单航次中成本最低的拼装方法为 40 个一箱，2 个纸箱单独装箱；改为小纸箱后，拼装方法相同。影子价格均为 21.2 英镑。

可变成本计算表如表 8－11 所示。

表 8－11　方案三对应的可变成本计算表　　单位：英镑

	海运			公路运输			空运	
	专用集装箱20英尺	拼装		整车运输	拼装		原来	改小纸箱
		原来	改小纸箱		原来	改小纸箱		
运费	15 480	5 014.32	3 413.16	35 700	7 596	5 184	14 526.92	10 659.6
海关通关费	420	420	420				420	420
ERU1	180	180	180				180	180
额外的公路运输	1 000	1 000	600					
保险费	112.8	108.4	107.7	121.4	109.5	108.5	112.4	110.8
合计	17 193	6 723	4 721	35 821	7 706	5 293	15 239	11 370

从上表可以看出，成本最低的为改用小纸箱后的集装箱拼装方案，总成本为 4 721 英镑；其次的方案为改用小纸箱后的公路拼装方案，总成本为 5 293 英镑；再次的方案为用原设计纸箱的集装箱拼装运输方案，总成本为 6 723 英镑。

3. 运输时间等因素分析

三种运输方式的运输时间及其他信息如表 8－12 所示．

表 8－12 三种运输方式对比

相关因素	海运	公路运输	空运
运输时间（天）	25～27	8～12	2～3
拼装服务的影子价格（英镑）	5～8	6～8	21～28
其他	10 天一个航班		每天都有班机

海运方案的优势在于：相对成本低，利于环保，有利于保护货物，减少货物的损失，对运价变化不敏感。劣势在于：花费时间长，班轮运输时间不灵活，时效性差。

公路运输方案的优势在于：节省时间，汽车运输方式灵活多变，不需要经过货代报关，对运价变化不敏感。劣势在于：不环保，容易导致货物损伤。

空运方案的优势在于：运输时间短，适合对时间要求比较高的情况。劣势在于：成本太高，对运价变化十分敏感。

4. 方案确定与实施

（1）最佳方案的提出。

经以上分析和比较，首先可以得出最低成本方案为方案一中海运专用 40 英尺集装箱拼装方案，总成本为 2 392 英镑；其次为方案二中改用小纸箱后的集装箱拼装方案，总成本为 2 454 英镑。但是还应考虑购买小纸箱的最小订货数量为 5 000 个，由于运输量仅为 500 个纸箱，其所带来的损失一定会超过 65 英镑，所以计算出的最低成本方案并不能做到实际的成本最小化。

其次，在总成本最低的几个方案中，方案二中的用原设计纸箱的公路运输方案，其总成本为 3 547 英镑。将其与上面得出的最优海运方案相比，总成本相差 1 155 英镑，相对于 25 万英镑的总货物价值，仅占到 0.462%。同时公路运输有很多优势，例如运输时间大约为海运的三分之一，灵活可变，计算出的两种方案的影子价格相差不多；并且由于是分两批货物运输，生产的强度可以降低，库存量大大减少，降低了库存成本；此方案还能够根据子公司销售情况的反馈，实时地调整生产设计及计划。

因此，本报告的建议方案为方案二：11 月或 12 月将全部交货量的一半装运，其余部分下一年 5 月或 6 月装运；运输方式为采用原设计纸箱的公路运输方案。拼装方案为 250 个纸箱整体拼装运输。

（2）方案的实施。

在 11 月装运前四星期制造完成 12.5 万英镑的产品，运往谢菲尔德的工厂。采用

50×50×40 厘米的硬纸板箱装货，共装 250 纸箱。通过货代公司找到可以拼装的卡车运输。卡车直接从英国驶往土耳其，途中采用滚装式轮渡或经海底隧道通过英吉利海峡，从希腊至土耳其采用滚装式轮渡经过博斯普鲁斯海峡，最终交付给安卡拉的收货人。运输时间需 8～12 天。下一年 5 月装运前四星期制造完成其余 12.5 万英镑的产品，运输过程与第一批相同。

5. 成本效益分析

该最佳方案的运输费用为 1 935 英镑，海关通关费用为 35 英镑，ERU1 为 15 英镑，额外的公路运输费用约为 300 英镑，所花费的保险费用为 107 英镑，可保价值为 25 167 英镑，总可变成本为 2 392 英镑。

同时，采用这种专用集装箱运输时，灵敏度低于采用拼装集装箱的方案。经计算，拼装集装箱的影子价格为 5～8 英镑，所以该方案的影子价格应该小于这个范围。

再加上纸箱费用为 200 英镑，产品制造成本为 25 万英镑的固定成本，则总成本为 252 592 英镑，销售总价格为 50 万英镑，所得利润约为 24.7 万英镑。

第五节 国际多式联运“一单制”“一箱制”

一、推进多式联运“一单制”“一箱制”的政策梳理及意义

1. 推进多式联运“一单制”“一箱制”的政策梳理

近年来，我国积极推进多式联运“一单制”“一箱制”实践，“一单制”“一箱制”迎来了重要的发展机遇期。政府部门主要通过政策引导、课题研究、标准发布、试点示范等方式，为多式联运“一单制”“一箱制”发展提供良好的创新环境。

二维码 8-2 “一单制”“一箱制”政策一览表

（1）强化政策引导。

我国近年来出台的“一单制”“一箱制”相关政策，其出发点和核心目的主要涉及以下五个方面：

一是推进物流业健康发展。我国明确提出“一单制”，始于 2013 年 6 月发布的《交通运输部关于交通运输推进物流业健康发展的指导意见》，要求推动货物运输的无缝衔接和“一单制”。

二是聚焦综合运输一体化。2014 年 12 月，《交通运输部关于全面

深化交通运输改革的意见》提出：推进货运“一单制”、客运“一票制”、信息服务“一站式”，实现综合运输一体化服务。

三是聚焦全链条交通物流一体化。2016 年 6 月，《国务院办公厅关于转发国家发展改革委营造良好市场环境推动交通物流融合发展实施方案的通知》指出：推进单证票据标准化，构建电子赋码制度，加快推广“一单制”，实现一站托运、一次收费、一单到底，打通衔接一体的全链条交通物流体系。

四是聚焦物流降本增效。2020 年 5 月，《国务院办公厅转发国家发展改革委交通运输部关于进一步降低物流成本实施意见的通知》提出：破除多式联运“中梗阻”。以多式联运示范工程为重点，推广应用多式联运运单，加快发展“一单制”联运服务。针对多式联运“一单制”的推广，2021 年 8 月，《国务院印发关于推进自由贸易试验区贸易投资便利化改革创新若干措施的通知》提出：加快推进多式联运“一单制”。交通运输管理部门支持自贸试验区试点以铁路运输为主的多式联运“一单制”改革，鼓励自贸试验区制定并推行标准化多式联运运单等单证。加快推进全国多式联运公共信息系统建设，率先实现铁路与港口信息互联互通，进一步明确多式联运电子运单的数据标准、交换规则及参与联运各方的职责范围等。率先在国内陆上公铁联运中使用标准化单证，逐步推广到内水陆上多式联运，做好与空运、海运运单的衔接，实现陆海空多式联运运单的统一。

五是推动多式联运高质量发展。2023 年 8 月 21 日，交通运输部、商务部、海关总署等八部门共同印发了《关于加快推进多式联运“一单制”“一箱制”发展的意见》，提出力争通过 3～5 年的努力，多式联运“一单制”“一箱制”法规制度体系进一步完善，多式联运信息加快开放共享，多式联运单证服务功能深化拓展，多式联运龙头骨干企业不断发展壮大，托运人一次委托、费用一次结算、货物一次保险、多式联运经营人全程负责的“一单制”服务模式和集装箱运输“不换箱、不开箱、一箱到底”的“一箱制”服务模式加快推广，进一步推动交通物流提质增效升级，更好服务支撑实现“物畅其流”。这标志着推进“一单制”“一箱制”已进入新的发展阶段。

(2) 进一步完善多式联运标准体系。

交通运输部等部门相继发布了《货物多式联运术语》(GB/T 42184—2022)、《多式联运货物分类与代码》(JT/T 1110—2017)、《国内集装箱多式联运运单》(JT/T 1244—2019)、《国内集装箱多式联运电子运单》(JT/T 1245—2019)、《国际货运代理多式联运提单》(SB/T 10800—2012)、《多式联运货物分类与代码》(GB/T 42820—2023) 和《多式联运运载单元标识》(GB/T 42933—2023) 等标准，规范了多式联运术语、货物类别及代码、单证格式、填报要求与背面条款，为打通货物在不同运输方式间转换、推进

"一单到底"提供了技术指引。

商务部等部门推动建立铁路运单物权凭证工作机制，统筹推进铁路运单物权化工作，指导中国国际货运代理协会设计了多式联运提单；组织开展可转让多式联运单证规则研究，解决使用一张多式联运单证并赋予其物权功能的问题。

（3）开展多式联运试点示范。

截至2023年11月，交通运输部、国家发展改革委等部门已组织4批116个国家的多式联运示范工程，企业纷纷以示范工程为载体，探索多式联运"一单制"模式。国家金融监督管理总局、商务部等开展铁路运输单证金融服务试点，推动5个省份试点开展依托运单的金融创新。

山东、辽宁、重庆、广东等省份也开展了多式联运"一单制"专项试点，山东组织了3批多式联运"一单制"试点，通过资金引导培育多式联运经营人和"一单制"服务。重庆制定了西部陆海新通道铁海联运"一单制"试点工作推进方案，进一步扩大试点范围，提升铁海联运"一单制"服务水平；成都、重庆、郑州、义乌等地积极探索依托中欧班列铁路运单、国际多式联运提单等，开展"一单制"融资结算等服务。

2. 推进多式联运"一单制""一箱制"的战略意义

（1）推进多式联运"一单制""一箱制"是加快建设交通强国的内在要求。

中共中央、国务院印发的《交通强国建设纲要》明确了交通发展由追求速度规模向更加注重质量效益转变，由各种交通方式相对独立发展向更加注重一体化融合发展转变，由依靠传统要素驱动向更加注重创新驱动转变，即"三个转变"；一流设施、一流技术、一流管理、一流服务，即"四个一流"；安全、便捷、高效、绿色、经济"五大价值取向"的发展方略，提出了"货物多式联运高效经济"的战略目标。"一单制""一箱制"就是要打造托运人一次委托、费用一次结算、货物一次保险、多式联运经营人全程负责的服务模式，提供门到门和全程"一箱到底"的高效运输服务。显然，实现"一单制""一箱制"必须要推动信息互通、规则联通、运输畅通、要素融通，这是对多式联运运输链的全要素升级、转型和再造，是对综合交通运输体系的系统性创新变革，对于加快建设交通强国具有重要的支撑保障和先行引领作用。

（2）推进多式联运"一单制""一箱制"是促进物流降本增效的有效抓手。

多式联运具有产业链条长、资源利用率高、综合效益好的特点，可以充分发挥各种运输方式的比较优势和组合效率，是促进物流降本增效的有效途径。但在实际操作中，不同运输方式间单证多次填报、单证信息联通不畅、单证金融等功能融合不足、集装箱中途开箱换箱等问题依然突出，政策需求十分迫切。发展多式联运"一单制""一箱制"，就是要通过推广标准化单证、促进信息数据互联互通、拓展单证服务功能、培育骨干多式联运经营人等政策措施组合拳，促进多式联运提质扩面，进一步释放多式联运降本增效作用，切实为构建现代流通体系、促进物流降本增效贡献力量。

（3）推进多式联运“一单制”“一箱制”是服务构建新发展格局的重要支撑。《国务院印发关于推进自由贸易试验区贸易投资便利化改革创新若干措施的通知》中，明确提出加快推进多式联运“一单制”发展，探索赋予多式联运单证物权凭证功能，开展赋予铁路运输单证物权属性探索等要求。“一单制”“一箱制”是多式联运发展的高级形态，不仅可以有效减少冗余环节，提高运输效率和质量，而且可以依托多式联运单证，进一步拓展与信息技术、金融保险、国际贸易等领域的深度融合。因此，加快多式联运“一单制”“一箱制”发展，有助于更好发挥多式联运在支撑建设现代化产业体系中的桥梁纽带作用，对于扩大我国制度型开放、探索“一带一路”运输贸易新规则、打造具有国际竞争力和影响力的多式联运服务体系具有重要意义。

二、多式联运“一单制”

（一）多式联运“一单制”概述

1. 多式联运“一单制”的概念

交通运输部发布的《货物多式联运术语》（JT/T 1092—2016）对“一单制”的定义为：在货物多式联运的全过程中，只凭一份多式联运运单办理所有货物运输手续的制度。此定义的“一单”限定为多式联运运单，而将多式联运提单排除在外，表明此定义旨在适用于国内多式联运。

《关于加快推进多式联运“一单制”“一箱制”发展的意见》虽未直接定义“一单制”，但在工作目标中提到托运人一次委托、费用一次结算、货物一次保险、多式联运经营人全程负责的“一单制”服务模式加快推广。表明多式联运“一单制”具有一次委托、一次结算、一次保险、一单到底四大特征。

综合各方的定义，多式联运“一单制”可定义为“在货物多式联运全过程中，凭一份多式联运运单或提单，实现托运人一次委托、费用一次结算、货物一次保险、多式联运经营人全程负责的一体化运输服务模式”。

2. 多式联运“一单制”的利益相关方

多式联运“一单制”的利益相关方包括进出口企业、多式联运经营人、承运人或实际承运人、码头等场站经营人与发货人、托运人与收货人、各类船货代理人及金融机构、担保机构、保险机构、海关等各类监管机构等。

如图 8-9 所示，传统的集装箱多式联运（CMT）流程中的业务信息传递以隔离式的单点传输形式为主，因而存在三方面的问题。首先，各部门信息共享程度不足，多式联运过程中涉及的众多企业均为不同的利益主体，它们为保护自身的利益和网络安全，对运输过程中涉及的相关信息的共享程度不够，导致部分工作必须重复进行。其次，运输标准和规则不统一，在多式联运过程中各个部门运输标准和规则的不统一严重影响了多式联运的效率。比如各部门开具单证标准的不统一导致在多式联运的过程中需要开具更多的运输单证和过境单证。最后，铁路运输高度集权化的管理模式。我国铁路运输还保留着政企一体的管理模式，长期的独立经营方式使其很难融入其他运输体系，加上其高度集权化的管理模式导致铁路运输的调度、定价机制存在滞后性和缺乏灵活性。

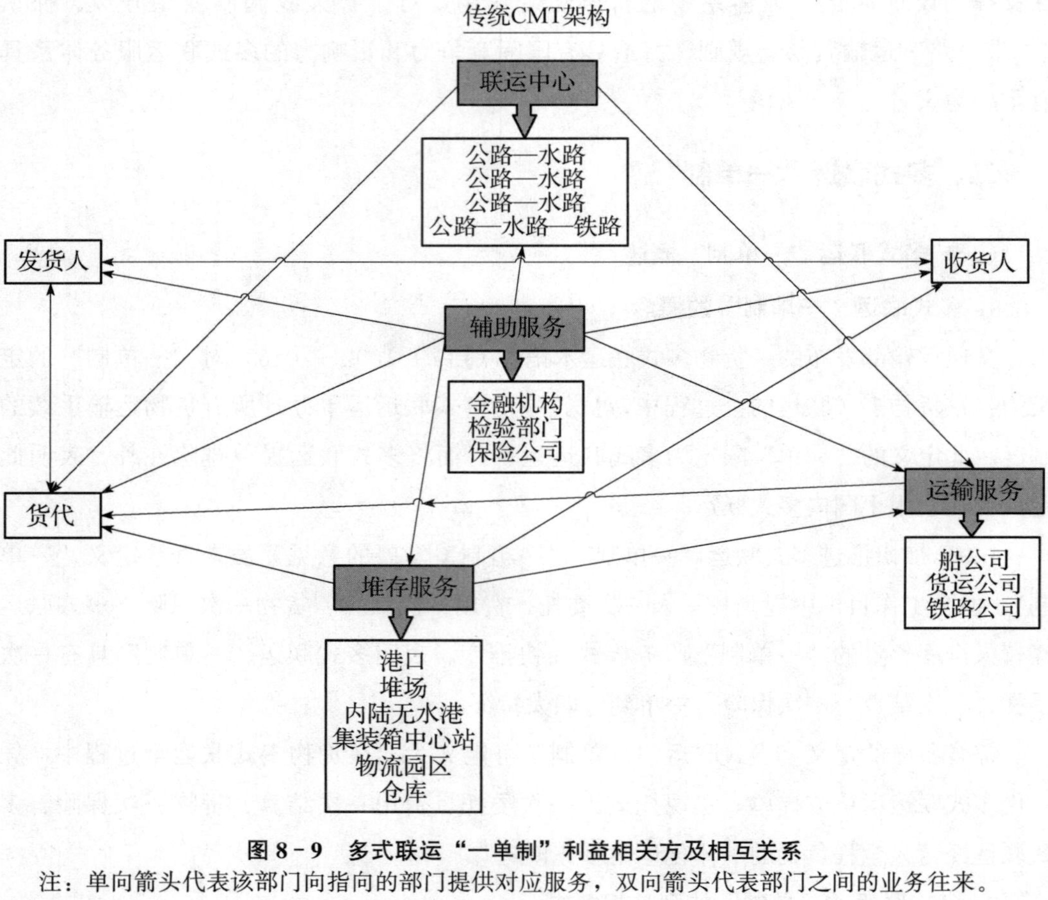

图 8-9 多式联运“一单制”利益相关方及相互关系

注：单向箭头代表该部门向指向的部门提供对应服务，双向箭头代表部门之间的业务往来。

3. 多式联运“一单制”的核心要素

第一，一人全程负责，即多式联运经营人履约能力和全程责任是“一单制”的前提条件和应用基础。多式联运经营人作为多式联运方案的策划者、单证的签发者、运输过程的组织者、全程运输风险责任的第一承担者。一方面，多式联运“一单制”的核心在于多式联运经营人的全程控货权，实现多式联运经营人对货物真实性、在途状态和放货环节的实际了解和控制。以全程控货权为核心，辅以运单标准化、信息互联互通、供应链金融创新等板块，形成完整的多式联运“一单制”规则体系。另一方面，多式联运经营人的履约能力和全程责任成为推进“一单制”的核心要素。总体上，多式联运经营人培育壮大可以按照“促转型、强合作、推试点”的路径推进。

第二，运输单证标准化、电子化是“一单制”的基础。目前，各种运输方式的单证自成体系、独立运行，缺乏统一的多式联运标准格式，单证庞杂，集装箱多式联运过程中使用的各类货运单证不仅数量多，而且内容重复，比如铁路运单、订舱托运单、场站收据、海运提单、报关报检单有近90%的内容是一致的，这就导致单证的多次委托、多次制单、重复录入。因此，可以按照“统一单证、优化流程”的路径推进单证标准化和电子化。

第三，运输单证物权化。具备物权凭证功能的多式联运单证可以拓展金融、保险等服务，在市场中有一定需求。因此，对于使用多式联运运单的场合，比如，国内多式联运以及不含海运在内的国际多式联运，赋予多式联运运单物权金融属性和功能、实现贸易往来中以控货权为核心、“认单不认人”，创新供应链金融是多式联运“一单制”发展的核心目标，也是实现贸易便利化、提高循环效率的必然要求。赋予单证物权凭证功能，可以按照“建机制、控货权、拓功能”的路径推进。第一步，要建立有效合作机制。支持铁路企业、货运代理企业、银行保险机构与外贸企业等市场主体，通过订立合同等方式，明确各方权利、义务、责任，严控银行金融风险。第二步，增强全程控货能力。推动承运企业落实控货功能，依托电子锁、物联网、大数据、区块链等先进技术，加强对货物状态的全程监控，提升货物运输在途安全监管能力。鼓励货运代理企业等在货物进出场等重要环节强化控货能力，通过进场单、提货码等方式控制货权，确保单证物权凭证功能。第三步，鼓励银行参照海运提单下的金融服务模式进行创新，将风险可控的铁路运输单证作为结算和融资可接受的单证，为外贸企业提供进出口贸易融资、信用证开立和供应链金融等服务。

第四，信息互联共享。一是各种运输方式信息不联通，信息孤岛现象严重，运输过程不透明；二是信息技术和接口标准不统一，信息无法互联共享，在不同区段交接过程中多次重复录入，效率低下、出错率高；三是信息共享交换不及时、过程不透明、风险不可控。为此，需要建立健全数据开放共享机制，培育多式联运信息集成服务平台，加快应用物联网、大数据、区块链等技术，促进铁路、港口、船公司业务系统对接，实现信息互联共享。

第五，健全法律法规。目前，支撑多式联运“一单制”的相关立法研究和司法实践仍然滞后，各种运输方式管理制度衔接仍须加强。由于法律、规则、标准是“一单制”的重要基础，且研究、推进周期都较长，因此，在路径上，建议将“立法律、优规则、建标准”同步推进。一方面，推动多式联运“一单制”相关内容纳入立法研究；另一方面，支持企业积极开展商业实践，在“一带一路”运输贸易中扩大铁路运单物权化应用，为立法工作提供实践基础。同时，在国际上，推动联合国国际贸易法委员会、铁路合作组织、世界海关组织等探索铁路运单物权化，加快可转让的多式联运单证规则制定进程。

4. 多式联运“一单制”的内涵

第一，多式联运“一单制”是多式联运发展的最高形态。它是一次委托、一单到底、全程负责的一站式服务模式，即通过一次托运、一次计费、一份单证、一次保险，由各运输区段的承运人共同完成货物的全程运输，实现信息便利、手续便利、技术便利。

第二，多式联运“一单制”发展旨在实现多种运输方式的优化组合、运输组织创新和新价值的创造，提升全链条效率。通过推动运单标准化、物权化，实现多种运输方式、多主体的资源社会化、运作一体化、操作标准化、责任透明化，推动所有运输方式物理性、技术性、信息化的互联。

第三，多式联运“一单制”的本质是供应链模式。“一单”串上的不只是信息、数据，背后还有企业之间分工协作、多元数据融合、信用传递、模式创新、四流合一的供应链网络结构。多式联运链条上的每个企业就是一个模块，通过集装箱＋枢纽＋API＋平台，实现企业边界模糊化，形成联盟化、共享化复式生态链，形成新的生产关系，推动运输方式的深度融合、产城融合和产业融合。

第四，多式联运“一单制”的突破在于多式联运平台。多式联运“一单制”是解决长距离运输中多种运输方式、多个参与主体无缝衔接的基础，也是在联运流程上叠加金融运作的综合型物流服务模式。由于其流程长、复杂度高、融资需求大导致的授信难等客观原因，单证和规则统一、信息高度共享、不同角色的高度协同成为“一单制”实现的必备条件，因此，数字化信息平台是推进多式联运“一单制”落实的必经之路。这是因为，平台是“一单制”的载体，“一单制”是平台运营发展的主线和内在逻辑。资源的整合、数据的集成、规则的衔接、共识的达成、模式的创新都离不开平台。多式联运平台基于运输过程整合商业活动，提供解决方案和操作系统，实现风险的评估和管理，最终形成网络化、生态化的组织系统。

（二）多式联运“一单制”的应用场景与实践

1. 多式联运“一单制”的应用场景分析

（1）国内多式联运。

鉴于国内多式联运在实践中尚未采用统一的多式联运单证，因此，我国多式联运“一单制”建设的重点在于国内多式联运。首先，它是立足国内交通运输一体化发展的“一单制”，旨在解决国内多种运输方式之间高效衔接的“一单通办”问题；其次，它是促进国内多式联运信息互联互通、物流降本增效与高质量发展的“一单制”。

（2）国际多式联运。

如前所述，国际多式联运通过国际多式联运单证，已实现了全程“一单制”。不过，由于多式联运单证分为可转让的多式联运单证与不可转让的多式联运单证两大类，因此，目前的主要工作是提升服务质量以及解决非物权凭证的融资问题。

首先，对于包括海运的国际多式联运，依托国际海运提单、国际多式联运提单、国际货代提单或无船承运人提单，以及由欧美国家建立起来的以海运为主导的国际规则与惯例（如《海牙规则》《汉堡规则》《维斯比规则》等），早已实现了以国际海运为核心的多式联运“一票到底”门到门服务。目前的工作是基于“一单制”要求，进一步解决实践中存在的相关问题。

其次，对于不包括海运的国际多式联运，虽然可以通过签发不可转让的多式联运单证实现全程“一单制”，但因此类单证并非物权凭证，不可以转让，故难以满足货方融资需求，迫切需要单证物权化。

目前市场需求最大的是与国际海运完全无涉且通过国际铁路运输的国际多式联运业务场景，特别是通过中欧班列进口高价值商品的国际贸易，对这种业务场景下的国际多式联运单证的物权属性需求比较大，这也是近年来国内高度关注的国际铁路运单物权化工作的市场基础。当然，要实现国际铁路运单物权化，仍具有很大的挑战性，需要长时间的持续努力推进和探索创新，这也是国际多式联运“一单制”建设的重点和难点。

2. 多式联运“一单制”的应用实践

当前，多式联运“一单制”的应用实践大多聚焦在多式联运全程运输、融资结算、单证统一等方面。

（1）海铁联运 CCA 模式。

如图 8-10 所示，海铁联运 CCA 模式通过内陆段货代或铁代公司与船公司签订二程船协议（connected carrier agreement，CCA），将船公司海运服务向内陆段延伸，形成全程多式联运产品，船公司签发的单证也由海运提单变为多式联运提单，目的地由原来的

“港到港”变为“门到门”。该模式已在宁波舟山港、天津港等港口广泛应用。

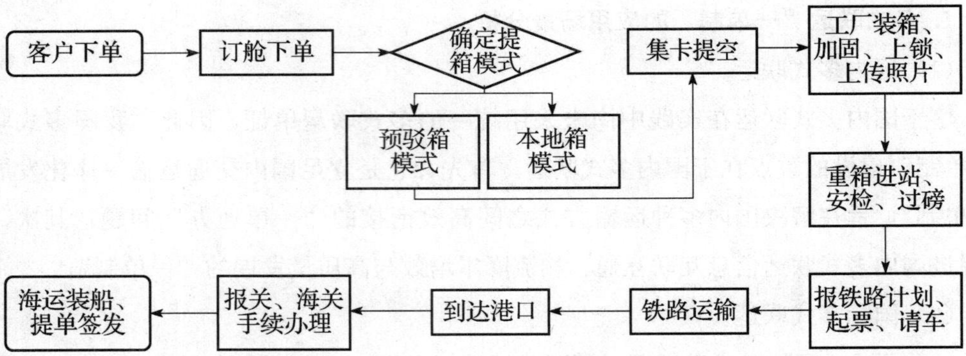

图 8-10 海铁联运 CCA 模式业务流程

(2)“铁路运单+提货码”模式。

如图 8-11 所示，“铁路运单+提货码”模式可实现对中欧班列货权的有效控制，为中小企业融资提供有效途径。以义新欧班列为例，首先，平台公司、银行、融资担保公司、保险公司等通过签订合作协议方式，明确了各方权利、义务。其次，银行通过对贸易协议、海关手续、铁路运单、保险保单、进场单等单证的审核和有效控制，委托班列平台公司对义新欧班列运行实行全程控货，赋予铁路运单物权凭证功能。银行在风险可控的前提下，为外贸企业提供融资服务。最后，收货人支付货款给银行，银行扣取发货人贷款后，发放唯一提货码，收货人使用提货码提货。

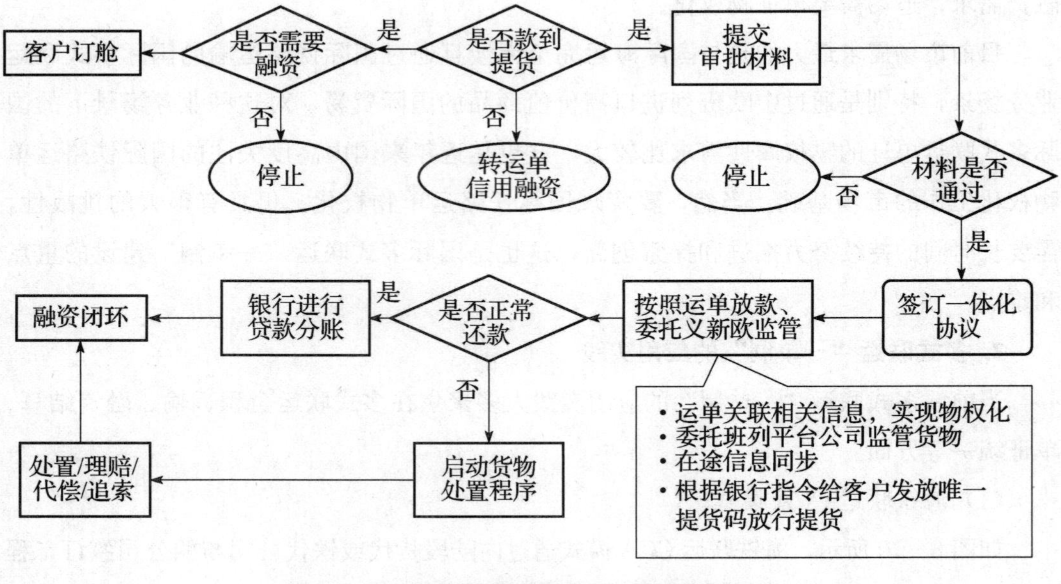

图 8-11 “铁路运单+提货码”模式业务流程

（3）"铁路运单＋多式联运提单"双轨制模式。

如图 8－12 所示，重庆、成都、郑州等地依托中欧班列试点了"铁路运单＋多式联运提单"双轨制模式，通过多单并行的方式，完成信用证开立、货款结算等金融服务。以中欧班列（成渝）为例，首先，银行、物流金融企业、进口方、货代等通过签订协议的方式约定权利、义务，将货代签发的提单作为提货凭证，在信用证下使用提单，进口方向银行申请开立使用提单的跟单信用证，物流金融企业为此提供信用担保，进口方将提单质押给物流金融企业作为反担保。其次，由货代签发提单，提单是提货凭证，货代对提单下的货物质押进行监管，铁路承运人签发的铁路运单将货代记载为收货人，确保货代对货物的全程有效控制。最后，进口方在货代接收货物并签发提单后，将提单作为向银行议付的凭证，实现资金快速回笼。

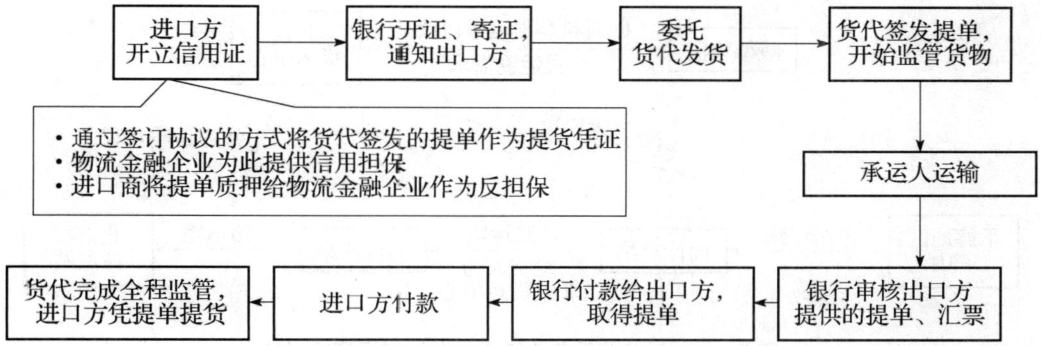

图 8－12　"铁路运单＋多式联运提单"双轨制模式业务流程

（4）以铁路运单为核心的公铁联运模式。

以铁路运单为核心的公铁联运模式是指铁路货运部门根据企业货物运输需求，与企业签订一份协议，将发货企业包括铁路运费、两端短途运费、货运代理费等在内的所有费用使用增值税专票进行一次性收取，由铁路货运部门为企业提供铁路运输及其他运输方式、设计运输方案等一系列全程物流服务的市场化经营模式。

2019 年 12 月 19 日，北京货运中心启动建材经营板块下"一单制"项目，与长春市峻德物流有限公司桦甸分公司（以下简称"峻德物流"）签订全程运输协议，为企业提供由承德地区矿山至北京市商混站的砂石料运输"门到门"全程物流服务，采用公路与铁路相结合的方式，共分为三段，即两端公路短途运输和虎什哈站至丰台西站铁路运输。在原有运作模式中，峻德物流需要与两端短途运输企业，以及北京货运中心分别沟通公路、铁路承运相关事宜。提供"一单制"全程物流服务后，企业只需要向货运中心提出"门到门"全程运输需求，后续运送路径选择、两端运输企业沟通短驳运输、虎什哈站及丰台西站办理铁路托运相关事宜等环节均由北京货运中心代理完成，使企业足不出户即可完成“门到门”运输业务办理。该项目共涉及三份运输协议，即峻德物流与北京货运中心签订的砂石料全程运输协议，以及北京货运中心分别与两端短途运输企业签订的短途运输协议（见图 8－13 和图 8－14）。

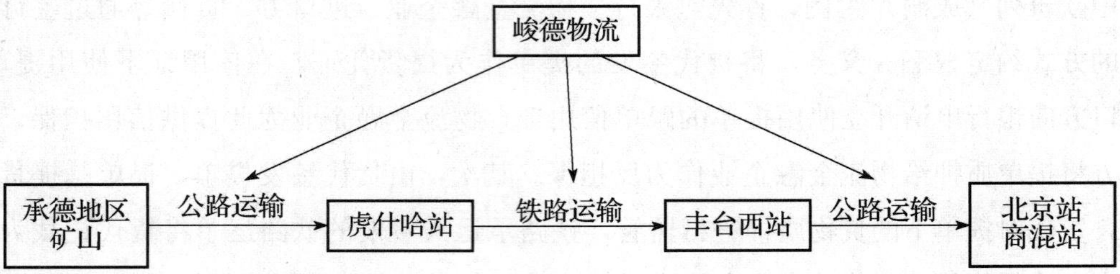

图 8－13　原有铁路运输运作模式

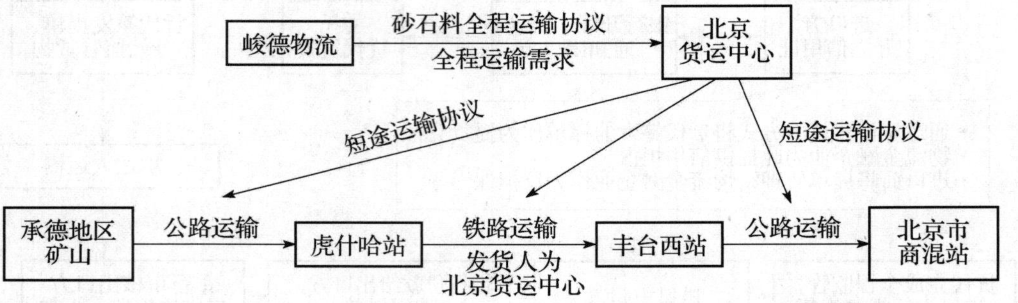

图 8－14　以铁路运单为核心的公铁联运模式（1）

北京货运中心银行账户分为财务账户和收入账户，客户只需要向北京货运中心财务账户支付一次全程运输费用，随后所有财务流程均由北京货运中心完成，客户支付环节减少。该笔全程运输费用分为两部分，一部分费用以代收代付形式支付给货运中心收入账户，用作铁路运费；另一部分费用以其他业务支出形式支付给两端短途运输企业，用作公路运费，两端短途运输企业向北京货运中心财务账户开具相应的增值税专用发票。对于峻德物流来说，项目最后收到一张公路运费增值税专用发票（由中心财务账户开具）和一张铁路运费增值税专用发票（由中心收入账户开具），共计两张发票（见图 8－15）。

与传统依托铁路基础设施及列车运送货物的生产经营模式相比，以铁路运单为核心的公铁联运模式具有以下特点：一是以铁路货运部门为主导，以铁路货运场站为枢纽，有效实现货物集结、平衡运力和削峰填谷；二是多种运输方式（至少两种）互联互通，切实发挥铁路绿色骨干优势，与其他交通运输方式深度融合、优势互补、相互配合，优化资源配置；三是设置专业定制服务、货运代理、物流培训等增值服务，实现与企业签订一份协议、一单到底，有效简化业务办理流程，提升服务水平，增加经济效益。

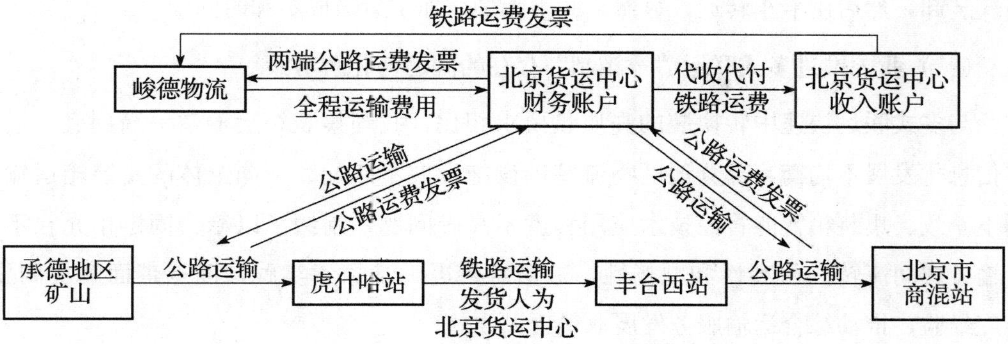

图 8-15 以铁路运单为核心的公铁联运模式（2）

三、多式联运“一箱制”

（一）多式联运“一箱制”概述

集装箱多式联运“一箱制”是基于当前我国跨运输方式衔接系统性和制度性成本较高等问题所提出的一种符合运输市场发展需求的新模式。《加快建设交通强国五年行动计划（2023—2027 年）》首次提出要深入研究推广“一箱制”模式。2023 年发布的《关于加快推进多式联运“一单制”“一箱制”发展的意见》虽未直接定义“一箱制”，但在工作目标中提到“不换箱、不开箱、一箱到底”的“一箱制”服务模式加快推广。可见，多式联运“一箱制”，是指集装箱在不同运输方式间转运时中途不换箱、全程不开箱的一体化运输服务模式。

对多式联运“一箱制”的内涵应主要从以下三个方面理解：

（1）中途不换箱，即“一箱到底”，是指在整个多式联运过程中，不同运输方式集装箱适配性一致，转运过程中仅对集装箱单元进行吊装作业，无须对箱内货物进行掏箱、换箱。

（2）全程不开箱，是指在整个多式联运过程中，仅在起运地和目的地对货物进行查验，运输途中无须开箱对货物进行二次查验。

（3）“一箱制”是一体化运输服务模式。判断这种模式是否合适的依据在于是否达到了降本增效的目的。这表明推广“一箱制”不能绝对化。一方面，有时通过必要的拆装箱实现海陆换箱操作，或许更有利于降本增效；另一方面，虽实现了全程“一箱制”，但中途多次检查或多次换装作业也是不可取的，因为这起不到降本增效的作用。

比如，由于大部分港区没有与铁路直接衔接，加上“港站”单独经营和管理，实际上集装箱场站处于“港站分离”状态，集装箱到站不到港，到港不到站，仍然需要经过两次装卸，然后用卡车转运，显然，此举无疑增加了运输成本和时间。

（二）我国推进多式联运“一箱制”存在的问题与化解对策

与多式联运快速中转换装的高质量要求相比，我国集装箱运输“一箱到底”还存在信息化发展不均衡、部分地区物流基础设施发展不匹配、不同主体的集装箱运输规则不一致、集装箱智能管控技术应用程度不高等问题，制约了以箱为固定单元在不同运输方式间流转的便利性和顺畅性，迫切需要进一步探索实践，以点带面解决问题、推广经验，推动综合运输服务发展取得更大成效。

(1) 我国境内海运和境外铁路还箱点建设均有不足，集装箱运输组织难以形成强对流。与此同时，不同主体对集装箱运输管理的体制机制存在差别，尤其是在集装箱装载、监管、流转区域等方面有不同要求，导致集装箱在转运环节不可避免地遇到无效调拨和频繁换箱。为此，应进一步加快促进海运还箱点布局和铁路箱下水运输，推动集装箱循环共用、联合调拨，以完善“中途不换箱”合作机制。

(2) 我国不同主体间集装箱运输存在货物积载、交接检查、危险货物品名等标准不互认等问题，增加了不必要的人工开箱、掏箱检查环节。而且，受制于射频识别、二维码、北斗卫星定位等技术未能普及，我国集装箱运输信息快速集成和自主传递功能不足，无法实现多式联运全程集装箱单元及内部货物的实时监控和追踪，导致重复开箱查验。对此，应加快完善集装箱多式联运标准，推进全程在线跟踪技术应用，以优化“全程不开箱”流程管理。

(3) 我国物流基础设施发展较为不均衡，尤其是西部地区集装箱综合枢纽场站布局不足，现代化仓储、托盘等标准化装载单元应用不够，难以适配集装箱运输“一箱到底”的要求。而且，不同的场站对于提箱、还箱、验箱、洗箱、修箱等服务规则不同，如洗箱标准、收费标准、污损箱认定标准等不一，导致客户“一箱到底”服务体验较差。对此，应加快推动集装箱综合枢纽场站与货源地、箱源地协同发展，完善提箱、还箱、验箱、洗箱、修箱等服务规则，以提升“一箱到底”服务能力。

（三）我国多式联运“一箱制”应用实践中面临的难题

1. 规格差异：海运标准箱与铁路宽体箱的“一箱制”

目前海运系统采用国际通用的ISO标准集装箱，而铁路系统除了20英尺、40英尺、45英尺通用箱之外，自行研制的35吨敞顶集装箱也已成为铁路运输的主力箱型。该箱型扩展了箱体高度和宽度，其载重、容积指标优于国际标准箱，在提高铁海联运运输效率的同时，有效降低了客户物流运输成本。然而，这种适用于内陆运输的宽体集装箱在海上运输中则面临相关船舶、港口装卸设备等的改装改造等问题。比如，中谷海运集团在其新下水的内贸最大的 8.6 万吨级载重船舶中，专门设计了铁路宽体箱箱位，相比于传统的集装箱船舶，因设置了宽体箱专用箱位，可节省 30%的船舶甲板空间，实现船舶装载运输最大化，为宽体箱海铁联运“一箱制”的规模化、常态化、绿色化运输提供坚实保障。

由此可见，“一箱制”的适用是有条件的。比如，欧美发达国家建立了内外贸两套集装箱运输体系，其中外贸段运输基本采用 ISO 标准集装箱，内贸段运输则换箱为内陆标准集装箱，如美国在内贸公路运输和铁路运输上多用 48 英尺和 53 英尺集装箱，以实现运能最大化利用。实践中，许多港口通常进行拆装箱作业，而非“一箱制”，不仅其港航设施不允许，而且在经济上也不可行。当然，近年来，随着运力资源紧张和市场细分加剧，一些市场主体也开始尝试发展内贸箱国际联运业务，推动集装箱运输“一箱到底”，如美国 2022 年成立的 CARRIER53’航运公司组建了一支由多用途船舶组成的船队专门运输 53 英尺及以上的大型集装箱，主要运营从虎门、太仓、青岛到美国波特兰和洛杉矶的中美航线。

2. 限重差异：海运与陆运限重不同下的“一箱制”

集装箱的装载量若超出了集装箱能承受的最大强度，则有可能导致箱体变形或破损等情况，影响货物和人身安全，因此，通常集装箱实际限重除了自身限重外，船公司、港口及内陆地区均有自己的限重要求。比如，一艘货轮可以装 500 个 TEU，重量在 10 000 吨，但目前装载了 400 个 TEU，重量在 8 500 吨，那么剩下的 100 个 TEU 就只能允许限重 15 吨/TEU。同样，港口的装卸设备和内陆道路、桥梁设施也有限重要求。显然，在海运与陆运限重不同下推进“一箱制”，前提是始发地集装箱装载量不得超过各种运输方式允许的限重，在运输过程中，超重在一定范围内，一般可通过交罚金解决；若超重严重，则须进行拆箱作业或者原路返回。

3. 规则差异：海运与陆运规则差异下的“一箱制”

海陆集装箱运输规则缺乏有效衔接，表现在三个方面：一是集装箱装载偏载要求不衔接；二是运价计费规则不衔接；三是危险货物品名分类不衔接。以新能源汽车为例，新能源汽车在国内铁路运输时按普通货物管理，而在国内外海运时属于危险货物，根据国际海运危险货物规则，海运中的新能源汽车属于第 9 类危险货物。为此，就需要做好不同运输要求的衔接。比如，此前已有企业尝试海铁联运出口新能源汽车，但汽车经铁路运抵港口后，必须进入港口专门的危险货物装箱场所进行掏箱，再按照海运危险货物运输标准重新装箱、贴标，由海事部门监管确认后开具装箱电子单据，货物方能进港。二次装箱增加了企业的场地操作和时间成本，甚至还会延误船期。

为推进新能源汽车海铁联运“一箱到底”，上海海事局积极运用远程装箱服务，健全多式联运“一箱制”服务体系，优化“全程不开箱”流程管理，在铁路始发货场对该批次新能源汽车进行海运危险货物装箱指导，并开辟绿色通道服务该批货物的海运危险货物申报。比如，上海海事局运用远程装箱服务，在无锡西站铁路货场对托运的新能源汽车进行海运危险货物装箱指导，确保货物严格按照国际标准装箱到位，并及时签发装箱电子单据，又开辟绿色通道，使该批货物经由铁路运抵上海港后无缝对接海运危险货物申报，由此实现了“三个提前”——危险货物装箱地点提前、安全装箱监管服务提前、申报审批办理时限提前。

4. 利益冲突：箱源不均衡下的“一箱制”

推广多式联运“一箱制”，实现海铁箱共享，涉及双方的利益分配难题。这是因为铁路箱“下海”、海运箱“上路”并不是难点，而如何让海运箱或铁路箱回归才是重点，否则，船公司或铁路公司将可能在某一需求地面临箱源短缺的问题，或因无合适箱源，而不得不进行空箱调运。以上海中远海运集装箱运输有限公司（以下简称“上海集运”）为例，该公司在全系统内率先成功试点了铁路箱“下水”联运项目。2019 年 9 月初，上海集运第一批“先铁后水”模式试点箱从无锡站申请提取铁路空箱，装货后从无锡站发车至上海港，登上海船抵林查班港，12 月初，上海集运又尝试了“先水后铁”模式，从铁路杨浦站提取铁路空箱装货后经中国远洋海运的日本线运抵神户港。在中远海运集运日本公司、上海泛亚航运的协同下，积极组织回程货源回运，第一批铁路箱在林查班港拆箱回运上海后全部送还杨浦站，第二批铁路箱成功装上进口货经海运中转后发往成都站，在成都站拆箱后返还。至此，上海集运在华东区域成功实现了铁路箱内外贸货物“一箱到底”的全程多式联运物流新模式，完成了整个业务流的闭环。

综合练习

一、不定项选择题

1. 国际多式联运经营人是（ ）。

A. 承运人代理人　　B. 承运人

C. 发货人代理人　　D. 收货人代理人

2. 目前，国际上使用的国际多式联运提单大多采用（ ）。

A. 分割责任制　　B. 网状责任制

C. 统一责任制　　D. 修正的统一责任制

3. 哈尔滨某货主出口至莫斯科的货物拟采用的大陆桥应该是（　　）。

A. 新亚欧大陆桥　　B. 西伯利亚大陆桥

C. 北美大陆桥　　D. 北美小陆桥

二、是非题

1. 国际多式联运“一单制”是指全程使用一张多式联运单证。
2. 我国《海商法》下的多式联运是指包括海运在内的多式联运。
3. 国际多式联运普遍实行单一费率。

三、简述题

1. 简述国际多式联运的内涵与构成要素。
2. 简述国际多式联运物流方案设计的概念与特点。
3. 简述多式联运“一单制”的概念与核心要素。
4. 简述多式联运“一箱制”应用实践中面临的难题。

参考文献

1. 孙家庆，靳志宏．国际物流．北京：科学出版社，2019.

2. 孙家庆．港口物流学．大连：大连海事大学出版社，2021.

3. 孙家庆．交通运输工程学．北京：中国财富出版社有限公司，2021.

4. 孙家庆，等．集装箱内陆港理论与实务．北京：中国物资出版社，2011.

5. 孙家庆，张赫，孙倩雯．集装箱多式联运．4 版．北京：中国人民大学出版社，2020.

6. 孙家庆，孙倩雯．国际货运代理实务：数字教材版．3 版．北京：中国人民大学出版社，2022.

7. 孙家庆，孙倩雯．物流风险管理．5 版．大连：东北财经大学出版社，2023.

8.《综合交通运输学》编委会．综合交通运输学．北京：人民交通出版社股份有限公司，2022.

9. 席平．陆港经济．西安：西安出版社，2019.

10. 徐德洪．国际陆港理论与实践．北京：中国财富出版社有限公司，2021.

11. 刘硕山．铁路货运“一单制”经营模式探索．铁道货运，2020（9）：12-17.

12. 高天．什么是“空港”．中国民用航空，2019（8）：44-46.

13. 徐黎丽，杨田．论中国陆地边境口岸的特点及发展方略．贵州民族研究，2020（2）：68-75.

14. 李云汉，甘家华，成倩倩，等．我国多式联运“一单制”推进路径研究．交通运输研究，2023（3）：100-106，115.

15. 黄镇东，王婷．浅谈港口物流．中国港口，2023（8）：1-4.

16. 王钊，李涛，黄文杰．空间视角下城乡物流网络的内涵、构成要素与研究框架．地理科学，2023（1）：82-91.

17. 夏荣辉．跨境道路货物运输实务．北京：中国商务出版社，2015.

18. 王慧．铁路集装箱运输与多式联运．北京：北京交通大学出版社，2017.

19. 高柏，等．中欧班列：国家建设与市场建设．北京：社会科学文献出版社，2017.

图书在版编目（CIP）数据

国际物流 / 孙家庆，郑建风，计明军编著. -- 北京 ： 中国人民大学出版社，2025. 1. --（普通高等学校应用型教材）. -- ISBN 978-7-300-33260-4

Ⅰ. F259. 1

中国国家版本馆 CIP 数据核字第 20247SH465 号

普通高等学校应用型教材 · 国际贸易

国际物流

孙家庆　郑建风　计明军　编著

Guoji Wuliu

出版发行	中国人民大学出版社		
社　　址	北京中关村大街 31 号	**邮政编码**	100080
电　　话	010－62511242（总编室）		010－62511770（质管部）
	010－82501766（邮购部）		010－62514148（门市部）
	010－62515195（发行公司）		010－62515275（盗版举报）
网　　址	http://www. crup. com. cn		
经　　销	新华书店		
印　　刷	北京密兴印刷有限公司		
开　　本	787 mm×1092 mm　1/16	**版　　次**	2025 年 1 月第 1 版
印　　张	20 插页 1	**印　　次**	2025 年 1 月第 1 次印刷
字　　数	373 000	**定　　价**	49. 00 元

教学支持说明

1. 教辅资源获取方式

为秉承中国人民大学出版社对教材类产品一贯的教学支持，我们将向采纳本书作为教材的教师免费提供丰富的教辅资源。您可直接到中国人民大学出版社官网的教师服务中心注册下载——http://www.crup.com.cn/Teacher。

如遇到注册、搜索等技术问题，可咨询网页右下角在线 QQ 客服，周一到周五工作时间有专人负责处理。

注册成为我社教师会员后，您可长期根据您所属的课程类别申请纸质样书、电子样书和教辅资源，自行完成免费下载。您也可登录我社官网的“教师服务中心”，我们经常举办赠送纸质样书、赠送电子样书、线上直播、资源下载、全国各专业培训及会议信息共享等网上教材进校园活动，期待您的积极参与！

2. 高校教师可加入下述学科教师 QQ 交流群，获取更多教学服务

经济类教师交流群：809471792

财政金融教师交流群：766895628

国际贸易教师交流群：162921240

税收教师交流群：119667851

3. 购书联系方式

网上书店咨询电话：010-82501766

邮购咨询电话：010-62515351

团购咨询电话：010-62513136

中国人民大学出版社经济分社

地址：北京市海淀区中关村大街甲 59 号文化大厦 1506 室　100872

电话：010-62513572　010-62515803

传真：010-62514775

E-mail：jjfs@crup.com.cn